ROUTLEDGE LIBRARY ED
JOSEPH CONRAD

Volume 8

A CONCORDANCE TO CONRAD'S
THE NIGGER OF THE NARCISSUS

A CONCORDANCE TO CONRAD'S
THE NIGGER OF THE NARCISSUS

JAMES W. PARINS AND TODD K. BENDER

Routledge
Taylor & Francis Group
NEW YORK AND LONDON

First published in 1981 by Garland Publishing Inc.

This edition first published in 2020
by Routledge
52 Vanderbilt Avenue, New York, NY 10017

and by Routledge
2 Park Square, Milton Park, Abingdon, Oxon OX14 4RN

Routledge is an imprint of the Taylor & Francis Group, an informa business

© 1981 James W. Parins and Todd K. Bender

All rights reserved. No part of this book may be reprinted or reproduced or utilised in any form or by any electronic, mechanical, or other means, now known or hereafter invented, including photocopying and recording, or in any information storage or retrieval system, without permission in writing from the publishers.

Trademark notice: Product or corporate names may be trademarks or registered trademarks, and are used only for identification and explanation without intent to infringe.

British Library Cataloguing in Publication Data
A catalogue record for this book is available from the British Library

ISBN: 978-0-367-44109-8 (Set)
ISBN: 978-1-00-302698-3 (Set) (ebk)
ISBN: 978-0-367-86171-1 (Volume 8) (hbk)
ISBN: 978-0-367-86176-6 (Volume 8) (pbk)
ISBN: 978-1-00-301737-0 (Volume 8) (ebk)

Publisher's Note
The publisher has gone to great lengths to ensure the quality of this reprint but points out that some imperfections in the original copies may be apparent.

Disclaimer
The publisher has made every effort to trace copyright holders and would welcome correspondence from those they have been unable to trace.

A CONCORDANCE TO CONRAD'S
THE NIGGER OF THE NARCISSUS

James W. Parins
Todd K. Bender

GARLAND PUBLISHING, INC. • NEW YORK & LONDON
1981

© 1981 by James W. Parins and Todd K. Bender
All rights reserved

Library of Congress Cataloging in Publication Data

Parins, James W
   A concordance to Conrad's The nigger of the Narcissus.

   (Garland reference library of the humanities ; v. 205)
   1. Conrad, Joseph, 1857–1924. The nigger of the
Narcissus—Concordances. I. Bender, Todd K., joint
author. II. Conrad, Joseph, 1857–1924. The nigger of
the Narcissus. III. Title.
PR6005.O4N5629   1981   823'.912   79-8417
ISBN 0-8240-9519-7

Printed on acid-free, 250-year-life paper
Manufactured in the United States of America

CONTENTS

Preface   vii

Verbal Index   1

Word Frequency Table   93

Field of Reference   111

PREFACE

This volume tabulates the vocabulary of one of Conrad's most interesting works. In Conrad's "Preface" to *The Nigger of the Narcissus*, he makes an elaborate statement about the nature of his art. The story itself has always had a high place in his canon for its intrinsic merit as well as for the light it sheds on his other work. For example, Ian Watt in *Conrad in the Nineteenth Century* sees *The Nigger of the Narcissus* as the keystone to Conrad's ideology. We hope, therefore, that our verbal index and word frequency tables will be welcome to scholars as a tool allowing a more accurate approach to the text than has previously been possible.

Even a brief examination of Conrad's lexicon yields some surprising results. For example, Ian Watt's influential study follows suggestions in Conrad's "Preface" and argues that Conrad's purpose in *The Nigger of the Narcissus* is to "enact the complexities and contradictions of solidarity." He points out Conrad's own comparison of this work to Stephen Crane's *The Red Badge of Courage*. Conrad asserts that both works deal with the psychology of the mass. Crane's treats the large mass of the army, Conrad's the smaller grouping of the ship's crew. Watt sees these novels as expressing a very simple idea which lies at the core of all Conrad's thought, a commitment to "solidarity." The old sailor Singleton is the true emblem of the work, steering steadfastly amidst the turmoil of nature and man. If, as Watt maintains, "solidarity" is the theme of *The Nigger of the Narcissus*, a glance at the Word Frequency Table shows that it must be a theme undenominated in the text. To be sure, a novel may have for its main theme *war* and *peace* without actually using the words "war" and "peace" excessively. Nevertheless, even the related vocabulary indicates a surprising lack of explicit reference to the general concept of "solidarity" which we might expect to be more usually formulated perhaps in Conrad's own term "fidelity." "Fidelity" occurs only once in the text, and that reference at 162.14 seems almost purposely contrived to confound the thematic critic: "We commenced to believe Singleton, but with unshaken *fidelity* dissembled to Jimmy." Here is a strange, dissembling, slippery "fidelity" indeed. If Watt had approached this text with an accurate tabulation of the words actually used by Conrad, would he have read it the same way that he does under the influence of

Conrad's "Preface" to the work in which Conrad speaks of "the solidarity that knits together the loneliness of innumerable hearts"? Watt seems to demonstrate an interesting case of a reader whose understanding of the text is dictated by the framing devices of the author. If Gulliver presents himself as a straightforward, unimaginative fellow, we nevertheless hesitate to accept his Lilliputians as true—unless we are very unsophisticated as readers. If Marlow tells us he hates a lie, we nevertheless can spot that he sometimes is inaccurate. If Conrad writes a "Preface" telling us that this story is very simple and straightforward, we have a similar problem as the reader: a turbulence created between what we are told to expect and what the work actually does. The most interesting question defined when we bring this concordance to bear on Watt's assertions is, "Why is Watt gratified to translate the vocabulary actually stated in the text into an unstated category, solidarity?" One of the main functions of our work with verbal indexes and other tabulations of data is to turn critics back to a self-scrutiny, asking how their intuitions match, or fail to match, the evidence of the text.

A simpler use of the concordance, however, is also valuable. If Conrad says in his "Preface" that this work should make the reader "see," it is quite important to know whether he means that his language should have a visual impact or if for Conrad the verb "to see" is merely the equivalent of "to understand." Careful readers will want to look at the entries for *to see* and related words in this text to find whether Conrad uses *to see* for visible or for credible properties.

This volume joins the series of publications making available concordances, verbal indexes, and frequency tables for Conrad's *Lord Jim*, *Heart of Darkness*, *Victory*, *The Secret Agent*, *Almayer's Folly*, *Youth*, and *The Shadow Line* previously published in the Garland Reference Library of the Humanities. We plan ultimately to treat all of Conrad's works so as to make possible quantitative analysis of his language. This volume contains a complete verbal index to the text, a table of word frequencies, and a field of reference allowing the user to locate the context of each word cited. The spelling, lineation, and pagination of the field of reference conforms to *The Nigger of / The 'Narcissus' / A Tale of the Sea* published by William Heinemann, London, 1921. In using the Heinemann printing as the frame for our field of reference, we do not imply that this version has any special "authority." Just the contrary, in Todd Bender's "Literary Texts in Electronic Storage" in *Computers and the Humanities* (Volume X, 1976, pp. 193–99), it is argued that such texts are better considered "unstable" and no single printing bears a final authorization. In our microfiche indexes to Conrad's *Heart of Darkness* we show how various versions of a text can be "stacked up" in collations allowing the scholar to trace changes in spelling, punctuation, etc., from one state to another of a work. Such collations, although relatively expensive to print, should be made for *The Nigger of the Narcissus*, and we invite interested scholars to join with us in such a project in the future.

This volume is part of an ongoing series. Users should know the general outline of quantitative studies in the preface to our volume on *Almayer's Folly* and the technical details provided in the apparatus to previous volumes, especially for the microfiche and hardbound tables for *Heart of Darkness*.

We express our gratitude to the Research Tools Division of the National Endowment for the Humanities. They support the Wisconsin Old Spanish Dictionary Project, whose software and peripheral equipment were used in the production of these indexes. We particularly wish to thank Professor John Nitti, Professor Lloyd Kasten, and Jean Anderson for their generous help with this publication.

VERBAL INDEX

'ad
  C11.15
  C11.20
  C24.15
'and
  171.08
'ang
  126.27
'are
  C11.16
'arf
  120.18
'art
  C11.20
  C11.21
'artless
  011.03
'arts
  C08.14
'as
  C11.21
  C25.01
  C49.20
  C85.29
  C93.26
  114.13
  172.17
  193.12
'ave
  C07.17
  C14.07
  C24.09
  C45.23
  C47.24
  C86.05
  114.16
  125.20
  170.19
  170.19
  170.20
  172.22
  172.26
  192.27
  193.01
  193.08
  194.11
'aven't
  C11.06
  C11.18
  C24.15
  125.12
  149.24
'aven'tchee
  125.20
'baccy
  003.25
  C24.14
'ccs
  C11.12
  C11.13
  126.13
  149.03
'e
  112.26
  112.26
'ead
  122.01
  176.03
'ealthy
  120.16
'ear
  C86.01
  112.26
  166.04
  170.08
'eartedness
  115.05
'ed
  L08.22
  C13.22
'ee
  C07.28
  C11.08
  C66.02
  C68.04
  114.14
  114.30
  119.06
  120.18
  147.10
  147.10
  170.19
'ell
  C86.05
  122.07
'ex
  C08.23
  C13.07
  C16.31
  C36.14
  C47.24
  C72.13
  114.13
  120.21
  121.08
  121.10
  122.20
  122.20
  123.28
  124.06
  125.04

125.04
126.16
126.21
126.22
126.27
147.07
170.20
179.30
183.15
194.14
'er
  122.07
  122.08
  169.12
'ere
  011.06
  012.18
  024.28
  024.29
  025.01
  059.07
  088.29
  113.22
  121.08
  124.31
  125.13
  136.06
  137.01
  152.03
  172.18
  176.13
'ere's
  024.09
  114.13
'im
  049.28
  071.23
  071.27
  077.15
  078.25
  078.25
  078.27
  083.07
  086.01
  086.02
  086.03
  086.03
  086.07
  086.09
  086.09
  089.06
  089.06
  091.11
  111.01
  114.13
  114.15
  119.06
  120.18
  136.14
  183.13
  189.09
'is
  049.29
  079.02
  106.16
'isself
  170.20
'it
  086.02
  086.03
  086.03
  086.07
  086.09
  086.09
'nough
  123.23
'nuff
  173.16
'old
  125.01
'ome
  008.22
  024.08
  024.26
'omeward
  008.21
'ope
  149.27
'ow
  173.30
'owling
  126.15
'pears
  121.14
'stead
  047.28
'struth
  025.22
'tain't
  145.18
  165.24
'twas
  025.24
'twill
  069.10
'un
  011.14
'ungry
  168.10
  168.10

'urt
  193.09
'ypocrites
  193.08
a
  C01.06
  C01.12
  001.16
  C01.21
  002.02
  C02.17
  C02.28
  C03.02
  C03.03
  C03.04
  C03.05
  C03.06
  003.23
  003.24
  003.25
  003.26
  003.29
  003.30
  C04.05
  C04.05
  004.11
  004.12
  004.13
  004.14
  C04.21
  004.25
  004.27
  005.03
  005.14
  005.29
  006.01
  006.09
  006.11
  006.12
  006.16
  006.17
  006.17
  006.20
  006.21
  006.30
  006.31
  007.09
  007.19
  007.22
  007.30
  C07.31
  007.31
  008.03
  008.04
  008.05
  008.08
  008.13
  008.15
  008.16
  008.17
  008.17
  008.18
  008.20
  008.21
  008.26
  008.31
  009.11
  009.12
  009.15
  009.16
  009.19
  009.28
  009.29
  009.30
  010.03
  010.16
  010.23
  010.23
  010.25
  010.26
  010.28
  010.28
  010.28
  010.30
  C11.01
  C11.01
  C11.02
  C11.02
  011.04
  011.14
  011.16
  011.19
  011.22
  011.24
  011.26
  011.29
  011.30
  011.30
  012.01
  012.04
  012.06
  012.10
  012.26
  013.17
  013.22

  013.24
  013.29
  014.11
  014.14
  014.19
  014.23
  014.29
  015.06
  015.08
  015.19
  015.22
  015.25
  015.29
  016.17
  016.18
  016.22
  016.24
  017.04
  017.09
  017.09
  017.10
  017.14
  017.17
  017.22
  017.24
  018.04
  018.04
  018.08
  018.09
  018.11
  018.18
  018.17
  019.04
  019.05
  019.06
  019.08
  019.14
  019.15
  019.20
  019.21
  019.21
  019.23
  019.27
  019.28
  019.29
  019.31
  020.03
  020.07
  020.12
  020.13
  020.17
  020.26
  021.06
  021.11
  021.12
  021.14
  021.15
  021.15
  021.25
  021.31
  022.05
  022.11
  022.12
  022.12
  022.22
  022.25
  022.26
  022.29
  022.29
  023.02
  023.02
  023.03
  023.08
  023.10
  023.11
  023.11
  023.13
  023.23
  023.25
  023.28
  023.30
  024.01
  024.01
  024.02
  024.07
  024.07
  024.09
  024.10
  024.12
  024.14
  024.19
  024.21
  024.22
  024.31
  025.01
  025.04
  025.05
  025.11
  025.15
  025.18
  025.19
  025.22
  025.23
  025.31
  026.05
  026.07

  026.08
  026.08
  026.10
  026.10
  026.27
  026.31
  027.01
  027.03
  027.10
  027.12
  027.13
  027.13
  027.17
  027.18
  027.21
  027.24
  027.24
  027.24
  027.25
  027.26
  027.30
  027.31
  028.04
  028.12
  028.13
  028.16
  028.18
  029.04
  029.06
  029.07
  029.09
  029.15
  029.25
  030.02
  030.09
  030.16
  030.21
  030.23
  030.28
  031.13
  031.15
  031.16
  031.19
  031.22
  031.26
  031.26
  032.01
  032.03
  032.05
  032.06
  032.12
  032.23
  032.26
  032.31
  033.05
  033.11
  033.12
  033.13
  033.22
  033.24
  033.26
  033.29
  034.01
  034.02
  034.06
  034.14
  034.22
  034.22
  034.30
  035.06
  035.06
  035.07
  035.11
  035.12
  035.16
  035.18
  035.24
  035.28
  036.05
  036.06
  036.12
  036.21
  036.22
  036.22
  036.24
  036.31
  037.01
  037.05
  037.06
  037.06
  037.11
  037.14
  037.17
  037.20
  037.21
  037.22
  037.26
  037.27
  037.28
  037.29
  037.31
  038.01
  038.11
  038.12
  038.12
  038.20
  038.23
  038.30
  039.01
  039.03
  039.08

  039.14
  039.15
  039.15
  039.16
  039.19
  039.23
  039.24
  040.08
  040.14
  040.16
  040.29
  041.02
  041.03
  041.04
  041.05
  041.09
  041.18
  042.04
  042.06
  042.07
  042.10
  042.15
  042.17
  042.18
  042.19
  042.20
  042.30
  042.31
  042.31
  043.04
  043.14
  043.27
  043.28
  043.29
  044.02
  044.07
  044.16
  044.28
  044.30
  045.04
  045.07
  045.16
  045.20
  045.24
  045.30
  046.01
  046.16
  046.26
  046.27
  046.28
  046.30
  047.03
  047.05
  047.06
  047.21
  047.26
  048.04
  048.09
  048.11
  048.16
  048.18
  048.17
  049.02
  049.07
  049.09
  049.13
  049.14
  049.29
  050.05
  050.08
  050.14
  050.15
  050.19
  050.19
  050.22
  050.24
  050.27
  050.31
  051.06
  051.09
  051.10
  051.11
  051.15
  051.18
  051.19
  051.20
  051.21
  051.22
  051.26
  051.27
  051.30
  051.31
  052.03
  052.11
  052.13
  053.05
  053.13
  053.14
  053.19
  054.05
  054.05
  054.08
  054.10
  054.14
  054.15
  054.27
  055.01
  055.09
  055.18
  055.31

N (continued)

056.01	069.20	083.13	098.18	112.22	125.05
056.04	069.22	083.13	098.19	113.13	125.09
056.11	069.23	083.14	098.24	113.16	125.11
056.19	069.25	083.18	098.24	113.16	125.17
056.22	069.29	083.19	098.25	113.22	125.31
056.29	070.02	083.21	098.26	114.03	126.02
056.31	070.03	083.22	098.27	114.03	126.09
057.04	070.09	083.22	099.09	114.07	126.13
057.12	070.09	083.25	099.12	114.11	126.15
057.23	070.10	084.15	099.16	114.22	126.15
057.28	070.11	084.22	099.17	115.11	126.28
058.05	070.14	084.23	099.18	115.15	126.30
058.15	070.16	084.23	099.22	116.03	126.31
058.23	070.26	084.27	099.23	116.05	127.01
058.26	070.31	084.27	100.06	116.07	127.06
058.26	071.01	084.29	100.22	116.10	127.07
058.29	071.04	084.31	100.25	116.12	127.08
058.30	071.20	085.10	101.17	116.16	127.13
059.07	071.20	085.15	102.01	116.18	127.14
059.09	071.26	085.16	102.02	116.22	127.14
059.14	071.27	085.17	102.03	116.24	127.15
059.15	071.30	085.22	102.06	116.28	127.16
059.15	072.01	085.30	102.09	116.28	127.17
059.16	072.06	085.30	102.10	116.30	127.21
059.17	072.07	086.18	102.12	117.01	127.25
059.20	072.10	086.23	102.15	117.02	127.29
059.26	072.14	086.28	102.16	117.03	127.30
059.27	072.17	087.01	102.18	117.05	128.05
059.27	072.23	087.06	102.18	117.07	128.06
059.29	073.02	087.10	102.18	117.08	128.09
059.30	073.07	087.13	102.20	117.12	128.16
059.30	073.10	087.15	102.20	117.15	128.25
060.03	073.27	087.17	102.27	117.15	128.26
060.05	073.28	087.22	102.29	117.16	128.27
060.09	073.29	087.25	102.31	117.17	128.29
060.11	073.29	088.12	103.09	117.20	128.31
060.16	073.30	088.13	104.17	117.21	129.02
060.16	074.01	088.14	104.20	117.26	129.03
060.24	074.02	088.14	104.28	117.29	129.05
060.25	074.05	088.17	104.30	118.06	129.07
060.26	074.11	088.18	105.06	118.12	129.08
060.31	074.12	088.20	105.08	118.21	129.10
061.02	074.16	088.21	105.10	118.27	129.16
061.03	074.19	088.22	105.15	118.30	129.23
061.04	074.19	088.28	105.18	118.31	129.24
061.04	074.20	089.09	105.18	118.31	129.24
061.05	074.21	089.12	105.21	119.02	129.25
061.07	074.25	089.14	105.22	119.03	129.26
061.11	074.25	089.17	105.22	119.03	129.28
061.14	074.31	089.18	105.25	119.05	130.04
061.20	074.31	089.21	106.09	119.07	130.05
061.23	075.02	089.26	106.11	119.08	130.16
061.24	075.05	089.26	106.14	119.09	130.21
061.31	075.07	089.28	106.15	119.17	130.21
062.04	075.10	090.14	106.27	119.18	130.22
062.10	075.11	090.14	106.30	119.20	130.23
062.23	075.22	090.19	107.02	119.24	130.26
062.24	075.24	090.25	107.03	119.25	130.29
062.24	075.25	090.30	107.06	119.30	130.30
063.15	075.27	090.30	107.10	120.01	130.31
063.16	075.29	091.03	107.12	120.03	131.07
063.19	076.01	091.12	107.12	120.06	131.07
063.19	076.09	091.12	107.12	120.10	131.21
063.22	076.10	091.13	107.17	120.11	131.31
063.30	076.13	091.13	107.20	120.13	132.04
064.01	076.15	091.17	107.22	120.14	132.10
064.03	076.16	091.26	107.23	120.14	132.22
064.05	076.18	091.28	107.26	120.17	132.23
064.10	076.20	091.31	108.06	120.19	132.28
064.12	076.24	091.31	108.10	120.22	132.29
064.13	077.06	092.04	108.19	120.22	133.02
064.14	077.09	092.13	108.21	120.30	133.02
064.16	077.09	092.15	108.25	120.31	133.11
064.26	077.11	092.16	108.26	121.03	133.12
064.29	077.28	092.27	109.01	121.05	133.17
064.30	077.28	092.28	109.06	121.05	133.20
065.05	077.29	093.05	109.09	121.09	133.25
065.12	078.06	093.06	109.10	121.18	133.26
065.15	078.17	093.13	109.11	121.20	133.30
065.20	078.21	093.14	109.23	121.26	133.31
065.26	078.31	093.17	109.24	121.27	134.02
065.30	079.01	093.17	109.31	122.09	134.04
065.31	079.10	093.23	110.01	122.15	134.07
066.05	079.14	094.06	110.01	122.15	134.07
066.17	079.24	094.11	110.02	122.19	134.09
066.21	079.25	094.28	110.06	122.22	134.10
066.22	079.28	095.04	110.08	122.23	134.13
067.05	080.07	095.05	110.09	122.23	134.13
067.05	080.08	095.05	110.10	122.25	134.17
067.07	080.12	095.06	110.11	122.27	134.27
067.11	080.14	095.06	110.19	123.04	134.30
067.16	080.20	095.16	110.21	123.05	135.01
067.18	080.22	095.19	110.22	123.08	135.06
067.19	080.23	095.19	110.28	123.08	135.07
067.23	080.25	095.29	110.30	123.14	135.22
067.28	080.28	096.02	111.01	123.22	136.05
067.29	081.01	096.03	111.05	123.26	136.07
068.02	081.04	096.09	111.07	123.30	136.08
068.11	081.05	096.16	111.10	123.31	136.08
068.11	081.08	097.03	111.10	124.01	136.13
068.17	081.09	097.07	111.11	124.03	136.15
068.17	081.10	097.08	111.13	124.10	136.24
068.26	081.20	097.12	111.19	124.11	136.25
068.26	082.07	097.13	111.30	124.14	136.31
068.31	082.09	097.13	112.05	124.17	137.02
069.01	082.19	097.17	112.06	124.19	137.05
069.02	082.21	097.17	112.08	124.19	137.06
069.10	082.22	097.20	112.08	124.25	137.07
069.14	082.22	097.31	112.09	124.25	137.14
069.16	083.09	098.01	112.16	125.01	137.19
069.18	083.12	098.04	112.20	125.04	138.12

A (continued)

138.14	150.30	166.04	179.10	192.04	056.28
138.15	151.04	166.15	179.27	192.06	058.26
138.15	151.26	166.15	180.05	192.15	059.12
138.19	151.29	166.25	180.07	192.23	059.14
138.19	152.02	166.31	180.10	192.25	062.03
138.29	152.04	167.04	180.13	192.27	067.06
139.02	152.04	167.05	180.20	193.02	069.08
139.03	152.14	167.07	180.21	193.03	069.17
139.04	152.19	167.12	181.01	193.04	070.11
139.05	152.25	167.21	181.21	193.04	075.23
139.05	152.26	168.02	181.22	193.05	080.17
139.07	152.29	168.02	181.23	193.12	082.17
139.11	152.29	168.05	181.24	193.19	082.31
139.16	153.02	168.09	181.27	193.27	085.21
139.17	153.03	168.12	182.01	193.30	085.28
139.25	153.13	168.23	182.03	194.01	087.17
139.25	153.20	168.31	182.06	194.07	087.20
139.28	153.20	169.02	182.11	194.07	090.27
139.28	153.23	169.03	182.14	194.11	092.04
139.28	153.24	169.04	182.15	194.11	094.09
140.10	153.29	169.05	182.27	194.14	094.14
140.16	154.04	169.05	183.01	194.24	098.05
140.17	154.08	169.07	183.06	194.26	099.20
140.18	154.10	169.09	183.07	194.29	099.30
140.21	154.11	169.15	183.08	195.17	100.05
140.22	154.13	169.16	183.09	195.19	104.24
140.24	154.17	169.18	183.11	195.26	105.14
141.04	154.18	169.28	183.13	195.30	107.22
141.05	154.24	169.31	183.16	196.03	108.20
141.09	154.28	170.03	183.21	196.04	110.31
141.22	155.02	170.04	183.26	196.04	112.25
142.01	155.03	170.08	184.03	196.11	115.10
142.03	155.05	170.11	184.05	196.15	115.13
142.09	155.10	170.15	184.09	196.18	119.15
142.13	155.12	170.24	184.10	196.19	122.14
142.15	155.12	170.27	184.17	196.20	122.23
142.16	155.13	170.27	184.17	196.21	122.29
142.18	155.18	171.05	184.19	196.21	124.23
142.21	155.21	171.09	184.24	196.22	125.03
142.23	155.23	171.10	184.25	196.24	125.05
142.24	155.32	171.12	184.26	196.24	125.24
142.30	156.13	171.15	184.31	196.25	126.16
143.03	156.18	171.16	185.04	196.27	134.06
143.03	156.22	171.19	185.22	a'n't	136.01
143.06	156.25	171.20	185.25	011.16	136.30
143.13	156.25	171.22	185.29	a-drivin'	138.05
143.14	157.02	171.24	185.31	114.15	140.12
144.03	157.19	171.25	185.31	abaft	141.13
144.04	158.02	171.26	186.02	096.11	144.15
144.06	158.03	171.27	186.14	abandon	147.16
144.07	158.04	171.29	186.16	075.09	148.24
144.11	158.04	172.05	186.16	abandoned	151.04
144.11	158.05	172.10	186.21	015.14	155.16
144.13	158.05	172.14	186.22	083.12	156.04
144.16	158.14	172.16	186.25	103.10	157.09
144.17	158.24	172.22	186.29	141.01	158.15
144.25	158.26	172.24	186.29	156.09	159.09
144.25	159.02	172.26	187.05	abashed	159.19
144.26	159.03	172.28	187.09	160.06	161.01
144.30	159.07	172.28	187.15	abeam	161.31
144.30	159.07	173.01	187.19	177.14	163.30
144.30	159.07	173.07	187.26	abject	168.09
145.02	159.07	173.13	187.29	036.13	176.08
145.06	159.08	173.14	187.29	abjectly	179.17
145.06	159.17	173.16	187.31	097.20	180.19
145.07	159.31	173.18	188.01	able	189.14
145.11	160.17	173.19	188.01	004.19	189.26
145.13	160.21	174.11	188.02	012.21	190.01
145.15	160.22	174.14	188.06	085.13	190.05
145.15	160.22	174.15	188.12	100.12	193.18
145.17	160.23	174.19	188.26	aboard	195.11
145.18	160.25	174.23	188.27	001.06	above
145.19	160.27	174.29	188.28	017.11	001.04
145.20	160.29	175.03	188.30	018.25	001.07
145.22	161.14	175.04	189.03	022.21	003.09
145.23	161.17	175.05	189.05	049.03	007.04
145.25	161.29	175.10	189.15	140.14	013.24
146.02	162.08	175.13	189.19	151.06	014.26
146.03	162.08	175.18	189.20	183.04	015.31
146.10	162.10	175.25	189.22	abominable	017.28
146.12	162.16	175.26	189.22	072.09	025.19
146.13	162.18	176.08	189.23	074.22	030.14
146.16	162.18	176.10	189.24	174.06	031.31
146.18	162.26	176.13	189.25	abominated	033.01
146.30	163.02	176.15	189.26	114.23	033.11
147.04	163.06	176.16	189.27	abortive	035.02
147.09	163.12	176.19	189.30	047.10	035.23
147.11	163.14	176.24	189.31	about	038.23
147.23	163.16	176.25	190.01	003.14	054.16
147.27	164.03	176.27	190.03	009.03	054.17
147.29	164.08	176.29	190.06	009.09	055.15
148.03	164.10	176.30	190.08	009.16	061.26
148.05	164.12	177.03	190.12	010.14	064.21
148.08	164.15	177.05	190.16	012.10	066.23
148.08	164.16	177.08	190.16	020.09	072.30
148.19	164.28	177.09	190.17	021.16	073.14
148.26	164.31	177.22	190.19	023.22	074.11
148.28	165.05	177.23	190.19	023.23	074.27
148.29	165.06	177.24	190.20	026.21	077.12
148.30	165.12	177.25	190.20	031.13	077.21
149.04	165.13	177.30	190.21	031.16	077.29
149.11	165.17	178.03	190.23	034.11	079.12
149.22	165.21	178.09	190.25	034.28	086.25
149.23	165.22	178.10	190.27	036.13	089.04
149.24	165.23	178.15	191.09	036.29	092.20
149.25	165.27	178.18	191.13	039.18	098.28
149.26	165.27	178.19	191.14	042.09	104.01
150.06	165.29	178.21	191.29	043.16	105.21
150.12	165.30	178.31	191.30	052.02	109.07
150.13	166.02	179.03	191.30	053.10	117.07
150.20	166.04	179.08	192.02	055.30	120.04

ABOVE (continued)

129.03
132.31
133.19
139.02
139.08
139.17
141.09
141.28
159.21
163.04
166.13
169.16
182.14
184.16
184.19
187.10
abreast
150.15
abroad
041.30
abrupt
054.29
067.30
abruptly
037.08
142.14
absence
063.11
absently
155.04
absolutely
002.16
076.13
absorbed
034.28
080.30
165.24
absorption
094.08
106.01
absurd
059.03
076.22
080.21
157.12
absurdly
022.11
176.06
abundantly
071.07
102.10
abuse
142.12
150.30
abused
004.01
050.22
112.23
165.06
abusively
152.05
abysmal
059.22
abysses
132.05
accentuated
125.14
accept
115.23
accepted
111.09
access
157.11
accident
056.12
091.06
091.09
accidentally
115.10
accommodation-ladder
063.05
accompaniment
060.17
accomplice
040.06
046.11
accomplices
102.16
accomplish
033.22
according
131.02
143.26
account
132.10
192.22
196.08
accursed
050.28
104.05
acrid
101.06
across
073.20
083.27
084.20
086.17
099.13
128.27
135.29
139.27
act
043.26

acted
176.29
action
078.14
actual
092.11
acute
105.07
adamant
150.24
add
160.15
added
062.07
112.24
122.14
148.21
155.02
169.09
183.15
addled
129.29
addressed
024.12
addressing
046.22
adjured
074.31
adjusting
164.25
admiral
183.17
admirals
034.28
admiration
094.08
094.26
admired
056.05
129.31
admiring
057.15
admit
022.11
094.20
115.07
164.01
admonished
126.04
ado
043.03
adorned
023.18
adrift
023.20
059.11
095.24
advance
154.09
advanced
016.01
086.12
109.20
114.17
137.20
137.24
184.14
advancing
139.14
140.09
adventure
057.23
adversary
067.02
advised
012.25
094.29
adze
073.29
afar
111.31
117.21
195.08
afeard
016.31
145.01
145.01
172.11
172.12
affair
153.04
174.25
affected
011.03
037.21
119.10
affection
056.09
affectionate
039.21
affectionately
116.14
129.24
affections
026.31
affirmation
158.03
affirmed
052.01
094.09
122.10
126.03

165.17
affronted
042.03
afloat
002.29
afore
125.20
154.16
afraid
077.16
080.02
080.04
117.06
133.09
146.31
179.05
afresh
112.15
aft
001.14
001.18
013.28
013.28
015.18
018.26
030.27
031.23
032.31
055.12
057.12
063.08
064.26
080.09
080.25
085.01
086.13
089.14
093.09
096.22
098.25
100.18
102.22
107.26
108.27
116.11
123.19
137.16
139.05
140.26
141.10
142.16
154.28
180.05
188.18
after
002.18
008.23
014.10
014.21
015.09
018.11
024.22
025.08
025.11
028.11
031.04
031.07
032.25
040.08
047.09
047.30
048.11
050.08
051.18
055.07
060.27
064.25
065.01
066.28
069.19
073.15
074.19
078.04
081.08
081.12
083.04
083.07
084.15
086.29
091.12
091.31
096.11
101.18
101.23
109.11
115.11
116.20
120.20
121.27
127.04
127.05
129.24
132.04
138.15
139.11
140.09
140.18
144.02
149.12
155.20
158.07

160.31
164.27
171.29
173.07
176.08
176.19
176.13
179.16
182.25
183.15
185.10
after-hatch
021.08
after-rail
037.04
afternoon
051.20
058.28
156.03
afterthought
125.14
afterwards
020.04
033.16
040.27
045.03
092.01
093.26
128.17
183.16
again
017.25
019.27
023.16
025.26
033.13
038.26
047.22
054.05
060.26
061.31
062.24
070.31
071.09
074.13
075.02
075.30
082.29
088.01
089.29
089.30
092.25
095.20
100.24
103.02
108.11
112.21
114.12
117.16
125.17
129.19
139.21
140.18
141.11
142.06
142.25
142.30
143.20
144.26
151.31
152.25
153.23
154.24
162.22
166.03
166.15
171.14
173.28
175.15
180.09
194.10
196.06
196.16
against
002.23
002.24
004.08
004.24
012.26
014.04
033.51
034.16
038.10
049.31
062.23
065.04
065.24
066.30
069.12
069.30
070.13
090.16
097.28
102.11
102.23
103.03
104.03
104.07
107.02
111.12

116.18
118.26
120.23
120.27
135.08
138.26
136.29
139.21
140.17
144.17
145.13
150.01
168.20
170.12
172.17
175.19
192.23
age
005.23
045.28
046.17
aged
026.05
ageen
139.16
ages
184.31
agile
139.05
agility
094.18
122.04
187.30
agin'
011.20
agitation
074.30
ago
005.21
022.04
092.13
120.03
141.22
155.12
161.24
agony
075.08
079.23
agreed
163.20
ah
016.12
019.30
020.24
043.22
045.01
126.03
155.23
ah-h-h
184.03
ahead
028.10
029.10
031.28
050.12
070.02
071.02
096.07
aidea
161.13
aimless
102.24
aimlessly
100.16
ain't
006.09
006.13
008.13
010.31
017.11
031.18
075.26
087.24
089.27
089.29
111.02
114.14
121.31
122.08
123.26
123.28
123.29
124.31
125.15
126.17
129.27
136.05
138.14
136.15
139.20
148.20
148.26
166.03
170.16
ainch'ee
122.02
air
036.20
036.09
054.11
060.20

082.19
090.09
106.06
115.15
119.02
123.24
127.24
127.27
132.30
145.07
147.15
153.02
157.27
159.24
160.22
176.10
176.27
186.17
187.18
192.30
airing
126.19
airs
053.05
162.21
170.17
170.18
ajar
052.03
akimbo
006.25
akin
033.04
alacrity
045.09
alarm
143.02
172.10
alarmed
079.24
087.06
alas
049.11
alert
028.04
150.23
alighted
076.28
alike
007.30
052.12
alive
006.07
031.30
032.01
073.26
074.19
092.18
160.10
174.28
179.23
all
001.08
001.11
001.12
001.14
004.11
004.21
005.17
007.20
007.21
008.23
008.27
009.11
009.27
009.28
010.04
010.10
010.13
013.06
013.16
013.26
014.07
015.10
016.08
017.14
017.18
018.22
018.26
019.02
019.10
019.13
019.23
020.01
020.04
020.25
021.22
022.10
022.15
024.11
025.12
025.28
026.01
029.16
032.01
032.12
033.04
033.05
033.08
034.09

ALL (continued)

035.05	126.19	095.14	083.19	091.23	005.31
035.17	127.22	095.22	085.03	091.23	006.21
036.18	128.03	096.22	086.15	110.12	007.13
037.29	129.13	097.04	088.09	110.14	008.06
037.31	130.09	100.12	089.16	125.03	009.14
038.07	132.02	101.21	090.24	125.05	009.29
040.04	134.07	103.02	091.17	125.09	011.14
042.13	134.20	133.15	092.07	125.12	012.06
042.16	135.02	133.23	095.26	125.29	012.12
043.18	135.03	134.10	096.03	127.10	012.20
046.25	135.14	135.21	099.23	129.13	012.28
047.28	135.16	136.08	102.06	133.24	013.26
047.30	136.17	136.19	102.17	134.07	014.15
048.01	136.31	137.11	104.11	134.22	015.14
048.29	137.31	141.18	110.20	135.03	016.05
049.10	138.01	150.21	114.09	135.12	016.06
049.12	138.30	153.19	114.23	138.23	016.15
050.02	140.17	153.28	116.09	144.02	019.22
050.16	141.01	154.05	118.20	151.05	020.14
051.18	141.11	154.17	121.01	152.18	020.18
053.14	142.29	154.23	122.25	160.03	023.01
056.04	143.01	154.27	127.20	168.28	023.12
057.02	143.11	178.06	127.21	168.09	023.21
057.25	143.12	190.24	139.11	169.08	027.20
060.16	143.30	192.24	150.10	172.17	029.22
060.24	144.03	193.19	155.24	172.27	030.04
061.03	145.06	allowance	160.13	178.03	030.12
062.08	145.12	042.10	162.26	193.02	030.15
062.19	145.13	121.14	169.15	amazed	031.02
062.25	145.29	161.22	174.02	007.02	031.12
064.22	146.07	allowed	175.04	013.17	031.27
064.27	146.31	062.15	183.30	015.03	032.06
065.18	147.16	135.26	188.20	067.28	032.16
066.14	148.16	136.05	194.15	074.29	032.19
066.20	149.14	alluded	alongside	101.17	033.08
068.03	149.27	056.18	002.21	143.25	033.31
068.16	150.26	allusiveness	003.02	152.25	035.10
070.17	151.21	162.16	aloof	amazing	035.24
070.30	153.05	almost	160.11	028.19	036.20
071.01	155.10	061.15	aloud	035.21	036.29
071.29	155.23	066.28	017.07	amazingly	037.04
071.31	155.24	069.30	056.06	082.02	038.21
072.05	156.11	076.10	133.16	ambition	036.28
073.17	156.12	092.15	170.11	033.21	039.20
074.14	157.17	111.23	192.27	ambitious	040.10
074.16	157.24	133.06	already	158.05	042.10
074.28	159.19	170.11	026.12	ambush	043.07
076.05	160.08	aloft	039.30	150.20	044.30
076.21	160.30	010.06	091.27	amen	045.31
076.26	161.01	030.28	109.09	182.12	048.26
076.27	161.04	049.21	132.18	american	050.25
077.18	162.11	058.01	146.07	009.14	051.13
079.07	162.30	058.29	148.04	amiable	054.17
080.09	163.09	061.14	154.29	013.06	057.13
080.12	163.14	062.13	157.14	amicable	060.06
080.21	163.15	065.28	165.20	125.19	060.07
082.03	163.31	103.18	166.24	amicably	060.30
082.15	166.02	104.24	166.31	165.19	062.07
083.07	166.19	105.11	170.09	amidships	062.31
083.11	166.20	114.22	192.05	031.14	063.01
085.01	166.26	116.08	also	140.03	064.04
086.04	167.17	118.05	027.05	amidst	065.23
086.27	167.25	140.24	027.06	134.14	065.26
088.08	168.08	155.19	041.26	among	073.24
088.09	168.22	164.24	066.07	037.31	077.29
088.22	169.29	188.21	068.15	106.25	078.07
089.11	170.12	190.26	077.09	119.13	078.10
089.17	171.10	alive	080.05	amongst	078.19
095.18	172.30	074.13	150.25	003.08	079.29
096.02	174.14	alone	157.02	003.15	081.22
096.07	174.21	014.08	158.30	003.16	081.23
098.03	176.02	014.16	163.24	014.01	082.17
099.07	176.19	026.02	190.12	023.24	082.22
099.26	176.26	030.05	190.24	041.30	086.18
100.06	177.11	039.10	altercation	045.05	086.21
100.24	178.15	041.02	031.12	046.04	087.17
101.21	180.20	043.28	altogether	050.11	087.30
102.26	181.11	044.08	020.26	062.30	089.26
104.23	181.13	046.05	058.19	069.16	090.29
104.29	181.19	051.27	066.15	083.04	092.01
105.22	181.26	092.24	191.09	088.11	099.10
106.16	182.01	094.21	altruistic	086.20	100.24
107.24	182.15	100.18	126.17	096.19	101.12
108.20	183.05	111.06	always	098.20	102.01
109.19	183.06	123.21	016.14	099.03	102.04
110.12	183.08	134.15	020.19	110.15	103.26
110.15	183.13	138.31	032.06	118.05	104.15
111.15	186.10	151.16	032.08	136.07	104.17
111.18	186.20	153.17	040.24	137.14	107.19
111.22	187.01	164.22	052.04	137.26	108.14
112.02	187.19	167.24	055.24	143.05	110.05
112.11	187.25	167.24	082.23	143.10	110.26
112.16	188.08	173.20	118.22	143.31	111.06
112.18	189.29	184.23	119.15	146.04	111.31
114.25	192.29	189.12	123.01	159.16	112.18
115.05	193.03	193.30	145.12	164.22	112.24
115.16	194.08	195.13	147.01	169.25	114.05
115.17	195.25	along	168.08	amphibious	116.24
119.28	all-fired	002.09	am	184.12	118.01
120.15	051.13	015.17	007.22	ample	118.13
120.24	alleviate	015.23	007.25	149.17	119.05
121.06	012.03	018.06	011.14	amused	120.29
121.13	allistoun	030.24	011.15	122.29	120.31
121.26	033.07	031.21	017.06	amusement	126.04
121.31	053.20	034.07	020.24	115.12	126.10
122.05	055.22	036.21	022.17	amusements	127.16
122.07	058.16	064.17	024.16	040.03	128.02
124.16	064.17	066.02	043.22	an	129.29
125.05	066.03	068.02	046.29	003.12	129.30
125.25	069.29	072.16	089.08	004.31	130.05
126.07	072.21	080.30	090.20	005.14	130.18

8   AN (continued)   THE NIGGER OF THE NARCISSUS

130.23	002.11	017.08	030.12	044.08	057.18
130.25	002.12	017.15	030.13	044.10	057.20
131.26	002.13	017.23	030.15	044.11	057.21
131.27	002.16	017.29	030.16	044.14	057.25
131.27	002.18	017.31	030.22	044.16	057.29
132.13	002.22	018.06	030.24	044.19	057.31
133.10	002.24	018.16	030.25	044.23	058.01
136.03	002.25	018.23	030.26	044.25	058.07
140.01	002.27	018.26	031.06	044.25	058.07
140.25	002.28	018.29	031.06	044.26	058.10
140.25	003.07	018.31	031.08	044.29	058.15
141.05	003.08	019.01	031.10	044.31	058.16
142.12	003.12	019.05	031.16	045.07	058.17
142.19	003.19	019.05	031.17	045.08	058.17
146.29	003.31	019.06	031.24	045.11	058.20
148.06	004.04	019.07	032.02	045.13	058.23
148.20	004.06	019.13	032.03	045.17	058.26
150.04	004.17	019.14	032.04	045.19	058.29
150.17	004.18	019.16	032.06	045.20	059.02
150.20	004.22	019.21	032.07	045.26	059.05
151.31	004.23	019.23	032.08	046.01	059.10
152.30	004.25	019.29	032.09	046.04	059.12
155.08	004.27	020.03	032.12	046.06	059.20
157.16	004.28	020.07	032.17	046.07	059.25
158.02	004.30	020.13	032.17	046.13	060.04
158.17	005.03	020.18	032.16	046.20	060.05
159.02	005.04	020.20	032.19	046.24	060.07
159.18	005.06	020.22	032.25	046.28	060.12
159.23	005.15	020.23	032.26	047.05	060.13
159.23	005.16	020.27	032.27	047.10	060.14
159.27	005.16	020.30	032.28	047.14	060.14
160.12	005.18	021.02	032.30	047.18	060.16
160.31	005.30	021.03	032.30	047.19	060.17
162.10	005.31	021.05	033.07	047.22	060.26
162.29	006.03	021.10	033.11	047.27	060.30
164.30	006.09	021.15	033.17	048.05	061.01
165.29	006.15	021.23	033.20	048.06	061.05
166.04	006.18	021.24	033.25	048.09	061.08
168.25	007.01	021.30	033.27	048.11	061.12
169.07	007.10	022.03	034.01	048.20	061.15
171.16	007.12	022.06	034.07	048.26	061.22
173.04	007.13	022.26	034.08	048.30	061.23
174.08	007.20	022.28	034.09	049.06	061.26
176.23	007.21	022.29	034.12	049.19	061.31
177.01	007.21	022.30	034.15	049.21	062.02
179.02	007.30	022.31	034.16	050.02	062.04
180.07	007.31	023.02	034.17	050.02	062.05
180.28	008.02	023.09	034.18	050.06	062.06
181.15	008.03	023.12	034.24	050.08	062.10
181.25	008.15	023.13	034.25	050.09	062.12
181.27	008.18	023.18	034.27	050.11	062.14
182.04	008.22	023.21	034.29	050.12	062.24
182.12	008.24	023.22	035.05	050.13	062.30
183.15	008.27	023.24	035.11	050.15	063.01
184.18	008.30	023.26	035.16	050.16	063.04
184.21	009.04	023.28	035.19	050.20	063.05
185.13	009.08	024.04	035.20	050.21	063.18
185.28	009.10	024.19	035.24	050.23	063.24
186.05	009.16	024.30	035.27	050.27	063.27
187.22	009.20	025.07	035.29	050.30	064.02
188.10	009.23	025.19	036.01	051.10	064.03
190.27	009.23	025.26	036.08	051.11	064.07
191.01	009.23	025.27	036.10	051.14	064.09
192.22	009.26	025.30	036.12	051.15	064.12
192.30	009.26	026.02	036.27	051.18	064.16
195.16	009.30	026.02	036.31	051.22	064.17
196.10	010.07	026.08	037.11	051.24	064.20
an	010.07	026.11	037.12	051.28	064.22
011.15	010.09	026.11	037.15	051.30	064.24
013.22	010.11	026.15	037.21	052.12	064.26
024.09	010.12	026.17	037.22	053.04	064.28
025.02	010.13	026.18	037.27	053.08	065.01
039.09	010.15	026.18	037.28	053.09	065.01
049.29	010.18	026.23	037.28	053.12	065.12
059.07	010.27	026.28	038.08	053.15	065.25
086.06	010.29	026.30	038.10	053.16	065.28
089.17	011.05	027.06	038.12	053.19	065.31
120.25	011.07	027.08	038.18	053.23	066.02
121.28	011.10	027.08	038.24	053.23	066.12
122.10	011.25	027.10	038.27	054.02	066.15
122.17	012.10	027.11	038.27	054.03	066.16
125.12	012.22	027.12	038.31	054.05	066.17
131.14	013.03	027.13	039.12	054.07	066.21
148.20	013.04	027.14	039.13	054.10	066.23
165.28	013.11	027.18	039.15	054.14	066.28
168.10	013.14	027.19	039.22	054.17	067.03
170.20	014.04	027.20	039.25	054.22	067.03
171.08	014.09	027.26	039.27	054.22	067.05
172.14	014.14	027.29	040.04	054.28	067.08
172.18	014.21	027.30	040.24	054.29	067.17
172.23	014.23	027.31	040.27	055.03	067.18
172.27	015.05	027.31	040.30	055.06	067.25
analysis	015.09	028.06	040.31	055.10	067.27
116.25	015.13	028.06	041.08	055.11	068.01
anchor	015.13	028.07	041.09	055.12	068.03
002.09	015.17	028.10	041.13	055.12	068.06
015.11	015.19	028.11	041.15	055.15	068.08
028.09	015.26	028.12	041.19	055.16	068.16
anchor-shackle	015.28	028.13	042.02	055.20	068.18
179.02	015.30	028.16	042.03	055.23	068.27
anchored	016.02	028.17	042.06	055.30	068.29
185.06	016.05	028.19	042.12	056.03	068.31
anchors	016.08	029.06	042.17	056.04	069.04
031.27	016.10	029.08	042.29	056.07	069.09
096.14	016.16	029.15	043.04	056.12	069.11
and	016.17	029.15	043.10	056.16	069.12
001.11	016.22	029.16	043.14	056.23	069.20
001.15	016.28	029.17	043.18	056.23	069.25
001.22	016.30	029.22	043.22	056.25	069.31
002.05	017.01	030.01	044.01	057.17	070.02
002.08	017.04	030.06		057.18	

AND (continued)

070.04	081.07	096.20	107.02	119.07	140.04
070.13	081.09	096.21	107.09	119.09	140.09
070.15	081.13	096.23	107.10	119.12	140.12
070.16	081.15	096.29	107.24	119.15	140.16
070.24	081.20	097.01	107.24	119.21	140.23
070.27	081.21	097.05	107.25	119.31	140.27
071.03	081.23	097.06	107.26	120.09	140.29
071.06	081.26	097.11	107.27	120.14	141.03
071.08	081.30	097.12	107.30	120.16	141.06
071.09	082.01	097.19	108.01	120.31	141.08
071.11	082.08	097.22	108.04	121.01	141.15
071.13	082.10	097.23	108.06	121.04	141.17
071.16	082.14	098.01	108.14	121.05	141.19
071.22	082.16	098.02	108.24	121.09	141.20
071.24	082.21	098.08	108.25	121.10	141.26
071.29	082.30	098.10	108.28	121.14	141.30
072.01	082.31	098.11	109.19	121.16	142.02
072.03	083.08	098.13	109.20	121.26	142.04
072.04	083.09	098.16	109.22	122.06	142.06
072.07	083.10	098.18	109.24	122.13	142.08
072.09	083.14	098.18	109.29	122.13	142.17
072.16	083.15	098.19	110.04	122.18	142.25
072.18	083.20	098.20	110.05	122.23	142.26
072.25	083.20	098.23	110.09	122.26	143.10
073.01	083.21	098.24	110.12	123.02	143.22
073.03	083.22	098.25	110.19	123.05	143.25
073.06	083.25	098.27	110.24	123.06	143.31
073.08	083.28	098.30	110.26	123.12	144.06
073.11	083.30	099.01	110.29	123.13	144.08
073.12	083.31	099.05	111.05	123.17	144.12
073.15	084.03	099.05	111.07	123.22	144.20
073.17	084.03	099.06	111.09	123.24	144.22
073.20	084.06	099.09	111.12	124.06	144.23
073.22	084.12	099.17	111.19	124.12	144.26
073.25	084.12	099.19	111.23	124.13	144.27
074.03	084.15	099.21	111.25	124.19	145.03
074.04	084.21	099.27	111.26	124.29	145.07
074.06	084.24	099.29	111.28	125.17	145.15
074.08	085.01	099.31	111.31	125.19	145.17
074.08	085.06	100.02	111.31	125.24	145.19
074.17	085.09	100.04	112.01	126.09	145.20
074.18	086.01	100.04	112.01	127.08	145.24
074.20	086.08	100.05	112.02	127.11	145.27
074.25	086.09	100.05	112.05	127.12	145.31
074.29	086.19	100.08	112.07	127.17	146.02
074.31	086.23	100.11	112.09	127.19	146.03
075.01	086.25	100.13	112.11	127.19	146.12
075.04	086.27	100.16	112.13	127.22	146.18
075.08	086.28	100.18	112.16	127.23	146.25
075.10	087.08	100.21	112.21	127.27	146.27
075.18	087.09	100.24	112.23	128.06	146.29
075.23	087.13	100.26	112.28	128.14	147.17
075.27	087.14	101.06	113.03	128.18	147.20
075.30	087.19	101.09	113.05	128.20	147.21
076.09	087.20	101.11	113.07	128.29	147.24
076.12	087.25	101.13	113.11	128.30	147.26
076.13	087.29	101.14	113.18	129.01	148.05
076.16	087.30	101.15	113.25	129.02	148.09
076.20	087.30	101.16	114.01	129.09	148.11
076.23	088.02	101.17	114.02	129.12	148.16
076.27	088.03	101.19	114.02	129.13	148.25
077.03	088.06	101.25	114.05	129.17	148.30
077.04	088.09	102.01	114.09	129.19	149.13
077.11	088.16	102.04	114.24	129.21	149.16
077.14	088.19	102.07	114.27	129.30	149.17
077.16	088.22	102.08	114.28	130.09	149.26
077.17	089.23	102.14	114.31	130.14	149.31
077.20	090.01	102.21	115.13	130.30	149.31
077.21	090.02	103.04	115.15	131.08	150.08
077.22	090.11	103.04	116.06	131.19	150.09
077.23	090.29	103.08	116.11	131.20	150.10
077.28	090.30	103.11	116.12	131.27	150.13
077.31	091.05	103.15	116.16	131.28	150.16
078.02	091.29	103.17	116.19	131.29	150.17
078.04	092.05	103.19	116.20	132.31	150.19
078.08	092.07	103.26	116.22	133.02	150.22
078.09	092.11	103.28	116.23	133.02	150.23
078.12	092.15	103.30	116.24	133.10	150.25
078.18	092.17	103.30	116.25	133.10	151.02
078.20	092.18	103.31	116.29	133.20	151.04
078.20	092.19	103.31	116.31	133.21	151.04
078.22	092.21	104.04	117.01	133.25	151.06
078.24	092.25	104.13	117.01	134.02	151.11
078.24	092.27	104.16	117.05	134.04	151.20
078.31	092.31	104.18	117.08	134.06	151.22
079.03	093.01	104.23	117.11	134.10	152.02
079.04	093.07	104.30	117.12	134.20	152.05
079.07	093.09	104.31	117.14	134.30	152.06
079.12	093.11	105.05	117.14	135.08	152.17
079.15	093.16	105.06	117.15	135.16	152.25
079.20	093.22	105.07	117.16	135.25	152.29
079.21	093.23	105.08	117.18	136.13	152.31
079.22	093.24	105.09	117.19	136.20	153.02
079.23	093.30	105.10	117.20	136.22	153.09
079.24	094.03	105.20	117.22	136.22	153.15
079.27	094.06	105.23	117.23	136.26	153.20
079.30	094.07	105.25	117.27	137.17	153.27
080.05	094.16	105.29	117.30	137.22	153.31
080.08	094.17	105.31	117.30	137.25	154.03
080.12	094.20	106.01	118.05	137.28	154.09
080.16	094.23	106.03	118.10	138.01	154.17
080.16	094.29	106.07	118.11	138.13	154.19
080.18	094.30	106.08	118.16	138.18	154.21
080.18	095.03	106.14	118.18	138.20	154.26
080.19	095.04	106.19	118.19	138.22	154.28
080.20	095.13	106.20	118.20	138.27	155.01
080.21	095.16	106.21	118.24	138.31	155.04
080.25	095.23	106.23	119.01	139.06	155.15
080.29	095.23	106.24	119.04	139.07	155.17
081.03	095.30	106.28	119.05	139.12	155.18
081.05	096.07	106.30	119.07	139.26	155.22

AND (continued) — THE NIGGER OF THE NARCISSUS

156.04	171.14	184.07	195.11	093.10	071.17
156.08	171.16	184.09	195.12	093.15	076.08
156.11	171.17	184.10	195.14	101.20	076.29
156.13	171.17	184.12	195.15	103.27	076.29
156.14	171.19	184.14	195.16	104.08	080.04
156.14	171.22	184.21	195.19	104.26	082.06
156.16	171.24	184.23	195.19	105.01	087.07
157.01	171.30	184.26	195.26	108.01	087.24
157.02	171.31	184.27	195.28	106.17	089.17
157.13	172.02	184.28	195.31	109.30	090.20
157.18	172.04	184.28	196.01	122.30	090.27
157.25	172.11	184.29	196.04	123.09	091.02
157.26	172.30	184.30	196.10	129.08	091.15
157.30	173.03	185.02	196.14	129.22	091.23
158.05	173.04	185.02	196.16	134.28	094.21
158.11	173.04	185.03	196.20	137.28	101.20
158.16	173.06	185.04	196.22	140.18	101.21
158.20	173.06	185.06	anecdote	144.16	113.15
158.24	173.10	185.09	036.29	144.05	113.20
158.28	173.17	185.14	angel	145.01	120.04
158.29	173.19	185.16	043.07	146.27	126.01
159.05	173.23	185.22	anger	147.22	126.03
159.07	173.26	185.25	142.29	150.03	127.15
159.13	173.28	185.26	172.02	152.28	134.12
159.16	174.01	185.29	angle	153.14	136.17
159.19	174.07	185.30	066.13	153.28	140.15
159.21	174.09	186.01	angrily	161.26	142.15
159.24	174.16	186.04	089.21	165.27	145.10
159.27	174.18	186.05	110.25	167.09	149.02
159.27	174.27	186.07	117.05	167.18	153.05
159.31	174.28	186.14	169.16	170.23	157.26
160.13	174.30	186.15	181.11	171.04	159.08
160.17	175.03	186.17	angry	174.02	159.24
160.20	175.06	186.21	038.29	176.15	160.29
161.02	175.10	186.23	058.10	188.29	164.01
161.03	175.17	186.28	058.31	190.26	169.07
161.08	175.24	187.01	082.06	191.04	169.11
161.09	175.27	187.07	085.09	192.23	172.12
161.13	176.02	187.08	136.09	193.24	173.15
161.17	176.03	187.09	137.22	193.29	186.31
161.22	176.05	187.11	140.25	195.13	192.03
161.23	176.10	187.19	141.30	another's	192.17
161.26	176.13	187.20	153.06	062.06	192.30
161.28	176.14	187.20	164.03	145.04	196.15
162.03	176.15	187.21	166.06	answer	anybody
162.06	176.16	187.22	anguish	015.29	115.24
162.07	176.17	187.26	112.13	016.14	135.23
162.22	176.25	187.29	anguished	020.25	167.29
162.25	176.27	187.31	060.06	047.31	anybody's
162.28	176.29	188.02	anguishing	114.31	094.20
162.29	177.01	188.03	174.19	174.31	anyhow
162.30	177.03	188.05	angular	answered	007.23
163.03	177.05	188.06	133.02	016.03	006.21
163.08	177.08	188.11	animal	024.30	043.29
163.12	177.16	188.16	088.10	036.19	057.06
163.18	177.17	189.07	110.26	046.30	090.29
163.20	177.18	189.11	159.18	047.26	113.23
163.22	177.18	189.12	animal-like	054.28	120.08
163.26	177.19	189.14	133.10	069.22	165.14
164.01	177.20	189.17	animals	072.12	anything
164.03	177.24	189.19	147.27	085.07	016.23
164.05	177.25	189.20	animated	087.31	043.25
164.05	177.27	189.24	186.21	089.13	045.12
164.12	177.30	189.25	animation	111.05	049.14
164.16	178.02	189.25	094.10	115.19	066.27
164.17	178.04	189.27	192.21	123.10	081.16
164.19	178.05	189.28	annas	123.30	092.11
164.20	178.07	189.31	002.28	126.23	093.16
164.22	178.09	190.08	annoy	142.16	094.09
164.24	178.14	190.16	051.13	146.11	100.11
164.29	178.16	190.19	annoyance	153.23	115.24
164.30	178.18	190.20	058.25	160.26	115.25
165.05	178.23	190.23	annoyed	168.04	125.03
165.06	178.29	190.24	115.03	answers	143.27
165.08	179.22	190.25	168.01	085.26	151.24
165.10	179.25	191.07	178.04	antagonism	163.16
165.19	179.30	191.09	another	169.29	182.08
165.21	180.03	191.12	003.09	anticipated	190.10
165.23	180.04	191.12	004.08	044.17	anythink
165.26	180.08	191.14	005.28	anxiety	013.08
165.27	180.09	191.16	008.17	130.11	anyways
166.03	180.11	191.23	010.22	149.10	121.11
166.10	180.16	192.01	013.09	157.05	anywhere
166.12	180.20	192.07	028.14	anxious	122.13
166.17	180.21	192.09	032.09	054.12	apart
166.23	180.27	192.12	032.25	061.05	004.20
166.28	181.02	192.14	035.08	082.24	050.14
166.30	181.02	192.14	039.09	095.22	100.17
167.02	181.03	192.16	042.09	140.11	apathetic
167.04	181.04	193.05	048.05	150.20	083.23
167.08	181.08	193.06	050.09	182.06	092.18
167.16	181.10	193.13	053.13	180.08	appalled
167.20	181.13	193.14	056.06	194.27	047.30
168.01	181.17	193.18	061.21	196.01	071.16
168.05	181.19	193.24	063.27	anxiously	appalling
168.14	181.22	193.25	064.14	102.25	061.02
168.17	181.28	193.29	064.18	107.13	079.22
168.19	181.30	194.01	064.25	126.26	099.27
168.21	182.06	194.05	065.01	173.23	171.31
168.25	182.11	194.07	067.20	any	apparent
168.28	182.13	194.09	069.19	003.24	168.28
169.02	182.21	194.20	073.15	008.07	apparently
169.19	182.26	194.26	073.31	011.21	081.08
169.25	182.27	194.29	075.05	012.07	081.15
169.31	182.28	194.30	082.16	034.14	160.20
170.04	183.08	195.02	085.08	036.13	180.03
170.12	183.12	195.04	087.14	040.10	apparition
170.23	183.23	195.07	087.17	048.12	157.16
170.30	183.24	195.09	089.07	050.04	appeal
171.12	184.02	195.10	089.20	062.17	016.10
	184.06		092.23	063.02	

appealing	078.15	141.03	articles	063.19	116.17
138.22	093.28	argument	041.01	063.25	116.30
173.19	109.14	107.22	articulated	064.03	117.20
appear	120.02	argumentation	101.24	064.03	118.19
050.11	120.12	141.20	artist	064.11	118.19
134.11	139.17	arguments	113.13	064.13	119.10
appearance	147.30	035.21	as	065.01	119.17
035.17	148.14	145.05	004.30	065.02	119.24
146.05	148.15	arid	005.14	066.22	119.25
176.01	148.22	127.13	005.24	066.22	120.08
appeared	159.22	arm	006.30	066.31	120.18
002.02	165.18	015.22	008.08	067.05	121.02
016.21	166.01	023.12	008.22	067.21	123.23
026.03	182.06	025.08	008.26	068.10	123.30
026.28	191.12	071.12	008.26	069.13	124.05
032.10	192.04	091.10	008.29	070.12	125.08
037.23	193.17	108.28	009.07	070.20	125.21
041.26	archie's	110.03	011.26	071.03	125.29
046.24	040.07	122.17	013.31	072.04	125.29
055.17	065.14	133.16	015.02	073.07	125.29
058.19	148.09	134.01	015.17	075.10	125.29
067.05	ardent	138.08	015.28	075.31	126.07
079.04	082.30	139.06	016.05	076.06	126.28
079.25	147.29	139.08	016.20	076.11	128.19
084.14	ardour	147.21	018.21	076.15	128.20
095.05	097.17	153.30	018.26	076.28	129.02
108.05	114.01	154.21	018.31	077.06	129.02
108.24	133.14	181.29	018.31	077.22	129.16
142.09	168.15	194.13	020.01	077.27	129.21
144.11	are	arm's	020.06	077.28	129.22
153.08	001.08	004.25	026.04	079.08	130.01
153.17	001.11	062.09	026.05	080.12	130.03
157.05	005.12	arm-in-arm	026.05	080.14	130.17
162.28	008.07	046.08	026.09	080.14	131.08
164.15	010.10	armpit	026.16	080.28	131.26
174.28	010.22	134.26	026.20	080.26	131.26
181.17	011.02	armpits	026.21	081.24	132.03
185.21	018.01	031.11	027.22	081.24	132.17
185.24	025.12	080.25	028.03	082.17	132.18
188.01	026.16	arms	028.03	082.17	133.20
190.25	027.03	003.17	029.06	083.01	134.17
192.30	027.04	006.04	029.07	083.01	135.09
195.13	027.11	008.15	031.30	083.11	135.15
appearing	027.12	008.25	032.02	083.16	136.16
096.12	034.12	010.07	032.02	083.26	138.16
155.22	038.17	011.10	032.22	084.04	139.24
160.11	036.18	023.18	033.10	084.24	140.10
appears	042.07	034.25	034.10	086.04	140.25
051.09	043.08	036.07	034.12	086.04	141.03
appeased	043.17	036.11	035.08	086.28	141.04
145.31	043.18	036.26	036.02	086.29	141.26
appeasement	046.23	037.08	037.16	087.01	142.04
005.10	056.24	055.02	037.20	088.15	142.23
appeasing	068.03	064.25	037.25	088.15	142.24
076.16	072.10	065.15	038.28	088.11	144.11
appetite	074.13	066.24	039.09	088.23	144.11
041.25	077.26	066.26	039.18	090.10	144.20
appointment	085.16	069.11	039.29	090.27	145.14
160.18	086.04	069.19	039.30	090.27	145.14
appreciative	088.27	070.15	039.31	091.24	145.31
165.30	088.29	073.02	040.01	091.24	146.06
appreciatively	089.01	079.12	040.15	091.24	146.09
154.12	089.14	080.16	040.22	091.29	146.20
apprehension	089.21	096.16	040.24	091.30	147.09
160.24	089.23	099.06	040.26	092.04	147.12
approach	090.21	100.25	040.29	092.04	148.24
047.12	090.25	105.20	041.01	092.06	148.31
114.05	091.09	107.11	041.08	093.13	149.01
157.07	091.26	108.04	041.26	094.21	149.18
approached	094.27	111.24	041.31	094.21	150.02
018.16	097.24	114.19	042.14	094.27	150.10
035.26	101.05	128.04	042.16	094.31	150.10
146.09	108.10	130.14	043.08	094.31	150.23
172.03	110.16	133.20	043.14	095.10	150.23
173.24	112.27	134.05	043.14	097.03	151.03
174.27	122.01	142.08	044.27	097.13	151.07
185.19	125.01	144.18	045.04	097.13	151.08
188.31	125.11	145.17	045.09	098.04	152.11
approved	125.15	145.26	045.14	098.07	152.20
129.31	126.11	151.25	045.14	098.10	152.21
aquatic	126.13	152.24	046.15	098.10	153.02
029.22	127.02	153.25	046.15	098.18	153.09
arab	131.24	165.11	046.16	098.19	153.17
030.13	132.07	178.25	046.27	098.31	153.26
arciter	132.10	180.27	048.20	099.07	153.31
177.03	132.15	arose	050.15	099.11	154.02
artitrary	133.13	044.15	050.15	100.04	154.29
148.06	135.17	139.17	051.06	102.05	155.17
arch	135.26	around	051.07	102.05	155.22
023.01	136.12	008.31	051.07	102.15	157.08
023.02	137.02	012.09	051.29	102.28	157.06
129.05	149.13	013.12	052.06	102.31	157.13
arched	153.24	018.30	055.20	102.31	157.13
015.04	153.30	039.12	055.22	103.20	157.25
054.16	154.21	046.30	055.31	104.19	158.01
068.29	168.30	068.13	056.07	105.30	158.04
139.01	170.15	123.03	056.18	106.09	158.10
archie	170.16	149.02	056.30	107.29	158.13
004.03	172.10	149.16	057.09	108.27	158.21
007.11	179.14	aroused	058.22	109.24	159.01
008.04	191.22	013.16	058.24	110.22	159.02
012.11	aren't	arranged	060.18	111.01	159.02
040.08	179.01	179.01	060.23	111.04	159.02
041.18	179.05	179.04	061.07	111.10	159.03
041.20	argue	arranging	061.19	111.14	159.03
064.17	021.19	107.28	062.17	112.15	159.05
073.11	argued	arrested	062.28	113.03	159.18
074.03	002.24	139.14	063.04	115.16	159.18
077.08	120.28	arrive	063.09	115.17	160.06
078.02	148.19	002.19	063.15	115.21	160.07
078.08	arguing		063.15	116.13	160.11
	137.26				

AS (continued)

160.14, 160.17, 160.31, 161.28, 162.09, 162.28, 163.10, 164.04, 164.13, 165.02, 165.02, 166.11, 167.12, 167.25, 167.28, 167.29, 168.21, 169.02, 169.06, 172.01, 172.26, 173.02, 173.29, 174.05, 174.13, 175.18, 175.22, 176.04, 176.06, 176.07, 176.12, 176.17, 176.19, 176.30, 177.03, 178.11, 180.14, 180.22, 182.04, 185.11, 186.19, 186.20, 187.11, 187.11, 188.03, 188.03, 190.01, 191.24, 192.02, 192.02, 192.05, 192.23, 193.22, 193.23, 193.30, 195.25, 196.24, 196.24

ascend
062.24

ascended
140.04, 166.13

ashamed
051.16, 085.12, 143.16, 178.26

ashore
002.14, 005.25, 009.17, 115.16, 146.30, 165.26, 169.17, 189.01, 189.09, 189.16, 189.24, 190.12, 192.27

asiatics
002.20

aside
013.02, 021.03, 025.06, 152.27, 153.15

ask
042.26, 047.14, 127.10, 153.04

asked
001.07, 010.22, 011.06, 016.24, 023.30, 025.09, 046.23, 050.18, 053.12, 058.18, 069.21, 085.25, 090.16, 090.24

094.01, 101.21, 102.27, 110.16, 114.30, 122.02, 123.27, 124.21, 126.11, 128.14, 132.04, 133.13, 136.04, 146.11, 148.14, 148.27, 149.09, 151.27, 151.31, 153.22, 161.11, 167.15, 167.31, 168.18, 168.30, 169.18, 170.25, 173.30, 175.01, 179.20, 191.04

asking
019.28, 040.13, 067.29, 068.03, 069.05

aslant
004.03, 062.11, 185.29

asleep
070.20, 146.05

aspect
034.21, 088.03, 100.07, 133.10, 145.20, 147.19, 150.04, 164.08

aspirations
137.28

aspiring
116.23

ass
012.21

assault
041.16

assent
163.18

assented
092.03, 121.29, 142.13

assert
170.01

assertion
052.14

assertions
158.03

assisted
097.02

associate
076.29

association
178.10

assorted
076.14

assurance
115.20, 122.14, 167.22, 169.16, 192.31

assured
115.04, 138.05, 179.16

astern
183.22

astir
107.25

astonished
036.31, 133.07

astounded
176.03

astounding
081.28, 133.10

astride
118.24

astute
147.10

asunder
061.25

at
003.10, 004.12, 004.17, 004.25, 006.12, 006.14, 006.24, 007.19, 008.04, 008.31, 010.07, 010.20, 011.05, 011.26, 011.29, 012.18, 012.25, 012.27, 013.04, 013.18, 014.19, 014.21, 015.07, 015.11, 015.21, 016.15, 017.02, 017.05, 017.08, 017.19, 019.09, 020.16, 021.30, 022.15, 023.05, 023.28, 024.05, 024.08, 025.28, 026.01, 028.17, 028.18, 028.20, 029.02, 033.19, 033.29, 034.06, 034.14, 036.13, 036.19, 037.01, 037.13, 038.08, 039.14, 039.22, 040.01, 040.19, 040.31, 041.01, 041.01, 041.07, 042.13, 042.16, 042.30, 043.08, 043.15, 044.02, 044.02, 045.12, 045.26, 046.16, 046.17, 047.21, 048.06, 048.14, 050.04, 050.23, 050.31, 051.03, 052.03, 056.22, 057.01, 057.11, 057.31, 057.31, 059.15, 060.22, 061.12, 061.20, 061.30, 062.01, 062.14, 062.17, 062.20, 063.06, 063.14, 063.16, 063.24, 063.28, 065.27, 066.12, 067.12, 067.13, 068.08, 068.24, 069.29, 070.10, 070.14

070.24, 071.01, 071.09, 071.11, 071.27, 071.29, 072.13, 072.14, 074.04, 075.18, 075.24, 076.01, 076.17, 077.04, 077.11, 077.19, 078.09, 078.15, 078.20, 078.21, 078.27, 079.05, 079.05, 079.07, 079.07, 080.06, 080.11, 080.14, 080.26, 081.17, 082.01, 082.03, 082.21, 083.06, 084.18, 084.19, 086.22, 087.06, 088.06, 088.11, 088.19, 088.22, 089.30, 092.10, 094.19, 095.22, 096.20, 096.27, 097.15, 098.20, 099.28, 099.30, 100.06, 100.13, 101.06, 101.13, 101.20, 102.06, 102.12, 102.20, 102.24, 102.30, 103.06, 103.22, 104.08, 104.22, 105.18, 106.12, 107.05, 107.15, 107.18, 109.05, 110.01, 110.17, 110.22, 110.28, 111.03, 111.19, 111.22, 112.28, 113.20, 113.24, 114.07, 115.12, 115.15, 116.06, 116.12, 117.10, 119.06, 120.13, 120.17, 120.18, 121.13, 121.26, 121.29, 122.20, 122.28, 122.30, 123.25, 125.06, 125.08, 126.23, 128.29, 129.12, 133.07, 133.08, 133.24, 133.27, 134.05, 134.19

134.25, 136.09, 137.08, 138.22, 139.14, 141.01, 141.26, 143.12, 143.19, 144.13, 145.07, 145.20, 145.28, 146.01, 146.18, 146.22, 146.22, 149.22, 149.26, 150.02, 150.17, 151.02, 151.25, 152.02, 152.05, 152.19, 153.01, 153.02, 153.17, 153.20, 154.02, 154.06, 154.22, 154.23, 154.24, 154.26, 154.26, 154.30, 155.03, 155.15, 155.19, 157.01, 158.18, 158.29, 159.24, 159.28, 159.28, 160.14, 160.24, 160.28, 162.04, 162.08, 162.29, 163.23, 163.27, 166.18, 166.18, 166.18, 167.11, 167.12, 167.17, 167.25, 168.18, 168.21, 168.25, 169.19, 171.09, 171.15, 172.05, 172.29, 173.29, 174.06, 174.20, 175.09, 175.10, 175.16, 175.18, 175.20, 175.24, 176.06, 176.22, 176.26, 177.11, 177.13, 177.24, 177.31, 178.15, 178.24, 179.01, 179.09, 179.09, 179.20, 179.25, 180.06, 180.09, 180.11, 180.14, 180.24, 180.30, 181.27, 182.01, 184.14, 185.13, 185.17, 185.22, 186.16, 186.17, 186.29, 186.30, 186.31, 187.01

187.12, 188.08, 188.21, 188.21, 188.26, 189.03, 190.11, 190.17, 192.03, 192.29, 192.30, 193.20, 194.05, 194.29, 194.31, 195.01, 196.16

ate
009.23, 040.29

athlete
014.15

athletic
073.06

atmosphere
104.17, 131.27, 156.02, 187.22

atrocious
121.28

attached
034.02

attacked
074.22

attained
033.15

attempt
098.23, 102.20

attempted
047.10

attendance
116.04

attended
039.17, 051.29

attending
116.04

attention
136.21, 147.12, 156.17

attentive
033.06, 055.17, 100.24, 116.07, 171.29

attentively
110.01, 124.12, 153.12

attitude
036.28, 050.14, 156.24, 171.06, 180.28

attitudes
055.19, 062.26, 068.06, 083.13, 096.13

audacious
032.18, 048.26, 185.04

audacities
113.24

audible
049.05, 095.21

augmented
158.08

august
032.20, 170.18

austere
010.18, 161.11

austerely
147.06

authoritative
013.27

authoritatively
102.04

autumn
034.21

avenging
060.08

average
020.14

averted
038.03, 047.19

avidity
118.06, 167.07

avoiding	awhile	154.06	044.22	banded	031.13
175.15	039.07	154.18	048.21	177.08	032.31
awake	awkward	154.28	048.23	bands	033.23
040.24	081.02	167.10	048.29	014.03	035.18
awaken	axe	168.20	049.02	057.31	039.10
005.05	064.04	169.18	049.06	185.25	039.23
awakened	065.26	171.01	051.03	bandy-legged	041.04
088.28	191.01	173.02	051.06	025.01	041.20
111.26	axed	175.17	053.22	banged	042.09
aware	172.21	175.22	062.29	067.17	042.11
002.29	axes	176.30	063.11	075.07	042.17
040.17	073.28	190.09	066.08	119.19	043.07
081.08	ay	192.14	068.02	bank	044.20
134.12	017.12	196.27	070.26	189.18	044.21
140.15	071.21	back-handed	072.07	banks	045.19
160.20	085.07	067.16	072.11	056.11	046.06
away	085.07	back-lickers	083.18	185.16	046.09
009.14	089.02	172.16	085.03	185.23	047.22
015.02	089.02	backbone	086.13	barbarian	049.22
017.18	096.04	006.16	088.08	004.28	053.13
017.27	096.04	008.04	088.21	bare	053.14
019.26	109.10	backed	088.25	004.24	055.13
020.08	109.10	114.17	089.03	007.04	056.14
021.02	111.02	180.15	089.12	013.31	056.24
021.19	122.10	backhanded	089.20	023.18	061.27
025.06	122.16	108.28	090.14	035.23	062.12
029.18	129.12	backing	090.17	123.24	062.15
030.09	146.12	132.27	090.21	135.13	062.18
030.12	146.12	154.14	090.24	190.19	065.23
031.20	ba	backs	091.03	bare-armed	067.20
037.11	088.24	003.14	091.07	004.07	066.13
038.14	088.24	020.08	091.14	bare-footed	069.14
039.04	088.24	038.02	092.07	004.07	070.21
041.06	088.25	040.25	095.26	bared	070.23
043.29	088.25	061.08	096.06	105.02	072.02
045.08	babble	066.30	099.05	165.11	075.02
047.06	002.22	096.29	100.15	barefooted	075.25
056.13	100.06	098.22	101.16	016.01	077.31
058.11	132.14	150.19	101.24	bareheaded	080.24
059.27	babbling	155.03	102.15	180.16	082.03
066.29	142.03	191.19	103.14	182.21	086.06
067.27	babies	backsides	105.06	186.27	088.06
071.04	050.20	035.13	105.27	barges	089.16
072.17	baby	backslider	114.06	186.11	089.22
074.24	004.15	037.09	116.01	baritone	089.25
075.25	back	backwards	116.05	043.23	090.06
077.31	004.24	034.29	133.13	134.20	090.23
078.15	006.13	061.27	134.03	barks	096.11
079.08	007.01	070.15	134.08	074.15	096.24
079.24	010.01	154.08	135.25	barometer	098.17
080.08	010.29	162.07	136.26	164.24	101.09
080.08	016.30	backwash	137.11	172.08	104.14
085.20	021.06	073.17	139.12	barred	104.29
093.02	022.07	096.25	139.15	164.10	109.06
093.10	023.17	bad	139.30	barrel	110.25
099.04	025.04	008.09	140.31	006.10	111.02
099.25	025.29	008.11	141.13	165.28	115.06
103.03	026.02	008.11	141.16	barrels	115.18
114.17	036.08	008.12	143.06	193.05	115.31
115.29	036.10	008.13	143.26	bars	116.03
116.06	043.14	008.21	151.02	035.02	116.04
120.14	045.08	042.19	154.11	base	116.19
122.21	045.09	043.17	154.31	041.09	116.30
125.06	047.04	043.18	155.07	184.29	118.22
126.21	061.24	043.19	155.13	187.12	119.05
126.23	062.14	043.22	155.24	bash	120.22
127.17	065.10	044.07	164.26	120.05	120.25
127.25	070.01	053.22	177.30	bashfully	120.25
129.18	071.03	053.22	180.17	123.02	121.02
131.22	071.07	055.01	180.29	basked	121.07
132.20	074.26	057.14	181.06	159.30	122.10
132.27	075.11	089.14	181.07	162.24	123.19
134.01	077.04	089.27	181.18	bass	124.07
134.19	077.09	126.10	182.10	017.09	127.19
135.07	079.06	126.14	182.16	bat	129.08
136.28	079.29	129.23	182.19	124.14	131.01
137.04	082.28	130.04	186.04	bath	134.12
140.05	083.19	152.16	186.09	109.09	135.26
142.18	086.22	166.25	186.15	battens	137.30
143.23	090.08	173.30	186.20	002.05	138.30
153.07	091.28	178.03	189.02	battered	142.15
153.29	092.07	192.25	189.10	009.02	143.13
154.03	097.12	baffled	189.13	100.21	144.03
154.14	099.09	036.12	189.28	106.07	146.15
160.29	103.02	baffling	baker's	184.31	149.05
160.10	103.08	055.08	045.06	battering	151.08
166.19	110.09	bag	051.12	061.16	151.21
166.27	114.11	003.06	141.19	066.29	152.11
166.29	116.07	011.18	balance	battling	154.25
172.13	116.16	013.22	034.30	134.13	157.14
173.26	119.08	019.21	040.07	bays	158.08
175.03	124.15	baker	103.05	183.29	158.23
175.09	125.21	001.02	balanced	184.08	159.25
176.14	127.06	001.07	016.08	184.14	160.02
177.01	127.08	001.15	073.04	be	163.05
179.19	132.24	015.16	151.13	001.12	166.31
184.20	132.24	016.12	balancing	009.07	167.23
187.08	133.07	016.27	178.20	009.22	169.11
awe	134.22	017.18	187.14	009.27	170.01
140.10	138.03	018.01	bald	010.24	170.07
157.02	138.04	018.11	105.02	012.07	171.08
awesome	138.11	019.09	bald-headed	012.20	171.08
130.23	139.14	021.08	085.27	013.05	172.12
awestruck	139.21	021.18	bale	016.29	172.14
109.26	143.23	021.28	067.23	018.23	174.04
awful	149.11	022.26	band	019.31	174.05
048.09	149.13	030.30	022.25	021.17	177.24
098.12	151.02	031.04	159.21	021.21	178.06
112.28	151.14	031.24	164.10	023.03	178.10
157.15	153.01	034.08	band-box	024.18	178.26
	154.04	042.11	161.29	025.30	

BE (continued)

179.15
181.24
190.09
195.13
196.13
beach
175.05
beady
012.22
114.04
153.21
beak
121.10
beaks
121.28
beam
023.19
069.28
098.11
145.22
173.29
beamed
071.13
beaming
035.27
081.25
120.08
beams
095.07
131.01
144.11
bear
026.28
044.05
061.15
074.31
075.24
075.25
096.02
116.10
131.16
beard
004.27
066.07
026.21
067.02
100.19
110.19
120.31
144.31
146.27
191.25
bearded
017.08
033.03
069.01
074.07
151.29
beards
057.17
063.30
bearing
014.14
060.06
092.21
151.04
beast
077.27
085.02
beasts
117.05
beat
034.18
072.30
082.30
087.07
102.14
103.24
186.04
beaten
014.15
beating
023.23
028.03
029.21
056.10
060.19
090.19
104.07
196.25
beautiful
056.04
beauty
056.13
164.15
becalmed
117.13
became
002.29
019.12
022.08
029.15
033.17
037.04
037.06
037.08
037.16
040.14
044.22
045.29
046.22
049.05

049.12
051.31
061.31
066.02
066.14
067.17
068.16
093.13
094.26
123.10
136.26
142.04
153.06
159.15
167.03
173.03
174.22
177.19
because
040.04
040.14
058.04
069.24
081.16
081.25
092.10
082.11
122.16
159.12
161.20
167.24
beckon
054.30
become
073.18
081.20
091.24
083.10
094.19
122.05
130.05
becoming
081.08
157.15
157.21
bed
010.02
011.19
024.31
041.08
050.09
055.10
106.26
110.23
123.03
148.20
189.25
bed-places
060.12
bedding
003.08
004.17
023.21
bedplace
013.09
beds
013.20
065.11
106.18
107.30
188.24
bedside
043.09
beef
087.20
123.28
beef-cask
148.21
been
002.07
002.14
007.17
008.19
008.28
008.29
009.08
010.01
011.13
016.05
020.07
020.11
022.04
026.16
026.17
026.22
027.17
027.22
027.29
028.02
031.15
031.18
034.27
036.14
036.28
039.05
039.19
039.30
039.30
040.26
040.29
041.09

044.25
045.04
045.23
049.30
051.19
052.11
053.17
055.23
056.07
057.29
058.22
063.19
063.25
064.13
066.29
070.20
073.23
076.11
081.02
081.28
082.27
083.01
083.12
084.04
085.22
085.24
085.31
086.05
089.15
090.19
093.11
093.13
094.11
094.13
094.15
094.18
096.07
097.07
099.25
100.09
102.16
102.28
105.30
108.09
111.04
111.14
112.16
113.04
114.16
115.11
123.31
125.16
126.19
128.01
132.08
134.21
135.04
135.10
135.16
135.19
135.20
136.31
137.08
137.12
141.23
144.03
146.09
148.17
148.18
151.09
151.20
151.28
153.09
153.11
153.31
154.03
157.25
158.04
160.07
161.04
161.21
161.23
163.24
164.24
166.22
167.25
169.02
170.10
172.15
172.29
174.06
175.23
176.02
176.02
180.23
183.05
190.31
beer
127.16
beetle
029.22
befitting
015.25
before
002.21
004.26
013.17
015.16
015.19
015.22
016.09

017.11
022.16
022.22
023.27
030.23
030.31
037.26
038.09
038.19
039.20
039.27
044.26
045.06
051.29
054.20
055.26
059.16
064.13
064.30
065.13
070.03
070.24
070.24
071.14
079.19
090.17
090.23
091.04
093.05
098.22
100.22
102.28
118.22
123.16
132.01
132.17
139.27
140.08
143.12
143.21
146.14
149.28
150.22
151.01
153.03
153.16
153.17
155.22
160.08
160.29
163.27
170.24
173.29
178.10
178.12
183.01
185.31
186.19
188.31
190.24
193.28
195.02
began
002.19
012.23
015.24
017.16
018.02
025.27
037.12
047.31
048.11
051.16
054.14
058.04
062.21
065.25
067.06
070.06
070.15
072.04
075.30
082.23
082.26
084.15
084.20
085.01
086.01
088.21
091.20
095.30
102.13
103.04
107.09
107.23
112.28
129.12
133.15
137.18
152.02
152.05
154.01
165.31
166.09
173.16
180.21
181.06
182.19
183.17
186.20

191.14
beggar
012.06
071.23
072.11
090.04
143.30
173.08
174.22
beggar's
167.01
beggars
186.14
begged
080.10
143.29
beggin'
007.15
007.16
begin
096.13
114.12
beginning
079.23
150.03
156.10
begins
034.13
begrimed
021.04
186.13
begun
032.03
178.09
behave
045.02
behind
006.08
016.16
022.06
024.29
025.04
030.20
030.31
076.03
090.08
106.06
108.31
114.11
117.01
122.22
130.06
142.06
146.28
146.30
150.19
153.14
153.14
153.16
167.10
167.21
175.29
185.15
190.21
beholders
117.04
bein'
056.31
120.27
being
033.29
034.10
035.10
040.17
040.28
046.16
063.02
082.21
085.21
096.09
139.25
140.15
142.24
157.27
173.20
beings
005.12
032.15
belaboured
093.14
belaying
072.29
belaying-pin
081.04
097.21
140.01
141.22
143.18
152.30
153.03
belfast
003.31
006.27
007.13
008.06
008.11
011.04
012.25
020.21
020.27

022.05
035.01
036.09
038.22
039.04
041.16
041.23
042.24
042.29
043.01
043.02
043.05
043.15
043.29
048.17
048.20
053.18
070.08
070.28
071.28
072.16
073.09
074.02
074.12
074.15
076.22
077.24
078.24
078.29
078.31
088.28
089.28
090.02
091.26
110.14
120.10
127.09
128.28
134.11
134.24
135.05
135.07
137.31
138.05
138.11
138.17
138.22
138.24
138.26
144.29
145.16
145.25
146.17
147.23
148.09
148.13
148.14
148.19
148.23
148.31
149.10
159.13
165.14
172.09
176.22
176.28
179.11
179.20
180.02
181.22
182.05
189.06
189.11
192.05
192.11
192.14
193.18
193.30
194.12
belfast's
134.21
134.26
149.13
158.29
194.25
belief
176.23
believe
007.28
042.05
093.09
096.31
109.15
162.14
169.10
believed
027.15
066.20
080.05
093.04
163.12
believing
027.05
bell
040.20
142.15
180.11
bellows
082.20
bells
032.29

BELLS (continued)

128.08	best	003.16	164.26	blamed	100.03
148.01	044.18	004.26	bizarre	007.21	103.21
174.02	045.25	005.06	005.03	010.25	133.08
belong	049.21	006.04	119.03	011.17	blinked
018.18	072.19	017.07	blabbing	025.22	036.23
belonged	091.07	017.31	088.22	042.27	046.26
159.20	094.07	021.12	black	047.03	057.15
belonging	100.15	021.21	002.02	059.07	066.04
069.17	124.04	022.03	004.06	077.18	097.13
168.27	152.12	024.01	006.30	089.15	119.01
belongings	152.13	024.09	008.14	120.05	149.28
051.23	152.15	035.01	008.16	123.29	167.08
below	152.16	037.15	009.02	126.15	193.21
007.05	177.11	050.19	011.28	148.07	blinking
013.27	189.30	058.23	014.21	blamme	006.11
017.14	bestarred	060.27	015.05	010.24	007.07
030.18	002.25	064.01	018.04	108.09	bliss
034.05	092.19	065.14	021.25	165.26	101.12
035.31	184.24	065.26	023.08	170.09	blistered
061.18	bestriding	076.07	029.07	blanche	093.24
063.10	104.01	084.20	029.22	179.26	block
064.24	better	085.02	030.03	blank	030.28
067.08	022.23	087.13	037.26	027.31	087.06
070.04	036.16	087.20	041.19	059.06	104.26
071.11	041.03	090.15	045.30	106.23	123.07
074.20	063.05	115.21	050.14	112.20	blocking
076.11	069.18	117.28	053.15	146.06	048.08
087.04	085.13	120.09	054.20	193.05	blocks
103.26	110.16	124.12	056.10	blanked	103.18
119.26	134.21	136.29	059.07	013.02	118.09
132.03	135.04	141.28	059.08	blanket	140.24
141.01	135.19	145.24	059.23	011.19	141.07
144.05	137.15	151.25	065.20	011.26	bloke
144.21	138.25	152.08	077.27	025.02	011.06
148.01	142.21	166.13	080.15	025.05	blood
154.31	152.16	172.01	081.28	043.27	067.19
178.18	183.10	174.15	082.19	051.26	076.14
184.20	183.12	185.15	084.11	116.31	bloodshot
belts	192.29	186.19	086.20	126.09	063.17
161.26	better'n	bigger	086.24	129.17	101.25
bench	070.25	026.03	092.19	131.23	bloodthirsty
073.27	betters	bights	095.05	136.03	034.08
bend	165.09	002.09	095.12	146.08	bloody
116.10	between	binnacle	098.17	158.26	011.13
bending	004.22	102.23	099.05	174.13	048.16
009.01	014.17	103.03	110.17	178.21	077.27
036.05	015.03	binnacle-stand	111.26	blankets	146.25
066.08	020.21	066.09	112.05	014.02	172.28
070.22	021.20	072.07	115.13	043.11	bloomin'
083.26	021.30	bird	117.15	065.06	011.19
110.08	023.29	009.11	117.29	065.11	035.17
144.16	027.19	141.09	118.31	106.19	059.06
187.03	029.20	183.21	122.23	blasphemed	059.08
bends	031.26	190.23	122.24	107.16	069.10
185.28	034.27	190.27	123.04	blasphemies	070.19
196.18	037.16	190.28	126.10	067.13	071.20
benefactors	038.15	193.15	127.14	131.29	072.13
094.22	039.25	birdface	130.12	blasphemous	107.25
benevolence	046.07	125.08	130.15	004.29	107.12
012.01	050.20	birds	130.19	blasphemy	108.16
benevolently	059.28	030.09	134.06	164.02	108.18
128.08	066.11	030.11	136.15	blast	113.14
benign	067.04	birth	136.20	006.14	120.26
020.26	069.01	056.12	139.20	013.01	121.09
bent	081.20	biscuit	142.10	079.16	121.28
006.13	083.24	023.27	143.10	172.24	124.25
010.29	103.31	046.31	143.30	blaze	124.25
024.03	104.04	161.01	146.18	175.24	125.13
036.25	119.17	170.23	152.03	blazed	126.13
054.12	133.01	172.29	156.16	016.12	126.15
108.04	139.10	biscuits	157.19	097.03	135.31
113.31	140.04	041.01	158.16	126.18	136.12
140.12	141.30	107.26	160.15	blazing	136.16
157.04	144.11	168.12	163.07	084.12	136.18
174.30	145.28	bit	164.10	145.02	137.02
175.03	159.26	003.25	171.23	bleak	146.13
180.28	185.29	006.21	172.02	095.01	171.09
181.26	185.30	008.16	172.19	bleared	172.10
benumbed	186.22	010.30	184.21	006.07	172.22
087.27	187.18	024.14	185.27	190.04	172.24
bereaved	bewailed	089.26	186.11	bless	172.27
189.11	026.27	110.26	187.29	179.05	173.11
bereavement	163.03	119.25	188.01	blessed	175.05
178.28	bewildered	130.29	193.26	020.31	192.26
berth	122.29	149.04	193.27	blessin'	192.28
003.22	137.22	166.31	195.03	049.29	193.07
012.23	141.17	179.10	black-hearted	blew	blooming
012.23	bewildering	bite	148.28	029.12	013.13
023.22	176.09	124.05	black-hearted	055.26	024.07
025.27	186.14	170.24	086.07	059.11	024.10
075.17	bewilderment	189.25	black-faced	085.10	039.01
119.25	069.04	biting	050.27	112.05	056.27
148.09	beyond	024.24	black-rimmed	149.30	079.03
183.02	005.13	bits	006.08	blind	084.28
187.24	026.14	035.05	blacked	007.26	120.20
berths	117.25	bitter	036.15	011.06	172.16
007.07	145.20	044.13	blackened	045.19	174.25
014.01	154.27	057.17	006.03	056.22	194.20
023.08	156.14	116.18	blacker	062.01	blotted
051.23	157.15	165.27	130.15	071.29	166.06
147.24	169.22	blackguard	112.01	191.30
beshrouded	171.23	bitterly	154.07	131.17	blow
117.20	172.31	024.08	blackness	169.28	042.27
beside	bhoy	038.24	014.30	170.06	057.30
015.19	149.08	040.31	015.31	blinded	059.17
034.26	bible	053.13	030.18	117.30	061.22
besides	020.18	105.19	037.13	193.22	067.16
022.10	biceps	137.11	bladder	blinding	066.31
besprinkled	004.22	155.20	079.14	015.09	077.11
073.28	big	193.06	blades	blindly	123.08
	002.09	bitterness	145.14	080.02	139.12
		021.18			

159.07	074.24	doomed	186.16	099.14	brilliant
159.07	074.31	013.24	bowsprit	breaks	001.20
175.25	075.24	051.01	023.24	143.21	032.25
blowed	076.15	090.04	106.27	breast	175.09
044.01	077.12	131.24	145.14	012.26	brilliantly
122.10	077.17	boot	box	026.12	033.22
148.15	078.28	106.30	023.21	066.06	bring
blowing	080.07	107.04	025.08	070.13	001.16
055.03	088.31	107.07	045.24	134.30	003.24
062.30	089.04	booted	128.15	145.04	048.21
103.30	089.10	024.27	159.26	150.01	098.31
blown	089.13	060.13	167.16	breastbone	126.20
046.11	092.03	boots	174.11	124.20	126.22
062.16	093.02	036.15	175.12	breasts	127.09
067.30	093.09	050.31	boxes	035.04	162.19
blows	095.28	055.30	003.08	104.29	bringing
015.23	096.04	057.20	046.18	breath	050.18
030.08	105.04	107.30	boy	014.27	146.31
060.20	108.07	152.08	003.26	014.27	brink
077.07	120.13	191.03	015.21	046.12	080.20
099.15	134.01	border	018.03	054.20	brisk
175.17	181.07	005.16	045.25	057.04	182.22
186.11	181.09	095.06	069.09	061.24	briskly
blowsy	181.11	157.15	091.03	064.05	167.01
194.01	181.16	180.05	148.07	064.14	britain
blubbered	183.01	bore	194.03	073.03	076.26
086.08	boatswain's	092.25	194.04	075.07	broach
blubbering	013.26	bored	boy's	079.10	155.15
194.06	046.04	058.20	070.19	081.05	broad
blue	074.07	122.27	boys	098.15	015.18
004.05	bob	123.30	007.14	105.01	029.19
004.23	109.01	born	007.26	105.11	036.05
016.28	194.11	033.14	070.08	123.30	105.20
037.18	bobbed	056.09	074.14	127.28	117.11
074.07	062.28	071.09	136.14	162.19	132.28
108.06	156.17	086.23	136.16	171.02	146.08
112.08	bodies	146.15	144.26	192.19	153.11
112.09	037.08	borrowed	brace	breathe	182.03
122.23	061.03	149.18	053.18	075.23	186.24
133.05	087.28	163.26	053.18	078.02	191.17
144.09	151.14	bosom	096.28	089.05	195.02
150.13	156.16	059.10	097.22	175.28	broad-backed
150.14	bodily	166.16	097.30	breathed	113.31
183.20	099.13	boss'en	098.05	006.02	broad-chested
184.05	158.23	093.18	braced	024.14	006.05
blue-eyed	body	both	155.19	028.16	broke
120.12	014.15	010.06	braces	046.04	011.18
blueness	017.27	011.10	023.23	066.08	017.15
023.01	018.16	016.25	042.15	081.13	037.30
bluish	028.14	036.23	096.25	087.14	055.29
097.14	045.04	036.26	099.25	107.14	056.28
blurr	049.22	037.07	106.02	136.10	059.12
112.21	058.26	066.26	141.12	146.14	064.23
blurred	074.02	075.18	182.19	153.27	131.20
029.04	080.20	076.23	182.24	160.30	132.21
117.07	101.22	087.18	brain	173.30	140.08
blurted	112.03	096.27	097.21	175.06	166.09
017.20	128.27	098.29	112.26	breathing	186.18
blustered	130.06	159.15	126.17	019.02	188.23
170.14	130.15	168.29	129.29	038.21	195.20
bo'sun	139.05	170.20	147.10	067.18	broken
017.07	139.26	170.27	brake	116.13	009.19
board	156.13	170.28	028.07	118.02	067.26
003.29	178.20	172.05	028.15	124.18	081.05
007.17	178.25	191.17	brand	124.19	084.27
008.08	181.27	185.18	042.07	149.15	088.23
060.01	181.30	188.26	brass	breathing-time	099.31
060.25	boil	bothered	012.15	002.17	111.19
109.08	006.28	080.28	079.28	breathings	145.25
146.18	boiling	bothersome	128.05	023.27	165.05
161.29	088.17	039.27	131.02	breathless	179.03
176.12	179.29	bottle	brass-bound	110.10	190.29
190.26	bolster	003.24	190.16	166.15	broken-down
192.10	082.17	050.19	brass-wire	breeze	010.26
193.15	156.21	bottom	190.19	027.17	broken-hearted
boarded	bombay	070.14	brasses	029.12	120.11
105.22	002.29	076.01	150.07	035.21	bronzed
boarding	030.13	089.16	bravely	036.02	136.09
055.06	048.11	098.21	171.15	089.26	brood
boarding-house	056.17	123.31	braying	110.27	056.15
087.17	058.04	156.18	151.09	112.04	brooded
121.17	183.05	bough	brazen	123.16	111.06
boards	bond	067.05	002.24	129.03	brooding
106.26	176.24	boughs	151.17	150.12	035.29
boast	176.25	022.31	bread	156.05	050.12
039.15	bone	bound	023.25	162.24	broom
152.15	042.26	111.20	107.28	164.30	048.22
boasted	bones	173.14	168.17	165.18	049.08
005.25	011.11	177.29	bread-board	176.09	brooms
056.06	039.27	195.03	094.06	182.18	048.31
112.29	079.18	bounded	break	185.28	brother
boat	108.20	139.10	001.05	brick	187.31
022.19	125.24	bout	072.15	187.09	brother-in-law
102.30	168.22	160.24	076.23	bridge	189.21
169.06	bony	bow	086.11	186.18	brotherhood
boats	006.20	064.15	095.29	186.26	033.05
003.01	169.01	bow-legged	096.08	bridge-stanchion	brothers
129.27	174.13	152.26	111.01	007.24	181.05
boatswain	book	bow-sprit	126.11	bright	189.17
001.14	004.25	004.25	140.13	068.27	196.23
034.24	006.03	bowed	149.05	118.16	brought
036.27	012.22	027.08	170.01	126.06	059.21
037.09	020.20	105.18	180.17	129.29	065.03
051.08	180.19	149.07	182.17	brightened	098.10
051.11	181.19	bowl	breakers	057.24	102.23
058.24	182.13	122.28	195.18	071.04	107.23
071.17	182.19	bowls	breakfast	149.04	128.09
072.15	boom	144.10	155.04	brightness	170.23
073.06	020.03	bows	breaking	184.03	brow
074.11	121.21	002.11	071.07	brilliance	177.29
074.13		109.22	098.15	118.30	

brown	031.21	192.20	096.31	018.17	118.10
007.04	bulwer	bust	100.11	019.02	118.28
113.29	005.02	155.07	103.14	019.19	121.19
191.24	bunch	155.08	104.14	019.27	122.25
brows	066.01	bustling	106.16	022.04	123.07
184.04	079.25	051.14	107.07	023.07	127.16
186.02	145.06	141.13	107.24	023.07	131.30
brr	bunches	busy	108.29	023.09	134.01
088.24	097.19	023.20	108.30	024.19	137.04
brrr	105.05	031.22	111.02	026.13	138.29
088.24	bundle	034.07	113.12	029.23	140.01
089.29	012.26	138.05	115.05	029.23	140.30
090.05	068.02	150.01	115.24	032.19	141.02
090.08	bundles	175.12	118.20	032.22	142.21
brrrr	003.08	193.26	119.29	032.31	142.25
090.07	bunk	but	120.01	034.19	142.26
brrrrrr	003.19	001.18	121.20	035.06	144.12
090.09	012.24	003.02	121.25	035.27	147.17
bruised	025.22	003.11	124.05	036.02	150.12
105.29	040.01	007.07	124.26	037.24	150.30
brunt	047.04	008.01	127.28	038.06	152.12
194.27	061.09	010.14	129.15	039.15	154.08
brusquely	108.14	010.24	135.24	040.01	154.12
120.14	110.20	011.19	136.06	040.22	154.21
brutal	119.21	011.20	137.01	041.10	155.22
019.07	124.02	012.22	137.24	042.18	156.08
059.17	124.30	015.04	138.14	046.01	158.08
079.06	128.13	017.11	141.18	046.03	158.13
105.29	133.04	017.22	142.07	047.11	159.16
159.06	134.03	017.30	143.06	047.17	160.18
195.04	137.31	019.26	144.26	047.26	161.13
brutality	138.11	022.04	145.25	050.02	161.13
012.31	148.16	022.07	146.16	050.05	161.15
050.01	166.12	026.21	149.29	050.27	162.23
146.16	168.24	026.23	151.05	051.06	162.29
brutally	170.22	026.25	151.23	052.06	162.30
075.05	172.06	026.25	152.17	052.12	163.05
088.23	173.28	027.04	153.05	053.14	163.09
brute	174.27	027.05	153.15	056.14	164.27
051.11	175.17	027.07	157.10	056.27	166.10
080.03	bunks	028.02	158.12	056.30	166.11
133.12	003.10	030.11	159.04	057.12	166.21
143.13	007.03	033.04	159.11	058.15	167.28
191.31	013.14	033.25	159.14	059.04	170.07
brutes	147.26	033.29	159.13	061.19	170.21
040.27	buoy	033.31	159.22	062.21	171.02
187.12	156.18	034.17	160.03	063.01	172.02
bt	buoyant	037.21	161.06	065.06	172.16
190.17	070.07	035.07	161.25	067.02	172.21
bucket	buoys	036.13	161.29	067.07	173.19
107.23	185.15	036.23	161.30	068.06	174.07
127.30	burden	040.08	162.14	068.21	174.23
bucketfuls	027.25	040.11	162.17	069.03	175.25
075.27	080.31	041.05	162.30	070.31	176.12
buckets	111.22	041.23	164.18	071.06	176.17
048.31	115.02	041.26	164.22	073.23	177.09
buffeting	122.05	041.28	166.22	074.26	178.10
061.14	184.25	042.21	167.14	075.02	178.21
bug	burdened	043.17	167.27	075.26	180.05
193.12	032.10	044.04	170.13	075.28	180.17
buildings	buried	044.07	172.30	076.31	181.06
015.03	041.05	044.09	175.01	078.07	182.05
187.18	056.08	045.15	175.12	078.13	184.06
built	177.24	045.27	175.20	078.22	185.22
033.20	burly	046.09	175.29	079.24	185.25
bulged	191.12	046.16	177.23	081.22	186.08
024.23	burn	047.24	179.24	082.06	186.19
048.26	117.29	048.14	180.15	083.05	186.20
bulging	burned	049.15	181.12	084.07	186.21
006.22	140.07	049.17	182.08	084.29	190.13
080.12	144.13	050.10	183.03	085.06	190.19
bulkhead	burning	050.29	183.10	087.16	190.26
073.25	023.06	051.15	183.26	087.28	191.15
073.26	030.17	051.20	188.15	087.30	193.22
074.16	032.13	055.24	189.10	089.28	193.23
076.17	042.07	056.15	190.18	090.12	193.25
076.20	079.17	056.29	191.13	091.14	194.14
129.18	104.30	057.28	192.12	094.18	194.28
144.17	142.02	058.13	193.02	094.24	195.12
163.29	151.22	058.30	194.09	094.30	195.28
172.31	184.19	060.04	194.16	095.02	196.03
bulky	burnt	061.08	194.31	095.13	196.12
015.13	104.18	062.14	195.20	096.12	196.20
057.21	119.21	063.22	196.16	099.13	byculla
084.31	147.28	064.08	button	099.22	015.07
139.12	burst	066.21	100.20	100.16	cabin
194.28	036.22	066.23	100.18	100.18	001.03
bull	049.09	069.23	button-holed	100.23	015.16
007.19	060.31	071.07	191.03	101.02	019.19
bull-necked	061.25	071.10	buttoned	101.11	022.27
022.02	065.07	071.31	014.02	101.13	030.30
151.02	066.28	072.15	buttons	101.14	031.09
bullied	104.20	075.16	009.04	102.21	049.25
154.21	137.07	077.30	012.16	104.17	049.31
bullies	172.31	079.28	buzz	105.29	051.22
086.07	194.22	080.04	003.03	106.09	053.25
bully	bursting	080.06	buzzed	106.19	054.11
009.26	072.25	081.01	007.10	106.31	059.02
093.27	098.28	081.07	by	111.21	065.25
193.09	bursts	082.02	002.19	113.09	071.19
bullying	003.18	082.07	002.25	113.10	081.13
050.08	191.06	083.15	002.26	114.31	115.27
183.05	burying	083.23	003.03	115.03	118.22
bulwark	181.18	087.26	003.30	115.06	127.11
073.01	bushy	088.15	005.13	116.02	126.03
118.26	028.06	090.26	005.14	116.13	128.11
123.08	110.18	091.26	006.05	116.18	131.26
139.21	business	092.09	007.30	116.26	136.24
bulwarks	091.21	093.09	009.14	116.28	137.18
016.01	191.14	094.13	012.03	118.09	137.30
019.17	192.15	094.19	012.24	118.09	150.16

18 CABIN (continued)   THE NIGGER OF THE NARCISSUS

151.17	126.18	116.15	101.21	carpenter's	cautiously
155.05	141.17	120.24	103.02	073.22	012.27
159.01	149.15	122.31	133.15	076.04	067.10
159.27	152.29	131.12	133.23	carried	072.27
160.30	calms	131.18	134.09	002.10	175.20
167.04	161.17	146.26	134.23	014.23	cavalierly
167.24	calumniated	147.04	135.21	051.25	185.27
171.18	163.02	147.05	136.06	096.08	cavern
180.20	calves	163.14	136.19	099.25	036.29
cable	009.03	167.31	137.11	103.18	106.15
027.19	023.23	168.13	141.18	112.09	cavity
028.10	came	171.03	150.20	137.03	035.22
179.04	003.01	171.28	153.16	160.07	cawn't
cadged	003.28	191.28	153.28	180.05	170.20
163.26	014.13	192.12	154.05	carrying	ceased
cadging	017.23	candid	154.17	019.25	015.23
009.17	018.26	042.04	154.23	116.22	019.01
009.25	027.25	candle	154.27	127.25	042.11
170.11	031.08	154.04	163.10	184.25	074.17
caged	047.25	cannibal	178.06	cart	086.19
190.23	048.11	004.21	180.16	166.29	109.18
cajoled	051.07	cannily	188.06	carved	115.12
049.24	051.14	074.03	190.24	133.02	116.21
cake	055.02	cannon	192.07	167.06	142.14
137.01	059.17	013.25	192.09	carving	154.11
caked	064.01	cannot	192.24	050.15	173.03
009.11	066.17	010.04	193.19	caryatides	173.25
calculated	070.18	010.05	captain's	027.09	175.27
005.04	079.08	014.11	020.06	case	178.23
calculating	085.26	cannybals	042.13	012.06	187.28
124.03	093.23	011.03	captive	042.09	ceaseless
calcutta	097.27	cantankerous	015.09	045.20	195.10
125.24	098.24	082.04	captivity	143.27	ceasing
call	107.10	canton	190.26	159.09	071.02
015.24	107.18	169.04	carcass	cask	ceiling
016.14	107.25	canvas	009.13	024.03	160.18
020.25	109.08	011.31	085.19	081.23	centre
022.15	119.22	029.11	137.27	081.23	117.15
022.18	119.30	054.12	cardiff	081.26	century
025.23	121.01	059.18	120.29	cast	025.15
023.09	123.05	061.14	121.19	041.22	111.11
054.28	124.29	096.19	care	076.16	ceremonious
072.14	128.13	099.31	032.30	095.24	016.07
090.03	129.09	104.08	039.03	104.05	045.16
090.20	140.14	179.09	041.31	176.17	certain
122.18	142.03	179.13	045.13	castaways	092.11
131.16	143.12	179.18	054.12	195.14	certainly
143.28	143.16	196.25	056.23	195.15	049.15
160.18	143.23	cap	056.24	195.15	certificate
called	150.21	012.12	080.30	casting	007.18
003.31	153.06	068.13	089.08	023.20	certitude
010.10	160.13	188.04	089.20	096.24	059.04
011.04	166.02	190.17	089.21	casual	115.20
015.24	168.14	capacity	089.22	041.21	156.13
018.28	169.18	026.28	089.23	cat	157.07
028.04	176.19	113.01	089.25	006.10	certitudes
030.30	179.17	cape	093.08	008.25	046.01
040.05	180.19	044.10	100.27	014.21	chafe
040.22	182.03	054.13	113.08	025.17	179.05
044.26	182.27	055.01	131.13	107.18	chafed
046.21	183.04	112.18	160.06	159.19	166.18
049.25	186.04	115.11	167.11	cataclysm	chaff
051.14	187.23	151.28	189.04	145.20	190.28
067.13	187.30	161.22	189.11	cataracts	chaffed
072.16	190.14	188.27	189.31	055.08	192.04
088.28	191.13	caper	191.17	catch	chain
099.01	191.15	133.16	cared	035.31	006.16
107.31	191.23	152.16	053.15	050.06	014.22
111.08	193.30	capitals	169.27	064.05	027.19
131.30	194.12	190.17	188.14	076.29	027.26
133.30	campbell	carping	careful	084.14	065.28
138.18	016.12	184.06	159.03	097.22	104.03
139.15	can	capricious	carefully	097.30	111.21
153.13	005.07	040.30	033.06	097.30	140.23
155.04	008.21	caps	064.07	104.24	chain-cables
174.31	008.22	014.01	082.14	134.20	003.15
168.06	022.10	105.24	179.01	172.08	chained
168.18	043.28	151.14	careless	catches	156.18
190.11	061.22	180.21	147.18	171.02	chains
191.14	079.02	182.16	166.03	catching	185.17
called-up	100.15	186.26	carelessness	074.03	187.13
164.03	102.05	195.04	081.11	142.27	187.17
calling	125.05	capsized	cares	caught	chalk
050.27	126.01	163.14	089.19	033.29	100.10
111.29	127.02	capsizes	053.07	053.07	champed
188.29	127.02	007.21	061.27	061.27	165.31
calls	127.04	capstans	caress	067.06	chance
003.19	127.05	186.20	035.24	067.11	003.23
calm	131.14	captain	caressed	071.08	041.05
018.15	135.23	002.14	107.20	071.20	063.06
024.05	147.19	018.24	120.12	102.10	066.20
068.24	152.16	020.12	caressing	192.16	071.27
073.12	155.11	022.17	023.01	194.13	073.12
086.25	168.04	033.07	careworn	cause	081.07
088.06	170.28	049.25	116.12	137.05	089.17
114.22	172.15	051.03	cargo	161.07	096.03
118.04	can't	053.20	155.15	177.18	138.06
118.18	010.10	055.22	caring	caused	chances
142.30	011.08	058.16	093.21	156.24	055.21
155.02	017.13	062.19	carnivorous	161.03	081.16
162.12	038.30	064.16	088.10	176.14	176.21
164.29	041.03	066.03	carpenter	causes	change
166.07	046.29	069.29	002.04	044.13	014.07
167.15	047.04	071.02	034.24	caution	014.12
169.21	049.01	072.21	036.27	022.07	033.19
177.14	089.03	083.13	037.10	172.14	162.02
calmed	089.05	095.14	058.10	cautious	changed
178.24	089.07	095.22	065.24	085.02	024.13
calmly	089.26	096.22	066.11	130.30	033.02
018.09	096.01	097.04	103.12	156.26	065.31
124.21	110.27	100.12	183.14		087.24

CHANGED (continued)   THE NIGGER OF THE NARCISSUS   19

112.05	check-ropes	085.22	civil	cleat	179.08
changes	186.23	092.01	012.20	072.29	185.31
176.09	checked	186.28	claim	cleet	186.01
changing	185.22	chilling	112.03	080.27	186.09
032.07	cheek	147.15	claimed	clenched	clouded
036.27	069.06	chimed	112.02	105.24	055.18
143.26	107.02	125.28	claims	120.11	clouds
channel	174.16	chimera	002.24	clerk	029.13
183.19	186.16	006.11	clambering	190.21	030.19
184.05	cheekbones	chimneys	096.13	191.13	034.23
channels	135.09	185.24	187.26	191.21	061.26
185.11	157.16	chin	clamorous	191.26	061.31
chaos	cheeked	042.06	056.12	191.31	065.22
145.08	049.26	047.26	clamour	192.16	117.07
chap	183.05	054.01	060.04	192.21	183.22
008.08	cheeks	120.16	075.16	clever	183.25
011.01	024.26	126.09	086.12	091.03	183.30
021.25	084.02	134.29	088.20	134.04	195.20
024.28	151.04	149.31	101.11	162.16	clout
025.01	cheeky	158.26	142.17	cleverly	031.19
040.15	010.28	174.14	195.12	057.25	172.24
113.22	021.25	175.27	clamoured	cliff	clouted
116.03	097.23	china	002.20	066.05	172.18
136.05	153.23	067.26	077.25	cliffs	clumsily
155.06	cheer	155.13	097.31	184.04	057.21
183.03	091.31	183.16	107.14	climbed	193.22
chaps	cheered	chins	132.20	025.26	clumsy
001.11	118.09	066.28	136.11	031.06	074.23
003.28	122.03	180.26	clang	climbing	195.09
019.20	cheerful	chintz	186.10	105.04	clung
038.17	010.21	023.10	clanking	clinch	073.31
046.06	040.19	chips	103.06	145.05	164.12
120.03	050.30	077.11	clap	cling	170.31
121.06	051.31	183.11	152.22	181.14	cluster
129.21	162.16	chisels	clapped	clinging	139.20
188.11	167.19	073.27	100.10	103.10	clustered
chapter	cheerfully	chockfull	clash	151.17	137.27
001.01	052.05	131.17	005.30	193.29	clusters
029.01	063.15	choked	clashed	clinked	003.01
053.01	089.12	042.26	107.10	027.20	063.02
101.01	188.14	096.10	clasped	clipped	103.04
156.01	cheerfulness	170.17	167.06	144.31	166.09
characteristics	085.27	chokes	clasping	close	clutch
035.07	cheerily	090.02	135.04	019.10	080.14
charge	149.08	chokey	170.30	080.01	clutched
031.01	cheery	122.01	clatter	092.23	057.30
057.13	108.01	125.09	136.25	117.02	066.25
117.06	177.19	choking	clattered	153.19	110.12
charged	cherished	089.08	132.28	close-hauled	175.19
036.29	045.20	choose	claw	150.14	clutching
126.08	chest	135.24	119.08	close-to	067.26
128.31	003.23	chops	clay	064.09	066.07
charity	004.22	183.18	020.23	closed	079.30
012.17	007.30	chorus	110.02	023.14	172.30
charley	019.21	074.19	113.30	061.31	clyde
006.15	023.18	158.03	147.28	065.03	056.11
010.27	024.19	chosen	clean	069.10	076.25
012.14	025.23	026.29	009.21	073.03	coal
014.16	059.07	159.21	012.19	083.21	020.05
022.07	066.06	christian	025.07	087.05	coal-locker
031.13	097.16	031.18	035.18	095.03	165.17
036.12	110.18	chronometers	051.20	125.19	coast
036.19	119.19	188.09	091.05	127.06	106.15
042.03	126.21	chuck	130.06	129.18	183.26
045.22	127.24	053.19	130.20	132.01	184.11
049.27	146.08	148.12	141.06	166.20	184.20
069.01	149.20	148.13	cleansed	175.29	coat
069.12	167.01	169.07	196.03	182.13	004.02
070.18	173.06	183.13	clear	closer	055.29
084.06	173.21	chucked	010.03	035.30	065.14
106.27	175.02	169.05	013.15	153.27	069.09
115.14	chests	chuckled	013.21	closing	095.12
131.30	004.03	085.29	016.04	030.31	100.20
137.03	065.08	chuckling	031.29	153.16	109.05
148.05	065.12	047.08	054.05	185.30	121.05
165.07	087.06	151.18	068.31	cloth	187.29
180.10	106.17	chum	078.16	012.12	coats
182.06	107.13	011.22	089.09	clothes	044.12
193.29	182.04	072.14	099.06	007.20	055.16
194.04	188.25	082.07	100.02	022.18	107.31
charley's	chew	194.18	104.25	024.31	130.19
194.02	024.15	chummed	110.07	025.07	cock-sure
charm	chewed	107.29	114.11	059.08	021.05
005.12	146.28	chump	116.10	105.16	cockatoo
charred	chief	084.29	121.30	106.18	124.17
117.16	001.02	chums	129.03	110.29	cocked
chary	004.21	177.11	138.19	113.19	037.18
158.25	015.28	church	138.31	115.21	124.12
chasten	031.03	020.16	150.06	115.23	cockroaches
034.17	045.10	040.29	162.22	126.19	131.02
chatter	045.13	091.04	164.07	127.05	131.21
124.16	102.02	churned	164.29	133.01	coffee
142.03	189.15	098.15	166.14	149.18	050.08
chattered	190.12	circle	167.19	156.04	055.25
068.27	child	016.01	187.02	166.25	091.25
084.19	026.08	035.06	187.02	166.28	093.18
chattering	027.31	037.30	cleared	191.11	119.18
084.25	173.19	046.19	024.28	192.29	119.20
087.10	child's	062.09	030.24	clothing	131.10
chawnce	089.13	084.13	034.20	044.11	161.25
008.13	childish	142.18	129.01	060.10	coffin
chawrge	035.19	182.08	150.27	065.30	074.21
109.02	childlike	circled	193.20	107.08	167.07
cheating	026.11	117.04	clearer	cloud	coffins
009.25	children	circles	146.03	014.29	007.09
check	005.06	060.10	clearest	059.16	coil
042.17	020.13	circling	043.23	059.23	141.12
100.26	027.02	100.27	clearing	073.20	182.25
139.05	027.03	circular	068.27	095.05	182.25
184.01	027.12	032.07	clears	126.25	coils
	084.09		099.22	144.12	141.07

coin
163.18
cold
025.23
125.23
033.17
037.28
042.13
054.19
055.04
059.06
059.12
066.16
068.23
069.04
070.05
072.31
079.16
080.15
083.15
083.28
084.06
086.16
086.25
086.31
087.23
088.23
089.08
090.22
090.22
092.14
092.19
102.02
111.17
128.09
164.07
176.13
189.27
coldly
152.06
collapsed
066.12
079.31
140.20
160.09
collarless
191.02
collars
003.15
004.06
collected
165.02
collecting
170.10
collision
132.04
colonies
125.10
colossal
026.04
156.25
colour
033.27
coloured
004.07
019.26
169.07
columns
072.24
combat
161.02
come
001.12
002.12
003.23
021.19
021.19
021.20
024.16
026.05
038.31
039.31
043.15
050.11
062.08
065.09
071.18
072.16
074.26
082.26
086.14
089.27
096.02
102.29
109.17
119.27
122.26
129.15
133.17
133.23
135.17
138.05
138.07
139.13
139.14
153.18
155.24
160.18
161.28
162.04
167.12

169.14
170.29
173.08
178.17
180.13
180.15
190.11
comes
005.17
022.16
138.12
179.31
182.26
comfort
116.24
161.20
comfortable
059.02
179.15
comfortably
036.08
094.06
comforting
085.22
comical
006.30
043.09
comin'
007.19
047.28
086.03
123.14
193.03
coming
002.21
018.14
022.19
027.17
030.19
030.30
031.29
039.11
039.29
057.13
059.20
064.09
079.16
086.21
093.20
101.16
105.11
119.20
135.12
140.17
141.15
143.11
149.10
171.12
182.18
186.29
command
189.31
commanded
033.19
045.19
commanders
141.25
commanding
095.13
123.17
commands
101.08
commenced
162.13
commendation
056.19
commended
080.21
130.08
comment
010.26
019.30
commented
017.12
126.05
148.07
168.11
188.13
committed
040.19
commodore
036.30
common
034.06
153.10
156.08
161.19
176.24
177.04
communed
035.02
community
177.08
compact
028.17
companion
033.10
039.19
143.23
companions
076.27

company
010.16
021.09
036.01
090.27
130.04
163.04
163.31
comparatively
082.21
compass
033.07
053.04
116.12
compassion
011.24
047.21
117.21
144.07
156.22
177.31
compassionate
051.10
compelled
061.19
compelling
156.17
compensate
113.18
complain
031.16
complained
056.01
051.26
087.03
108.20
complaining
020.22
complainingly
090.03
complaint
171.19
complaints
138.04
complete
169.24
completed
112.10
completely
079.31
147.17
complex
157.22
complicated
101.06
composed
133.03
136.20
141.18
154.28
composure
005.26
019.09
076.15
comprehension
130.10
compressed
007.11
069.16
compressors
014.22
conceal
040.05
042.22
094.07
concealing
080.21
conceded
129.23
conceit
130.27
conceited
035.28
112.11
112.29
concentrated
164.02
concentration
072.23
concern
113.09
concerned
106.30
110.31
concertina
040.08
conciliating
108.26
160.26
concloode
008.08
concluded
062.18
149.08
concurred
163.18
condemned
032.19
113.14
condescend
161.05

condescended
020.02
122.02
condescending
018.21
condition
005.29
conduct
044.18
163.22
cones
164.13
confers
101.03
confessed
027.15
confided
041.17
confidence
042.21
063.12
confident
070.07
confidential
125.19
145.06
confidentially
024.15
114.17
180.23
confined
034.30
confinement
119.12
conflagration
104.20
confounded
018.30
041.13
120.03
confused
046.25
065.05
129.10
137.25
140.02
141.14
156.15
congregated
118.22
conical
124.01
connoisseur
154.13
conquer
011.23
conquerors
094.27
conscientious
116.24
conscious
036.05
consciousness
035.27
056.07
consecutive
033.31
consent
156.09
consented
063.22
consequently
056.16
159.20
considered
124.01
considering
070.07
consigning
072.09
consoled
115.06
consoler
026.07
consolingly
148.04
conspirators
157.28
conspired
162.20
163.06
constant
035.15
177.28
consternation
110.11
consulted
047.18
consumed
162.26
consummate
113.12
consumption
041.02
contact
190.13
contained
023.30
131.27
contemned
104.31

contemplate
026.06
contemplated
088.01
130.07
146.26
contemplating
012.26
contempt
113.11
158.12
161.11
contemptible
046.10
contemptuous
108.22
115.20
146.13
178.17
contemptuously
011.25
038.29
contented
034.12
contentions
114.25
contest
160.22
continent
177.23
continents
187.19
187.25
continued
011.12
024.20
090.26
151.05
174.29
continuous
060.18
103.26
110.09
172.08
contours
029.12
contributed
012.11
074.11
contumely
113.10
conveniently
113.05
conversation
093.31
conversed
110.31
convex
139.02
conviction
147.29
171.11
convinced
010.27
convulsive
064.05
085.25
110.23
convulsively
066.05
cook
019.28
019.31
020.05
020.11
020.24
031.11
035.26
036.15
036.30
037.08
041.26
041.27
042.04
048.02
051.30
056.29
056.30
058.07
068.10
070.12
071.05
090.18
090.21
090.22
090.26
091.15
091.19
091.25
091.25
091.26
091.29
093.03
093.20
094.01
094.23
094.31
112.23
119.17
126.05
128.08

126.16
128.31
129.01
129.11
129.18
131.05
131.23
133.03
133.14
133.19
133.24
136.10
143.22
152.23
163.01
163.26
163.29
173.11
cook's
091.21
093.07
130.30
132.27
cooked
163.08
cookie
020.23
cooks
169.06
cool
002.13
018.15
cooling
023.17
coolness
073.13
coon
121.14
copper
076.06
corded
003.08
core
144.13
corner
025.04
133.08
145.19
168.14
174.15
175.27
184.31
corners
006.24
038.04
055.05
065.18
066.07
106.21
145.30
167.14
190.30
cornflour
050.17
corpse
080.23
119.30
169.03
172.28
177.18
corpses
023.09
088.11
correct
056.26
corruption
052.09
coss
121.11
costermonger
021.25
costly
187.21
cotton
080.15
090.30
126.16
cough
019.14
025.18
043.04
coughed
019.13
049.17
049.18
125.28
coughing
025.27
050.02
090.18
could
009.07
009.22
009.22
009.24
009.25
015.18
016.26
019.19
021.17

COULD (continued)

022.11	121.16	craving	071.15	011.24	cursed
025.30	147.13	061.11	082.15	014.08	073.10
026.13	161.16	167.03	086.15	017.23	104.31
028.01	167.27	crawl	087.23	032.02	163.25
031.13	174.04	065.25	088.25	036.12	171.21
032.31	174.05	066.29	091.26	046.05	190.04
039.22	177.23	070.15	093.27	048.04	curses
040.15	194.14	093.10	095.17	062.19	004.18
044.03	count	095.30	096.22	063.16	010.08
044.09	143.05	crawled	097.07	110.08	067.12
045.06	counted	061.13	098.03	116.16	090.13
047.22	174.04	061.15	104.24	136.07	131.29
049.18	counter	066.25	109.06	139.04	145.03
050.13	098.26	068.02	109.15	139.14	cursing
052.13	169.17	072.16	110.14	143.04	076.24
053.14	190.19	074.24	113.20	152.20	107.09
055.13	countless	085.20	121.04	153.01	186.06
061.27	014.28	088.08	123.09	153.07	curt
062.06	country	090.14	123.16	154.22	069.22
064.14	022.29	092.07	128.26	155.04	curtain
064.21	034.03	097.15	130.25	158.05	023.10
065.08	047.29	108.13	133.28	160.15	curtly
067.20	couple	crawling	135.01	170.16	024.25
068.13	040.09	029.19	136.02	181.28	135.13
071.03	062.24	062.25	139.14	182.02	curve
071.24	107.26	066.11	140.28	183.05	129.04
072.02	168.12	crazy	141.04	185.25	183.24
073.20	couples	091.22	145.25	187.04	curved
075.12	031.20	091.22	147.11	194.15	116.22
075.15	034.28	132.10	148.02	196.24	133.07
075.16	036.04	143.04	149.23	196.24	custom
077.01	118.25	creak	152.03	crowded	031.02
077.04	courage	118.03	152.12	107.24	cut
078.01	010.14	creation	154.08	136.01	001.20
081.01	032.23	060.05	165.29	159.27	002.03
081.16	052.10	166.20	171.07	185.23	005.03
081.27	101.14	creature	172.15	crowds	020.07
082.12	106.09	010.13	178.25	180.08	033.28
082.13	149.16	028.19	181.22	crown	065.19
090.29	courageous	114.24	187.03	190.16	065.19
092.15	194.07	124.04	193.27	crucifixion	066.10
092.30	courageously	143.14	cries	062.26	067.08
093.16	115.07	162.08	005.30	crude	067.09
094.18	131.25	creature's	075.14	123.03	067.14
096.11	course	030.04	097.18	cruel	067.15
096.24	024.26	creatures	100.16	061.16	067.19
096.31	047.16	195.13	100.24	092.16	068.06
098.17	059.01	credit	195.27	195.19	068.31
102.29	073.18	114.28	196.25	cruel-looking	089.15
103.14	119.15	creighton	crime	187.14	190.01
109.08	119.28	021.12	034.16	cruelty	cutting
109.25	121.30	022.21	criminals	164.05	040.25
110.25	125.31	022.27	038.04	cruise	075.04
113.12	127.02	031.08	163.05	186.20	065.10
114.24	143.17	062.21	177.08	crumbs	152.06
114.30	177.13	063.19	crimson	023.28	179.16
114.31	177.15	069.15	006.29	crumpled	cymbals
115.16	court	070.27	030.18	191.02	130.17
115.17	121.09	083.19	084.20	crunched	d'ye
115.29	121.12	097.12	cringing	107.28	013.27
117.25	121.21	097.31	044.16	crush	106.18
118.01	courtiers	112.22	critical	170.01	136.04
118.21	041.09	114.09	003.11	crushed	149.12
119.26	cover	132.25	criticise	085.14	170.08
119.29	141.05	136.20	163.21	cry	183.04
123.19	cowardice	136.29	criticism	011.30	d'yer
124.05	160.01	137.15	041.10	075.19	167.30
124.18	cowardly	137.17	croak	087.24	169.17
125.30	046.13	140.02	098.29	105.22	173.30
127.19	097.23	140.28	croaked	crying	175.01
129.08	cowed	141.10	097.06	089.27	d'you
131.04	166.22	141.17	105.19	110.06	120.25
143.04	crack	143.02	crooked	194.25	120.25
143.12	052.05	151.03	151.26	crypt	dab
145.09	172.31	154.13	crool	145.23	183.09
146.07	cracked	180.16	121.02	cuffed	dago
146.24	077.03	186.18	cross	008.28	024.27
149.19	076.05	190.05	145.18	cuffs	daily
151.23	078.23	creighton's	191.30	044.31	022.09
155.07	cracks	141.20	cross-head	culminating	040.02
157.07	099.14	crest	096.14	060.03	045.31
157.10	craft	064.13	crossed	culprit	052.10
157.14	117.13	crested	023.18	041.28	dam
158.11	184.22	084.23	034.24	cunning	099.17
158.23	craftily	crestfallen	118.24	036.21	dam'
159.25	035.12	037.09	180.27	cup	120.22
161.18	crafty	crests	184.08	055.26	183.07
163.04	115.15	084.12	193.28	cur	damaged
163.21	craik	095.08	crosswise	153.24	112.22
163.28	003.31	105.31	011.10	cured	damages
165.20	016.18	crew	100.25	041.04	059.13
166.23	072.11	002.15	crouched	curiosity	damme
168.26	189.11	015.17	078.03	032.13	017.02
169.10	crammed	016.27	187.13	092.14	damn
174.07	182.19	063.08	crouching	121.23	071.24
174.24	cramped	095.23	006.11	172.04	122.08
174.26	083.23	116.29	055.05	curious	131.13
178.06	cranes	120.29	070.31	145.30	147.13
191.26	187.13	155.18	075.17	curiously	152.09
192.09	craning	190.29	099.29	005.05	damn-it
193.24	036.15	195.01	104.01	curling	149.01
couldn't	crank	196.05	145.13	098.26	damnable
018.25	056.22	196.20	172.06	curls	142.11
043.07	crash	crews	crowbar	054.20	damnation
049.13	074.05	195.07	077.09	current	163.31
049.19	084.27	cried	078.05	156.15	damned
051.25	crashed	010.20	078.16	curse	013.05
071.21	098.26	012.04	crowbars	009.23	066.19
082.03	crashing	013.19	073.28	136.23	074.30
091.10	110.04	017.17	crowd	139.23	172.14
119.23		039.05	001.17		

damning	darlin'	165.18	decent	032.15	deluge
069.25	074.13	168.26	046.06	034.20	030.20
damp	darlint	169.19	089.17	048.21	delusions
055.09	077.26	170.06	155.21	058.24	157.24
106.11	dart	170.08	168.07	064.16	176.21
189.27	102.03	173.09	196.11	140.26	demanding
dance	darted	days'	deceptions	142.04	101.12
129.13	084.08	121.10	151.18	150.06	demonstrated
danced	132.29	dazed	decidedly	161.31	052.09
006.29	142.11	144.30	043.19	164.11	demonstrator
013.16	149.25	dazzling	decisive	164.18	119.02
020.27	150.08	086.23	047.17	176.08	demoralising
037.19	180.09	095.07	deck	187.15	157.20
114.04	184.01	098.18	001.18	188.21	den
dancing	darting	138.21	002.10	declaration	110.26
022.30	077.02	164.13	003.15	042.18	denials
028.08	114.12	196.04	004.20	193.01	157.14
060.16	dash	dead	013.24	declared	denied
dandy	042.30	011.18	016.25	046.31	116.20
003.26	055.09	026.12	017.29	053.18	171.21
danger	183.25	047.28	018.06	093.29	denser
078.02	dashed	048.25	018.20	094.10	144.15
113.05	020.07	073.26	020.07	135.12	dentyst
dangerous	058.06	077.28	022.25	165.20	045.23
118.19	154.24	090.04	023.19	193.17	deny
154.09	dashing	098.22	023.26	declining	114.24
160.31	100.16	108.15	025.04	083.25	161.18
dangerously	davis	110.22	027.21	176.11	departing
073.30	108.22	132.18	028.18	declivities	037.24
dare	108.28	143.10	031.01	185.21	departure
018.02	109.02	151.20	031.11	decorously	176.28
dared	115.12	161.30	034.07	152.27	dependence
009.15	144.28	164.08	034.11	decorum	166.12
046.16	147.29	166.07	039.30	044.25	depending
160.08	152.02	167.05	040.25	188.31	121.07
161.02	178.17	170.07	046.19	decrepit	deposited
dark	davy	170.09	047.07	084.09	180.06
001.18	109.14	172.26	048.30	decried	depressed
002.18	dawn	176.07	049.06	113.06	148.31
003.05	095.02	177.12	050.11	deep	depths
005.06	176.13	177.15	051.22	006.18	142.01
010.05	day	177.17	052.02	017.17	176.16
015.10	002.16	180.24	055.04	018.19	196.10
016.29	005.27	189.17	055.22	019.04	derided
022.25	005.28	dead-and-gone	057.14	024.21	057.07
023.13	022.22	088.04	059.13	054.18	derisive
027.01	030.16	dead-eyes	059.25	074.11	071.11
033.04	031.22	098.14	060.22	075.10	125.31
044.23	032.12	deadened	061.18	077.21	dervish
054.25	032.30	139.12	062.27	080.18	007.14
057.16	033.03	149.23	063.02	109.22	descended
060.10	033.22	deadeyes	063.07	110.30	034.04
074.08	039.15	064.19	064.27	150.15	075.01
075.18	045.29	deadly	066.04	181.07	165.01
084.01	046.17	095.29	067.08	182.03	descending
068.09	049.20	099.12	067.17	182.11	166.10
088.26	050.23	104.28	069.02	deep-chested	described
103.21	051.31	105.01	069.26	034.25	060.10
106.29	052.02	153.21	069.31	deepened	deserted
108.19	054.16	deaf	070.04	186.09	165.06
112.13	054.16	006.03	072.30	deepening	189.28
118.17	058.04	013.03	080.30	086.08	deserts
119.24	058.08	168.03	084.30	deeper	114.26
124.09	059.31	deafened	087.07	142.16	deserve
129.06	109.31	193.25	088.12	deferentially	031.15
135.29	114.14	deafening	088.16	115.15	deserved
137.19	129.15	099.18	090.24	defiant	009.06
139.04	131.19	139.17	092.04	170.16	deserving
145.30	150.03	deal	098.16	defiantly	010.13
151.09	155.19	050.21	099.13	170.24	desire
173.20	155.20	death	099.17	degradations	026.24
175.31	157.08	003.26	100.15	006.27	046.07
184.04	157.08	039.14	104.11	dejected	078.22
184.23	158.13	039.17	107.28	159.17	082.30
189.15	158.13	039.29	108.03	delay	082.30
195.21	159.24	067.05	106.11	119.11	092.17
196.02	162.03	068.17	116.01	delayed	093.14
196.18	162.10	075.12	116.17	161.15	104.04
darken	165.29	081.31	118.02	164.23	104.05
075.21	167.18	082.05	127.06	deliberate	104.14
darkened	174.20	118.15	127.21	072.27	130.11
030.22	176.26	144.08	128.23	deliberately	138.01
128.24	177.25	162.09	131.01	008.06	151.23
darker	day's	162.19	132.03	047.16	161.13
164.19	196.11	168.27	135.11	058.23	169.31
185.02	daylight	176.19	135.27	100.19	170.03
darkness	005.29	176.22	139.11	118.12	desired
001.04	017.12	176.23	139.25	deliberation	101.04
010.08	029.02	178.12	141.02	002.06	desires
026.02	062.05	181.13	141.09	delicate	146.02
031.14	153.12	deathlike	141.21	051.12	desirous
033.10	165.02	138.20	143.26	056.01	160.15
044.29	191.24	169.01	144.15	095.03	desk
059.22	days	debauch	144.24	112.10	192.21
060.04	032.25	111.17	144.28	delight	desolated
062.01	033.31	debauchery	145.29	042.22	173.18
084.22	034.01	026.23	147.21	103.03	desolation
092.07	053.05	decadent	152.22	131.31	083.05
093.15	085.31	157.22	153.18	delighted	106.11
109.07	088.06	decapitated	160.02	051.28	148.30
110.24	093.30	060.15	173.24	130.01	171.19
117.11	101.11	decease	175.31	186.17	176.22
118.01	112.02	040.07	180.26	189.06	despair
118.13	112.14	deceased	187.25	delightful	077.23
118.18	125.26	192.17	189.28	186.17	086.20
136.24	131.23	decencies	deck-house	deliverance	171.17
139.01	147.02	045.20	051.21	090.19	181.03
169.29	155.17	decency	decks	delivered	despairingly
189.27	161.19	044.24	002.07	036.20	079.02
191.27	165.16	153.10	015.23	132.07	desperate
			030.23		041.15

DESPERATE (continued)

103.19	113.17	dig	disclosed	071.31	disturber
desperately	113.24	065.17	158.22	106.12	162.01
058.01	115.14	dignity	disclosure	139.30	disturbing
089.10	121.04	032.21	005.14	181.23	040.18
101.20	122.11	082.13	084.07	dismayed	051.04
104.26	128.20	113.09	discomposed	042.22	171.24
133.28	129.26	166.22	193.23	080.19	ditch
desperation	134.11	dilapidated	discomposing	141.30	009.12
074.22	137.13	016.20	064.03	disordered	dive
097.25	143.07	dilated	discontent	055.16	182.07
despised	143.28	083.28	146.11	dispassionately	dived
114.02	151.12	dim	discontented	010.02	136.13
despondently	151.15	020.05	027.04	dispense	147.25
110.13	152.10	023.07	116.22	195.05	168.14
destiny	152.12	026.02	discordant	display	divers
032.11	156.06	107.09	098.24	009.24	016.04
destitute	159.08	148.25	discounted	displayed	divested
013.16	161.05	dimensions	022.04	192.04	131.06
destruction	161.12	184.19	discouraged	disputed	divide
009.14	161.20	din	097.01	035.19	020.31
detach	164.01	100.20	113.09	107.22	072.10
127.12	166.30	130.17	discouragement	165.19	do
detached	167.13	dinna	043.30	disputes	003.20
032.04	167.23	040.11	discoursed	138.30	005.04
detaching	168.07	dinner	165.14	disquiet	007.18
015.30	171.03	046.17	discoursing	177.25	008.21
detail	171.28	058.12	116.25	disquieting	010.10
076.18	172.23	058.15	195.08	060.14	010.11
details	174.28	dinner-tins	196.12	157.06	016.26
146.21	176.20	047.06	discovered	disregarded	017.14
determination	179.22	dip	106.26	080.10	018.13
037.13	181.10	054.14	discreetly	111.21	018.14
094.30	182.24	099.09	122.29	dissembled	021.22
137.23	183.10	102.21	discussed	162.14	039.02
148.23	189.10	dipped	035.06	dissent	040.20
determined	189.21	037.25	047.07	156.09	041.06
078.17	190.28	064.19	141.16	dissipation	043.22
087.11	191.04	102.09	145.04	005.17	043.26
detested	193.08	directed	159.10	dissolved	044.09
082.11	193.09	180.17	192.22	030.20	048.06
devastated	193.09	directions	discussion	dissolving	049.19
073.23	196.11	078.28	035.31	190.13	057.25
106.07	didn't	directly	disdain	distance	058.16
developing	025.11	018.27	010.16	013.18	063.13
157.05	045.12	075.26	113.10	036.12	069.22
development	045.24	085.18	137.15	distanced	070.08
013.15	047.24	086.17	disdained	106.05	081.14
devil	057.25	101.23	048.17	distant	082.18
003.04	058.13	121.01	107.02	029.24	089.03
020.11	062.19	138.28	178.22	173.24	091.06
049.03	080.07	dirt	disdainful	distasteful	091.15
080.09	113.16	005.16	019.01	054.01	095.27
089.02	120.04	187.20	101.02	distended	096.01
130.15	142.14	dirty	158.27	035.22	098.06
134.07	142.20	035.11	disenchanted	096.21	100.11
134.07	142.20	036.20	156.06	140.05	102.20
devils	155.05	047.24	disengaged	distinct	104.30
134.07	160.09	072.13	194.25	017.15	105.19
142.22	161.10	106.29	disguise	074.18	109.16
142.23	162.05	113.30	115.22	098.23	114.30
devonport	176.30	124.17	disgust	117.14	120.07
179.28	188.07	128.16	046.20	139.13	120.18
devoted	189.25	149.22	053.11	164.17	120.21
026.18	194.19	177.30	079.01	distinction	122.01
devotion	die	disabused	082.01	035.10	122.24
081.31	020.29	176.27	126.06	112.24	124.08
113.02	039.10	disappeared	169.12	distinctly	124.21
115.25	043.29	013.30	disgusted	015.25	124.23
158.29	047.15	030.11	021.03	017.30	125.05
178.29	047.16	032.10	049.02	018.18	127.02
devoured	047.20	078.19	044.01	127.02
026.08	047.26	084.24	disgusting	092.02	127.03
dew	049.04	088.16	046.21	129.19	128.18
150.10	051.27	091.29	187.23	136.24	133.22
dhow	052.07	144.04	191.30	distinguish	139.18
030.13	091.23	disappearing	dish	005.29	141.12
dialogue	105.19	072.27	046.18	109.25	143.06
023.15	143.14	disappointed	046.27	distinguished	143.21
diamonds	144.02	019.29	disheartened	044.06	146.10
150.11	146.19	167.16	098.08	distracted	146.18
did	146.26	disappointment	163.19	036.05	147.03
003.24	147.01	147.17	dishevelled	100.05	151.08
003.27	149.28	disapproving	100.03	133.21	151.10
012.31	157.06	019.29	149.26	145.19	152.10
013.31	161.09	135.14	191.09	162.07	152.17
017.01	164.23	194.29	dishonest	193.25	154.31
023.14	166.29	disarranged	002.24	distracting	160.31
041.28	173.08	043.11	disintegrated	002.31	165.16
042.22	173.08	disaster	177.08	075.05	165.17
042.26	193.10	186.14	disinterested	distress	167.28
045.09	died	disbelief	113.08	060.07	180.02
045.13	027.01	050.02	disinterred	distressingly	180.19
045.16	037.30	disc	157.19	075.30	186.22
046.09	112.16	084.21	dislike	distribute	189.05
047.13	141.15	164.10	042.18	158.10	dock
048.06	151.26	discern	044.08	distrustful	015.07
049.03	166.09	069.26	dislocating	156.21	121.13
061.18	different	147.19	060.27	172.04	121.20
066.09	155.14	discharge	dismal	184.12	169.14
067.28	difficult	140.22	037.27	disturb	186.16
079.31	042.17	192.25	059.30	040.07	187.07
081.19	046.06	192.26	128.31	103.24	
092.13	094.21	discharges	dismally	disturbance	dock-loafer
092.14	difficulty	013.24	055.06	137.06	188.27
093.07	067.27	discharging	071.18	177.26	dockmen
093.08	084.04	127.19	087.16	disturbed	187.03
093.09	084.17	discipline	180.02	046.13	doctor
094.07	138.02	016.07	dismasted	078.12	020.04
096.30	138.09	045.28	065.13	090.12	071.05
103.24	191.19	051.05	dismay	104.15	093.27
112.26		056.27	065.10	181.20	doctrines
					116.26

dodge	154.01	126.03	108.11	doubtfully	ooze
053.23	154.13	126.06	108.30	010.31	102.18
125.13	154.15	126.22	109.02	doubting	168.16
dodged	160.06	126.24	109.19	012.02	oozed
055.04	170.09	126.27	117.23	doubts	020.05
077.07	179.12	126.31	118.23	026.17	oozing
153.14	179.31	127.04	119.19	156.13	085.24
154.09	188.09	127.16	119.23	dough	drag
dodger	190.10	136.01	120.13	154.01	082.29
041.19	192.26	136.06	123.18	down	098.13
dodges	donch	136.12	127.29	001.09	179.13
010.05	086.02	139.03	129.19	002.05	dragged
dodging	done	139.05	132.01	005.17	092.06
115.26	036.19	145.13	132.28	006.06	103.16
does	043.18	147.11	134.05	009.01	106.20
027.11	044.24	148.25	136.24	010.29	dragging
027.14	045.16	148.27	137.18	017.23	080.30
035.08	057.02	149.08	138.16	022.12	dramatic
049.14	063.02	149.13	144.27	022.17	011.11
077.13	071.05	149.29	150.16	024.19	drank
091.06	077.31	150.19	155.05	028.11	003.26
109.27	080.24	153.13	159.28	028.17	024.03
110.22	083.20	153.14	160.13	031.08	050.06
160.06	085.20	153.29	163.30	033.13	055.27
doy	085.29	154.02	167.04	035.15	070.22
051.27	089.24	154.06	167.10	035.22	070.27
138.15	089.31	154.14	168.20	049.22	093.23
dog-watch	093.26	154.17	173.26	056.15	127.16
047.12	093.28	154.22	175.18	061.15	129.16
dog-watches	095.11	162.26	175.29	062.27	dratted
118.20	096.22	163.02	180.20	063.14	042.27
dogger	102.07	163.16	189.14	063.22	draughts
169.18	104.29	163.25	190.16	065.16	123.23
doing	105.16	164.01	190.27	065.29	draw
009.27	110.06	164.22	192.01	066.08	057.04
134.10	113.07	166.18	193.06	067.05	064.14
133.13	114.29	167.07	193.14	067.07	070.10
doll	115.31	167.09	door-handle	067.25	081.04
080.28	119.14	167.15	138.17	069.26	106.27
dollars	125.20	167.29	doorpost	069.29	125.30
147.03	171.07	167.31	037.17	070.22	149.15
161.20	176.02	168.04	038.10	071.29	161.10
dolorous	189.15	168.08	120.24	073.23	drawing
120.10	193.08	168.13	135.08	073.30	075.06
dome	donkin	168.16	doors	074.03	127.28
019.16	010.20	168.19	001.19	075.24	drawl
054.18	013.06	168.29	014.10	076.23	013.27
092.20	013.16	169.10	031.12	077.14	drawn
domineering	014.06	169.18	054.11	077.19	015.03
038.11	016.19	169.28	055.08	078.01	023.18
domitable	016.23	170.14	058.06	079.25	062.07
011.07	023.25	171.04	064.24	080.17	153.26
don't	024.02	171.15	073.16	083.26	drawn-up
003.20	024.13	171.27	144.21	088.12	133.05
007.28	024.18	172.01	doorstep	095.22	draws
010.25	024.23	173.05	031.09	096.02	166.27
011.03	024.25	173.20	053.25	096.17	166.29
013.07	024.30	174.01	107.11	096.30	179.25
016.14	035.29	174.11	118.03	098.26	dread
017.01	037.03	174.18	118.25	103.01	036.15
020.28	038.23	174.30	122.16	103.31	040.30
021.11	042.22	175.02	123.12	104.10	dream
021.21	043.31	175.08	126.31	104.27	016.18
024.18	044.27	175.29	133.26	105.27	104.17
031.15	045.12	176.16	doorway	107.14	147.05
043.06	045.16	177.29	023.17	110.04	164.16
043.06	045.28	178.01	037.14	119.19	169.02
043.07	047.23	180.15	075.10	125.08	dreamed
045.01	047.24	192.19	128.05	126.24	116.26
045.01	046.15	192.25	128.28	128.14	120.15
047.03	050.22	196.10	149.14	128.21	180.29
048.18	050.24	donkin's	doorways	128.22	191.11
057.07	050.31	044.08	002.01	129.19	dreamily
067.14	059.04	044.21	142.10	138.26	022.28
074.26	067.06	108.15	dooty	140.19	dreaminess
074.26	070.27	112.10	120.28	141.21	047.10
077.13	071.25	113.22	dorg	143.25	dreamlessly
078.16	085.31	116.26	024.06	144.05	166.16
085.12	093.21	153.24	170.27	145.03	dreams
088.30	097.20	173.18	170.28	145.27	032.27
089.08	106.12	173.27	172.16	149.29	087.30
089.10	108.14	doomed	dorg's	150.26	162.01
090.09	108.17	195.14	113.16	153.30	dreamy
097.22	108.23	door	dose	166.03	085.06
102.06	108.31	010.03	050.22	167.16	087.09
105.13	112.24	012.24	dosed	168.05	109.24
105.27	113.08	013.26	070.20	173.06	dreamy-eyed
108.17	114.12	014.11	double	174.01	004.14
109.18	114.30	015.16	001.06	175.26	drenched
120.22	115.04	019.19	023.08	178.02	058.01
122.18	116.08	020.02	036.25	178.13	dress
124.09	116.21	020.27	140.13	179.20	023.02
124.26	119.02	022.26	doubled	182.25	180.01
125.03	120.15	026.01	007.03	183.24	dressed
126.02	120.26	030.31	068.01	184.02	188.06
126.03	121.24	037.06	doubt	185.21	drew
129.14	121.30	038.19	036.06	186.25	007.11
131.13	122.02	039.01	047.12	189.23	069.12
131.16	122.08	051.30	052.07	195.21	dried
131.16	122.11	052.03	053.20	down-haul	095.12
135.13	122.26	058.12	082.08	116.10	160.21
136.09	123.21	059.01	082.12	downright	drift
138.14	123.24	065.07	094.13	142.22	035.31
139.19	123.30	071.21	156.20	downs	122.09
149.01	124.08	073.19	161.12	185.09	122.10
151.05	124.11	073.21	177.07	downstairs	166.09
152.01	124.18	073.25	196.08	087.21	drifted
152.14	124.28	074.07	196.11	downward	053.03
152.14	125.19	079.24	doubtful	006.18	092.21
153.04	125.28	079.29	048.02	downwards	141.02
153.22	125.31	108.07		147.12	144.14

DRIFTED (continued)

186.11
194.15
195.22
196.05

drifting
068.30

drifts
060.06
186.02
196.19

drink
007.17
070.11
071.01
095.01
107.25
121.28
172.22
193.03
193.10
193.28
194.11
194.18

drinking
128.10

drinks
009.18

dripping
053.09
057.18
106.13
107.17

drive
040.16
061.23
078.14
078.16
151.06

driven
002.04
076.03
104.17
125.01
175.04

driving
075.20
154.08

droll
157.03

drooped
009.10
144.16
176.12

drooping
192.14

drop
089.06
105.17
125.18
127.07
139.19
139.23
181.18

dropped
003.02
015.20
028.12
046.26
049.08
069.13
078.31
107.08
133.20
164.30
182.15

dropping
107.10
179.12
185.17
192.23

drops
006.21
057.16
062.11
067.19
076.13
091.01
150.09
150.10
191.24

dross
184.26

drove
032.22
033.20
054.22
106.08

drown
057.02
058.09
120.08

drownded
121.02
121.07

drowned
007.26
065.15
069.14
071.18
086.06
096.10
096.30

189.18

drowsily
123.14

drowsy
102.18

drummed
074.15

drums
060.19

drunk
007.17
173.09
173.13
173.22
193.18

drunken
080.22

dry
059.02
059.07
070.10
126.26
127.20
127.23
156.05
171.04
175.04

drying
031.15

duck
121.19

ducking
071.14

ducky
122.18

due
111.10

dug
057.24
064.06
076.12

dull
008.03
013.11
031.23
060.20
102.01
187.11
193.26

dumb
007.13
013.03
045.19
101.14
101.14
171.25
172.02

dumbfounded
145.19

dumpy
034.26

dunnage
019.21
024.29
024.30
188.30

dupes
046.10

durability
158.16

during
008.06
020.19
038.20
053.11
060.23
083.11
152.26

dust
014.29
043.03
187.18
187.25

dusted
100.09

dusty
170.23
190.20
194.01

dutch
143.03

dutchman
047.27
084.28

dutchmen
047.29

dutchy
012.30
109.16

duties
015.28
031.28

duty
051.07
062.21
063.06
111.04
133.14
134.23
137.03

THE NIGGER OF THE NARCISSUS

140.27
152.10

dwarfed
032.24

dwelling
106.12

dwelt
162.31

dying
039.03
040.14
041.02
041.13
046.23
047.02
049.02
087.21
132.17
133.29
145.26
146.17

each
003.16
004.16
006.19
037.17
066.18
107.02
118.23
144.13
156.12
167.20
177.10
186.25
196.14

eager
036.10
047.18
104.13
134.14

eagerly
081.10

eagerness
078.21
083.10
126.22
135.03

ear
036.09
045.24
063.11
144.27
145.09
175.03

early
002.13

earn
097.11

earnest
071.13

earnestness
078.18

earns
196.12

earrings
113.26

ears
009.01
079.07
084.01
113.27
116.20
124.13
130.17
145.15
169.10
182.30
195.10

earth
005.07
009.28
027.04
027.12
032.04
032.15
032.18
034.21
040.23
060.23
076.27
086.26
117.11
129.06
150.05
164.09
184.16
186.08
187.28
193.26
195.30
196.07
196.14

earthquake
073.24

earthy
083.31

ease
036.26
039.17
043.22
101.06

141.11
147.18

eased
028.10
064.07
074.04
088.14
098.31
173.27

easier
069.15
069.21

easily
030.23
057.23

easing
062.23

east
002.26
022.29
033.18
117.09
162.07
166.06
169.14

east-end
051.01
130.05

eastern
002.22
165.03

eastward
095.08

easy
026.25
035.17
043.01
043.02
077.13
125.23
166.26
169.25
192.30

eat
009.23
166.08
168.13
170.20

ebbed
142.16

echoed
164.11

ecstatic
130.16

eddied
137.20

eddies
056.10
098.16
144.16

eddying
035.21

edge
005.16
023.12
030.14
047.01
061.09
072.16
073.30
075.17
084.10
084.13
128.13
134.27
166.24
180.13

edging
129.17

edifice
027.10
139.03

effaced
027.08

effect
011.11
022.04
114.18
177.16
192.31

effective
021.31
176.25

effort
018.20
029.24
034.30
063.19
072.23
081.09
083.17
093.17
098.02
102.01
110.23
153.31
171.05

efforts
061.13
063.04
087.12

103.20

effrontery
010.22

eggs
165.28

eggshell
155.06

egoism
126.08
157.04

eh
025.10
122.06
126.05
151.30

eight
031.04
063.06
128.08
159.27

eighty
033.30

either
063.02
125.25
129.23

ejaculated
016.20

elated
165.09
190.28

elbow
013.02
017.08
035.02
042.25
076.31
105.18

elbows
057.24
060.13
066.28
107.01
134.26
130.13

elder
137.22

elderly
087.15
136.03

elders
036.17

eldest
091.02

electric
015.07

elegant
005.08
186.28

elm
096.31

eloquence
172.02
196.12

else
039.18
077.05
159.10
163.16

emaciated
171.01

emanated
037.27

embarrassed
080.22
153.08
180.20

emblem
137.27

embracing
066.10
096.14
104.02

emergency
065.26

eminence
044.07

emitted
016.15
080.27
121.27

emotion
043.16
126.30
138.02
156.01
189.27
192.07

emotional
041.15

emotions
046.03
092.18
171.25

emphasis
025.09

emptiness
023.07
026.03
031.30

empty
013.09

014.17
026.10
029.06
036.28
040.01
081.23
101.12
108.14
127.17
128.02
128.02
128.02
142.19
148.21

enchantment
186.19

enclosed
117.16

enclosing
187.09

encourage
047.13

encouraged
098.23
105.12
161.13

encouragement
137.21

encouraging
063.28
137.28

encouragingly
013.19
062.29
085.04

end
002.10
015.08
015.21
021.30
023.05
034.01
034.23
042.19
056.13
058.24
058.24
065.27
070.01
071.16
074.25
079.23
092.30
093.31
094.02
102.25
104.25
120.20
135.27
151.25
156.06
160.10
174.18
181.08

endangered
041.25

endeavour
014.19
032.23
054.23
063.17
100.09

ended
037.06
050.02
050.27
087.22
112.20
160.12
186.23
194.26

ending
068.31

endless
031.27
168.25

endlessly
035.19

ends
066.05
069.29
099.31
104.01

endurance
010.15
015.27
062.07

enduring
026.18
027.08
054.27
092.18
101.15
185.01

enemy
078.22
082.16

energetic
062.31

energetically
139.18

energy	enunciated	039.28	everybody	exclamation	express
113.01	018.18	041.11	048.27	044.30	094.29
131.14	enveloped	041.16	132.16	087.31	expressed
162.26	014.26	050.21	170.02	136.22	028.02
enfolded	enviable	053.19	170.16	exclamations	046.19
156.10	169.31	054.29	everything	085.23	063.09
engage	envy	056.20	073.24	109.26	expression
009.16	034.19	058.17	141.26	135.28	004.31
engaging	044.10	060.23	170.02	execration	033.06
002.15	episodes	066.18	181.16	137.21	046.26
engine	113.02	076.20	186.17	execute	083.09
028.17	equal	081.18	evil	097.01	124.03
engineer	016.09	088.15	015.09	exertions	exquisitely
169.05	equator	090.06	evil-smelling	096.16	157.03
engines	117.01	095.11	106.21	114.27	extended
029.09	equipped	107.16	exact	exhaled	073.19
english	057.22	111.06	176.12	186.08	084.01
023.01	erect	114.05	exacting	exhausted	181.29
englishman	031.26	114.10	016.10	006.06	extent
011.15	099.05	114.15	056.22	061.15	032.24
enigma	100.24	115.26	115.28	066.07	extinct
156.25	errors	125.29	exactions	082.22	078.10
enigmatical	033.25	126.21	055.11	087.08	extolled
105.14	156.12	142.06	exactly	090.10	087.18
enigmatically	escape	143.14	056.23	091.01	extra
168.27	029.24	169.17	exaggerated	103.23	042.10
enjoy	079.13	169.30	038.21	126.04	050.26
167.27	160.31	170.06	exaltation	173.06	054.08
enjoyed	escaped	176.07	171.11	exist	extraordinary
020.14	018.06	181.02	exalted	005.13	074.30
129.31	082.19	196.16	130.01	026.14	extreme
enjoying	174.15	196.24	examination	existence	044.20
192.31	escapes	ever-expected	171.29	026.03	046.19
enlighten	103.24	039.24	examine	041.14	119.10
168.29	especially	ever-interesting	010.02	056.02	extremely
enlightened	115.30	093.30	examined	092.25	166.02
147.17	established	everlasting	049.23	101.07	extremity
enormity	022.08	015.15	examining	111.22	072.01
040.17	eternal	027.02	106.29	112.19	082.04
enormous	009.30	119.05	examples	147.20	exultation
004.22	041.27	126.10	165.15	165.12	047.08
006.03	086.25	131.16	exasperated	existences	exultingly
029.22	101.08	163.07	039.12	169.30	086.30
035.22	111.28	every	059.03	exists	eye
057.11	129.05	002.28	077.02	005.15	061.29
065.18	158.02	004.12	086.16	expanded	122.23
080.17	158.18	006.02	171.07	127.24	122.23
083.25	eternity	009.05	exasperating	expanse	122.24
099.30	026.15	020.16	045.11	029.05	125.19
156.20	080.20	020.17	177.28	165.04	133.08
164.31	130.12	026.20	exasperation	expect	174.16
183.23	169.24	032.12	116.18	164.28	eyeballs
184.18	181.14	033.28	152.13	expectant	104.19
enough	etiquette	040.01	excellent	133.11	eyebrows
024.09	045.18	041.14	130.06	145.31	028.07
enough	evanescent	042.30	except	188.21	110.17
005.01	086.22	047.17	027.14	expectantly	eyelashes
011.21	evasions	048.06	115.24	123.11	007.02
021.01	157.24	048.12	164.02	expectation	006.26
026.25	even	057.09	excessive	160.21	038.24
039.11	015.22	055.08	053.20	expected	eyelid
043.27	019.22	058.27	excessively	021.17	037.19
050.19	036.07	060.27	087.28	036.07	181.25
056.24	040.07	061.20	157.22	039.13	eyelids
057.29	045.16	062.13	exchange	043.02	009.09
069.24	045.28	068.09	063.28	043.15	015.20
076.30	048.05	068.12	092.09	060.26	036.23
090.23	077.08	068.28	exchanged	098.21	063.17
109.17	076.15	075.22	054.03	176.06	069.13
113.17	080.14	076.02	109.31	176.09	102.13
115.07	085.29	076.18	116.17	178.10	134.30
120.04	092.03	079.22	153.20	expectorated	167.08
135.17	118.20	085.04	157.29	152.27	eyes
144.20	154.25	086.19	excited	expects	006.07
146.23	159.10	098.29	100.15	071.25	006.12
152.03	162.19	099.18	134.14	expense	006.24
152.11	170.01	099.24	145.02	121.29	006.29
155.17	177.22	099.28	165.08	experience	007.02
163.21	177.25	104.01	165.30	047.07	007.07
163.25	evening	104.22	182.11	142.01	008.01
167.05	020.03	107.08	excitedly	177.21	008.18
168.04	020.17	107.25	074.14	190.08	012.23
179.15	034.20	113.19	093.17	experimentally	013.12
189.22	040.04	110.27	136.06	134.08	016.28
189.24	041.17	117.14	136.27	explain	017.29
enraged	042.16	117.14	excitement	161.05	019.12
138.13	118.20	122.03	005.09	177.23	020.30
ensign	130.02	125.09	073.11	explained	022.03
180.08	159.26	136.22	077.14	035.12	023.26
entered	160.25	136.23	099.04	109.14	025.20
163.18	164.24	141.27	exciting	186.27	026.06
185.09	189.27	141.27	129.30	explaining	029.18
186.09	evenings	150.18	146.29	177.20	031.28
167.07	094.04	150.30	exclaimed	explosions	032.01
192.19	164.07	151.06	048.17	019.15	033.06
enthusiasm	event	158.31	070.08	explosive	033.17
194.13	160.19	159.28	071.18	008.02	036.04
enthusiastically	eventful	161.10	089.09	043.04	036.11
116.27	032.26	162.02	089.20	159.05	036.31
entrance	events	162.31	096.04	expose	037.14
065.25	141.16	169.22	103.13	170.03	037.23
entranced	160.12	170.12	108.21	exposed	038.04
036.06	ever	170.31	119.07	037.09	038.11
entreated	017.03	174.01	122.15	090.29	039.13
050.06	018.31	180.11	131.05	106.15	039.27
074.12	018.31	180.14	132.27	137.25	042.13
077.17	026.09	180.30	133.31	expostulated	043.10
179.14	032.07	181.12	135.05	192.13	046.26
entreaty	032.08	181.25	138.13	expostulation	048.25
131.20	037.21	189.03	142.26	003.03	054.02
	039.19	193.11	155.20		054.12

EYES (continued)

055.30
057.15
060.13
061.05
062.06
063.17
064.09
065.03
065.18
070.03
070.25
072.22
073.03
074.28
077.11
079.05
080.12
082.18
083.05
083.15
083.22
083.29
084.01
085.05
086.28
087.05
092.31
095.08
095.14
097.02
097.13
098.03
100.08
100.23
101.25
102.16
103.12
103.28
104.13
108.07
109.29
110.18
114.04
114.11
115.13
117.28
119.01
120.11
121.26
125.08
127.09
128.01
130.31
132.17
134.27
138.22
143.25
143.28
144.17
145.02
147.08
148.21
149.21
151.01
153.06
153.21
153.25
154.07
157.20
158.27
158.27
159.30
162.18
162.31
165.31
167.09
167.15
168.16
171.21
172.07
173.03
173.18
173.21
174.05
174.22
174.28
175.24
186.29
187.12
188.11
189.03
189.08
190.04
190.22
192.15
195.09
fabulous
057.22
117.26
184.19
face
002.06
004.26
006.10
006.17
006.17
006.29
007.21
008.18
013.18
015.19

016.17
017.30
018.04
019.06
019.06
020.30
021.15
022.03
023.28
025.12
026.01
027.30
028.05
033.27
035.10
036.01
037.03
037.18
037.22
042.29
050.22
055.11
060.28
063.23
066.04
066.06
067.08
067.18
069.27
072.03
074.07
074.08
081.29
081.31
081.31
082.19
083.15
097.06
097.13
100.24
101.16
101.16
102.15
105.25
111.07
117.30
123.04
123.16
127.15
128.03
128.16
128.24
130.31
133.03
134.26
135.11
136.09
138.09
139.24
143.11
145.17
151.02
154.28
156.24
157.17
165.15
167.03
169.01
170.30
171.15
171.16
173.18
174.07
175.13
179.14
181.18
faced
095.14
150.29
193.06
faces
003.16
004.15
008.31
033.02
033.03
033.03
033.04
033.04
033.04
035.20
036.03
036.24
037.29
057.16
057.24
062.07
071.04
079.11
079.17
083.08
083.27
083.31
084.23
087.26
088.02
095.09
096.06
100.09
103.11
103.30

104.27
108.05
109.19
110.08
113.28
118.28
121.24
130.18
130.20
132.29
149.21
150.17
153.02
158.27
165.24
166.11
191.07
193.05
195.04
196.01
facetious
006.28
facile
138.02
facilitate
069.19
facing
006.31
073.25
144.05
fact
051.06
081.25
094.19
141.24
factitious
131.13
factory
185.24
faded
083.09
117.08
fading
030.09
failure
157.08
faint
018.05
083.06
090.25
093.01
103.26
117.22
123.09
127.08
142.04
174.04
181.21
182.08
fainter
139.01
faintly
075.16
087.21
090.10
101.24
129.09
136.13
174.17
fair
012.24
021.14
021.22
025.10
030.23
032.19
053.03
054.05
078.30
078.30
102.06
102.12
162.18
162.26
182.22
182.23
fairly
014.11
154.18
fairy
196.04
faith
010.15
027.13
027.16
035.28
147.31
176.20
faithful
026.18
196.09
fall
077.16
085.11
128.01
132.24
132.24
134.29
178.09
194.02

fallen
015.06
188.03
falling
064.26
073.15
099.17
141.06
183.24
187.07
187.16
falls
103.24
false
164.08
falsehood
156.19
faltered
084.25
091.11
faltering
103.19
fame
112.23
185.03
familiar
024.18
048.09
083.08
088.02
176.07
familiarly
145.04
family
020.15
famous
112.06
fancied
075.15
092.08
092.23
143.29
fancy
137.01
144.01
fangs
035.12
074.28
fantastic
171.16
fantastically
057.19
fantasy
011.28
far
003.14
015.07
032.10
034.02
039.17
055.12
060.19
081.19
093.02
099.04
100.16
103.25
117.05
110.21
123.09
134.15
165.14
165.25
far-away
123.30
far-off
171.20
farmer
053.14
farther
089.14
093.09
125.06
140.06
154.19
185.23
fascinated
038.14
052.06
144.27
146.22
172.01
186.28
fascinating
113.07
157.13
fascination
005.11
061.19
fashing
179.15
fashion
149.05
fast
029.21
067.31
075.01
087.16
098.03
098.31
104.12

114.14
119.16
127.14
138.15
fastened
069.02
083.17
fastenings
085.04
faster
010.18
106.04
154.15
fastidious
041.24
fastidiousness
045.11
fat
049.15
fat-headed
047.27
fatal
169.29
177.22
fate
026.27
026.27
032.20
055.12
104.31
162.30
177.03
father
026.04
189.17
fatherly
014.14
120.30
fathers
179.29
fatigue
077.30
083.10
095.10
fatiguing
116.08
162.26
fault
056.08
148.19
150.28
favoured
062.31
favourite
022.05
036.10
favourites
042.12
favours
111.12
fear
012.20
026.21
026.23
046.07
052.13
056.27
075.08
075.31
080.02
084.16
085.31
086.10
101.14
112.12
117.20
119.06
131.27
134.16
136.04
150.14
157.23
181.15
feared
033.31
fearful
084.08
099.29
tearless
166.15
tears
057.07
features
005.01
feeble
015.12
098.24
feebly
087.08
090.18
168.11
feel
016.09
021.12
040.26
051.16
089.07
093.16
102.07
131.17
142.31

173.30
feeling
087.04
087.07
100.11
105.09
130.06
130.13
169.28
feelings
016.06
082.10
137.04
166.24
feet
006.14
007.04
011.29
012.25
013.31
023.26
026.18
031.07
034.06
036.23
038.22
043.16
044.30
046.19
064.20
066.06
069.12
075.08
076.24
079.05
098.30
099.02
100.12
123.24
135.14
136.05
139.23
146.18
173.14
179.02
180.06
180.24
181.19
fell
011.29
023.29
025.29
047.04
060.24
064.17
066.24
070.04
079.25
091.07
110.04
119.21
139.25
146.25
173.02
174.16
187.24
189.27
193.15
195.29
feller
012.19
fellow
003.31
008.26
020.10
021.15
040.02
143.21
144.30
146.18
190.07
190.16
fellow's
022.12
fellows
035.03
041.06
069.17
129.23
138.06
160.01
felt
009.02
021.17
044.14
060.30
067.25
075.23
082.06
085.04
092.27
094.02
111.24
119.20
120.15
127.23
134.04
139.31
147.16
160.23
161.19

FELT (continued)

163.08
166.20
166.29
168.08
168.29
169.21
169.28
174.19
175.09
fenced
190.20
ferociously
021.29
ferocity
008.17
fervour
070.09
fetch
056.14
116.09
fetched
135.08
fettered
111.21
feverish
002.22
170.25
187.17
feverishly
105.03
few
002.18
010.30
016.11
027.15
030.09
035.06
035.11
040.16
053.05
067.19
081.10
107.13
120.16
121.03
132.22
133.26
144.26
148.06
152.05
162.03
175.11
186.25
194.12
fiction
012.14
fidelity
162.14
field
096.18
096.19
fiend
074.29
fiendish
066.12
fiends
126.21
fierce
029.21
033.29
061.24
098.28
165.18
fiercely
002.23
075.04
105.15
154.06
164.03
171.04
181.16
fiercer
060.31
fiery
011.05
117.15
fife
160.25
fifty-eight
125.26
fight
013.21
039.09
048.17
054.23
090.07
159.15
164.10
194.26
fighting
151.17
164.27
195.26
figure
003.06
016.21
017.22
019.26
100.25
133.02
136.30

141.29
167.06
figured
145.18
figures
002.03
138.31
filaments
015.01
filled
012.08
018.20
043.12
064.16
103.27
106.06
140.18
164.18
171.18
182.28
186.15
filth
005.15
006.30
filthy
012.17
067.14
114.02
139.29
187.21
190.12
find
005.08
009.25
041.03
074.24
092.13
106.30
107.09
147.13
151.24
165.21
176.04
176.05
191.27
fine
011.01
021.10
021.12
021.31
057.19
069.07
069.26
089.11
090.07
091.08
092.03
094.01
094.08
106.10
109.03
112.14
122.11
134.20
190.07
finest
082.10
finger
119.25
152.19
fingers
009.31
023.13
055.04
065.17
076.12
087.07
095.23
104.05
104.21
119.21
143.25
151.26
166.23
181.30
finish
014.20
finished
076.18
127.28
161.23
168.17
188.17
finn
004.13
008.01
012.27
012.31
013.11
013.17
016.15
021.21
077.18
161.14
finn's
109.14
fire
065.28
087.20
117.16
117.27

129.20
131.16
180.10
fireman
006.08
010.26
firemen
128.18
firing
128.22
128.22
128.22
firm
095.16
firmly
076.03
098.30
125.16
133.26
175.30
first
010.09
011.26
030.31
031.03
031.22
048.13
050.08
057.13
058.19
061.17
069.28
073.19
092.05
095.15
098.22
099.02
103.22
107.25
112.16
118.21
122.30
147.25
161.08
161.09
162.19
165.06
165.11
165.25
175.13
177.18
190.09
first-class
124.26
first-rate
035.16
firth
033.14
fish
080.12
126.02
fisherman
189.17
fist
012.17
023.27
059.17
067.12
073.07
107.02
154.11
fisted
196.25
fists
075.18
082.31
093.15
113.29
120.11
133.19
142.10
149.22
fit
012.04
024.09
025.18
054.11
123.29
137.27
138.16
165.22
fitness
009.30
fits
194.25
fitted
051.21
157.19
fitting
022.11
fittings
055.23
five
002.07
002.28
072.17
156.01
165.16
177.24
fixed
031.28
070.02

102.02
147.08
fixedly
006.08
134.25
153.01
fixing
016.27
fixity
160.28
flag
014.23
033.12
flagship
185.05
flagstones
186.25
195.02
flakes
030.07
flame
028.05
104.16
117.12
123.06
130.22
175.09
flamed
030.16
flames
144.14
flannel
191.02
flap
140.17
flapped
009.03
065.30
067.31
182.25
flapping
055.02
127.17
flaps
084.30
179.08
flare
118.16
flared
109.23
flash
071.30
174.23
182.01
flashed
022.25
036.04
086.22
130.17
144.18
flashes
032.26
172.01
flashing
030.06
070.05
100.02
106.01
flat
096.17
138.03
flatten
140.29
flattened
019.06
062.22
115.13
138.28
flattering
016.30
flattery
158.06
flavour
016.24
flayed
076.12
flecking
036.07
fled
042.02
fleeing
037.26
064.30
100.04
fleet
184.17
fleeting
032.27
060.29
105.07
120.24
141.27
fleets
185.04
flesh
166.22
fleshless
119.06
131.08
157.18

fleshy
113.27
flew
043.03
062.11
064.20
064.24
067.01
067.04
077.11
079.05
103.31
127.17
140.20
183.23
flick
066.30
095.19
flicker
117.29
flickering
180.10
flicks
090.31
flies
140.20
flight
139.09
flights
187.19
fling
075.03
105.29
144.25
flinging
062.01
103.08
182.25
flitted
139.06
141.08
float
015.01
037.26
104.04
105.24
117.02
187.18
floating
065.09
065.15
flood
064.30
195.20
196.03
flooded
063.07
095.09
104.11
107.13
floor
013.30
029.06
051.10
057.01
060.11
148.29
flopped
013.31
flores
165.04
166.06
177.15
flourished
041.29
153.11
flourishing
119.07
flow
140.05
flowed
109.21
114.03
flowing
014.27
130.20
fluffy
194.02
flukes
031.26
flung
013.08
014.20
025.19
062.28
066.30
069.11
075.27
099.20
103.02
109.02
127.30
135.11
172.29
flush
175.14
flutter
117.19

fluttered
096.19
098.11
123.07
fluttering
033.12
066.01
173.27
182.12
fly-wheels
103.07
flying
065.29
074.25
173.01
188.24
fo'c'sle
011.02
012.19
024.10
040.29
foam
030.01
030.07
057.28
066.22
098.18
100.17
foamed
008.14
079.05
088.16
foaming
032.22
064.01
064.12
105.26
106.08
111.28
182.31
fog
130.27
foiled
057.27
folds
006.18
150.26
180.04
followed
014.12
049.09
074.03
096.08
143.24
following
160.26
follows
084.27
folly
009.15
016.23
018.30
034.17
112.11
177.02
180.07
food
009.23
026.20
040.31
126.14
151.27
163.09
fool
013.03
020.28
067.15
076.29
120.22
127.10
132.10
143.29
147.06
fooling
157.03
183.06
foolish
142.07
foolishness
177.05
fools
040.28
120.07
125.26
125.27
143.16
161.16
foot
012.10
018.22
067.07
069.30
102.15
103.08
106.20
139.01
142.28
151.13
151.13
162.08
171.08

FOOT (continued)

171.11
foot-ropes
104.01
footfalls
118.02
foothold
066.26
footsteps
140.13
164.11
173.24
173.26
for
002.02
002.04
002.11
002.20
007.09
008.12
009.16
009.17
009.24
009.25
009.25
009.27
010.18
011.04
011.14
011.22
012.11
012.16
012.16
013.12
014.01
014.05
016.07
020.21
020.24
022.17
024.07
024.09
024.15
024.16
025.09
028.16
029.09
030.13
030.24
030.27
031.16
033.18
033.21
034.10
035.16
035.18
039.03
039.10
039.28
040.14
040.26
040.30
041.01
041.02
041.04
041.11
041.16
041.18
042.07
042.15
042.18
044.04
044.13
044.18
044.24
044.29
045.26
045.27
047.05
047.31
048.03
048.17
050.18
050.25
051.27
053.19
054.29
054.30
056.05
057.22
058.19
059.11
059.27
060.23
060.30
061.11
061.16
062.16
063.03
063.04
063.08
063.22
063.29
064.02
064.12
065.26
066.15
067.23
068.17
069.27
069.28
070.03 (continued)

070.09
071.02
071.23
072.01
072.18
073.02
074.06
075.12
075.13
075.19
075.29
075.30
076.10
076.25
077.25
081.17
081.23
082.22
083.12
085.10
085.15
085.15
085.27
086.06
089.19
089.20
089.21
090.19
090.19
090.20
091.28
092.02
092.14
092.15
093.11
093.17
093.27
093.29
094.06
094.11
094.17
094.21
094.21
095.11
095.15
098.25
099.23
100.04
101.17
104.06
105.11
105.14
105.17
105.22
106.29
107.13
107.16
107.26
107.30
108.29
109.14
110.01
111.07
111.23
111.29
112.27
113.01
113.08
113.09
113.11
113.16
113.18
114.05
114.14
115.19
115.21
115.26
116.04
116.12
117.12
117.17
118.12
119.14
119.30
120.16
120.27
121.03
121.03
121.15
121.18
124.08
126.07
126.09
126.21
126.30
127.07
127.31
128.02
128.07
128.09
128.29
129.28
130.11
131.05
131.10
131.11
133.20
134.02
134.13
135.22

135.30
137.09
137.13
139.03
139.31
140.10
142.06
142.29
143.13
143.13
143.29
146.15
146.16
148.17
148.26
149.18
150.20
151.20
152.04
152.08
152.18
152.19
154.11
155.02
155.03
155.16
156.07
159.07
159.07
160.02
160.17
160.18
160.27
161.04
162.02
162.10
162.18
162.18
162.26
162.31
163.11
163.19
163.24
163.26
163.26
163.27
163.31
164.02
165.07
165.11
165.12
165.23
165.26
168.02
168.26
169.06
169.07
169.15
169.26
169.27
169.30
170.02
170.08
170.10
171.25
173.11
175.10
175.10
175.13
176.07
177.14
177.17
177.18
177.27
178.18
178.31
179.15
179.23
180.23
181.02
181.04
181.13
183.08
183.09
183.13
184.09
184.31
185.13
187.22
188.12
188.13
188.15
188.19
189.16
189.22
189.23
190.04
190.10
191.09
191.13
192.01
192.23
193.03
194.11
194.18
194.21
194.23
195.03
196.03
196.08
196.15

196.27
force
095.20
149.30
196.17
forced
016.24
067.04
120.21
fore
025.02
061.12
099.27
137.19
fore-braces
140.30
fore-capstan
096.15
fore-rigging
154.20
154.24
fore-top-mast
095.30
fore-yards
100.14
forearms
113.29
foreboding
128.31
forebrace
044.28
forecastle
001.19
003.07
003.12
004.09
006.28
009.21
012.09
013.06
013.14
013.25
013.30
014.25
020.01
022.09
023.05
025.28
026.03
035.05
035.11
037.05
042.30
043.12
043.31
044.06
045.19
051.09
051.19
051.29
055.08
060.08
064.23
065.07
096.05
096.12
106.11
109.22
129.07
141.02
142.02
144.10
146.25
161.31
187.01
188.12
forecastle-head
035.30
165.03
forecastles
005.02
181.04
forefinger
128.23
130.08
forehatch
177.16
forehead
006.22
143.08
157.17
179.16
foreign
024.13
foreland
185.08
foremast
035.06
154.27
forepeak
107.01
forerunner
164.31
foresail
035.22
058.17
106.03
196.26
foresheet
080.27
123.07

foreshore
110.22
185.23
foretack
182.21
forever
151.22
foreyard
182.22
forged
028.09
forget
035.28
044.19
050.21
113.20
129.15
186.09
forgetful
009.15
101.15
195.14
196.01
forgetfulness
005.10
184.29
forgetting
035.25
035.25
105.03
183.09
forgive
019.01
forgot
113.06
forgotten
026.08
027.13
088.03
093.12
095.06
100.23
112.12
150.09
151.16
151.19
154.29
162.05
162.25
165.12
fork
046.27
forlorn
117.19
196.19
forlornly
176.11
form
084.31
089.30
forms
139.21
formula
047.20
forth
070.02
092.07
103.09
fortnight
009.17
fortune
053.21
105.30
forty
005.25
forty-five
005.23
forward
001.19
014.18
017.10
017.16
019.11
019.18
019.26
027.20
027.28
028.14
031.25
034.23
037.19
049.09
050.05
051.14
063.07
064.23
065.06
072.19
073.06
077.20
091.17
093.03
093.10
096.06
096.11
099.04
099.28
100.22
110.04
114.06
126.27

129.10
142.03
142.16
145.24
151.16
152.23
178.16
181.27
182.02
182.20
forwards
034.29
070.16
162.07
fought
064.31
097.04
foul-mouthed
072.11
found
041.11
046.06
058.07
076.03
088.27
103.15
106.25
111.23
116.23
141.31
150.28
160.14
192.17
foundations
176.23
four
003.02
022.15
042.01
051.25
053.17
101.01
106.13
118.27
140.01
165.07
180.05
fours
064.27
085.01
088.10
096.07
fowl-like
124.01
fraction
060.30
fragile
106.25
fragment
032.03
095.06
fragments
145.08
frame
022.02
framing
022.31
frankly
038.06
frantic
104.09
171.25
frantically
010.06
fraud
045.30
051.19
172.27
fray
178.23
free
027.01
104.02
183.26
freed
106.02
freedom
010.17
freely
160.30
freezing
092.29
freighted
184.26
french
076.08
fresh
091.16
095.16
097.03
107.23
137.06
151.03
freshening
054.18
183.01
fresher
123.23
freshness
150.04
176.10

friend	063.03	160.31	173.16	games	gazing
006.12	064.20	161.10	192.28	149.02	003.10
059.10	064.28	161.27	193.03	gang	072.18
110.01	066.18	162.21	195.04	052.11	145.20
friendly	066.29	163.28	furies	120.07	145.29
003.11	067.19	164.24	008.27	gangway	160.26
011.05	067.22	165.15	111.18	188.25	gear
012.08	067.27	165.21	furious	gangway-ladder	019.11
034.25	068.22	166.06	017.19	002.21	100.01
044.03	070.05	166.27	020.29	gantline	102.26
071.10	070.23	167.03	062.10	105.13	103.18
108.02	071.04	171.11	079.19	gaping	116.08
126.22	071.11	173.21	097.06	143.11	general
189.03	072.15	174.15	104.13	gardens	044.08
192.24	072.27	175.17	112.01	195.23	046.20
friends	072.29	177.20	141.18	garments	050.01
003.09	073.09	179.31	furiously	130.20	069.04
021.07	073.19	180.07	059.14	garrulous	110.11
045.25	074.10	181.20	162.12	177.20	165.08
190.07	075.26	182.03	179.07	gas	generally
193.01	076.05	183.03	furl	079.14	005.27
friendship	076.30	185.18	061.12	gaslight	109.15
039.23	077.20	186.01	furnace	169.16	159.22
041.26	078.23	186.04	166.23	gaslit	177.22
188.28	079.14	186.16	furnaces	086.05	194.26
frigate	079.24	187.01	129.20	gasped	generation
179.26	081.03	187.13	furniture	025.23	026.09
fright	081.12	188.04	049.31	036.25	026.29
067.24	082.14	195.08	furriners	038.27	027.13
frightened	082.16	196.23	013.05	042.26	gentle
043.13	085.07	front	047.25	050.23	033.26
049.27	085.11	011.05	further	066.23	117.18
113.24	086.13	020.05	022.10	079.16	129.03
130.01	086.17	031.17	025.29	090.10	150.12
173.19	086.23	045.16	073.05	134.06	155.17
frightful	092.16	058.09	121.16	136.03	159.02
060.25	093.03	094.06	142.15	182.06	167.11
061.28	094.06	100.24	furtive	gasping	gentleman
169.02	098.21	136.04	162.31	105.11	019.29
frightfully	099.02	136.14	fury	126.02	035.07
075.23	099.11	147.08	006.29	gasps	035.18
frigid	099.20	150.22	042.25	036.15	091.26
015.09	099.27	151.29	055.07	gates	120.31
fringes	100.13	153.26	060.04	015.08	169.08
109.03	101.09	196.02	149.16	186.16	190.06
fro	101.19	frontier	171.17	gather	gentlemanly
028.12	102.13	005.15	fuss	098.13	021.14
054.22	103.03	032.06	047.03	174.14	069.25
060.12	103.11	frontiers	174.15	gathered	gentlemen
077.03	103.12	150.14	fust	012.25	036.13
123.05	103.24	frosted	173.14	182.28	142.31
150.22	103.27	164.12	future	gathering	gently
151.11	103.29	froth	003.10	012.10	014.31
162.06	104.27	098.28	026.11	084.31	027.21
frockcoat	105.11	frothing	032.14	gaudy	054.03
021.26	106.21	090.25	155.02	016.17	123.13
from	107.11	fruit	169.27	023.10	127.08
001.18	107.18	041.24	gaff-topsail	gauged	140.15
002.28	107.20	165.16	121.05	013.09	142.05
003.04	108.19	full	gaily	gave	166.13
004.14	108.27	002.15	037.19	011.24	175.29
005.24	109.07	010.18	191.05	029.07	187.23
005.27	109.25	020.17	gained	050.26	194.25
006.08	110.17	043.31	057.10	059.09	gesticulated
006.23	112.15	052.04	gait	064.09	003.17
009.13	114.03	058.17	022.02	064.18	100.13
009.14	115.08	059.07	022.06	069.29	gesticulating
009.19	115.09	060.28	037.22	074.04	136.26
011.30	115.10	066.12	114.08	076.23	142.08
012.23	115.24	076.14	gale	083.20	gesture
013.17	115.30	079.14	055.26	093.05	043.30
015.06	116.02	083.28	060.03	105.18	067.25
015.30	117.09	098.16	061.22	111.03	125.31
018.21	118.08	101.03	063.03	126.30	140.14
020.20	119.12	109.22	067.01	140.16	153.29
020.21	121.15	111.30	068.20	156.15	156.22
023.16	123.31	118.17	068.30	166.02	gestures
027.01	127.12	121.23	079.19	176.16	071.11
028.15	129.10	136.25	086.13	178.28	080.22
030.20	133.03	141.10	115.14	181.12	100.07
030.21	134.19	142.25	183.01	182.15	195.09
031.03	135.01	142.26	196.27	192.06	get
032.04	135.07	154.01	gales	194.06	003.29
034.05	136.01	160.21	044.09	196.26	008.22
034.14	136.28	168.15	054.19	gawd	012.29
035.15	138.23	171.19	111.16	170.27	013.01
036.12	140.21	192.20	152.06	172.21	013.02
037.27	141.10	fully	193.25	yawn	013.03
039.04	142.03	161.05	galley	120.25	018.25
040.09	144.09	fumbled	020.02	gay	021.24
041.23	145.29	043.15	020.27	159.02	038.30
042.02	147.04	104.06	031.12	gaze	041.04
042.15	147.08	fun	041.23	012.28	047.01
043.09	147.09	048.01	042.08	042.04	049.06
044.18	148.08	156.23	051.29	047.19	049.22
045.24	148.26	fundamental	057.04	055.31	055.09
045.29	148.29	041.12	058.06	070.02	063.07
046.08	149.16	fundamentally	073.19	102.02	067.29
046.17	149.17	094.12	073.19	134.11	071.27
048.13	151.13	funk	091.16	150.29	072.19
049.29	153.06	082.28	091.21	160.21	075.10
051.28	153.07	143.14	128.07	173.18	075.11
053.07	153.30	funny	129.20	194.29	077.20
053.18	154.05	008.17	152.24	gazed	077.31
053.25	154.10	023.15	163.19	006.08	078.11
054.16	156.10	049.10	190.03	013.04	078.21
054.27	156.22	072.02	gals	048.25	080.24
058.11	156.22	fur	122.19	109.31	081.27
058.24	156.22	170.27	173.11	120.10	085.15
062.29	157.08	172.20	game	133.07	086.17
	157.15	172.21	071.10	153.01	091.17
		172.25			

GET (continued)   THE NIGGER OF THE NARCISSUS

091.25	061.12	086.21	016.26	112.27	113.14
095.26	066.18	117.28	017.14	136.15	114.26
102.03	111.13	133.08	020.19	154.21	115.05
102.05	119.18	159.31	021.02	172.26	116.16
102.07	140.25	gleaming	022.10	192.27	120.07
102.08	188.16	059.25	025.02	going	121.20
102.17	189.30	074.28	029.08	020.08	122.15
107.04	192.10	134.27	031.20	022.17	126.28
114.28	192.12	195.24	039.08	023.06	132.17
122.13	gives	glided	046.27	026.21	139.29
129.14	056.12	030.09	049.05	031.01	142.24
131.24	giving	150.19	053.19	046.01	143.22
136.05	022.14	gliding	057.27	049.01	144.04
136.28	066.22	029.16	061.18	058.27	146.30
137.16	080.05	142.05	062.13	064.23	152.09
150.02	084.15	150.14	062.16	067.22	154.11
155.15	095.10	glimmered	062.19	072.14	155.18
155.21	102.31	037.14	063.10	085.27	160.25
163.14	112.06	130.26	063.13	086.14	163.02
168.07	135.07	glimpse	065.24	091.22	165.17
168.07	147.14	054.08	066.19	091.27	169.12
169.17	151.12	glimpses	067.03	097.07	173.16
180.14	161.24	061.26	067.25	097.29	196.24
189.05	glad	glistened	071.23	098.04	196.24
189.24	002.17	061.05	071.24	102.18	good-bye
190.07	glance	095.12	073.04	103.14	189.01
191.15	025.05	135.09	073.14	114.06	189.06
192.11	038.11	150.06	079.09	123.26	196.23
gets	058.29	glistening	080.03	131.31	good-humoured
022.20	066.23	030.21	080.09	133.24	004.18
getting	069.18	055.15	082.16	134.22	good-naturedly
058.08	069.29	057.21	089.11	137.06	194.10
110.14	071.04	060.11	089.11	138.30	good-night
111.25	083.21	100.20	091.04	139.06	022.21
138.24	102.31	glitter	091.05	141.09	good-tempered
138.25	114.11	006.08	092.05	142.26	175.16
173.23	120.17	072.25	096.06	147.27	goose-winged
ghastly	128.31	113.27	096.16	148.27	062.12
062.04	130.30	glittered	096.23	160.03	got
076.02	134.02	031.30	099.21	167.20	006.13
108.25	136.08	042.14	102.21	168.06	011.08
177.30	153.21	086.25	104.23	168.16	011.18
ghost	160.03	184.15	105.28	168.19	012.06
141.09	175.16	glittering	107.12	175.18	012.16
ghosts	176.16	162.23	107.12	177.01	016.14
015.09	192.03	176.15	108.17	181.13	019.21
060.15	194.07	190.22	108.21	182.23	023.29
gibe	glanced	gloat	108.29	189.01	024.31
076.02	095.22	164.04	110.11	gold	037.10
giants	106.01	gloating	116.17	095.07	045.24
004.15	129.11	074.29	120.24	113.26	050.17
185.26	155.18	164.03	121.07	130.19	051.20
gibberish	167.14	globe	121.26	150.08	058.14
171.24	175.08	015.22	122.07	164.10	065.02
gift	188.20	globes	124.06	184.06	076.17
195.30	188.21	157.20	125.22	184.27	076.25
gifts	glances	gloom	131.03	190.25	078.25
012.25	003.11	007.08	131.14	191.27	078.26
gigantic	038.03	014.18	132.20	golden	061.12
017.09	084.08	029.25	134.09	024.23	061.14
giggling	099.29	086.08	137.09	gone	082.15
125.28	145.31	145.23	137.23	017.04	083.07
gin	151.12	184.15	139.03	022.26	093.18
140.24	157.29	gloomily	140.12	026.14	093.19
girl	glancing	043.23	143.15	027.11	096.10
023.02	006.23	056.31	152.01	045.15	099.19
096.03	083.06	gloomy	153.05	049.01	109.09
169.04	102.10	037.28	154.07	069.28	114.14
169.05	114.04	039.08	154.15	078.26	115.18
girls	glare	116.24	154.15	081.06	115.19
122.17	003.13	128.24	166.30	084.28	119.26
122.24	014.16	151.02	173.14	091.30	121.22
git	014.25	173.06	174.21	092.02	124.08
127.31	019.03	177.01	174.23	093.11	125.25
giv'	025.28	glorious	175.06	094.15	129.18
024.14	118.28	027.10	175.24	101.19	133.03
049.28	glared	035.29	176.02	109.13	135.31
070.09	012.21	055.12	179.02	119.28	136.30
089.17	080.11	184.29	181.16	127.23	143.01
108.25	104.08	191.16	181.27	128.09	148.09
121.10	110.16	glory	181.29	137.12	153.05
126.20	149.17	158.08	181.29	143.07	165.13
170.26	167.07	185.10	182.20	146.02	168.10
172.20	glaring	glossy	183.06	176.07	168.17
172.23	028.16	191.01	185.25	176.24	174.27
173.13	061.06	glove	187.05	182.26	175.10
giv'us	070.23	117.16	187.05	183.15	175.12
137.04	074.27	gloved	189.24	196.15	176.08
give	135.20	017.31	194.14	196.15	179.31
003.23	glass	glow	194.21	gong	190.08
003.25	079.27	015.08	194.21	043.05	193.02
004.02	083.02	036.03	goad	good	gouge
016.31	117.03	144.13	103.15	001.16	149.21
025.01	127.16	184.20	god	006.21	grab
031.19	164.26	glowed	034.01	011.14	073.05
037.12	169.15	095.04	034.13	020.03	grabbed
061.23	178.13	glowing	042.19	039.02	097.15
096.03	glasses	084.11	077.25	042.04	grabbing
099.09	006.09	112.14	139.29	044.10	089.30
102.06	glazed	glued	174.10	044.24	grace
123.26	190.15	084.04	god's	051.17	094.17
125.10	gleam	153.25	075.14	056.21	101.05
126.29	015.12	gnawed	goes	056.31	177.09
155.06	026.04	104.29	027.13	070.16	195.30
158.11	gleamed	gnawing	074.02	071.20	gradually
161.20	004.23	150.01	128.14	086.04	002.31
192.24	017.29	go	goin'	091.18	098.09
given	054.19	003.04	086.05	092.02	141.14
032.16	068.28	013.19	086.06	107.04	158.13
041.07	068.31	013.21	097.24	107.07	grain
048.03	073.30	014.11		113.13	127.19

gran'mother	164.05	groaned	139.30	026.15	081.05
172.11	195.31	042.05	141.12	026.17	081.07
grand	greedily	050.01	141.17	026.19	081.14
157.01	070.28	060.29	151.03	026.22	081.19
granite	greedy	081.09	188.22	026.23	081.20
186.23	021.21	097.27	189.03	027.06	081.21
granted	093.24	106.19	grunting	027.17	081.25
007.18	green	120.09	021.20	027.22	081.28
grappled	006.11	140.24	021.30	027.29	082.24
082.09	057.24	groaning	085.08	030.02	082.27
grasp	064.10	065.15	096.07	031.04	083.01
099.12	072.31	076.12	105.09	031.12	083.09
174.19	greenhorn	groans	154.11	032.03	083.12
grasped	183.14	053.08	180.30	032.13	084.04
037.17	grew	106.24	189.14	032.15	085.22
079.11	041.15	129.30	guard	032.16	085.24
189.02	096.19	groped	154.10	032.28	085.31
grasping	139.13	071.02	guarding	033.19	087.01
105.20	grey	076.03	078.03	033.30	087.05
grass	033.17	168.14	184.26	034.20	087.06
064.10	055.18	groping	guffaw	034.26	088.13
grate	056.11	088.26	120.15	035.10	088.14
094.07	056.18	111.26	guffawed	035.13	088.23
grateful	062.04	grotesque	108.16	035.14	089.15
065.04	066.21	171.31	guided	035.18	090.17
grating	083.30	ground	032.22	036.09	091.30
098.30	101.25	034.02	guileless	038.28	091.30
110.11	117.02	117.03	041.22	039.13	092.08
147.27	150.22	122.05	gulp	039.17	093.10
190.20	179.21	149.30	055.26	039.19	093.13
190.21	180.10	group	129.16	039.29	093.28
grave	181.31	004.09	gulped	039.30	094.04
004.31	194.01	016.29	070.27	040.01	094.05
027.01	grey-haired	017.15	gums	040.03	094.07
033.11	122.27	057.12	016.22	040.06	094.15
037.04	123.11	123.18	gunpowder	040.26	094.17
047.09	132.31	134.05	159.05	040.29	095.11
077.28	greyness	135.29	gurgled	041.05	096.23
077.29	084.31	159.28	134.16	041.09	098.07
084.18	grief	165.22	gust	041.10	098.10
119.24	041.28	186.25	012.01	041.12	098.29
169.22	045.26	188.21	059.17	041.22	099.07
192.20	grievance	188.23	061.20	043.15	099.11
gravely	114.25	196.02	062.25	044.13	100.07
155.28	grievances	groups	064.14	044.25	100.18
180.16	166.21	165.10	075.31	045.04	102.16
graves	grieved	180.25	142.03	045.10	102.28
023.09	051.27	185.21	gusts	045.13	105.07
176.01	grim	grow	103.28	046.15	105.30
graveyards	027.30	156.13	152.06	046.31	106.15
196.07	109.10	growing	185.07	047.18	106.17
gravity	114.01	181.21	guts	048.03	106.17
157.31	165.24	growl	011.13	048.03	107.08
grazed	grimaces	074.11	gyme	048.13	107.19
172.30	006.31	182.13	120.05	049.16	107.21
grease	157.28	growled	h'm	049.27	107.25
183.09	grimacing	014.05	019.30	049.29	108.13
greasy	036.11	016.27	128.15	049.30	111.04
036.31	070.29	028.20	143.17	049.31	111.08
great	168.31	071.26	160.26	050.01	111.09
002.06	171.16	089.01	h's	050.02	111.11
021.07	grimly	116.05	192.23	050.31	111.12
032.06	055.15	130.27	ha'penny	051.03	111.14
042.25	grimy	137.23	041.18	052.02	111.16
044.24	083.09	140.31	habit	052.11	111.22
045.09	195.21	growling	095.20	053.17	112.16
045.15	grin	003.17	habitual	053.23	112.16
046.12	016.22	110.25	058.29	055.09	112.20
053.21	grinding	116.16	had	055.23	112.24
054.26	027.23	117.05	002.04	056.04	113.07
059.30	187.17	141.19	002.06	056.07	113.20
061.11	grindstone	178.15	002.07	056.28	114.27
064.13	034.09	growls	002.14	057.29	114.29
074.05	grinned	136.22	002.16	058.22	115.02
077.31	008.15	grown-up	002.31	059.01	115.11
081.09	045.28	027.03	005.22	062.05	115.11
092.16	084.05	grub	005.23	062.12	115.22
098.24	122.07	115.17	005.24	063.19	115.25
098.27	144.29	172.20	008.09	063.25	116.01
103.07	147.28	gruesome	008.18	064.11	116.21
114.18	grinning	146.21	008.27	064.13	116.30
114.26	048.30	gruff	008.28	065.07	119.02
129.29	171.31	136.31	008.29	066.24	119.14
130.17	grins	grumbled	009.05	066.29	119.17
138.09	036.05	025.24	009.08	066.31	121.05
142.05	049.05	059.05	009.12	067.23	123.31
151.17	057.27	grumbling	009.13	067.24	127.27
151.20	grip	053.06	009.15	067.25	128.01
156.09	097.03	grumpily	009.16	069.16	129.17
162.24	104.07	109.13	010.01	069.25	130.04
167.12	104.21	160.27	013.14	069.28	131.06
174.19	113.30	grunt	015.23	070.16	132.03
178.16	156.10	016.15	016.05	070.20	135.09
183.21	181.15	021.31	017.04	070.23	135.15
184.17	gripped	grunted	017.10	071.01	140.09
184.31	066.23	021.29	017.18	073.18	140.12
185.02	097.25	031.24	018.16	073.24	140.25
185.05	101.24	034.08	018.22	076.11	141.23
185.14	gripping	035.01	018.23	076.21	141.23
185.31	061.09	042.12	018.28	077.03	142.06
191.26	073.07	046.23	019.01	077.09	143.07
195.25	grit	051.06	020.06	079.09	143.21
greater	143.11	062.29	020.10	079.19	144.06
022.07	grizzled	063.11	020.11	079.31	145.17
093.17	165.23	070.26	020.11	080.06	145.19
122.14	groan	072.11	020.19	080.24	146.01
163.05	027.24	085.03	021.21	080.24	146.04
greatness	037.07	109.10	021.29	080.28	146.05
032.24	038.23	128.15	022.04	081.01	146.06
greed	091.13	134.05	025.16	081.04	146.07
034.19	110.30	137.11	025.18		

HAD (continued)

146.09	hailing	halos	079.14	hard-driven	067.10
146.25	093.03	144.13	087.08	055.17	097.18
148.24	188.29	halyards	089.08	hard-faced	hauling
150.04	hair	042.15	100.10	066.21	115.31
150.17	004.15	ham	104.02	hard-weather	119.11
150.24	033.27	165.28	105.24	087.15	haunt
151.04	035.23	hammering	107.26	harder	012.29
151.19	067.01	074.18	110.12	054.15	have
152.07	074.28	hammers	121.01	061.22	007.25
153.03	078.29	056.10	124.28	hardest	020.23
153.09	083.30	hand	130.09	096.17	021.01
153.18	100.01	008.17	132.02	hardly	021.23
153.31	103.30	010.29	132.08	059.09	022.20
154.03	107.25	016.27	133.19	074.05	025.22
154.29	190.21	017.07	143.02	090.29	026.05
155.13	194.02	019.13	145.28	093.03	027.06
155.17	hairs	019.20	151.26	095.21	028.01
156.09	009.09	020.18	165.02	100.12	036.11
156.24	120.16	020.20	167.06	109.31	041.07
157.25	146.29	021.04	174.13	169.10	045.14
157.27	hairy	024.02	174.29	191.26	046.11
157.28	004.08	036.09	180.27	hardness	051.02
158.04	113.27	043.14	182.15	026.27	051.19
158.10	half	054.01	186.24	harm	051.26
159.20	002.28	059.14	187.01	045.15	051.28
160.02	018.17	061.09	187.30	harmfully	052.13
160.07	023.10	070.22	188.31	012.21	062.08
160.18	023.14	073.04	191.20	harmlessly	066.18
161.21	023.20	074.31	191.25	180.22	073.23
161.23	025.15	075.25	handspike	harpooner	075.14
161.24	042.10	075.25	013.24	033.15	076.03
161.28	050.25	080.01	handspikes	harps	078.07
162.25	055.26	081.03	105.24	130.19	080.01
163.11	063.08	081.03	handy	has	081.02
164.24	065.01	082.14	057.14	001.12	081.06
164.26	070.04	082.15	081.04	042.27	081.23
165.13	071.04	083.19	hang	057.02	081.25
166.04	071.27	084.30	040.16	071.17	083.07
166.22	080.28	087.26	079.28	120.18	083.10
166.28	090.04	088.27	081.04	132.08	086.19
167.04	091.13	090.08	hanging	147.06	089.19
167.09	091.13	096.02	043.05	146.07	089.24
167.12	096.30	098.02	063.27	153.05	089.31
168.22	098.15	103.22	096.13	172.26	093.11
168.31	102.16	104.09	102.23	196.08	093.22
169.31	102.31	107.20	116.16	hasn't	094.11
171.22	111.11	107.20	145.15	106.09	094.13
172.29	117.12	116.10	149.01	hasten	094.14
174.06	133.28	119.07	156.04	037.24	094.15
174.14	135.22	120.13	187.13	nasty	094.19
175.13	144.03	123.26	190.04	133.25	096.22
175.16	148.01	126.06	hansen	171.05	097.10
175.19	152.09	138.09	016.12	182.25	100.09
175.22	152.10	138.17	happen	hat	102.12
175.27	161.22	140.25	146.07	009.02	104.02
175.31	half-circle	141.22	happened	121.05	109.13
176.01	116.06	143.06	019.31	187.29	115.16
176.04	half-dead	150.24	045.10	hatch	121.09
176.06	090.01	155.23	happening	019.23	128.07
176.08	half-drowned	168.24	175.21	107.01	129.25
176.21	053.16	188.20	happiness	106.05	135.16
176.21	183.07	188.30	195.06	109.28	135.20
176.29	half-finished	189.07	harbour	134.11	136.30
177.02	073.27	hand's	002.29	139.27	137.14
178.09	half-heartedly	145.11	015.04	145.27	141.31
178.17	097.02	hand-grenade	029.05	176.19	142.12
178.23	half-hour	173.01	hard	hatches	143.20
178.24	174.02	handed	003.13	054.09	144.03
179.22	half-hourly	071.03	012.06	190.10	146.14
180.07	032.29	handful	014.19	hatchet	146.19
180.18	half-mast	094.22	018.24	006.18	147.01
180.23	180.09	handfuls	023.25	077.10	148.12
183.06	half-open	059.24	026.24	hate	148.17
184.31	085.05	handle	028.12	010.18	151.28
187.28	half-past	027.27	033.27	040.05	153.11
188.03	062.03	074.24	044.05	047.31	155.07
188.16	half-reluctant	081.02	055.03	081.26	156.22
188.28	038.03	175.20	057.09	104.28	160.08
189.30	half-smoked	handled	058.16	104.28	161.04
190.02	014.03	083.01	059.17	162.31	162.05
190.22	half-submerged	handles	061.09	hated	163.12
190.30	072.30	103.10	063.23	039.13	163.23
190.31	half-tide	189.14	067.18	041.09	166.13
191.06	106.14	handling	069.23	081.17	169.02
192.05	half-turn	056.23	073.07	081.26	170.10
192.29	028.15	hands	086.25	082.10	174.21
192.30	half-undressed	001.08	093.06	082.14	179.23
194.19	006.31	001.14	094.15	179.06	183.10
hadn't	half-way	002.15	097.06	hateful	183.12
031.18	001.18	002.19	100.13	046.10	193.27
039.05	078.06	002.20	101.09	080.31	194.17
076.30	079.04	003.09	104.21	174.18	196.14
148.17	half-witted	004.02	107.14	hats	haven't
149.12	074.29	006.03	107.28	003.13	024.20
163.24	hall	010.10	116.13	057.20	043.27
167.25	144.11	013.28	118.05	076.14	147.31
176.02	hallelujah	017.31	119.07	186.27	149.03
haggard	036.18	022.10	120.27	haul	150.27
072.05	hallo	022.15	121.02	045.07	165.26
100.08	045.15	037.17	121.22	062.27	190.01
hah	085.23	044.28	123.10	096.28	196.21
139.24	085.24	048.31	147.15	096.29	having
hail	091.18	049.10	150.01	096.29	052.01
059.16	109.12	053.12	150.23	097.04	099.25
059.23	109.27	057.02	151.30	097.05	107.31
087.31	109.27	064.26	166.25	097.10	157.10
132.14	138.27	067.28	168.17	097.11	163.01
196.21	186.30	075.04	172.30	104.12	168.26
hailed	187.31	075.08	176.28	123.17	hawse-pipe
182.21	halls	076.13	184.10	hauled	027.20
	027.10	079.08	189.02	029.14	027.23

34 HAZE — THE NIGGER OF THE NARCISSUS

haze	021.29	046.04	071.09	094.08	117.30
004.11	022.14	046.15	071.11	094.12	118.01
029.04	022.20	046.30	071.12	094.13	118.06
108.06	022.21	046.31	071.19	094.14	118.09
112.18	022.29	047.02	072.01	094.15	119.02
hazy	022.30	047.15	072.08	094.25	119.06
176.14	023.22	047.16	072.12	094.29	119.09
193.23	023.26	047.16	072.22	095.13	119.14
he	023.29	047.19	074.19	095.16	119.15
002.14	023.30	047.20	074.19	095.24	120.09
003.26	024.05	047.26	075.06	096.23	120.19
003.27	024.07	047.26	075.07	096.24	120.21
004.25	024.14	048.17	075.14	096.26	121.03
004.27	024.22	048.19	075.14	096.29	121.04
004.30	024.25	048.22	075.15	097.03	121.04
004.30	024.26	048.24	076.11	097.07	121.14
005.01	025.04	048.25	076.26	097.16	121.16
005.27	025.09	048.27	076.27	097.25	121.20
005.28	025.11	048.31	076.28	098.03	121.21
005.28	025.14	049.04	076.28	098.29	122.06
006.02	025.26	049.06	076.31	098.31	122.12
006.02	025.28	049.12	077.03	100.23	122.14
006.20	025.29	049.12	077.06	100.27	122.19
006.22	026.03	049.15	077.06	101.24	123.01
007.19	026.07	049.16	077.09	102.03	123.31
007.26	026.09	049.17	077.10	102.09	124.02
007.28	027.29	049.18	077.16	102.10	124.05
008.14	028.15	049.19	077.27	102.15	124.09
008.25	028.20	049.20	078.04	102.17	124.15
008.26	031.01	049.22	078.10	102.18	124.18
008.27	031.04	049.23	078.17	102.20	124.20
008.28	031.13	049.23	078.17	102.21	125.14
008.28	033.09	049.23	078.18	102.22	125.17
008.29	033.13	049.24	078.19	102.24	125.20
008.29	033.15	049.26	078.25	102.26	125.21
008.31	033.16	049.27	079.01	102.30	125.27
009.03	033.18	049.31	079.04	105.10	125.29
009.05	033.19	050.01	079.08	105.11	125.30
009.12	033.20	050.07	079.11	105.15	125.31
009.13	033.23	050.09	079.11	105.19	126.11
009.15	033.28	050.11	079.12	106.29	126.18
009.16	033.30	050.12	079.13	107.03	126.30
009.20	033.31	050.16	079.31	107.06	127.01
009.22	034.04	050.16	079.31	107.07	127.05
009.22	034.10	050.18	080.11	107.08	127.07
009.23	034.15	050.20	080.13	107.19	127.09
009.24	035.10	050.23	080.13	107.21	127.21
009.25	035.13	051.05	080.14	108.08	127.23
009.27	035.14	051.13	080.27	108.10	127.24
010.04	035.17	051.14	080.27	108.13	127.27
010.21	035.31	051.25	080.31	108.15	127.28
010.23	036.02	051.25	081.01	108.19	128.01
010.28	036.11	051.26	081.01	108.20	128.02
011.02	037.19	051.26	081.06	108.20	128.04
011.10	037.20	052.06	081.07	108.21	128.13
011.12	037.23	052.07	081.09	108.26	128.17
011.23	038.09	052.07	081.10	108.29	128.18
011.27	038.10	052.09	081.12	108.30	128.23
012.09	038.15	052.09	081.14	109.03	128.30
012.19	038.20	052.10	082.02	109.06	129.16
012.21	038.23	052.13	082.03	109.08	129.23
012.25	038.27	053.14	082.06	109.13	129.24
013.08	038.28	053.15	082.16	109.13	129.28
013.12	038.29	053.18	082.23	109.24	129.31
013.16	039.05	053.22	082.24	109.25	130.01
014.19	039.06	055.22	082.25	110.08	130.03
014.20	039.15	055.27	083.01	110.11	130.04
015.24	039.18	055.30	083.15	110.13	130.07
016.19	039.20	055.31	084.19	110.15	130.07
016.30	039.23	057.01	085.03	110.16	130.09
016.31	039.24	057.08	085.07	110.19	130.17
017.06	039.26	057.10	085.14	110.20	130.20
017.07	039.28	058.09	085.20	110.24	130.25
017.11	039.29	059.01	085.29	110.28	130.25
017.11	040.09	059.05	086.07	110.30	130.29
017.12	040.10	063.16	086.08	111.02	131.01
017.12	040.18	063.18	086.19	111.02	131.06
017.20	040.24	063.19	088.10	111.04	131.07
017.22	041.02	063.20	088.12	111.06	131.09
017.27	041.09	063.20	088.14	111.08	131.11
018.02	041.10	063.22	088.24	111.12	133.08
018.08	041.12	063.25	088.26	111.13	133.09
018.08	041.13	066.07	088.27	111.14	133.17
018.09	041.17	066.07	089.03	111.16	133.18
018.17	041.25	066.10	089.05	111.19	133.21
018.17	041.28	067.03	089.19	111.20	133.22
018.18	041.28	067.12	089.21	111.20	133.22
018.20	041.29	067.17	090.02	111.22	133.25
018.22	041.30	067.23	090.02	111.24	133.28
018.24	042.01	067.24	090.17	111.25	133.31
018.30	042.01	067.25	090.28	111.27	134.05
018.31	042.05	067.28	090.28	111.29	134.06
019.02	042.14	067.28	090.31	111.31	134.07
019.03	043.06	067.29	091.04	111.31	134.08
019.11	043.08	068.01	091.06	112.25	134.09
019.13	043.10	068.13	091.11	113.13	134.11
019.18	043.13	068.15	091.20	113.19	134.12
019.28	043.20	069.08	091.21	113.20	135.04
020.01	043.21	069.18	091.22	113.20	135.10
020.06	043.23	069.22	091.27	114.01	135.12
020.06	044.02	069.23	091.30	114.17	135.15
020.09	044.07	069.24	092.04	114.18	135.15
020.12	044.08	069.30	093.03	114.18	135.22
020.14	044.09	070.14	093.06	114.29	136.04
020.15	044.13	070.20	093.21	115.19	136.10
020.16	044.14	070.20	093.26	115.20	136.15
020.29	044.16	070.22	093.28	115.22	136.17
021.02	044.17	070.24	094.01	115.23	136.17
021.17	045.24	070.29	094.02	115.26	138.08
021.20	045.29	071.03	094.04	116.11	138.10
021.29	045.30	071.06	094.05	116.15	138.12

HE (continued)

138.14	158.11	175.15	019.03	096.24	044.29
138.23	158.20	175.16	019.04	100.04	045.07
138.27	158.25	175.18	019.05	110.05	052.01
138.28	158.25	175.19	020.02	171.30	056.28
138.30	158.30	175.19	023.19	182.07	066.12
139.13	159.01	175.20	025.28	183.25	068.13
139.15	159.04	175.22	031.19	heads	066.18
141.19	159.18	175.22	032.30	003.14	069.13
141.21	159.20	175.23	037.15	007.04	070.07
141.24	159.30	175.27	038.25	007.07	075.15
142.14	159.31	176.02	041.19	008.23	077.21
142.20	160.01	176.03	046.22	014.29	083.07
142.20	160.13	176.04	051.05	015.31	085.23
142.30	160.14	176.05	061.05	035.23	086.13
143.07	160.18	176.06	063.20	038.03	088.03
143.08	160.26	176.16	065.16	054.16	091.31
143.17	160.27	176.09	066.10	057.26	092.09
143.22	161.05	176.30	066.21	061.29	092.12
143.25	161.06	177.01	067.03	062.28	092.24
143.29	161.07	177.07	067.07	068.23	092.29
143.31	161.11	177.12	067.17	073.01	097.19
144.03	161.14	177.13	068.05	073.05	098.28
144.04	161.14	177.15	070.17	075.28	099.14
145.11	162.28	177.23	071.14	076.07	109.08
145.12	162.30	178.03	074.27	076.08	110.25
145.24	162.31	178.05	077.05	077.24	111.08
146.04	163.02	178.28	077.14	078.04	111.29
146.11	163.10	178.29	078.07	084.17	123.19
146.13	163.10	179.01	078.11	099.31	129.08
146.15	163.11	179.04	078.17	103.20	135.15
146.20	163.18	179.05	078.24	104.20	139.09
146.22	163.19	179.06	079.03	106.02	139.18
146.25	163.20	179.08	079.12	107.14	141.06
146.25	163.22	179.14	080.17	108.03	144.29
146.25	163.28	179.15	082.31	113.26	146.08
146.26	165.16	179.18	084.20	134.29	147.28
146.26	165.20	179.20	094.04	139.02	147.31
146.28	166.20	179.21	096.12	139.10	152.23
147.04	166.21	179.22	096.20	142.09	161.16
147.05	166.29	179.23	102.12	145.06	166.01
147.06	167.01	180.21	105.02	145.30	174.05
147.08	167.03	180.23	105.21	151.15	175.03
147.13	167.05	181.14	108.07	160.03	192.15
147.13	167.10	181.16	108.24	180.28	194.09
147.14	167.12	181.24	108.28	151.11	hearing
147.20	167.15	181.26	109.05	heal	075.11
148.04	167.23	181.26	110.16	166.23	heart
148.10	167.24	181.28	110.29	health	020.04
148.14	167.25	182.12	111.24	124.23	058.19
148.20	167.27	182.18	114.07	160.05	063.05
148.21	168.05	182.21	120.06	healthful	105.16
148.24	168.09	183.03	122.28	167.27	130.10
148.25	168.14	183.04	124.12	healthy	149.19
148.27	168.15	183.15	129.07	034.12	150.02
148.29	168.20	183.17	129.11	heap	173.27
149.04	168.26	186.08	130.29	012.10	174.20
149.06	168.26	188.22	132.30	042.12	194.17
149.08	168.30	188.28	133.09	073.26	heart-breaking
149.09	169.09	189.09	133.20	074.22	174.09
149.15	169.10	189.22	134.02	082.22	heartiness
149.17	169.12	189.25	136.12	099.03	120.21
149.19	169.13	189.21	136.21	110.21	heartless
149.20	169.19	190.02	139.08	145.13	111.27
149.21	169.21	190.05	140.30	heaps	181.01
149.23	169.25	190.08	141.06	060.11	heartlessly
149.29	169.26	190.11	141.11	066.25	061.29
149.30	169.29	190.12	141.23	hear	heartrending
150.01	169.31	191.22	141.29	013.01	077.07
150.22	170.04	192.04	142.27	013.27	147.11
150.22	170.08	192.05	142.29	016.30	hearts
150.24	170.10	192.19	143.16	016.07	012.02
150.29	170.14	192.20	143.26	019.19	026.24
151.11	170.17	192.25	145.22	035.26	028.26
151.19	170.18	192.27	145.28	036.16	034.17
151.19	170.22	192.28	146.31	039.14	034.18
151.31	170.23	192.29	147.08	040.20	046.12
152.04	170.25	192.31	147.25	043.24	046.26
152.19	171.04	193.05	149.07	073.20	057.08
152.20	171.07	193.06	149.26	075.15	058.02
152.21	171.10	193.14	154.10	077.01	059.11
152.29	171.14	194.06	155.08	082.24	060.24
153.01	171.21	194.13	155.19	092.30	065.30
153.03	171.29	194.14	157.16	093.01	075.09
153.13	172.05	194.19	160.25	095.27	082.30
153.17	172.07	194.20	161.07	108.19	086.11
153.18	172.07	194.21	161.17	118.01	086.29
153.25	172.10	194.21	171.11	119.29	096.09
153.30	172.15	194.23	171.14	124.18	098.12
154.09	172.29	194.23	171.21	131.18	103.25
154.23	172.29	he'll	172.29	141.25	176.28
154.26	173.05	016.31	173.17	141.26	180.31
154.29	173.07	he's	178.24	145.09	180.04
154.30	173.10	045.15	179.07	152.14	hearty
155.01	173.17	078.26	181.30	163.25	010.24
155.02	173.23	092.02	182.15	163.28	051.15
155.02	173.28	109.09	187.02	169.13	heat
155.04	173.30	110.06	194.06	174.24	006.28
155.07	174.06	130.16	head-earrings	192.09	023.16
155.09	174.07	182.26	104.06	193.24	053.16
155.10	174.09	183.15	heading	heard	085.06
155.18	174.11	193.17	030.05	001.22	088.05
155.20	174.14	193.18	162.06	016.26	117.02
157.09	174.20	head	162.07	019.23	163.22
157.12	174.22	001.05	headlands	019.28	166.23
157.12	174.24	007.01	183.28	025.30	heated
157.14	174.26	010.03	184.07	030.25	165.01
157.15	174.27	010.27	184.14	031.05	heathen
157.20	174.31	014.14	headlong	031.14	036.18
158.04	175.01	015.20	025.20	037.05	heave
158.09	175.10	017.27	054.24	043.03	002.08
158.10	175.12	018.17	064.08		022.16

068.09	104.06	079.23	107.03	059.28	069.24
135.06	104.09	080.06	107.11	184.01	069.27
heaved	105.29	085.08	107.12	him	070.21
175.02	113.29	087.19	107.15	001.07	071.01
heaven	153.04	087.19	123.14	006.09	071.11
058.31	160.11	089.16	132.25	006.31	071.18
081.18	170.23	089.16	hereafter	007.14	071.24
101.12	177.14	092.04	130.07	007.26	071.26
117.11	180.26	098.12	164.01	007.28	072.02
184.16	hell	098.13	heretic	008.04	072.08
195.29	107.05	098.21	020.31	008.24	072.17
heavier	144.01	098.23	heroic	009.07	074.04
027.18	helm	099.01	094.25	009.28	075.09
128.04	064.07	099.08	145.23	010.02	075.13
148.20	097.09	099.13	herself	010.04	075.15
heavily	100.18	099.18	099.11	010.20	075.16
019.02	123.09	099.24	099.22	011.24	078.03
057.29	140.27	100.04	140.14	011.26	078.15
064.19	helmets	102.05	hesitate	011.31	078.22
065.03	057.20	102.08	072.19	013.02	078.31
065.13	helmsman	102.17	hesitated	014.09	079.05
068.08	140.11	103.13	039.05	017.02	079.07
073.15	helmsmen	103.14	076.10	018.16	079.10
076.28	055.02	106.06	096.28	018.30	080.02
105.31	help	122.09	130.26	019.19	080.10
139.10	047.04	140.26	133.26	021.12	080.13
147.24	054.30	147.01	135.22	021.13	080.18
149.29	071.23	150.04	191.25	021.26	080.19
150.18	078.10	151.07	193.21	021.27	080.24
187.06	081.17	152.12	hesitating	022.05	080.26
heavy	097.05	161.29	120.13	022.06	081.03
006.28	132.15	162.03	hey	024.05	081.04
011.31	132.18	164.10	021.13	025.06	081.11
013.18	132.20	164.11	040.21	025.19	081.16
013.23	143.30	164.12	040.21	025.19	081.17
017.24	146.26	164.17	040.21	025.19	081.19
019.25	147.04	164.18	082.28	030.31	081.20
022.01	147.05	183.22	091.14	034.05	081.21
030.19	176.30	183.27	106.12	035.31	082.10
031.06	helped	184.08	135.16	037.27	082.11
038.11	004.16	185.01	183.11	039.28	082.12
053.07	095.01	185.10	hidden	040.05	082.13
055.28	110.13	185.16	006.05	040.11	082.14
061.20	110.20	185.17	156.12	041.08	082.14
062.11	helping	185.22	hides	042.03	082.15
064.14	137.31	185.25	187.21	042.30	082.29
065.13	helplessly	185.29	hiding	043.06	082.31
065.28	045.05	185.31	129.02	043.24	083.01
068.21	067.26	186.16	170.30	044.02	084.18
070.04	099.20	186.19	hierarchy	044.02	085.07
074.23	102.11	186.24	016.08	044.12	086.14
080.18	helplessness	187.01	high	044.16	088.13
081.01	171.06	187.23	003.12	044.24	088.21
102.09	henceforth	187.25	014.14	045.13	088.24
103.13	159.16	187.26	015.05	045.27	089.04
103.28	her	187.27	028.13	046.15	091.10
111.23	003.21	187.31	029.15	046.16	091.14
115.31	003.25	188.05	031.24	047.14	091.31
119.20	003.25	188.07	032.23	047.18	092.09
126.10	028.09	herbert	033.01	047.25	093.05
128.02	029.09	187.31	042.13	047.26	096.08
128.19	029.19	here	054.16	047.31	096.26
133.20	030.08	001.16	055.06	048.17	096.27
139.09	030.08	003.19	055.17	048.21	097.15
141.06	030.23	003.22	055.30	049.09	097.19
144.12	030.24	008.07	057.20	049.14	101.23
150.25	032.05	015.05	061.27	049.27	102.25
156.02	032.07	015.30	064.10	050.07	107.05
164.18	032.12	018.14	064.27	050.10	107.18
165.21	032.14	023.09	065.11	050.16	107.19
186.26	032.15	039.31	075.27	050.19	107.20
187.16	032.16	048.22	084.22	050.22	108.31
191.30	032.17	049.04	088.15	050.22	109.15
196.25	032.20	050.06	105.21	050.23	110.07
hecatombs	032.21	051.01	106.09	050.24	110.08
146.21	033.20	070.30	123.06	050.25	110.13
hedgehog	033.22	074.02	133.04	050.25	110.31
076.10	054.23	074.27	139.03	050.27	111.03
heeding	054.29	075.26	141.08	050.30	111.19
083.16	055.31	077.05	145.14	050.31	111.29
heel	056.04	080.09	148.26	051.12	113.11
004.24	056.05	080.19	164.29	051.17	115.09
179.06	056.06	083.22	166.07	051.18	115.10
heeled	056.08	089.05	172.06	051.26	115.12
134.17	056.17	089.14	178.25	051.27	115.15
heeling	056.18	089.23	184.21	051.28	115.21
185.07	057.08	090.20	186.27	051.29	115.29
heels	057.09	099.29	187.10	052.01	115.29
076.28	057.09	100.16	187.18	052.02	116.01
height	057.10	105.09	187.29	054.03	116.17
018.22	057.15	105.17	190.27	055.25	119.11
heights	058.20	105.25	high-booted	058.10	119.14
034.05	058.21	106.28	110.28	059.09	119.26
held	058.23	107.15	high-shouldered	063.15	122.18
004.25	059.18	109.05	037.03	064.17	125.08
007.01	059.21	111.06	higher	067.10	127.29
011.10	059.23	117.18	095.04	067.11	127.31
015.21	060.22	120.01	140.06	067.11	130.06
019.03	060.25	131.03	144.20	067.12	130.08
023.27	061.01	133.13	144.20	067.13	130.13
024.02	063.09	138.18	181.10	067.16	130.14
064.06	063.09	141.08	181.15	067.21	131.21
066.26	064.14	144.02	highly	067.23	133.27
067.11	064.15	150.09	157.21	067.27	134.01
068.01	064.16	151.06	highway	067.31	134.04
070.21	064.22	166.24	122.25	068.01	134.09
070.24	065.21	177.16	hill	068.15	134.10
072.01	069.28	182.26	193.21	069.05	134.14
074.25	070.04	here's	hills	069.12	134.15
079.29	070.05	024.21	006.16	069.18	134.19
079.30	079.22	084.28	015.04	069.21	134.24

HIM (continued)

134.25	071.28	011.28	035.26	067.03	094.25
136.06	074.04	011.29	035.28	067.04	094.26
136.08	081.14	012.09	035.30	067.08	094.29
138.12	085.21	012.17	036.01	067.12	095.15
138.29	094.10	012.22	036.01	067.15	095.22
143.09	094.23	012.22	036.07	067.16	095.28
143.13	102.19	012.25	036.10	067.19	096.23
143.15	103.02	012.26	036.11	067.30	097.04
143.20	110.24	012.29	036.11	068.05	097.06
143.20	111.08	013.02	036.15	069.05	097.12
143.24	115.22	013.08	036.30	069.09	097.13
144.02	118.11	014.13	037.01	069.12	097.14
144.03	121.25	014.14	037.07	069.13	097.15
146.22	125.06	014.20	037.10	069.16	097.16
146.26	125.22	015.18	037.12	069.17	097.16
147.04	128.19	015.19	037.13	069.19	097.21
147.13	130.09	015.21	037.18	069.20	098.02
147.16	131.06	017.05	037.19	069.23	098.03
148.10	133.09	017.08	037.22	069.27	098.29
148.12	134.08	017.27	037.22	069.30	099.02
148.17	143.19	017.29	037.23	070.01	100.16
148.20	144.29	017.29	037.24	070.02	100.19
148.22	157.10	017.30	038.10	070.03	100.20
148.26	166.02	018.12	038.21	070.13	100.23
149.03	166.20	018.19	038.23	070.15	100.24
149.16	169.22	018.21	038.27	070.17	102.01
149.26	170.14	018.23	039.18	070.19	102.02
151.16	170.17	019.03	039.27	070.23	102.04
152.22	173.07	019.09	040.01	070.25	102.12
152.23	174.20	019.13	040.05	071.10	102.13
153.16	174.27	019.13	040.07	071.12	102.16
153.19	176.11	019.30	040.16	071.13	102.21
154.06	177.01	020.02	040.31	071.14	103.05
154.08	183.02	020.15	041.08	071.19	103.15
154.22	190.09	020.17	041.10	071.21	103.15
154.23	**hind**	020.18	041.18	071.31	105.02
157.03	048.24	020.18	041.25	072.03	105.03
157.06	**hint**	020.20	041.26	072.22	105.07
157.10	141.05	020.21	041.31	073.09	105.18
157.21	**hinted**	021.06	042.02	073.12	105.19
157.31	045.30	021.17	042.06	075.08	105.20
158.15	094.14	021.30	042.12	075.11	105.21
158.15	**hip**	022.01	042.22	075.14	107.06
158.17	103.11	022.01	042.25	075.16	107.08
158.20	**hirish**	022.02	043.09	075.18	107.10
158.23	025.01	022.02	043.13	075.29	108.07
159.01	**his**	022.03	043.14	076.23	108.19
159.01	001.03	022.06	043.15	076.27	108.20
159.06	001.05	022.08	043.16	076.28	108.23
160.09	002.05	022.08	043.23	076.30	108.24
160.21	002.06	022.14	044.08	076.30	108.28
161.10	002.15	022.26	045.11	076.31	109.04
162.15	003.27	023.17	045.16	077.03	109.04
163.11	004.03	023.17	045.25	077.04	109.05
167.20	004.03	023.18	046.11	077.05	109.09
167.25	004.22	023.18	046.20	077.08	110.01
167.29	004.23	023.21	046.21	078.09	110.02
168.21	004.24	023.21	046.31	078.10	110.03
168.25	004.26	023.22	047.01	078.13	110.09
168.29	004.26	023.23	047.04	078.15	110.12
169.13	005.01	023.27	047.06	078.18	110.15
169.30	005.04	023.28	047.19	078.29	110.17
170.31	005.09	023.29	048.09	079.06	110.18
171.07	005.13	024.13	048.14	079.07	110.20
171.11	005.24	024.26	048.15	079.09	110.23
171.12	006.03	024.30	049.03	079.10	110.29
172.04	006.04	025.04	049.19	079.12	111.05
173.21	006.05	025.07	049.19	080.01	111.11
174.24	006.07	025.07	049.22	080.11	111.13
175.29	006.09	025.08	050.20	080.16	111.22
179.21	006.15	025.17	050.22	080.16	111.23
179.23	006.17	025.20	050.26	080.25	111.24
180.01	006.20	025.21	051.24	081.07	111.24
180.02	006.22	025.27	052.03	081.13	111.24
180.18	006.24	025.28	052.08	081.16	112.02
183.07	006.26	025.31	052.14	082.02	112.24
183.08	006.29	026.01	053.24	082.04	113.08
188.08	006.29	026.02	054.03	082.06	113.08
188.16	007.01	026.11	054.10	082.18	113.21
189.16	007.01	026.11	055.20	082.19	113.24
189.22	007.20	026.12	055.30	083.14	114.02
190.04	007.21	026.13	055.30	083.19	114.04
192.01	007.21	028.01	055.31	083.21	114.07
192.22	008.04	028.03	057.05	084.08	114.11
192.29	008.15	028.03	058.29	084.15	114.11
194.03	008.16	028.05	059.01	084.19	114.19
194.05	009.01	028.14	059.02	084.28	114.20
194.09	009.01	028.18	059.08	084.30	114.21
194.17	009.02	028.21	059.10	086.10	114.25
194.19	009.03	030.30	060.28	087.15	115.09
194.22	009.06	031.10	060.29	087.24	115.25
196.09	009.08	031.25	061.05	088.08	115.27
himposed	009.09	031.27	062.19	088.22	115.28
136.31	009.09	033.08	063.11	088.23	117.24
himself	009.10	033.12	063.17	090.29	117.28
003.26	009.11	033.14	063.18	090.30	117.29
007.11	009.13	033.16	063.20	090.31	118.08
009.16	009.21	033.20	063.23	091.01	118.15
013.04	009.24	033.21	063.30	091.04	118.26
015.30	010.01	033.24	064.06	091.07	119.08
018.08	010.01	033.25	064.08	091.11	119.12
021.19	010.02	033.27	065.15	091.12	119.13
026.04	010.14	033.27	065.24	093.04	120.09
028.15	010.27	033.28	066.04	093.06	120.11
031.25	010.29	034.01	066.06	094.02	120.12
041.14	010.29	034.05	066.06	094.04	120.16
044.18	010.30	034.06	066.07	094.04	120.19
046.29	011.10	034.15	066.10	094.06	120.23
051.24	011.11	034.27	066.11	094.07	121.17
052.01	011.27	035.02	066.21	094.18	121.21
069.08	011.28	035.03	067.01	094.18	121.24

HIS (continued)

122.05	146.08	171.14	027.09	hook-pot	112.12
122.17	146.27	171.21	028.20	128.06	112.20
122.17	147.07	171.21	050.07	hooked	117.17
122.28	147.09	172.03	053.08	009.31	128.20
122.28	147.21	172.06	057.09	066.27	162.03
123.04	148.16	172.12	057.09	hooker	163.27
123.12	148.18	172.13	065.24	003.29	hours'
123.02	148.21	173.02	072.21	136.06	146.03
123.24	148.22	173.17	078.29	hooks	house
124.02	148.24	174.05	079.02	187.14	034.02
124.09	149.06	174.07	080.11	hooted	064.28
124.12	149.19	174.12	080.11	078.26	073.14
124.12	149.20	174.14	089.04	hooting	079.26
124.15	149.25	174.16	091.15	123.03	099.21
124.28	149.31	174.17	097.22	hope	138.29
124.28	150.02	174.19	098.09	044.10	139.22
125.07	150.18	174.22	102.21	052.12	houses
125.07	150.24	174.28	103.20	085.30	127.26
125.18	150.25	174.28	105.28	092.15	185.20
126.09	150.26	175.03	105.28	096.09	195.21
126.09	150.29	175.08	124.04	162.04	hout
126.17	151.01	175.11	125.21	162.18	024.27
127.08	151.02	175.13	136.10	186.07	024.29
127.22	151.16	175.13	142.27	hopeful	hovered
127.24	151.19	175.17	143.01	116.26	029.08
127.28	152.07	175.18	186.15	173.21	118.14
128.01	152.20	175.19	192.18	hopeless	136.29
128.03	152.21	175.22	holding	027.30	how
128.03	152.24	175.26	055.15	064.30	011.23
128.04	152.30	175.27	069.07	079.21	018.02
128.16	152.31	176.21	071.12	093.13	026.14
128.17	153.06	176.21	083.16	095.23	027.06
128.23	153.25	176.22	107.17	hopelessly	027.07
128.24	153.30	176.22	154.04	148.28	056.24
129.01	153.31	176.28	holds	185.15	079.02
129.11	154.02	177.29	010.06	hopes	093.26
129.17	154.10	178.22	hole	002.24	094.01
129.29	154.18	178.28	078.06	026.17	109.27
130.02	154.19	179.05	078.09	032.17	115.01
130.06	154.20	179.07	108.20	181.03	121.02
130.09	154.30	179.10	123.31	horizon	124.04
130.13	155.23	179.13	154.25	029.04	128.14
130.17	156.23	179.25	161.26	030.14	128.17
130.27	157.04	180.06	holes	055.19	166.26
130.29	157.06	180.22	031.16	062.08	174.25
130.31	157.14	180.24	holiness	065.23	176.20
130.31	157.16	181.18	094.20	084.10	177.21
131.07	157.23	181.19	hollow	095.02	191.22
131.23	157.24	181.26	019.14	117.04	however
132.21	158.03	181.28	038.27	140.06	040.17
133.03	158.06	181.30	073.21	166.14	094.25
133.04	158.08	182.14	106.13	horizontally	106.18
133.06	158.10	182.20	127.24	059.27	howl
133.07	158.12	187.31	171.18	horned	059.30
133.09	158.13	188.04	174.16	142.23	098.24
133.11	158.18	189.03	191.20	horrible	193.25
133.16	158.19	189.21	hollowed	067.13	howled
133.16	158.21	190.17	123.04	068.19	020.29
133.19	158.23	190.21	hollows	076.08	062.01
133.19	158.27	190.26	054.25	113.06	065.20
133.20	158.27	191.11	084.02	119.12	074.02
133.26	158.30	191.25	157.17	174.30	077.10
134.02	158.31	191.25	holy	horribly	086.30
134.03	159.03	192.11	020.28	046.24	132.19
134.04	159.16	192.18	131.31	097.08	howls
134.11	159.30	192.26	holystones	170.13	002.27
134.16	160.07	193.01	179.02	horrid	howly
134.20	160.16	193.16	homage	153.09	135.05
134.20	160.25	194.02	119.01	horrified	hubbub
134.24	161.10	194.18	home	152.24	013.22
134.29	162.27	194.27	026.31	horror	139.17
134.29	162.31	196.09	029.14	151.27	huddled
135.09	162.31	196.11	041.04	horror-struck	061.21
135.10	163.10	196.12	117.06	050.29	092.23
135.11	163.15	hiss	160.10	horrors	098.04
137.04	163.17	077.22	162.06	146.21	175.30
137.31	163.24	098.28	163.27	174.06	hugged
138.01	165.09	105.26	165.21	horse	176.11
138.02	165.21	172.09	166.24	111.01	hugging
138.03	165.22	hissed	167.30	193.26	036.26
138.05	166.22	097.26	168.07	193.27	096.15
138.09	166.23	109.21	181.01	195.03	184.11
138.11	167.03	136.27	182.29	hot	hulks
138.13	167.08	139.03	183.26	002.12	065.13
138.17	167.10	149.10	186.15	021.04	hull
138.21	167.14	168.09	191.10	055.25	029.10
138.22	167.21	hissing	192.30	093.18	068.30
139.06	167.22	002.12	homeless	093.24	072.26
139.07	167.24	030.21	183.30	095.01	140.09
139.08	167.27	044.31	homeward	119.18	hum
141.22	168.15	073.17	031.02	126.11	001.21
141.23	168.17	084.24	031.22	127.11	018.04
141.28	168.20	088.17	165.15	129.25	018.05
141.28	168.22	102.10	homewards	129.26	077.21
141.29	168.22	history	112.08	131.26	human
141.31	168.28	061.17	honest	162.12	011.28
142.28	169.01	hitched	038.05	hour	018.23
143.08	169.10	134.24	honourable	050.25	041.01
143.15	169.24	hoar-frost	113.02	092.01	046.03
143.18	169.26	095.12	honours	159.23	056.26
143.19	169.29	hoarse	158.11	hours	057.17
143.26	170.01	003.19	hoo	045.27	092.31
143.28	170.10	097.09	077.15	053.17	130.26
144.05	170.13	102.30	077.15	053.25	139.21
145.14	170.30	181.03	077.16	066.21	156.08
145.15	170.30	hoarsely	hook	092.06	humane
145.16	170.31	071.17	052.04	092.26	177.03
145.22	171.01	hoisted	079.28	093.11	humanised
145.28	171.02	029.15	080.05	095.01	157.22
145.28	171.06	hold	131.02	095.16	humanity
146.08	171.06	003.28		108.10	094.23

HUMANITY (continued)

131.07
humble
  048.07
humid
  021.09
humility
  041.08
hummed
  003.18
  031.27
  097.28
  106.13
humming
  181.21
humorous
  194.07
humouring
  115.27
hunched
  145.14
hundreds
  187.11
hundredweight
  124.20
hung
  002.11
  006.19
  009.09
  011.11
  014.28
  023.11
  028.11
  056.03
  057.18
  058.17
  061.29
  064.20
  067.07
  068.05
  073.02
  073.11
  074.08
  077.14
  080.17
  080.26
  095.13
  097.19
  098.25
  110.15
  117.04
  128.13
  160.03
  175.26
  180.28
  185.31
  191.25
hung-up
  060.13
hunger
  005.16
  069.04
  111.17
  161.29
  161.30
hungry
  068.16
  162.13
  167.03
  168.08
  177.28
hunted
  053.18
hurricane
  025.19
  033.29
hurried
  014.19
hurriedly
  014.03
  077.17
  129.16
  133.31
  138.18
  182.20
hurry
  020.30
  029.21
  057.05
  069.15
  072.17
  074.20
  076.21
  195.12
hurt
  045.24
  069.16
  076.13
  093.14
  097.15
  101.22
hurtling
  139.08
hus
  114.30
hushed
  150.12
husks
  127.20
  127.22
  127.23

husky
  149.25
hydraulic
  186.19
hypothesis
  081.22
hysterically
  072.04
  182.06
i
  001.11
  001.16
  003.21
  003.22
  003.25
  003.28
  007.14
  007.15
  007.15
  007.20
  007.22
  007.22
  007.25
  007.25
  007.29
  008.07
  008.08
  008.21
  008.22
  008.22
  008.23
  011.08
  011.14
  011.14
  011.15
  011.15
  011.18
  011.20
  011.20
  012.20
  014.08
  017.03
  017.06
  017.10
  018.18
  018.25
  018.25
  018.26
  018.27
  018.28
  020.10
  020.11
  020.24
  020.28
  021.13
  021.14
  021.22
  021.23
  021.24
  022.15
  022.17
  024.15
  024.16
  024.26
  024.28
  024.31
  025.22
  031.17
  031.19
  036.13
  038.30
  038.30
  039.05
  040.11
  040.13
  041.05
  041.18
  042.05
  042.26
  043.22
  043.28
  046.29
  049.02
  049.04
  049.04
  049.04
  057.06
  063.21
  063.21
  070.09
  079.02
  081.12
  082.26
  086.14
  086.18
  089.08
  089.08
  090.04
  090.06
  090.09
  090.09
  090.20
  090.20
  090.28
  091.02
  091.05
  091.09
  091.09
  091.10
  091.11
  091.17

  091.17
  091.23
  091.23
  091.25
  091.25
  091.29
  093.03
  094.31
  095.30
  097.21
  101.22
  104.22
  108.25
  108.27
  108.27
  108.31
  109.01
  109.15
  110.11
  110.13
  119.19
  119.23
  119.25
  119.26
  119.27
  119.27
  119.30
  120.04
  120.18
  120.18
  120.26
  120.28
  121.18
  122.31
  124.08
  124.09
  124.21
  124.22
  124.31
  125.01
  125.03
  125.03
  125.05
  125.05
  125.09
  125.12
  125.22
  125.25
  125.29
  126.14
  126.22
  127.02
  127.10
  127.10
  128.07
  128.09
  128.10
  129.13
  129.20
  129.20
  129.26
  131.03
  131.04
  131.04
  131.11
  131.14
  131.18
  131.18
  131.25
  132.11
  132.16
  133.16
  133.22
  133.22
  133.24
  133.27
  133.29
  134.07
  134.22
  134.22
  135.03
  135.11
  137.13
  138.07
  138.11
  138.12
  138.14
  138.23
  138.25
  139.18
  139.31
  143.03
  143.04
  143.07
  143.09
  143.12
  143.14
  143.15
  143.20
  143.27
  143.29
  144.02
  145.12
  145.27
  146.14
  146.19
  147.07
  149.04
  149.05

  149.11
  149.12
  149.27
  150.27
  151.05
  151.05
  151.08
  152.15
  152.17
  152.18
  152.18
  152.22
  153.04
  153.22
  154.07
  154.15
  155.05
  155.10
  155.12
  155.13
  155.14
  155.18
  160.02
  160.03
  165.26
  165.29
  168.03
  168.03
  168.04
  168.06
  168.09
  168.13
  169.06
  169.08
  170.06
  170.16
  170.21
  171.03
  171.28
  172.17
  172.27
  173.08
  173.09
  173.12
  173.12
  173.13
  173.22
  173.22
  174.10
  178.03
  179.21
  179.22
  179.25
  180.01
  180.02
  180.19
  182.24
  182.26
  183.10
  183.16
  189.08
  189.08
  190.11
  190.31
  192.10
  192.24
  192.26
  193.01
  193.02
  193.08
  193.09
  193.09
  193.22
  193.22
  193.30
  193.30
  194.05
  194.09
  194.12
  194.13
  194.16
  194.17
  194.17
  194.18
  194.19
  194.20
  194.22
  194.25
  194.26
  194.30
  194.31
  195.08
  196.06
  196.16
i'll
  012.18
  013.11
  013.12
  021.26
  025.02
  039.10
  078.16
  091.05
  108.29
  126.21
  138.05
  154.16
  154.25
  170.20
  170.28
  190.09

i'm
  011.18
  036.18
  044.01
  049.01
  059.05
  121.18
  126.20
  170.27
  172.25
  192.27
i've
  012.06
  012.15
  019.21
  024.11
  031.15
  036.14
  036.14
  073.25
  078.26
  090.18
  090.31
  125.09
  126.18
  134.21
  135.19
  146.19
  172.15
  186.17
  192.09
ice
  033.17
  079.27
  087.06
  104.18
icy
  079.17
  086.30
  152.07
idea
  039.14
ideal
  164.15
ideas
  005.04
  161.01
  176.11
idle
  059.11
idol
  118.31
if
  008.09
  008.11
  008.26
  008.28
  008.29
  009.08
  010.25
  012.15
  013.06
  014.06
  015.03
  016.05
  016.31
  017.03
  018.21
  020.06
  027.06
  031.17
  031.30
  032.22
  037.16
  039.05
  039.18
  039.30
  039.31
  040.01
  040.26
  041.05
  043.14
  045.04
  045.09
  045.16
  046.27
  053.13
  057.03
  060.23
  061.07
  061.19
  063.04
  064.13
  067.21
  068.10
  070.12
  072.04
  075.26
  075.31
  076.15
  077.23
  078.16
  083.11
  083.16
  083.26
  084.24
  089.06
  089.15
  090.04
  090.06
  090.10

  093.14
  096.01
  097.22
  098.04
  100.04
  104.19
  106.09
  108.17
  111.04
  115.19
  116.13
  116.30
  122.05
  123.23
  123.28
  124.09
  125.21
  127.04
  127.10
  129.21
  132.11
  133.20
  134.23
  135.15
  136.15
  136.16
  138.12
  139.18
  140.10
  140.25
  141.04
  141.23
  142.04
  143.06
  143.14
  143.19
  143.28
  144.06
  144.20
  145.10
  145.31
  146.20
  147.09
  148.17
  149.04
  149.04
  149.12
  149.18
  150.02
  151.07
  151.19
  152.10
  152.21
  153.26
  153.31
  154.01
  155.22
  156.01
  158.21
  160.01
  160.03
  160.07
  160.14
  162.09
  162.19
  162.28
  163.24
  165.26
  166.11
  167.25
  170.06
  170.09
  172.01
  172.15
  173.02
  176.12
  176.17
  177.06
  179.22
  180.14
  182.04
  186.19
  188.03
  189.05
  190.31
  192.23
  193.22
  193.23
  194.10
  195.25
ignorant
  012.21
ignoble
  010.17
  032.20
  184.30
ignorance
  056.27
  168.28
ignorant
  034.17
  056.17
  163.07
ignored
  162.30
ill
  178.03
  180.15
ill-used
  116.04

ill-will	imperfections	008.19	033.03	057.21	082.09
116.14	056.25	008.20	033.14	058.02	082.18
illimitable	imperilled	008.28	033.15	058.05	082.22
166.20	163.19	009.03	033.23	058.06	083.06
illogical	impertinent	009.12	033.26	058.09	083.12
042.24	158.19	009.15	033.29	058.13	083.16
illuminated	impetuosity	009.17	034.01	058.26	083.18
002.01	071.29	009.19	034.02	058.27	083.23
142.10	103.09	009.20	034.08	058.30	084.05
illusion	imploring	010.01	034.16	059.03	084.18
030.15	068.14	010.09	034.20	059.06	084.26
088.01	131.01	010.23	034.22	059.14	084.31
150.30	import	010.26	034.27	059.18	085.06
195.06	177.06	010.28	034.30	059.21	086.05
illusions	importance	011.05	035.01	059.24	086.08
195.05	167.13	011.06	035.06	059.25	086.18
illusive	170.01	011.20	035.12	059.29	086.24
164.16	172.13	011.24	035.15	059.30	087.03
illustrating	important	012.10	035.20	060.02	087.07
177.20	160.19	012.13	036.03	060.08	087.13
image	imposing	012.26	036.26	060.12	087.14
144.07	032.08	013.04	037.01	060.14	087.15
160.15	impossible	013.14	037.06	060.16	087.18
164.04	005.12	013.16	037.13	060.31	087.20
176.15	019.24	013.20	037.20	061.06	087.22
images	034.28	013.22	037.22	061.11	087.27
072.13	078.14	013.27	038.14	061.15	088.01
164.05	159.11	014.09	038.21	061.17	088.09
169.27	171.26	014.16	038.28	062.06	088.26
imaginary	178.13	014.19	039.08	062.10	088.28
165.14	imposture	014.29	039.16	062.26	089.02
imagined	118.15	015.02	039.19	062.30	089.09
087.05	imposyshun	015.11	039.31	063.11	089.14
imbecile	124.25	015.25	039.31	063.12	089.28
020.26	124.26	016.02	040.04	063.30	089.31
045.31	impotent	016.04	040.16	064.02	090.07
imbecility	156.15	016.04	040.18	064.22	090.12
041.12	imprecations	016.04	040.22	064.29	090.19
imitated	068.19	016.07	040.25	065.02	090.26
022.07	105.01	016.19	040.28	065.05	090.27
immaterial	impressed	016.21	040.30	065.10	090.29
157.16	144.06	016.22	041.06	065.18	091.07
immeasurable	155.03	016.24	041.31	066.12	091.16
065.23	impression	017.09	042.08	066.25	092.03
142.19	078.19	017.28	042.15	067.01	092.26
immense	158.15	018.08	042.17	067.07	093.13
030.17	161.06	018.16	042.19	067.13	093.15
054.17	175.21	019.03	042.30	067.28	093.23
061.13	impressively	019.15	043.23	067.29	093.23
065.06	031.14	019.17	043.30	068.06	094.01
099.12	impudence	019.23	044.02	068.07	094.03
117.22	009.30	019.27	044.06	068.12	094.26
156.10	160.07	020.04	044.08	068.14	095.06
156.12	170.25	020.05	044.26	068.16	095.15
176.14	impudent	020.12	044.26	068.18	095.21
184.27	010.29	020.18	044.29	068.22	096.09
165.05	036.17	020.18	045.15	068.30	096.10
immensity	138.22	021.04	045.17	068.31	096.12
016.09	impudently	021.06	045.19	069.05	096.20
112.01	044.16	021.09	045.26	069.07	096.21
131.27	impulse	021.17	045.31	069.14	096.27
151.22	143.16	021.21	046.04	069.20	097.08
immobilised	impulses	021.25	046.20	070.05	097.14
061.10	026.11	022.09	046.27	070.14	097.19
immobility	113.04	022.12	046.28	071.07	098.18
087.27	impulsively	022.17	047.04	071.19	099.18
133.11	168.19	022.23	047.07	071.20	100.01
158.26	impure	022.29	047.12	072.01	100.06
immorality	046.11	022.31	048.31	072.17	100.08
163.04	185.28	023.02	050.05	072.20	100.11
immortal	in	023.06	050.14	072.23	100.22
101.03	001.03	023.15	050.30	072.24	100.24
111.26	001.22	023.17	051.10	072.25	101.03
176.14	002.04	023.21	051.15	073.10	102.18
184.22	002.09	023.22	051.17	073.21	102.24
196.22	002.11	023.27	051.20	073.24	102.27
immortals	002.13	023.30	051.21	073.28	103.06
052.12	002.19	024.11	051.30	074.02	103.21
immutable	002.29	024.11	052.01	074.05	103.29
169.23	003.01	024.13	052.08	074.06	104.10
imparted	003.02	024.21	053.10	074.12	104.15
047.17	003.06	024.26	053.16	074.21	104.17
impassioned	003.10	025.02	053.19	074.27	104.19
114.21	003.17	025.07	053.24	075.12	104.19
132.13	003.21	025.13	054.01	075.18	105.01
impassive	004.05	025.14	054.10	076.01	105.08
145.24	004.05	025.15	054.23	076.02	106.15
impassiveness	004.08	025.31	054.27	076.03	106.16
169.01	004.11	026.02	054.29	076.09	107.09
impatience	004.19	026.21	054.30	076.12	107.10
079.06	004.29	026.21	055.05	076.18	107.13
impatient	005.02	026.24	055.07	076.21	107.20
026.17	005.05	026.26	055.08	077.06	107.23
045.07	005.08	027.09	055.10	077.16	107.27
111.29	005.23	027.23	055.16	078.04	107.27
180.14	005.28	027.23	055.16	078.06	108.01
impatiently	005.29	027.27	055.19	078.10	108.20
070.18	005.30	028.02	055.24	078.12	108.24
095.25	005.31	028.08	055.28	078.17	108.26
186.25	006.03	028.21	056.08	078.24	109.03
191.22	006.07	029.08	056.09	079.01	109.20
impenetrable	006.11	029.12	056.10	079.08	109.29
111.07	006.27	029.13	056.17	079.25	109.30
113.31	006.29	031.10	056.23	080.02	109.31
117.11	007.03	031.14	056.29	080.04	110.09
134.15	007.08	031.17	057.04	080.20	110.10
imperceptibly	007.09	031.20	057.04	081.11	110.11
028.11	007.11	031.21	057.15	081.25	110.21
133.06	007.20	031.25	057.15	081.29	110.24
imperfect	008.02	031.28	057.20	081.30	110.26
082.01	008.06	032.06	057.20	081.31	110.31

IN (continued)

111.03	133.31	157.20	186.13	078.14	inflamed
111.06	134.02	157.27	186.15	081.22	035.20
111.16	134.04	158.10	186.19	093.25	inflexible
111.16	134.15	158.26	186.23	169.01	102.04
112.08	134.20	158.31	186.26	incredibly	105.10
112.14	134.30	159.11	186.27	010.20	inflexibly
112.18	135.20	159.12	186.31	174.08	116.09
113.27	136.05	159.13	187.07	incult	infliction
113.29	136.13	159.26	187.08	028.21	066.25
114.01	136.21	159.30	187.19	incumbrance	influence
114.20	137.06	159.31	187.27	172.19	037.27
114.22	137.19	160.04	187.29	incurably	influenced
115.21	138.01	160.13	188.01	082.23	158.09
115.26	138.15	160.14	188.03	indeed	information
116.24	138.19	160.22	188.06	126.17	019.30
117.02	138.21	160.26	188.11	146.03	042.08
117.15	139.01	160.30	188.18	indelicate	informed
117.16	139.05	161.10	188.20	153.10	131.30
117.17	139.30	161.15	189.01	independent	infuriated
117.20	140.10	161.26	189.03	010.17	104.27
117.21	140.18	161.31	189.13	indestructible	inglorious
117.26	140.24	162.10	189.31	111.14	015.26
117.29	140.29	162.16	190.04	118.13	141.05
117.29	141.03	162.20	190.14	167.23	inhospitable
117.30	141.08	162.24	190.17	184.22	196.10
118.07	141.22	162.31	190.22	india	inhospitably
118.13	142.01	163.14	190.24	021.10	126.15
118.14	142.02	163.15	190.30	169.14	inhuman
118.14	142.10	163.18	191.11	179.26	157.13
118.20	142.13	163.19	191.12	indian	initiated
118.20	142.16	163.22	191.13	033.18	157.27
118.25	142.18	164.13	191.19	112.17	injured
118.27	142.20	164.14	191.25	indiarubber	016.06
118.30	142.21	164.17	191.26	063.20	106.22
119.11	142.25	165.08	191.27	indicating	injustice
119.16	142.28	165.10	191.30	194.14	097.23
119.22	142.30	165.13	192.15	indifferent	115.01
120.01	143.14	165.16	193.19	166.04	162.29
120.05	143.15	165.23	193.24	indignant	inky
120.22	143.18	166.15	194.01	011.01	086.21
120.29	143.27	167.01	194.12	056.07	innocent
121.02	144.02	167.12	194.26	indignation	027.05
121.07	144.09	167.19	195.04	072.12	innocently
121.13	144.10	167.24	195.04	082.06	008.01
121.17	144.13	168.02	195.16	126.18	innocuous
121.18	144.14	168.05	195.22	135.29	034.09
121.20	144.16	168.12	195.23	170.18	innumerable
121.23	144.18	168.14	195.24	178.26	060.18
121.31	144.21	168.14	196.04	indignations	inquired
121.31	144.24	168.22	196.11	146.02	024.22
122.09	144.30	168.28	196.21	indispensable	048.29
122.17	145.04	169.02	196.26	026.30	071.27
122.20	145.06	169.16	inaboardable	indistinct	094.03
123.03	145.09	169.24	076.09	103.27	126.25
123.16	145.13	169.29	inarticulate	138.31	136.12
123.30	145.19	170.04	026.30	145.22	insanely
124.27	145.21	170.22	inauspiciously	indistinctly	077.15
124.28	145.23	171.01	058.04	024.24	insatiable
124.29	146.08	171.11	inboard	indistinguishable	179.01
125.09	147.01	172.06	181.06	017.30	inscrutable
125.18	147.07	172.08	incalculable	individual	032.02
125.24	147.08	172.26	166.05	151.01	insecure
125.28	147.11	173.08	incarnation	indomitable	088.08
125.31	147.23	173.20	004.28	113.02	103.29
126.04	147.29	174.23	incertitude	166.23	195.16
126.10	148.02	175.13	159.14	indubitable	inshore
126.20	148.06	175.23	169.22	039.21	184.10
126.22	148.08	176.10	incertitudes	indubitably	inside
126.21	148.16	176.12	144.08	114.26	003.27
126.30	148.19	176.16	inch	indulgence	020.03
127.01	148.21	176.27	027.20	165.08	077.28
127.11	148.24	176.28	057.10	indulgent	093.04
127.20	148.27	176.29	078.07	035.24	106.08
127.21	148.29	176.30	078.12	industrious	125.09
127.24	149.20	177.02	164.27	007.13	127.22
127.25	149.23	177.21	164.27	industriously	137.30
127.28	150.03	177.26	inches	010.30	147.25
128.03	150.06	177.28	076.01	industry	175.12
128.05	150.07	177.30	078.12	174.30	insignificance
128.05	150.08	178.07	incident	ineffective	084.07
128.06	150.13	178.03	047.07	112.12	insignificant
128.13	150.23	178.09	incidentally	ineffectual	034.07
128.18	150.24	178.20	076.26	029.24	048.07
128.22	150.25	178.21	inclination	177.05	160.12
129.02	151.09	178.22	066.22	inefficient	insincere
129.09	151.16	179.08	inclined	009.13	005.05
129.20	151.22	179.26	065.22	ineradicable	insisted
129.23	151.29	179.27	140.07	112.19	122.09
129.24	152.02	180.07	inclosive	inevitable	138.25
129.29	152.06	180.21	091.24	156.24	193.18
130.02	152.22	180.25	incomparable	inexperienced	insistence
130.05	152.25	180.26	056.16	005.08	017.26
130.13	153.10	180.28	075.12	inexpressible	112.25
130.17	153.11	181.13	incomparably	116.02	insolence
130.25	153.13	181.19	092.10	inexpressibly	016.24
131.14	154.13	181.22	incomprehensible	157.30	044.21
131.15	155.02	182.11	005.11	infallibly	insolent
131.15	155.05	182.12	044.04	156.11	044.17
131.21	155.10	183.05	146.29	infamous	054.02
131.30	155.23	183.15	157.01	039.28	185.24
131.31	156.03	183.29	171.24	078.08	inspecting
132.03	156.05	184.04	inconsolable	157.27	147.09
132.11	156.10	184.23	194.27	infamy	inspiration
132.27	156.11	184.31	incorruptible	005.15	032.21
133.01	156.12	185.06	005.18	infected	094.16
133.04	156.13	185.09	194.29	072.04	157.12
133.11	156.15	185.14	increased	infernal	inspire
133.17	156.24	185.21	006.27	041.21	026.25
133.27	157.03	185.24	incredible	130.27	inspired
133.30	157.05	185.30	039.22	infinite	007.14
			043.21	164.04	070.12

INSPIRED (continued)

097.18
106.09
116.26
130.25
157.01

instant
185.13

instantly
065.31
147.26
167.02

instead
040.19
140.30
168.19

instinct
133.12

instinctively
044.14
175.08

instincts
011.23

insulting
044.27
165.20

intellectual
115.08

intelligent
073.13
192.22

intelligible
145.08

intelligibly
159.18

intense
003.13
032.01
101.17
118.01
173.04

intensely
004.30

intent
032.11
052.06

intention
154.02

intently
150.20
167.11

inter
047.29

interest
013.16
036.03
113.12
124.02
126.12
159.30
167.31
177.26

interested
043.31
118.24
119.15
161.26
149.29
159.28

interfere
040.22

interfered
040.02
176.18

interjected
141.20

interminable
040.18
060.23
116.24

interminably
173.25

intermit
036.14

interpreter
109.15

interrogated
046.23

interrupted
090.21

interval
068.12

intervals
107.27

interview
049.25

intimacy
105.03

intimate
039.19

into
001.04
002.26
007.12
011.02
013.08
014.13
014.18
016.01
016.02
016.29
018.07

019.04
021.13
022.26
022.28
025.27
026.05
029.24
030.20
031.09
031.23
031.29
032.28
033.18
037.08
046.12
049.25
053.12
054.14
054.25
055.03
055.09
056.13
057.12
058.23
061.24
061.29
062.09
065.17
065.31
066.02
066.16
067.11
068.15
068.24
076.04
076.20
079.16
079.17
081.06
083.26
084.02
087.23
090.24
091.07
098.04
098.27
102.10
102.18
105.19
108.13
112.06
116.20
116.21
119.24
127.13
130.14
132.08
137.31
140.05
142.19
143.16
144.01
144.26
147.24
147.27
150.30
152.27
154.25
166.19
167.02
170.22
171.27
173.01
178.24
182.20
183.25
183.27
183.28
184.15
187.23
189.15
190.29
191.17
191.18
194.22
195.10
196.09

intolerable
032.16
038.22
044.22
060.30
110.10

intonation
016.06
019.22

intonations
123.20

intoxicated
130.05

intrepid
073.12

intrepidly
018.01

invalid
044.04

invalids
100.07

invariable
113.10

inventyd
125.13

invigorated
075.31

invincibleness
082.05

invisible
038.24
054.24
077.07
086.18
117.06
117.30
140.25
149.14
166.12
185.11
196.26

invulnerable
052.08
087.13
168.28

inward
006.07
035.27
160.23
162.29

inwards
061.30

irish
042.28

iron
014.17
019.16
027.23
045.04
056.10
065.04
073.08
074.16
076.07
099.14
105.10
123.08
139.25
140.01
141.22
152.30
153.08
154.10
186.10
187.13

iron-grey
033.27

ironic
006.18
194.07

ironically
038.15
159.31

irons
152.22
160.04

irony
094.08

irrefutable
114.02

irregular
164.28
165.15

irremediable
116.19
147.19
174.24

irresistible
059.20
175.21

irresistibly
062.28

irresolute
150.17
195.02

irretrievably
081.06

irreverence
094.24
159.13

irritable
159.04

irritated
020.22
042.04
110.26

irritating
168.25

irritation
089.05
177.28

is
005.03
005.10
005.11
005.18
009.28
009.29
010.09
010.28
011.06
011.17
014.05
016.07

THE NIGGER OF THE NARCISSUS

016.08
016.22
018.10
018.13
019.28
022.20
025.10
025.13
027.13
034.16
042.17
042.19
050.07
053.22
056.03
058.27
071.19
071.27
085.26
085.27
086.13
088.27
090.16
091.15
091.16
097.07
098.29
101.12
102.05
105.14
105.16
120.18
128.19
131.05
131.10
132.05
133.29
134.07
135.26
136.15
136.17
137.02
137.10
137.10
140.29
142.27
142.29
145.12
145.26
146.17
148.03
148.19
151.27
152.16
152.28
153.04
161.10
169.04
177.06
177.12
177.22
188.26
196.15

island
165.03
177.13
177.21

islands
063.05
063.10
063.13

isn't
021.28
048.27
136.11
152.15

isolation
044.08

issues
177.06

it
001.06
003.20
005.11
005.11
006.12
007.21
008.12
008.22
009.05
009.05
011.26
012.06
013.19
015.19
016.21
016.21
016.24
017.22
018.04
018.24
018.28
019.15
019.16
021.16
021.31
022.06
022.29
023.28
024.09
024.16
025.13

025.24
026.27
026.28
027.11
027.14
028.20
030.21
034.16
035.08
035.16
035.17
037.06
037.06
038.21
039.10
039.13
039.18
039.20
039.29
039.30
039.31
040.01
040.02
040.29
041.06
041.26
042.19
042.27
043.04
043.28
044.24
045.24
046.06
047.17
047.20
048.09
048.11
048.14
048.26
049.02
049.07
049.09
049.18
049.26
049.27
049.29
050.10
050.18
050.20
050.30
051.09
051.21
052.13
053.22
054.16
055.01
055.26
057.07
057.25
058.13
058.14
059.18
059.26
061.21
061.29
061.30
063.05
063.10
063.13
063.21
063.22
063.24
063.25
064.01
064.02
064.09
064.11
066.20
067.22
067.26
067.27
067.28
069.09
070.18
070.29
071.02
071.03
071.22
073.22
073.24
075.01
076.02
076.23
077.07
077.09
077.13
077.31
078.06
078.08
078.09
078.11
078.16
079.25
079.29
081.08
081.14
081.17
081.20
082.02
082.03

082.21
082.25
084.03
084.11
084.14
085.02
085.09
085.19
085.20
085.20
085.22
085.26
085.30
087.01
088.12
088.26
088.27
089.03
089.19
089.27
090.16
090.16
092.14
093.05
093.19
093.20
093.23
093.23
093.23
093.24
093.24
093.26
093.28
093.30
094.09
094.14
094.15
094.29
095.04
096.01
096.01
096.20
096.22
097.05
098.12
098.22
099.23
103.02
104.23
104.29
105.28
105.30
105.30
106.12
106.13
107.03
107.05
107.22
107.22
107.24
108.24
108.27
108.30
109.05
109.27
110.02
110.03
110.21
110.22
110.24
111.10
111.19
111.23
111.27
111.31
112.04
112.20
112.28
114.14
114.16
114.25
114.29
115.05
115.18
116.30
116.30
117.09
118.13
118.14
118.15
118.17
119.11
119.15
119.18
120.25
121.02
121.12
121.29
122.01
122.01
122.03
122.12
124.05
124.26
124.27
125.04
125.12
125.23
127.01
127.02

IT (continued)

127.03	172.25	183.21	jerked	137.05	journey
127.03	172.26	184.20	116.01	137.31	080.29
127.08	172.30	189.20	120.19	148.14	jove
127.11	174.04	196.14	125.07	149.02	140.02
127.11	174.05	itself	jerks	149.12	154.12
127.21	174.14	004.10	027.28	151.15	jovial
128.10	174.21	030.16	096.20	151.19	195.09
128.11	174.23	030.20	171.02	156.17	jovially
128.14	175.05	112.05	jerky	159.07	126.06
129.17	175.10	127.12	022.02	159.23	joy
129.26	175.19	130.08	186.29	160.14	037.30
129.27	176.04	144.19	190.23	160.24	056.03
130.08	176.06	175.05	jersey	160.26	106.24
130.08	176.16	jabbering	050.24	161.02	130.19
130.09	177.04	038.31	jet	161.06	joyfully
130.23	177.04	jack	010.03	161.09	169.26
131.17	177.24	003.30	jewels	162.15	182.21
131.27	177.27	085.28	029.06	162.20	joyous
132.02	178.07	107.15	184.26	163.29	112.07
132.05	178.12	122.15	jib-boom	164.23	195.15
135.11	178.13	122.18	102.26	167.05	joys
135.11	178.14	122.18	jig	167.08	195.25
137.10	178.17	122.22	129.08	167.13	judged
139.09	178.29	122.22	jim	167.17	072.02
139.17	179.30	122.26	074.10	168.01	176.17
139.20	179.31	179.27	130.02	168.06	judgment
139.23	182.26	180.04	194.17	168.16	163.14
140.01	182.26	181.09	jimmy	168.18	judy
140.15	182.27	186.31	039.04	170.24	017.01
140.24	186.03	jacket	040.04	170.30	juice
141.23	186.03	007.22	040.05	173.29	191.24
142.07	186.04	014.13	040.09	173.31	jumble
142.11	187.22	090.01	040.14	174.31	130.18
143.16	187.31	150.25	040.30	175.16	186.12
143.17	188.05	jackets	041.25	176.29	jump
143.21	190.25	004.06	043.07	177.07	011.13
145.07	191.17	089.06	045.30	177.24	022.11
145.10	192.10	175.30	046.01	176.31	061.07
147.02	192.27	190.31	046.19	180.14	074.26
147.14	194.02	jacks	046.23	181.22	100.11
147.31	196.13	014.11	046.28	181.24	182.15
148.17	it's	jail	047.04	181.29	jumped
148.19	008.21	127.29	048.05	181.29	020.06
149.05	012.24	jail-prop	048.07	194.16	062.18
149.08	017.13	125.11	048.13	jimmy's	132.03
150.02	024.09	jam	049.30	039.25	145.01
151.27	035.07	049.29	050.07	040.15	jumping
152.10	035.08	james	050.29	040.23	011.04
152.11	039.11	018.10	051.09	043.09	jumps
152.18	040.12	024.21	051.18	046.10	103.06
152.19	042.05	025.18	051.24	051.23	just
153.04	042.06	037.15	054.01	076.07	002.06
153.05	048.27	038.08	059.01	079.03	004.02
153.05	056.31	042.25	059.10	115.23	021.16
153.06	070.25	043.12	071.15	115.27	039.13
153.09	088.31	043.19	073.26	118.22	043.17
153.24	089.12	046.24	074.10	118.29	044.20
153.26	093.02	049.07	074.12	123.03	044.26
153.28	093.19	051.04	075.05	131.31	059.15
154.03	107.06	081.26	075.28	134.26	065.26
154.04	108.09	083.18	076.11	137.25	071.08
154.04	108.12	089.09	077.01	156.23	097.30
154.05	124.25	090.05	077.25	158.31	119.05
155.08	126.13	093.20	077.26	159.09	119.17
156.09	139.04	126.08	078.19	159.21	120.06
156.10	146.12	126.23	079.30	159.26	120.08
156.19	148.16	130.28	080.10	161.13	121.03
156.22	155.10	134.19	081.24	165.12	124.09
158.07	155.24	138.03	083.21	172.29	126.08
158.10	173.12	138.18	088.29	173.17	130.29
158.12	192.12	138.20	115.24	174.03	138.16
158.12	its	160.19	115.25	175.02	141.23
158.14	008.11	162.21	117.24	175.03	142.15
158.16	008.12	167.11	119.08	176.19	142.31
158.17	013.27	168.21	120.17	178.12	143.28
158.18	014.23	168.31	120.22	178.20	149.03
158.23	014.27	171.14	121.25	179.17	160.04
158.29	014.27	173.01	122.02	182.07	169.06
159.06	016.25	174.12	122.27	jingled	173.26
159.11	022.04	180.05	123.15	140.23	174.21
159.19	032.11	181.02	123.21	job	175.23
160.05	039.21	181.10	123.22	035.18	177.04
160.06	064.02	181.12	123.27	047.03	justice
160.07	067.02	192.16	123.31	146.30	101.03
160.08	076.03	jammed	124.10	179.06	justify
160.29	080.29	065.18	124.15	188.12	101.08
161.10	096.20	071.22	124.26	192.27	keel
161.11	098.28	106.27	125.06	jocose	140.22
161.16	101.02	jaws	125.11	162.15	keen
161.17	101.03	009.09	125.16	jocular	114.11
161.18	101.05	023.28	125.21	042.12	keep
161.25	106.07	063.18	125.26	jocularly	012.18
162.25	110.26	087.12	126.02	011.25	036.16
163.12	111.27	131.15	126.04	join	057.14
163.13	111.29	131.16	126.20	072.17	079.29
163.14	112.03	165.31	126.29	joining	085.19
163.24	115.02	jeer	127.07	002.30	085.19
165.06	116.22	115.14	128.10	joint	086.15
165.16	117.13	jeered	128.29	076.04	089.02
166.14	117.21	050.23	129.01	087.20	100.12
166.30	118.18	106.19	129.12	jointless	102.16
166.31	118.19	120.26	129.16	080.16	103.14
167.24	119.01	jeering	130.09	joker	115.29
167.28	127.25	186.06	130.25	040.11	134.19
170.24	154.25	jerk	131.19	jokes	134.24
171.11	156.10	060.27	131.22	108.02	135.06
171.23	162.19	065.30	132.18	167.20	136.20
171.27	171.17	078.31	132.21	jolly	137.16
172.04	173.27	099.10	133.04	046.06	142.30
172.18	176.18	140.21	134.02	journals	143.02
172.21	179.03		135.06	050.03	144.04

KEEP (continued)

keep					
147.03	083.14	085.13	ladies	lanterns	lately
151.06	144.16	091.05	191.10	184.17	009.12
160.09	180.27	094.09	lady	lanyard	latent
192.26	kneeling	109.18	188.01	006.20	157.04
keeping	083.14	114.29	188.01	lap	later
031.27	105.05	120.05	189.19	006.13	094.28
034.29	knees	124.16	189.22	large	latitude
041.11	004.03	124.21	189.22	021.10	054.06
130.04	006.20	125.05	laffed	100.08	latitudes
ken	025.08	133.16	172.19	110.17	054.15
040.11	064.06	140.11	laid	154.26	laugh
kept	064.26	141.26	125.25	190.16	052.01
002.17	067.04	142.20	lairs	largely	070.28
004.03	090.31	143.31	147.27	026.16	072.04
013.05	107.01	147.02	lake	larger	105.16
024.20	132.06	147.07	130.21	096.19	122.03
034.09	132.07	151.27	lamb	142.01	laughed
050.20	133.04	151.29	194.24	158.13	007.01
055.31	133.06	152.09	lambs	lark	010.30
056.08	170.31	152.17	155.17	121.09	049.10
065.26	175.11	153.05	lame	larn	049.10
067.29	knelt	153.22	035.09	125.04	123.02
075.05	096.16	159.11	036.31	lashed	125.27
077.09	097.15	159.19	085.14	084.29	134.01
082.27	knew	161.11	085.19	188.24	136.27
087.10	009.28	161.12	085.28	lashing	143.09
087.12	010.04	168.03	122.22	023.21	165.22
087.26	011.23	169.20	189.05	085.15	170.04
092.17	022.06	176.20	lament	085.16	laughing
097.16	026.14	178.14	002.27	lashings	020.08
117.09	026.22	179.31	lamentable	054.08	072.06
121.20	026.23	180.18	080.28	068.06	072.13
124.28	041.28	knowed	186.05	072.20	115.29
129.02	041.29	182.26	lamp	103.16	laughs
129.28	042.03	knowing	001.16	last	166.01
140.22	046.13	026.30	015.22	002.04	laughter
144.31	047.21	036.09	019.04	003.20	003.18
153.16	056.19	165.10	020.17	005.23	008.02
160.16	056.23	knowledge	023.06	010.09	036.21
171.30	056.25	146.03	028.05	014.13	036.28
179.23	058.20	157.11	106.26	016.15	037.30
186.24	059.01	157.26	109.23	017.04	049.09
key	062.04	194.08	117.23	017.13	092.29
126.21	087.18	knowles	118.29	017.19	126.29
127.30	151.07	001.08	123.06	022.14	129.10
128.05	151.21	022.15	131.02	024.16	191.06
175.10	151.23	035.09	175.06	031.05	launched
175.15	155.14	036.20	lamp-posts	035.16	056.20
kick	156.11	036.31	127.26	040.19	100.22
126.14	161.01	040.15	lamplight	040.23	law
136.24	161.04	049.29	017.26	043.15	120.26
139.28	161.09	051.31	lamps	044.22	157.09
149.04	162.27	058.14	003.12	047.21	lay
149.05	177.28	070.25	004.20	051.03	001.21
kicked	knife	085.10	015.07	059.28	002.09
006.28	069.01	106.28	144.12	060.05	013.28
079.11	147.28	115.15	175.25	062.14	015.25
093.22	knits	120.23	land	065.06	029.06
120.03	010.16	120.28	005.20	073.08	043.13
148.29	knitted	122.04	029.18	076.17	045.08
172.18	026.06	122.09	029.25	077.01	045.09
kicking	057.12	122.29	030.09	077.04	047.05
064.21	knives	144.29	030.11	078.15	054.21
072.03	104.06	146.11	034.14	080.06	057.30
105.25	knock	147.28	054.08	082.21	060.12
115.09	041.18	148.02	147.01	091.03	063.13
kid	051.05	148.08	161.08	096.20	065.20
123.01	077.26	150.18	161.09	101.13	066.12
172.10	077.26	165.20	164.24	102.12	069.16
kids	077.27	178.16	165.07	102.30	073.28
024.11	145.10	188.14	166.07	110.28	076.01
137.02	knocked	186.27	166.24	111.19	076.09
kill	009.16	189.04	166.26	112.04	076.01
048.18	014.03	known	166.27	112.28	082.22
077.13	056.14	006.27	166.29	115.10	086.19
077.16	073.03	049.16	177.16	125.22	087.13
136.14	080.13	088.02	184.23	131.07	095.20
168.11	105.27	111.18	185.19	134.19	096.08
kind	123.11	152.07	185.29	134.22	096.16
007.24	155.16	178.08	186.18	137.13	096.29
011.17	163.29	183.10	190.14	138.26	106.14
025.10	knocking	183.12	landlady	140.20	110.09
082.07	074.20	knows	067.17	145.09	121.26
113.23	115.10	010.13	landlubbers	147.31	124.04
116.24	126.16	010.14	010.12	152.02	126.09
121.15	knot	042.20	056.17	153.17	140.08
124.02	006.21	119.06	landsmen	160.24	158.25
139.20	014.20	170.12	014.12	162.04	160.20
143.15	019.27	knuckles	045.21	166.26	181.02
158.26	118.21	149.06	lane	172.14	184.23
169.08	195.22	labor	022.29	174.25	lay-up
191.10	knots	196.13	022.29	179.17	178.02
192.17	066.02	labour	186.22	179.23	layer
195.13	190.29	005.31	language	180.23	060.11
kindly	knotted	038.21	002.22	181.05	076.01
021.18	113.29	101.13	024.13	182.07	lazily
169.14	know	labours	139.29	182.11	173.27
189.10	003.21	054.01	159.12	186.19	lazy
kindness	005.25	lacerated	languid	190.12	009.22
031.15	005.19	166.24	103.24	191.04	lead
kinds	026.16	ladder	158.19	194.31	068.15
076.05	034.18	001.09	languidly	lasted	113.16
kinship	036.13	018.26	029.19	130.24	128.04
011.28	038.30	031.07	048.22	165.02	leading
kitchen	041.28	064.31	126.20	lasting	189.19
087.21	043.17	082.21	162.10	161.06	189.20
kitt's	043.18	091.27	167.14	late	leaf
041.22	046.14	ladders	languor	058.13	175.04
knee	048.06	035.06	119.10	155.24	leaks
069.31	049.02	166.10	156.06	182.08	003.22
076.30	076.30			190.18	

lean
  006.15
  107.24
  114.20
  141.28
  168.21
leaned
  038.10
  118.23
  123.13
  168.20
  180.25
leaner
  049.16
leaning
  022.27
  035.01
  036.08
  037.03
  103.03
  124.02
  134.20
leap
  006.12
  057.11
  066.30
  123.06
  134.03
  154.24
leaped
  013.10
  059.24
  062.10
  062.10
  064.17
  074.03
  075.27
  076.24
  084.11
  136.25
  149.19
  182.07
  183.30
  187.25
leaping
  014.22
  064.25
  117.27
learn
  012.20
learned
  004.27
  027.06
  027.07
  148.08
learning
  006.20
least
  045.26
  080.11
  112.27
  130.29
leastways
  120.29
leave
  014.07
  039.09
  042.02
  043.28
  060.23
  061.18
  132.11
  152.22
  167.21
  170.03
  183.11
leaves
  022.30
leaving
  048.11
  144.05
lectured
  049.24
lectures
  040.09
led
  034.06
  062.21
  134.01
  178.11
ledge
  195.17
lee
  065.07
  067.20
  088.16
  096.24
  098.17
  099.25
leeward
  057.27
  064.19
  064.28
  065.02
  071.06
  071.30
  084.10
  090.14
  096.24
  104.11
  105.24

left
  009.11
  011.07
  017.10
  024.29
  029.25
  030.05
  030.21
  036.09
  037.19
  037.31
  044.08
  055.22
  055.27
  060.03
  088.08
  098.02
  114.05
  116.03
  116.31
  140.14
  142.06
  147.09
  147.07
  171.12
  176.04
  178.31
  185.15
  187.08
  195.22
leg
  023.11
  040.21
  066.09
  069.16
  072.08
  088.27
  097.12
  097.15
  112.22
  150.19
  165.22
  173.13
leggo
  194.04
  194.04
  194.10
legion
  134.13
legs
  009.03
  010.07
  023.29
  048.24
  048.27
  061.07
  066.11
  071.31
  078.27
  079.09
  080.16
  105.25
  118.24
  133.05
  144.22
  145.17
  165.17
  170.30
leisure
  040.03
  054.10
  059.10
lend
  019.20
  050.24
  083.19
  188.30
length
  004.25
  060.28
  062.09
  065.23
  066.12
  094.19
  100.21
  121.17
  174.03
lent
  032.20
less
  027.04
  027.04
  027.05
  027.05
  046.28
  056.05
  056.15
  078.07
  091.17
  092.14
  097.01
  114.16
  135.22
  159.19
lesson
  119.05
let
  025.06
  029.08
  038.22
  041.02

  052.07
  062.23
  065.24
  067.03
  070.21
  073.14
  079.09
  081.16
  082.16
  086.19
  091.12
  096.23
  102.21
  104.23
  105.28
  114.15
  122.07
  122.09
  125.04
  125.04
  125.21
  126.04
  126.26
  131.19
  134.09
  134.29
  138.10
  139.23
  140.12
  142.31
  143.15
  144.02
  144.03
  149.08
  160.04
  182.20
  187.04
  187.05
  190.10
  193.27
  196.13
let's
  071.23
  096.03
letter
  073.09
letting
  073.04
  075.17
  080.03
  081.11
level
  006.09
  030.18
  117.10
  165.04
  172.06
lever
  028.13
levity
  094.10
liar
  170.11
  170.15
liberality
  087.19
liberties
  165.09
liberty-men
  002.18
licking
  130.22
lid
  167.07
  173.22
lie
  009.23
  022.17
  061.23
  082.02
  117.30
  132.16
  176.26
lie-up
  049.20
  050.07
  135.24
  135.25
lied
  157.31
  171.08
lies
  009.30
  032.18
  134.06
  151.17
  163.05
life
  005.13
  005.19
  024.27
  026.15
  027.22
  032.10
  032.29
  033.29
  034.18
  035.18
  039.18
  041.13
  045.21

  048.07
  048.15
  057.05
  058.22
  060.02
  066.19
  082.17
  089.02
  092.17
  093.06
  094.26
  100.04
  101.08
  104.05
  104.09
  104.31
  105.30
  112.02
  112.03
  112.15
  118.12
  130.02
  132.06
  141.26
  144.08
  150.04
  156.07
  157.26
  158.17
  160.12
  161.10
  162.25
  166.27
  166.29
  167.22
  168.28
  175.13
  176.15
  176.22
  194.09
  195.07
  195.09
  196.11
lifeboats
  017.28
lifeless
  023.12
  095.13
  144.14
  168.02
  187.15
lifelessly
  077.23
lifelong
  005.20
  067.02
lifetime
  028.01
lift
  089.06
  091.10
  099.06
  179.09
  181.15
lifted
  010.27
  036.11
  046.21
  046.30
  069.19
  071.11
  073.22
  099.13
  099.22
  109.29
  120.10
  134.02
  138.08
  171.14
  179.11
  181.08
  181.31
lifting
  099.06
  152.24
  178.25
lifts
  104.02
light
  001.20
  014.31
  016.02
  016.16
  016.21
  016.29
  017.24
  018.03
  020.05
  020.20
  022.25
  023.02
  023.14
  026.01
  029.23
  035.24
  037.24
  053.05
  059.28
  061.06
  084.26
  086.23

  087.22
  095.07
  107.09
  107.27
  108.25
  116.31
  117.08
  118.19
  123.03
  123.18
  127.22
  126.25
  129.06
  130.21
  132.28
  134.26
  135.20
  135.30
  136.26
  138.21
  140.08
  142.14
  145.21
  162.21
  164.30
  170.23
  175.06
  183.29
  184.05
  184.18
  191.26
  195.23
  195.25
  196.03
light-to
  104.11
light-vessels
  185.12
lighted
  001.03
  007.10
  027.10
  079.16
  175.31
lighter
  127.23
lighthouse
  032.26
  184.17
lighthouses
  184.04
lightless
  170.16
lightly
  133.16
  149.06
  168.24
lightning
  071.30
  117.28
  118.16
  182.02
lights
  015.02
  019.05
  142.02
  149.22
  184.15
  184.16
  184.25
like
  002.03
  004.21
  004.23
  007.13
  007.19
  008.03
  009.10
  010.23
  011.14
  013.07
  013.24
  014.11
  014.23
  015.09
  015.13
  017.08
  018.03
  018.25
  019.15
  023.09
  024.12
  025.19
  025.31
  027.09
  027.24
  027.26
  028.18
  029.06
  030.15
  032.05
  032.15
  032.18
  032.25
  033.12
  033.17
  035.24
  035.28
  036.22
  036.26
  037.05
  037.29

  036.12
  039.01
  039.15
  039.15
  043.04
  043.07
  046.01
  048.12
  051.27
  054.17
  054.27
  056.21
  057.19
  057.20
  057.26
  059.14
  059.17
  059.26
  060.05
  060.15
  062.11
  062.31
  064.10
  064.30
  065.13
  066.05
  067.05
  067.23
  067.31
  069.01
  070.02
  071.09
  071.20
  072.06
  073.30
  074.18
  075.07
  075.10
  076.07
  076.24
  077.28
  079.14
  079.16
  080.22
  082.20
  083.03
  085.05
  085.30
  085.30
  089.17
  091.31
  094.22
  095.03
  095.05
  095.12
  095.19
  096.08
  100.01
  102.02
  102.18
  102.29
  103.21
  103.26
  104.16
  105.10
  106.14
  109.23
  110.05
  110.25
  111.19
  112.18
  114.03
  116.07
  117.05
  117.15
  117.19
  118.16
  119.08
  122.20
  124.10
  124.11
  124.16
  124.16
  126.02
  126.21
  128.25
  129.05
  131.28
  132.14
  133.02
  134.23
  136.15
  139.02
  139.06
  140.22
  141.09
  143.03
  143.13
  143.22
  145.22
  145.25
  146.20
  146.29
  147.27
  150.05
  150.20
  152.06
  153.11
  154.04
  155.06
  155.08

LIKE (continued)

156.18	029.25	059.02	127.29	long-drawn	107.18
157.16	lining	061.07	loftily	088.20	109.24
159.17	050.21	062.23	025.26	long-headed	111.25
162.08	links	066.21	loftiness	113.22	111.31
162.16	014.18	068.26	024.05	long-necked	116.30
163.15	027.23	070.14	lofty	006.15	122.26
164.12	179.03	073.09	015.08	long-suffering	123.24
164.15	lip	076.22	140.20	044.21	126.24
164.16	067.19	081.08	182.27	longed	128.29
165.05	080.17	082.23	183.28	075.09	133.27
166.04	148.13	083.22	loife	longer	134.30
167.23	lips	088.14	113.16	003.01	145.28
168.26	006.05	088.14	lolled	038.20	146.01
169.06	007.11	090.14	147.18	128.20	146.22
169.28	025.17	091.18	lolling	160.27	148.22
171.08	037.31	101.25	073.04	longing	148.27
171.12	038.07	102.29	london	077.31	149.26
171.20	042.29	106.28	165.25	104.29	150.30
173.01	047.01	112.27	lone	162.18	153.07
174.21	055.27	114.04	143.30	look	153.15
175.04	057.24	115.26	loneliness	008.22	154.30
175.24	066.07	116.21	015.26	010.25	155.02
176.08	068.08	118.29	032.20	013.09	156.14
176.15	069.17	119.31	lonely	017.10	158.18
176.23	070.11	123.14	026.06	022.17	160.28
177.08	070.23	126.05	029.15	038.02	161.28
179.30	071.12	126.30	032.04	041.07	162.02
180.10	072.21	131.26	062.01	050.30	162.17
181.27	078.09	141.25	116.27	057.01	162.26
182.02	082.19	141.31	150.13	061.30	165.23
183.06	084.03	154.18	long	063.29	168.01
183.13	087.03	156.06	002.09	067.06	168.05
183.21	087.22	158.14	003.06	071.02	168.20
184.05	088.22	160.30	005.26	072.12	173.06
184.12	095.15	161.25	006.06	077.12	173.10
184.18	097.14	165.17	009.08	077.12	173.28
184.24	102.05	167.21	010.03	083.26	174.11
185.17	104.13	174.11	016.22	090.20	177.30
185.25	123.22	176.10	022.04	091.18	179.20
186.14	126.10	180.20	022.22	091.19	181.20
186.18	130.30	189.20	022.29	101.23	182.16
189.25	144.11	190.08	025.11	104.24	187.01
194.23	158.18	190.25	029.10	107.02	188.02
194.24	171.17	live	030.16	107.15	189.07
195.14	171.23	049.04	033.08	109.27	190.31
195.15	173.03	066.10	039.10	114.07	191.08
195.15	175.03	092.17	041.25	119.06	192.05
195.30	175.27	121.18	047.05	119.30	192.29
196.04	186.06	123.29	047.09	120.17	looking
196.15	liquor	165.29	052.04	121.15	010.21
liked	155.15	187.28	055.16	121.20	011.07
003.27	list	196.13	055.28	127.04	020.29
022.05	017.05	lived	060.09	127.05	024.04
069.24	018.29	005.24	066.23	127.06	057.31
119.14	065.13	020.30	069.02	128.22	058.16
163.23	165.21	032.17	078.12	131.03	063.04
192.11	listen	046.03	079.28	132.19	070.03
likely	113.12	111.13	083.12	141.26	068.29
062.17	132.05	112.21	083.27	143.31	090.24
092.03	144.25	115.02	085.10	147.07	116.11
188.13	listened	146.25	090.23	149.12	121.18
likes	007.05	158.16	091.24	166.25	134.25
122.15	036.08	159.16	091.29	170.09	138.26
lilies	048.28	161.29	092.26	178.03	141.21
130.18	060.26	lively	093.05	194.31	144.24
limb	068.19	060.14	094.31	look-out	149.18
070.23	077.20	129.08	098.17	031.06	150.20
078.23	081.10	166.08	102.09	031.26	154.05
119.09	092.29	lives	105.20	144.04	167.11
limbs	113.07	026.21	109.11	looked	172.05
011.27	113.21	032.14	110.19	003.26	174.06
111.25	113.31	034.07	111.21	008.28	175.02
limits	118.06	049.22	115.01	008.29	175.09
156.08	121.23	052.11	116.12	009.07	180.31
limp	141.19	066.15	116.20	012.10	188.12
008.03	146.06	080.26	116.30	012.26	194.28
049.22	164.02	094.12	117.17	019.09	looks
060.31	167.20	113.18	119.16	022.28	098.05
103.09	173.23	184.26	124.19	024.11	101.18
134.04	180.25	196.23	127.28	032.11	113.11
limped	listener	livid	133.07	035.16	114.13
001.09	122.16	059.27	138.23	036.30	124.05
114.09	listeners	084.03	140.10	037.20	134.14
limpid	147.16	112.20	140.13	041.30	176.27
002.13	listening	167.03	144.22	043.06	193.05
150.10	008.19	186.03	147.02	044.02	loom
166.06	025.15	living	147.09	044.02	033.17
limping	136.21	083.15	150.06	046.15	loomed
043.29	lit	161.30	154.17	047.09	090.15
line	017.26	196.12	160.17	047.15	166.13
044.18	118.28	load	160.29	050.12	looming
055.18	literally	032.16	161.24	051.30	015.13
062.26	081.02	loading	164.10	053.11	looney
068.03	little	056.23	164.23	054.09	147.30
081.05	002.17	loafed	164.25	054.12	loop
085.03	003.31	163.27	165.02	063.16	067.07
096.17	006.27	loathsome	168.21	064.02	loose
117.25	008.26	075.20	174.12	064.29	029.11
184.15	012.22	lobes	174.25	065.10	059.12
lines	021.06	113.27	174.26	070.13	073.29
015.02	024.31	locked	177.24	072.18	140.23
150.08	025.01	128.07	178.10	072.22	loosely
186.17	034.02	173.22	179.20	080.27	080.15
187.09	041.16	192.12	186.02	083.08	loquacity
linger	042.28	locker	187.14	084.18	114.03
161.08	044.25	006.20	189.30	088.12	lord
lingered	045.07	020.05	194.30	102.24	016.19
019.26	051.22	lockers	196.09	103.16	071.20
030.14	051.31	024.11	long-armed	104.10	087.23
lingering	052.03	locking	009.31	106.12	125.26
019.19	053.25	031.12	073.06	106.23	

lorded
  052.13
lose
  045.16
  058.19
  081.19
loss
  113.19
losses
  106.31
lost
  005.31
  007.08
  012.13
  046.03
  063.02
  078.15
  080.28
  083.16
  106.16
  107.08
  112.18
  113.19
  113.20
  117.17
  147.23
  148.24
  151.21
  195.13
lot
  001.12
  011.02
  039.01
  045.31
  072.06
  080.22
  082.26
  089.22
  090.26
  105.23
  108.10
  113.14
  120.01
  125.01
  127.25
  137.07
  138.29
  143.11
  143.31
  152.14
  155.10
  168.10
  190.17
  193.07
lotion
  003.27
lots
  058.06
loud
  011.12
  019.15
  023.07
  028.12
  030.28
  038.28
  060.18
  072.24
  074.15
  075.31
  084.23
  085.09
  088.23
  092.24
  092.31
  099.14
  118.05
  120.14
  123.16
  129.07
  131.06
  140.19
  141.04
  142.03
  142.25
  172.31
  195.19
louder
  007.10
  169.09
  173.10
  161.21
loudly
  055.29
  095.31
  097.28
  lounged
  031.09
  036.02
lounging
  021.08
  118.03
love
  077.25
love-birds
  007.31
loved
  027.16
  033.20
  056.05
  056.14
  130.03

  130.09
lovely
  007.21
  007.22
loving
  056.01
lovingly
  040.05
low
  006.19
  024.25
  027.24
  029.19
  030.26
  040.28
  054.15
  065.20
  083.26
  085.23
  095.02
  110.22
  117.01
  118.03
  123.15
  132.22
  133.17
  146.12
  151.03
  155.10
  168.05
  174.31
  180.21
  183.20
  185.16
  185.31
  186.23
lower
  029.11
  064.19
  080.17
  087.12
  096.15
  147.25
  148.13
  168.12
  170.22
lowered
  067.09
  134.30
loyalty
  010.16
lubberly
  161.16
lubbers
  158.05
luck
  166.31
  174.26
lucky
  101.23
luffed
  192.06
lull
  008.06
  063.01
  080.08
  084.26
luminous
  014.29
  015.22
  054.15
  084.13
  114.24
  127.13
lump
  063.20
  183.09
lumps
  072.31
lunatic
  042.28
  059.15
  127.09
lungs
  048.27
lurch
  064.16
  064.19
  074.01
  098.20
  149.14
lurched
  015.17
  099.08
  138.29
  150.18
lurching
  014.09
  193.18
lurking
  027.22
lurks
  156.13
luxuriously
  013.20
lying
  010.01
  027.18
  091.16
  096.02
  129.21

  160.05
  184.09
lying-up
  138.23
lytton
  005.02
mad
  007.19
  024.16
  079.20
  098.16
  186.12
  193.17
  195.15
madagascar
  054.07
maddened
  077.14
made
  002.08
  003.08
  006.16
  018.23
  019.24
  020.04
  038.20
  039.21
  040.17
  040.26
  040.27
  041.13
  042.28
  042.29
  044.27
  046.09
  050.30
  057.10
  060.10
  060.20
  063.05
  064.01
  067.31
  070.28
  071.10
  074.15
  075.01
  080.06
  082.18
  083.01
  084.16
  093.20
  095.18
  095.21
  098.01
  098.22
  101.25
  104.08
  108.15
  109.11
  113.20
  114.13
  117.07
  117.19
  117.27
  118.17
  120.01
  121.12
  123.05
  125.24
  125.31
  133.26
  144.18
  146.13
  146.27
  150.26
  152.29
  154.17
  155.18
  156.03
  175.30
  179.24
  181.04
  187.22
  191.01
madly
  066.10
  076.11
  100.13
madman
  064.23
magic
  155.22
magistryt
  154.16
magnificence
  164.14
magnificent
  020.03
  056.20
mahogany
  169.16
main
  001.18
  002.10
  019.27
  031.11
  034.07
  062.27
  080.30
  088.12
  096.25

  096.26
  096.28
  096.31
  100.15
  105.13
  139.27
main-hatch
  002.05
main-pump
  045.05
mainmast
  015.18
  103.08
  150.15
mainsail
  121.05
  139.02
  140.20
maintained
  035.08
  049.28
  161.08
  165.18
maintopsail
  062.11
majestic
  177.06
majority
  093.08
make
  002.15
  006.20
  012.18
  017.13
  021.26
  021.26
  033.21
  057.09
  069.10
  078.19
  088.22
  088.30
  102.12
  104.12
  116.15
  119.11
  126.16
  131.10
  133.27
  133.29
  134.04
  144.29
  154.07
  161.25
  191.29
  196.21
maker's
  020.24
makes
  179.19
making
  048.01
  061.07
  083.29
  098.09
  113.26
  126.11
  153.29
  195.16
malevolent
  016.22
malingering
  050.26
  081.29
  081.30
maltese
  145.18
man
  001.07
  001.09
  003.05
  006.01
  007.25
  008.03
  008.17
  009.29
  010.04
  010.06
  010.09
  010.10
  010.23
  010.28
  011.16
  012.05
  013.03
  016.17
  017.04
  019.31
  020.13
  021.06
  021.12
  021.19
  022.20
  023.16
  024.07
  024.12
  024.17
  025.24
  025.31
  026.10
  027.25

  028.06
  031.26
  035.11
  036.05
  039.03
  039.22
  040.14
  040.22
  040.22
  041.02
  041.04
  041.13
  042.05
  042.11
  042.30
  043.25
  043.28
  044.14
  045.14
  046.22
  046.27
  047.13
  048.19
  049.02
  049.27
  050.14
  053.15
  056.01
  057.08
  061.04
  066.21
  067.05
  067.20
  069.10
  069.11
  070.02
  070.31
  071.26
  074.20
  075.02
  077.13
  077.28
  081.28
  082.06
  083.22
  084.27
  085.14
  087.14
  088.21
  088.28
  089.01
  089.18
  093.05
  093.10
  097.18
  099.02
  101.25
  102.18
  105.10
  107.10
  106.01
  111.10
  111.20
  113.23
  116.07
  116.03
  119.17
  120.01
  121.08
  124.03
  124.19
  125.04
  125.05
  125.09
  128.02
  129.02
  129.07
  130.04
  130.12
  132.26
  132.31
  133.29
  135.26
  136.05
  137.02
  136.14
  141.31
  142.26
  144.03
  145.26
  146.01
  146.17
  150.20
  152.20
  152.21
  159.25
  162.31
  163.02
  163.07
  163.13
  166.04
  167.28
  169.28
  172.05
  172.16
  172.27
  176.30
  181.12
  181.24
  181.27
  182.02

  182.18
  183.06
  187.06
  189.06
  190.03
  192.12
  192.22
  193.02
  196.15
man's
  006.13
  017.27
  016.04
  026.12
  045.04
  050.03
  056.30
  135.02
  136.15
  161.01
man-jack
  151.06
manage
  026.24
  096.01
managed
  040.06
  040.24
  053.23
  056.11
  066.03
  076.31
  098.02
manfully
  082.02
mangy
  170.27
  170.27
manhood
  041.22
maniacs
  072.06
  100.07
manifest
  119.11
manifestation
  119.03
  156.25
mankind
  041.11
  060.07
  094.22
  142.07
manned
  116.28
  196.20
manner
  014.10
  019.24
  034.05
  040.12
  044.03
  051.16
  077.06
  102.24
  110.10
  134.31
  148.08
  156.07
  176.29
  189.03
manoeuvre
  053.23
mantle
  034.22
  164.05
many
  013.23
  033.09
  036.24
  036.01
  039.15
  044.13
  047.09
  051.15
  051.30
  056.15
  056.21
  061.29
  066.19
  069.23
  083.04
  089.12
  092.12
  093.07
  093.30
  094.22
  105.03
  106.15
  111.08
  111.15
  111.18
  140.06
  157.02
  176.08
  178.05
  181.05
  189.30
  190.18
  193.23

48 MARBLE   THE NIGGER OF THE NARCISSUS

marble	masticating	022.18	meat	061.13	156.16
196.04	063.19	024.09	024.10	061.20	160.23
marched	masts	024.28	040.31	062.15	160.31
019.18	062.17	025.01	041.03	063.06	161.07
marching	065.19	031.17	161.24	065.16	162.29
016.17	065.22	039.09	meat-safe	066.04	164.04
017.23	117.07	040.13	073.27	066.18	164.21
085.01	117.13	041.07	mechanically	067.09	165.09
mares	118.04	041.07	085.06	067.31	166.09
009.20	140.18	042.28	103.13	068.03	167.18
marine	162.11	058.09	meddle	066.17	175.30
192.13	184.09	063.21	130.11	069.13	176.05
mark	matches	078.02	meddling	069.30	176.07
021.27	163.26	086.17	177.05	070.15	177.10
030.04	mate	088.31	medicine	071.28	179.27
151.07	001.02	090.03	050.16	072.05	179.28
191.29	007.16	091.15	meditate	072.14	180.06
marked	015.24	108.27	006.12	072.17	180.24
018.09	015.28	109.01	101.08	072.26	180.31
023.10	016.18	112.26	meditated	073.31	181.04
058.25	016.23	119.18	122.12	074.06	181.08
083.04	017.02	119.26	190.02	077.28	181.17
125.14	017.05	120.07	meditation	078.21	181.20
marlin-spikes	017.13	124.26	035.03	079.16	182.11
105.04	021.09	125.23	044.13	080.04	182.23
marmalade	021.14	126.30	147.23	080.22	182.30
042.10	022.11	127.10	180.29	082.07	185.04
married	024.14	131.19	meditative	083.11	186.02
169.18	044.23	131.25	027.29	084.23	186.20
189.19	045.10	134.19	031.10	085.03	186.26
marrow	085.27	135.07	050.14	085.05	186.27
079.18	086.03	135.25	156.05	085.21	187.26
masheens	086.19	139.23	meditatively	086.04	188.22
136.12	089.29	139.31	113.28	086.14	188.29
mask	101.22	143.12	118.27	086.29	190.13
006.30	102.02	143.29	meed	087.01	193.24
019.08	102.11	144.01	056.19	087.13	195.04
171.16	116.09	147.10	meek	090.12	195.12
mass	124.06	148.17	191.08	090.21	195.27
061.25	133.15	148.29	meeraculous	091.30	195.28
065.05	136.19	149.09	093.29	092.08	196.01
076.09	176.05	151.10	meeting	093.12	men's
137.19	183.08	153.30	101.18	093.25	062.28
mast	187.30	154.14	melancholy	094.27	064.20
014.28	188.31	154.15	054.02	095.08	097.23
master	189.16	154.21	memorable	095.19	137.10
041.14	190.12	160.02	131.08	095.26	menace
063.10	mate's	160.04	memories	095.29	027.01
067.12	108.11	168.09	092.10	096.05	039.15
068.14	189.07	169.06	184.29	096.28	059.16
070.17	material	169.08	memory	097.05	131.20
070.30	191.09	170.06	160.16	097.10	171.19
092.09	mates	170.08	169.20	097.14	173.19
095.31	003.11	170.26	196.17	097.26	menacing
097.10	008.07	170.28	men	096.08	011.05
097.31	063.10	172.17	001.12	099.28	022.01
099.02	115.17	172.17	002.01	100.15	086.11
101.16	132.30	172.18	004.05	101.02	106.05
102.31	139.10	172.18	004.06	101.14	136.25
133.30	143.24	172.21	007.03	101.18	141.05
134.25	144.05	172.21	011.02	102.06	153.29
135.13	matey	172.23	012.29	102.16	154.09
136.30	012.08	172.25	013.13	103.10	180.22
137.14	matter	175.01	013.18	103.16	menacingly
137.17	027.11	179.23	013.30	103.21	075.21
139.31	027.14	179.24	015.14	103.21	116.06
140.28	048.24	183.08	015.29	104.17	mental
142.13	051.06	183.17	016.29	107.23	040.07
142.28	058.13	189.09	017.14	107.29	092.16
144.02	069.06	190.01	018.16	109.04	122.04
150.28	081.15	192.28	019.03	109.25	158.24
151.05	081.20	194.04	019.25	110.06	177.25
151.27	092.14	194.06	020.08	110.30	mentally
152.03	095.26	194.10	022.05	113.13	037.12
152.13	111.05	194.23	025.13	113.14	131.01
152.28	132.23	meagre	025.21	113.21	mentioned
153.12	135.23	100.08	026.13	114.08	033.23
153.17	152.08	149.22	026.14	114.26	112.14
153.20	176.28	168.23	026.20	115.07	merchant
153.22	mattress	meal	026.22	116.17	014.10
153.24	050.20	040.02	026.24	118.21	016.07
153.27	maudlin	meals	026.25	124.31	042.17
154.01	193.19	040.30	026.25	126.17	061.17
154.08	maul	mean	027.13	131.29	merciless
154.20	002.06	018.14	027.16	132.04	055.06
155.09	mauritius	136.04	030.26	132.24	061.14
155.12	033.30	165.28	031.20	134.14	079.20
164.25	054.07	meaning	032.02	135.29	104.17
180.17	may	005.07	032.19	136.11	195.18
182.17	017.11	050.13	032.28	136.26	mercy
192.08	017.12	056.03	034.11	137.18	094.11
192.13	017.12	157.26	034.25	138.29	101.02
192.16	021.23	157.29	036.26	139.13	132.09
master's	042.17	196.22	038.05	140.03	mere
055.27	042.19	meaningless	039.12	140.26	014.11
097.17	051.02	004.18	041.30	140.31	019.31
139.15	082.06	087.10	042.18	142.21	056.25
188.05	085.17	097.26	043.31	142.21	merged
masterful	168.13	meant	044.20	144.15	166.19
002.23	170.26	010.24	045.08	145.03	meritorious
082.07	193.10	047.31	046.20	145.20	094.16
masterfully	maze	078.18	051.25	147.18	119.04
026.20	029.13	081.21	053.06	149.15	merriment
183.28	185.11	139.30	054.28	149.23	072.05
mastheads	me	meantime	055.10	150.15	merry
030.10	007.19	053.02	055.20	150.28	195.16
127.18	011.15	140.11	056.14	152.09	messengers
129.04	014.07	measured	056.25	154.29	034.15
140.07	016.23	111.11	057.12	155.01	met
183.22	018.25	measureless	057.22	155.14	032.06
	020.10	029.05	060.12	156.03	048.07

MET (continued)

196.16	minnyt	mob	024.16	157.17	176.03
metal	132.17	015.31	113.17	158.17	184.22
142.17	149.11	042.15	137.13	159.06	mounds
metallic	172.26	086.28	138.26	160.30	175.31
019.14	mint	mocking	month's	161.19	mourned
043.04	195.03	079.21	070.09	161.20	180.02
meteorological	196.02	170.04	months	163.15	mournful
050.03	minute	model	005.25	164.20	091.13
mewing	034.04	159.04	165.07	166.25	105.21
107.24	046.28	189.15	monumental	167.05	111.05
midale	139.16	190.12	015.14	173.10	117.21
004.09	163.15	modelled	145.21	173.11	180.14
084.29	minutes	019.04	mood	173.15	mournfully
130.14	174.25	moina	051.11	177.22	049.01
179.17	175.11	149.07	moodily	180.18	090.22
190.22	178.18	moist	031.05	183.26	mournfulness
191.12	minyt	174.22	moody	186.12	156.19
midnight	194.11	moment	033.04	190.08	mourning
031.04	miraculous	002.02	moon	190.14	037.29
044.26	144.07	009.15	061.27	192.28	189.12
061.12	mirth	011.24	164.08	192.30	mouse
111.03	195.06	013.29	166.13	193.07	149.24
midship	misapprehended	017.05	176.11	more'n	moustache
008.20	018.29	018.09	mooned	106.10	006.05
midshipstop	mischievous	029.09	176.26	172.12	146.27
105.06	064.03	040.26	moonlight	193.02	moustaches
midst	misdeeds	041.14	164.12	moreover	057.18
037.01	038.05	042.31	167.02	154.20	mouth
062.30	miserable	043.05	moons	194.28	006.19
118.01	052.11	057.04	015.10	moribund	006.30
123.01	059.05	059.03	mooring	137.27	020.18
165.08	113.17	059.27	035.05	morn'n	022.03
181.20	114.19	062.17	moorings	036.13	023.27
184.24	miserably	063.03	185.13	morning	036.16
188.03	077.04	063.23	moorland	002.14	043.09
mien	misery	064.12	105.08	016.25	067.16
150.17	005.16	065.27	mop	029.02	070.29
might	012.04	073.02	004.14	032.12	075.19
034.15	069.04	075.29	mopping	033.28	110.02
051.19	misfit	082.22	107.28	045.17	121.25
111.27	149.18	091.28	moral	046.20	137.09
130.13	misfortune	092.15	052.10	051.08	155.31
144.03	009.06	098.25	158.02	051.10	168.15
161.04	048.12	099.23	158.09	051.20	172.24
176.18	056.30	101.17	morality	056.05	181.25
178.09	misgivings	110.01	082.01	126.27	192.14
mighty	047.23	120.14	more	136.06	mouthed
077.11	misplaced	128.29	003.04	150.03	036.10
098.01	047.22	133.21	005.04	151.10	mouthful
140.17	miss	134.13	012.11	161.29	026.20
184.24	124.06	141.22	015.27	186.10	070.17
186.11	138.01	142.09	025.25	190.09	171.05
188.25	142.23	142.30	032.01	morose	mouths
migrating	180.01	144.25	037.08	183.14	046.25
184.12	missed	152.04	038.05	mortal	094.27
milch-cow	033.30	152.25	038.27	053.17	099.07
092.04	078.07	154.11	040.10	078.22	142.09
mild	110.03	156.31	042.07	111.13	move
005.26	141.23	160.27	043.03	143.14	012.31
mildness	176.03	165.12	045.21	mortally	017.16
047.02	misshapen	171.29	045.28	161.07	040.23
mile	019.06	173.07	046.16	173.02	073.12
102.16	057.19	175.20	051.31	mortals	074.06
142.24	missing	176.12	052.13	034.06	090.10
175.18	101.20	183.04	057.17	mortuary	096.31
miles	180.31	185.14	058.16	007.10	097.05
033.30	mist	193.05	061.02	most	097.08
034.14	029.17	196.03	062.13	010.11	098.01
053.24	037.26	moment's	062.15	013.13	098.11
084.21	055.14	189.23	063.23	034.12	102.17
milk	062.11	momentous	064.28	049.17	103.17
088.17	064.01	055.21	071.16	050.10	119.23
milky	130.23	moments	076.09	056.20	137.18
129.04	144.09	040.19	076.29	060.01	142.31
millionaire	164.12	049.12	077.07	064.05	156.21
158.04	mistaken	054.10	079.19	083.23	167.14
millions	044.19	060.24	079.20	087.26	173.03
184.25	mister	075.20	079.20	106.16	181.10
186.02	016.23	112.13	079.21	142.11	moved
186.04	mistook	162.01	079.26	159.06	006.07
186.06	169.26	169.24	079.27	191.06	023.22
mimicked	mistrust	money	081.02	mostly	024.06
022.06	039.25	024.30	081.18	049.16	025.05
mind	mistrustful	035.08	081.18	115.23	027.27
016.23	042.14	047.29	081.24	mother	029.10
063.21	misty	125.25	085.18	135.05	031.21
067.14	189.27	166.28	086.11	185.04	032.07
080.06	mixed	167.01	086.27	189.16	035.30
090.19	004.06	172.25	088.14	194.02	036.01
109.16	045.03	189.04	091.23	194.05	037.10
120.28	136.22	191.17	092.01	mother's	061.06
136.02	mizzen-rigging	191.20	092.10	193.11	063.18
143.01	063.27	money's	092.13	motherliness	066.07
145.13	mizzen-topsails	003.29	097.11	087.19	069.20
147.07	061.13	monotonous	111.06	mothers	071.12
149.03	moan	030.25	114.10	179.29	084.03
190.28	066.23	032.08	118.16	motion	084.17
minds	077.21	monsoon	119.31	004.10	092.06
005.06	097.17	030.23	121.03	059.20	097.27
mire	moaned	053.03	123.09	061.03	100.25
151.08	060.17	monster	127.23	077.24	104.13
mingled	090.13	028.18	127.27	motionless	111.24
030.26	093.20	monsters	127.27	006.03	123.04
077.22	moaning	184.12	144.06	017.15	123.25
083.09	112.01	monstrous	145.26	028.07	130.30
099.18	171.18	039.23	147.02	030.10	134.26
140.03	moanings	057.28	147.02	043.14	144.17
184.16	132.21	081.27	147.29	050.15	149.24
ministering	moans	187.12	150.11	055.19	153.15
115.27	087.02	month	151.19	061.08	153.19
	131.28	020.14	152.17	095.20	154.30

MOVED (continued)

167.05	136.29	127.07	mustered	119.19	076.19
168.24	137.11	138.13	016.29	119.20	140.14
171.17	137.15	mugful	030.27	119.21	183.18
173.17	139.12	050.08	mustering	119.21	184.07
175.16	139.15	multitude	015.16	119.25	185.07
186.22	139.30	031.28	018.27	120.06	186.09
189.13	140.02	multitudes	mustn't	122.01	187.07
193.04	140.28	146.05	049.04	124.23	187.23
movement	140.31	mumbled	102.19	125.10	190.15
075.22	141.10	024.27	mute	125.25	190.29
079.09	141.13	082.25	027.08	126.30	195.01
079.22	141.16	102.17	033.11	128.19	196.05
150.18	141.17	110.13	040.14	129.20	narcotics
152.31	141.19	125.17	046.22	132.08	070.21
174.29	143.08	135.19	068.18	132.17	narrow
movements	143.29	138.07	080.12	133.14	007.09
072.28	151.02	146.28	106.23	135.26	014.18
085.02	151.03	153.31	147.18	138.06	027.01
095.24	154.11	179.25	174.12	142.27	057.31
158.25	154.12	182.24	195.31	143.16	060.01
190.23	154.31	192.11	mutes	147.30	082.18
moving	155.07	munched	159.17	149.02	096.20
002.01	155.24	023.25	mutinies	149.07	103.23
030.07	164.26	168.15	146.23	152.22	104.10
030.24	177.30	murder	mutinous	153.04	110.25
119.09	180.16	097.24	195.27	160.05	144.21
mr	180.17	112.27	mutiny	165.25	149.20
001.02	180.29	132.20	120.25	173.12	156.08
001.06	181.06	148.18	120.25	174.10	186.22
001.15	181.07	murdering	155.13	176.03	narrowed
015.16	181.18	067.14	155.13	179.05	062.09
016.12	182.10	murky	183.07	183.13	185.18
016.27	182.16	059.26	mutter	192.12	nations
017.18	182.19	186.12	010.27	194.03	185.04
018.01	188.04	murmur	016.05	194.03	native
018.11	188.08	037.06	053.01	194.06	009.17
019.09	188.15	060.17	056.31	194.11	natural
021.08	188.18	107.20	082.23	194.13	161.18
021.12	188.20	110.11	087.10	194.30	naturally
021.18	189.02	118.10	092.13	194.31	018.20
022.26	189.09	129.10	102.01	myself	018.27
030.30	189.13	144.19	116.06	081.12	nature
031.04	189.28	146.19	129.12	085.15	157.09
031.07	much	151.26	171.19	126.23	natures
031.24	023.16	160.08	173.07	194.25	044.19
034.08	028.03	171.20	muttered	mysteries	naught
042.11	039.03	181.03	017.06	157.28	033.31
044.22	045.14	182.29	024.23	mysterious	naughty
045.06	047.11	186.05	070.11	019.07	027.04
048.21	047.13	186.05	083.20	027.02	nautical
048.23	051.17	186.07	085.14	027.31	035.23
048.29	056.24	murmured	105.15	076.15	navy
049.02	058.18	057.25	122.13	185.03	034.27
049.06	066.22	114.22	137.10	180.21	nayggur
051.03	076.13	135.14	140.02	mystery	090.02
051.06	080.14	154.12	146.11	005.10	near
051.12	082.17	174.22	147.30	005.21	008.04
053.21	083.11	187.04	155.09	nae	024.19
062.21	089.19	murmuring	163.30	040.12	038.31
062.29	102.31	123.14	173.23	nail	045.07
063.11	114.06	140.16	181.06	040.16	051.07
063.14	115.14	murmurs	181.10	076.02	066.04
066.08	115.21	012.05	182.23	106.20	088.21
066.02	120.07	012.08	191.31	183.11	088.31
069.15	121.31	083.06	muttering	nailed	092.30
070.26	124.22	092.09	006.25	180.03	093.16
070.27	126.04	092.12	061.29	nails	123.07
072.07	126.12	095.22	069.10	073.29	134.12
072.11	128.19	109.22	083.24	070.01	135.17
083.18	151.30	111.03	085.21	076.06	138.12
083.19	152.10	165.30	090.13	076.07	143.26
085.03	152.11	murthering	125.02	076.08	144.27
086.13	152.15	149.02	126.24	076.13	148.31
088.08	152.21	muscle	mutters	076.14	190.27
088.21	153.19	069.20	016.04	naive	194.28
088.25	157.30	muscles	087.04	011.23	nearest
089.03	159.15	006.03	132.22	naked	034.14
089.12	159.19	muscular	136.25	012.09	nearly
089.20	161.21	151.25	mutual	015.23	065.22
090.13	163.02	mushrooms	042.21	065.01	074.01
090.16	163.27	076.07	my	name	096.01
090.21	176.20	music	007.20	010.20	098.12
090.24	176.22	040.04	008.22	015.29	121.04
091.02	178.14	music-hall	008.23	016.14	135.16
091.06	192.02	130.05	011.13	017.13	148.25
091.14	mud	musing	011.14	018.10	165.07
092.07	008.29	129.24	012.30	018.13	170.17
095.25	009.11	musketry	018.09	018.28	193.15
096.06	185.23	140.23	018.28	021.27	neat
097.12	195.30	must	019.20	030.31	022.27
097.31	muddle	001.12	020.24	033.24	neatly
099.05	074.27	007.17	021.13	111.05	044.24
100.14	muddlehead	049.04	021.27	187.27	necessary
101.16	109.16	063.13	022.18	191.14	062.16
101.24	muddy	063.21	024.08	nameless	neck
102.14	011.29	063.22	025.23	134.14	009.08
103.14	110.22	075.14	042.08	names	036.15
105.08	156.19	078.06	048.27	015.24	114.20
105.26	muffled	086.11	048.27	051.15	116.02
112.22	132.05	096.01	049.06	107.21	122.17
114.06	muffler	101.07	058.09	napkin	125.07
114.08	033.08	102.08	078.27	155.23	128.17
116.01	069.02	104.23	089.09	narcissus	134.21
116.05	mug	138.07	090.01	001.02	172.03
132.25	067.26	146.26	090.08	002.30	194.02
133.13	070.16	158.22	090.19	029.02	necks
134.03	070.24	170.10	091.02	030.05	080.14
134.08	070.31	192.18	091.10	033.19	149.21
135.25	086.17	muster	091.21	042.20	187.14
136.20	093.26	001.16	107.16	053.02	need
136.28	126.30	013.28	109.03	056.14	044.15

NEED (continued)

094.13	next	161.27	071.23	050.21	nostrils
094.14	029.02	162.03	075.23	071.25	036.01
needle	043.05	164.20	080.27	092.05	149.30
004.04	044.29	164.31	081.15	115.24	not
008.05	049.21	165.25	081.25	161.02	003.03
179.07	051.30	166.05	082.03	170.21	006.11
needles	059.04	167.17	083.16	171.09	008.11
076.06	071.26	172.23	085.28	180.01	008.12
179.19	073.21	174.23	087.23	180.01	011.19
needs	093.05	176.02	089.09	194.21	012.31
119.14	109.29	176.09	089.13	nod	012.31
neglect	115.18	179.23	093.19	194.15	016.07
119.13	161.12	182.31	094.13	nodded	017.12
neglected	175.11	183.04	097.10	024.25	018.07
176.01	185.14	184.14	101.21	070.27	018.23
negligence	194.12	191.05	104.27	104.26	022.06
103.23	nice	196.26	104.27	113.26	023.14
negligent	038.17	night's	105.14	136.24	024.10
144.16	051.22	126.26	105.16	194.09	026.23
negligently	189.05	128.10	105.16	nodding	027.11
036.02	niches	night-cap	107.04	084.19	034.16
neighbour	007.09	133.05	107.17	121.23	037.31
093.06	nicknamed	135.10	106.15	171.30	038.01
neighbours	003.31	night-shirt	113.23	noise	040.22
069.05	nigger	033.12	114.19	002.31	041.25
070.19	018.06	night-watch	120.26	006.27	041.28
neither	018.07	031.03	121.16	008.07	042.22
026.16	018.15	118.21	122.25	044.25	043.19
082.12	019.26	night-watchman	122.30	066.16	044.21
168.27	021.24	001.05	123.28	075.29	045.13
nerve	023.20	nightcap	125.16	082.20	046.09
125.13	024.04	037.18	125.24	086.05	047.13
nerveless	024.12	nightmare	127.15	088.22	047.22
099.09	024.18	049.13	127.21	102.27	048.06
nervous	024.24	nights	127.26	103.27	049.15
166.01	025.06	010.06	127.27	120.01	049.15
nervously	025.26	032.26	129.22	142.07	052.13
061.10	037.26	038.31	130.16	144.26	053.22
181.19	038.26	060.02	131.05	145.25	053.22
nest	039.07	101.11	131.10	176.23	057.29
066.05	039.16	nilsen	132.12	181.21	058.13
183.21	041.22	047.25	132.14	187.15	058.18
never	042.24	nine	132.15	noiseless	061.18
007.28	046.01	001.06	133.30	016.02	066.10
008.13	049.14	196.18	134.25	023.23	066.17
011.16	073.10	nip	135.13	164.19	067.26
012.05	076.08	098.02	136.07	noiselessly	068.15
012.20	090.03	no	137.08	117.12	068.17
043.24	143.29	003.01	138.08	176.17	069.14
052.07	159.03	003.27	138.10	noises	069.20
055.22	159.29	005.24	138.10	068.12	071.03
055.30	166.28	006.25	139.23	073.21	075.15
063.21	174.19	007.28	141.26	074.15	076.02
075.02	nigger's	008.25	143.11	092.25	076.25
076.29	019.08	009.05	146.01	109.12	079.31
076.29	019.12	011.08	146.11	141.14	080.02
079.18	038.25	011.18	147.06	noisily	080.31
092.28	043.04	011.18	147.29	002.12	081.01
102.08	niggers	011.19	148.20	128.26	081.17
109.16	021.17	011.19	149.23	141.03	081.19
111.13	049.16	014.05	149.24	noisy	081.27
112.13	146.22	017.10	151.08	100.06	082.12
119.06	179.30	020.24	151.16	178.19	087.04
119.27	nigh	022.10	151.19	194.15	087.07
122.13	183.07	024.31	152.16	195.02	091.19
122.31	night	024.31	152.17	non-recognition	091.19
132.07	001.21	025.29	152.06	157.06	092.11
132.11	009.19	026.11	153.22	none	092.13
133.21	014.26	026.23	154.30	014.06	092.14
136.01	018.07	035.08	159.14	044.13	092.15
137.08	020.19	038.14	160.05	093.22	093.08
138.04	020.22	038.27	162.27	nonplussed	093.08
143.16	021.09	039.18	162.30	049.07	093.09
145.22	022.28	039.22	163.05	nonsense	093.21
146.16	027.09	040.03	163.21	155.25	094.09
153.03	030.24	040.04	166.25	nor	094.13
155.11	031.29	040.15	167.05	026.17	094.14
155.20	032.30	042.07	167.26	166.27	094.15
159.05	033.09	043.19	168.18	north	094.24
159.17	040.19	044.14	169.27	076.26	096.09
173.15	041.23	045.15	170.03	north-east	096.30
189.15	044.23	045.15	170.27	094.03	097.07
189.31	052.03	047.01	171.09	north-west	101.05
191.25	053.15	047.24	173.10	162.06	103.14
194.22	059.29	048.16	173.10	northward	103.24
194.22	060.01	049.16	173.11	106.08	109.25
194.22	060.17	050.13	174.26	112.06	110.14
196.06	086.12	053.15	174.31	162.21	113.09
196.11	087.23	053.20	177.04	183.01	113.12
196.16	089.11	056.05	177.26	norwegians	113.24
new	092.26	056.23	178.30	007.29	114.16
001.12	095.06	056.29	180.01	084.09	114.17
002.15	117.10	058.02	181.12	084.14	114.24
002.18	117.18	058.31	188.18	191.08	114.31
002.30	118.17	059.09	189.16	nose	115.05
004.02	118.30	059.10	189.26	010.29	115.14
008.17	119.12	060.01	192.17	058.23	116.19
012.16	121.31	060.08	192.17	090.31	120.07
016.27	123.16	060.16	192.18	115.09	121.26
068.25	124.09	061.22	192.28	145.15	122.11
103.17	126.30	062.15	193.04	148.22	124.22
190.30	128.07	066.08	193.08	149.11	124.27
191.03	128.28	066.08	193.10	152.21	125.02
newcomer	129.03	066.10	193.17	175.19	127.07
008.05	131.09	066.11	193.17	noses	127.19
010.31	131.09	066.11	194.17	034.09	127.27
newcomers	131.19	066.13	196.06	107.03	129.22
003.07	140.05	066.14	196.11	115.13	132.19
news	141.08	066.22	nobody	nosing	134.11
047.25	142.19	069.07	009.06	007.23	135.01
	159.25	071.19	044.03		135.15

52   NOT (continued)   THE NIGGER OF THE NARCISSUS

135.26	022.23	obligation	005.12	015.21	029.10
137.30	023.06	094.20	005.13	015.22	029.14
138.01	027.11	obliged	005.14	015.23	029.18
145.11	027.14	049.22	005.15	015.27	029.25
151.19	030.28	oblique	005.16	015.29	029.25
151.24	031.16	150.06	005.16	015.31	030.01
153.11	032.09	obliquely	005.18	016.01	030.03
157.05	046.16	057.11	005.19	016.03	030.04
157.10	047.01	129.12	005.19	016.08	030.07
158.23	055.23	oblong	005.20	016.08	030.12
159.08	060.30	078.06	005.23	016.10	030.14
160.08	063.12	obnoxious	005.26	016.10	030.17
160.20	069.21	039.16	005.30	016.16	030.18
161.18	077.05	obscure	006.04	016.17	030.19
161.20	077.05	015.26	006.08	016.24	030.21
161.29	079.31	055.12	006.10	016.25	030.26
163.12	081.03	101.15	006.11	016.25	030.26
163.25	081.12	191.16	006.13	016.28	030.27
164.01	081.30	obscurity	006.15	016.29	030.28
166.29	085.20	062.03	006.16	017.05	030.29
167.13	086.05	obsequious	006.17	017.28	030.30
167.23	086.06	156.07	006.19	017.29	031.01
167.26	087.30	observed	006.21	018.05	031.02
168.17	089.16	006.20	006.21	018.12	031.13
169.13	090.28	021.16	006.23	018.13	031.17
170.06	091.01	035.14	006.24	018.19	031.22
171.22	091.22	056.24	006.25	018.22	031.23
174.26	092.12	120.02	006.28	018.23	031.25
174.28	095.25	148.04	006.29	019.03	031.26
175.16	097.24	155.07	007.05	019.08	031.29
176.20	098.06	164.26	007.07	019.16	031.30
177.12	098.18	167.30	007.08	019.16	032.01
179.22	098.30	173.20	007.16	019.20	032.02
181.10	102.08	obstinate	007.17	019.25	032.05
181.25	102.11	035.19	007.25	019.26	032.13
189.10	104.22	054.22	007.31	019.27	032.14
189.21	105.12	087.08	008.02	020.06	032.16
189.31	105.13	101.11	008.07	020.08	032.20
190.28	109.28	157.06	008.09	020.15	032.21
193.11	112.27	obvious	008.16	021.01	032.23
note	119.07	114.25	008.16	021.01	032.24
013.27	125.17	occasion	008.17	021.02	032.26
086.19	132.23	022.11	008.19	021.06	032.29
notes	134.23	occasions	008.31	021.09	032.29
190.25	135.04	116.01	009.01	021.11	033.02
nothing	135.16	occupation	009.02	021.30	033.02
010.14	135.18	092.16	009.03	021.31	033.05
034.18	135.19	occupations	009.11	022.08	033.06
044.09	135.25	040.02	009.15	022.25	033.10
045.10	137.15	ocean	009.19	022.28	033.10
046.14	138.24	005.18	009.30	022.29	033.14
046.14	142.02	022.12	010.03	022.31	033.15
047.31	143.17	081.07	010.11	023.01	033.16
060.03	143.22	112.17	010.14	023.04	033.17
063.12	144.23	117.21	010.14	023.05	033.19
072.02	148.11	165.01	010.15	023.08	033.27
072.22	150.27	184.31	010.15	023.10	033.28
079.27	151.05	odds	010.17	023.11	033.28
081.14	151.10	124.31	010.17	023.19	033.30
082.28	155.11	of	010.16	023.21	034.02
091.08	160.02	001.02	010.19	023.23	034.03
111.04	162.27	001.03	010.29	023.24	034.04
113.07	163.11	001.04	010.30	023.25	034.05
113.21	164.28	001.05	011.03	024.03	034.13
115.29	165.25	001.12	011.17	024.10	034.15
119.29	167.26	001.15	011.21	024.14	034.18
129.27	167.30	001.19	011.22	024.19	034.21
135.23	170.20	001.20	011.23	024.26	034.22
141.26	170.25	001.20	011.26	024.27	034.23
142.23	173.12	001.21	011.27	025.05	034.27
142.29	173.30	002.01	011.28	025.10	035.03
143.06	177.04	002.03	011.29	025.15	035.05
146.16	183.08	002.05	011.30	025.16	035.07
152.17	183.15	002.07	012.01	025.18	035.10
158.12	190.05	002.10	012.02	025.21	035.11
159.10	nowadays	002.13	012.07	026.03	035.13
164.17	116.17	002.16	012.13	026.07	035.22
164.17	155.11	002.17	012.15	026.08	035.28
164.28	number	002.17	012.17	026.08	035.31
166.23	130.03	002.22	012.29	026.15	036.03
167.26	166.05	002.23	012.29	026.15	036.09
168.01	numbered	002.26	012.30	026.20	036.14
169.20	131.24	002.27	012.30	026.21	036.20
176.01	o	002.27	013.10	026.24	036.20
179.30	016.19	003.01	013.13	026.27	036.14
185.03	087.23	003.03	013.15	026.29	036.20
nothink	125.26	003.08	013.25	026.31	036.21
011.18	179.10	003.10	013.29	026.31	037.01
024.31	179.10	003.14	014.01	027.01	037.03
126.26	o'	003.16	014.06	027.02	037.14
notice	038.31	003.18	014.08	027.03	037.14
006.25	070.26	003.24	014.10	027.10	037.17
008.25	o'clock	003.25	014.11	027.13	037.18
058.18	001.06	003.30	014.12	027.15	037.24
059.09	obedient	004.04	014.14	027.19	037.30
087.24	028.09	004.05	014.15	027.22	038.03
113.15	049.08	004.09	014.16	027.24	038.04
137.13	obediently	004.10	014.17	027.27	038.05
noticed	185.10	004.11	014.25	027.31	038.09
014.09	obeyed	004.14	014.26	028.01	038.12
024.04	139.16	004.18	014.29	028.02	038.21
138.25	179.11	004.24	014.30	028.03	038.30
notion	object	004.28	014.31	028.04	039.01
143.12	012.17	004.29	015.02	028.05	039.14
notwithstanding	077.02	004.31	015.04	028.05	039.17
051.24	094.11	005.02	015.06	028.08	039.23
now	139.09	005.03	015.08	028.09	039.25
008.09	objected	005.06	015.09	028.14	039.27
013.14	051.09	005.07	015.10	028.21	039.29
016.13	objurgations	005.09	015.12	029.05	040.05
022.14	103.16	005.11	015.20	029.06	040.07

OF (continued)

040.08	056.01	068.14	083.23	097.23	112.22
040.09	056.02	068.16	083.29	098.14	112.22
040.13	056.03	068.19	083.30	098.15	112.23
040.17	056.06	068.22	083.31	098.16	112.24
040.19	056.08	068.24	084.02	098.17	112.29
040.27	056.08	068.25	084.07	098.18	112.29
041.03	056.10	068.26	084.08	098.18	113.01
041.09	056.11	068.28	084.10	098.19	113.03
041.11	056.11	068.30	084.12	098.27	113.04
041.12	056.13	069.05	084.13	099.12	113.10
041.13	056.13	069.09	084.14	099.16	113.10
041.14	056.14	069.11	084.14	099.18	113.14
041.14	056.17	069.23	084.21	099.24	113.15
041.16	056.19	069.25	084.22	099.24	113.19
041.17	056.25	069.27	084.23	099.31	113.21
041.25	056.27	069.31	084.27	100.01	113.23
042.01	056.31	070.01	084.31	100.03	113.27
042.06	057.05	070.12	085.02	100.07	113.30
042.07	057.13	070.19	085.03	100.07	114.05
042.09	057.13	071.10	085.11	100.20	114.08
042.18	057.16	071.16	085.12	100.21	114.11
042.31	057.28	071.30	085.30	100.22	114.13
043.12	057.31	072.06	085.30	100.24	114.13
043.26	058.04	072.15	086.10	100.27	114.21
043.30	058.05	072.18	086.11	101.04	114.25
043.30	058.06	072.23	086.11	101.05	114.29
043.31	058.09	072.24	086.13	101.07	115.01
044.05	058.22	072.25	086.14	101.10	115.04
044.07	058.31	072.31	086.20	101.11	115.30
044.09	059.01	073.03	086.23	101.13	116.02
044.09	059.08	073.08	086.24	101.14	116.13
044.10	059.09	073.14	086.26	101.16	116.24
044.10	059.11	073.17	086.28	101.18	116.25
044.14	059.15	073.18	086.29	102.04	116.27
044.18	059.16	073.21	086.31	102.16	116.29
044.30	059.17	073.25	087.04	102.21	117.03
044.30	059.17	074.01	087.06	102.26	117.05
044.31	059.18	074.05	087.17	103.03	117.08
045.04	059.21	074.07	087.20	103.08	117.08
045.12	059.22	074.16	087.24	103.09	117.10
045.16	059.22	074.16	087.26	103.15	117.11
045.18	059.26	074.17	087.27	103.23	117.12
045.20	059.28	074.20	087.29	103.25	117.15
045.22	059.28	074.22	087.31	103.25	117.16
045.25	059.30	074.23	088.02	104.01	117.17
046.05	060.03	074.23	088.03	104.04	117.20
046.07	060.03	074.25	088.04	104.05	117.25
046.08	060.05	074.30	088.05	104.07	117.26
046.09	060.06	075.08	088.05	104.10	117.27
046.10	060.07	075.10	088.06	104.18	118.01
046.16	060.11	075.11	088.12	104.20	118.02
046.19	060.14	075.17	088.16	105.05	118.03
046.30	060.15	075.22	088.17	105.07	118.04
047.09	060.18	075.28	088.19	105.10	118.07
047.11	060.18	075.31	088.28	105.26	118.08
047.15	060.21	076.04	089.14	105.26	118.09
048.01	060.25	076.05	089.15	105.30	118.10
048.04	060.27	076.14	089.22	106.04	118.11
048.07	060.29	076.14	089.22	106.05	118.15
048.15	060.30	076.26	089.23	106.07	118.16
048.15	060.31	077.01	089.23	106.09	118.17
049.06	061.04	077.01	089.25	106.11	118.18
049.09	061.05	077.02	089.26	106.16	118.21
049.12	061.06	077.17	089.26	106.17	118.23
049.21	061.09	077.21	090.12	106.18	118.29
049.29	061.16	077.22	090.25	106.24	118.30
050.01	061.17	077.25	090.30	106.24	119.02
050.07	061.19	077.29	091.01	106.25	119.08
050.07	061.25	078.04	091.24	106.30	119.10
050.08	061.26	078.21	092.01	107.06	119.13
050.10	061.27	078.29	092.16	107.08	119.15
050.13	062.09	079.12	092.17	107.17	119.18
050.17	062.11	079.14	092.19	107.20	119.21
050.20	062.24	079.16	092.20	107.23	119.28
050.21	062.26	079.18	092.22	107.26	120.01
050.28	063.05	079.21	092.25	107.27	120.07
050.31	063.08	079.22	092.26	107.31	120.10
051.04	063.09	079.23	092.30	108.08	120.20
051.06	063.17	079.23	093.06	108.25	120.29
051.16	063.20	079.23	093.23	109.04	121.03
052.04	063.26	079.26	093.31	109.07	121.17
052.08	064.01	079.31	093.31	109.22	121.17
052.10	064.05	080.02	094.08	110.02	121.23
052.11	064.08	080.04	094.11	110.08	121.27
052.14	064.10	080.13	094.12	110.10	121.30
053.03	064.27	080.20	094.17	110.18	122.06
053.05	064.28	080.22	094.22	110.21	122.09
053.06	064.31	080.26	094.22	110.24	122.20
053.08	065.04	081.07	094.24	110.27	122.20
053.12	065.06	081.08	094.26	111.10	122.24
053.25	065.07	081.27	094.27	111.12	122.28
054.03	065.07	081.29	094.27	111.21	123.05
054.08	065.23	081.29	094.28	111.22	123.06
054.13	065.27	081.30	095.03	111.27	123.07
054.15	065.28	081.31	095.04	111.28	123.18
054.18	066.01	081.31	095.06	111.30	123.23
054.18	066.05	082.05	095.06	111.30	123.24
054.20	066.06	082.05	095.07	111.30	123.31
054.20	066.13	082.07	095.08	111.31	124.02
054.24	066.16	082.10	095.08	112.02	124.02
054.26	066.17	082.11	095.19	112.03	124.03
054.28	066.19	082.11	095.20	112.04	124.04
055.04	067.07	082.20	095.21	112.07	124.14
055.11	067.15	082.26	096.09	112.09	124.19
055.14	067.15	082.30	096.14	112.11	125.01
055.16	067.19	083.02	096.18	112.12	125.09
055.18	067.24	083.03	096.25	112.13	125.12
055.21	068.02	083.05	097.03	112.14	125.16
055.23	068.03	083.09	097.13	112.17	125.22
055.26	068.09	083.13	097.18	112.18	126.21
055.26	068.12	083.17	097.22	112.19	127.02

127.16	141.06	157.18	167.22	182.01	192.11
127.16	141.07	157.20	168.06	182.04	192.15
127.16	141.07	157.20	168.09	182.08	192.17
127.21	141.09	157.23	168.12	182.11	192.19
127.25	141.15	157.26	168.19	182.17	192.20
127.30	141.24	157.26	168.23	182.27	192.30
128.09	141.25	157.27	168.23	182.29	192.31
128.13	141.27	157.28	168.24	182.30	193.04
128.25	142.01	158.03	168.29	183.09	193.08
128.25	142.03	158.05	168.30	183.19	193.10
128.27	142.06	158.07	169.01	183.24	193.11
129.04	142.07	158.09	169.03	183.27	193.11
129.05	142.09	158.09	169.05	183.29	193.12
129.06	142.10	158.15	169.20	184.03	193.12
129.10	142.13	158.16	169.20	184.04	193.15
129.11	142.17	158.18	169.22	184.05	193.22
129.13	142.18	158.19	169.23	184.06	193.23
129.16	142.19	158.21	169.24	184.11	193.25
129.20	142.27	158.24	169.24	184.13	193.26
129.24	143.04	158.25	169.27	184.15	194.04
129.26	143.05	158.26	169.29	184.15	194.06
129.26	143.16	158.31	170.03	184.16	194.08
129.27	143.17	159.03	171.02	184.17	194.10
129.29	143.18	159.09	171.10	184.19	194.11
129.30	143.27	159.13	171.17	184.21	194.16
129.31	143.28	159.13	171.19	184.24	194.17
130.03	143.31	159.17	171.20	184.25	194.27
130.06	144.07	159.21	171.23	184.26	195.01
130.06	144.08	159.24	171.24	185.03	195.05
130.07	144.10	159.24	171.25	185.04	195.06
130.12	144.13	159.30	171.29	185.05	195.06
130.12	144.19	160.10	172.01	185.09	195.07
130.13	144.23	160.12	172.02	185.10	195.07
130.14	145.02	160.15	172.05	185.11	195.09
130.17	145.07	160.20	172.08	185.14	195.12
130.18	145.08	160.21	172.13	185.16	195.13
130.21	145.10	160.22	172.14	185.23	195.17
130.21	145.20	160.23	172.22	185.26	195.17
130.22	145.23	161.07	173.19	185.27	195.18
130.22	145.23	161.08	173.19	186.02	195.20
130.26	145.30	161.17	173.24	186.02	195.21
130.27	146.02	161.17	174.03	186.02	195.22
131.02	146.05	161.23	174.07	186.04	195.22
131.06	146.05	161.25	174.15	186.04	195.24
131.07	146.10	161.28	174.16	186.06	195.24
131.17	146.15	161.29	174.19	186.06	195.26
131.18	146.21	162.01	174.24	186.07	195.26
131.20	146.22	162.01	175.04	186.08	195.28
131.21	147.01	162.02	175.05	186.10	195.28
131.24	147.10	162.03	175.14	186.11	195.29
131.27	147.15	162.08	175.21	186.12	195.30
131.28	147.18	162.10	175.27	186.14	195.30
131.30	147.19	162.12	175.27	186.18	196.01
132.10	147.27	162.18	176.01	186.22	196.02
132.28	147.29	162.18	176.10	186.23	196.02
132.29	147.31	162.27	176.13	186.26	196.03
133.05	148.28	162.29	176.15	186.30	196.05
133.08	148.30	162.29	176.18	187.02	196.05
133.11	149.02	163.04	176.22	187.11	196.07
133.12	149.07	163.06	176.23	187.12	196.09
133.12	149.18	163.09	176.24	187.15	196.10
133.17	149.22	163.14	176.25	187.15	196.13
134.03	149.24	163.18	176.28	187.16	196.16
134.12	150.03	163.22	177.03	187.17	196.17
134.13	150.04	163.28	177.06	187.17	196.18
134.14	150.05	163.31	177.08	187.19	196.19
134.16	150.08	164.01	177.09	187.20	196.20
134.17	150.09	164.02	177.13	187.20	196.25
134.27	150.10	164.04	177.15	187.21	off
134.27	150.15	164.05	177.21	187.21	005.27
135.06	150.25	164.05	177.21	187.24	008.16
135.27	150.26	164.06	177.23	187.25	011.03
135.28	151.01	164.08	177.25	187.26	012.13
135.29	151.01	164.08	177.25	187.27	014.22
136.09	151.07	164.09	177.28	187.27	015.07
136.13	151.16	164.10	177.31	188.03	019.18
136.23	151.22	164.11	178.11	188.10	027.21
136.25	151.25	164.13	178.12	188.12	032.10
136.26	152.06	164.14	178.15	188.15	036.09
136.29	152.15	164.15	178.20	188.21	041.19
136.30	152.23	164.16	178.25	188.26	047.06
137.07	152.25	164.21	178.27	189.04	049.05
137.07	152.30	164.25	178.29	189.11	055.01
137.19	153.08	164.29	178.31	189.13	055.02
137.21	153.19	164.31	179.03	189.20	055.30
137.24	154.01	165.01	179.06	189.27	059.24
137.28	154.13	165.03	179.17	189.29	060.19
138.02	154.30	165.04	179.21	189.30	060.26
138.28	155.03	165.08	179.29	190.01	063.02
138.30	155.05	165.13	179.30	190.03	063.04
139.01	156.02	165.15	180.04	190.06	063.06
139.03	156.06	165.22	180.08	190.13	064.09
139.09	156.07	165.27	180.10	190.20	072.05
139.10	156.08	166.05	180.12	190.23	072.07
139.12	156.13	166.06	180.13	190.25	079.06
139.16	156.14	166.07	180.17	190.26	084.28
139.20	156.15	166.08	180.19	190.28	085.10
139.24	156.16	166.11	180.28	190.29	087.03
139.25	156.18	166.14	180.30	191.01	090.14
139.28	156.23	166.16	180.31	191.06	096.25
139.28	156.24	166.20	181.03	191.09	097.07
139.31	156.25	166.31	181.05	191.12	097.29
140.03	156.25	167.02	181.08	191.16	098.04
140.04	157.04	167.04	181.08	191.20	098.07
140.08	157.04	167.07	181.13	191.24	098.09
140.10	157.06	167.13	181.15	191.26	099.26
140.14	157.08	167.14	181.17	191.27	102.16
140.15	157.09	167.14	181.23	191.28	102.18
140.19	157.10	167.17	181.28	192.03	103.29
140.22	157.11	167.21	181.30	192.07	104.05
140.27	157.12	167.22	182.01	192.10	104.23

OFF (continued)

109.18	005.25	003.29	047.01	092.04	138.30
117.05	005.29	004.01	047.01	094.02	139.25
123.09	006.12	004.03	047.07	094.03	140.08
125.24	006.13	004.08	048.02	094.04	140.22
125.27	006.16	004.11	048.11	095.03	141.02
132.12	006.21	005.17	048.16	095.07	141.16
134.15	006.24	006.09	048.30	095.11	141.21
135.10	010.23	006.10	050.04	095.13	142.12
141.10	011.22	006.13	050.11	096.07	142.30
141.11	011.29	006.19	051.05	096.12	143.05
142.26	012.05	006.22	051.22	096.13	144.15
143.02	012.06	007.05	051.26	096.29	144.22
151.28	012.12	007.30	052.02	097.12	144.24
154.18	012.13	007.31	052.03	097.15	144.31
154.24	014.15	008.08	052.06	097.19	145.10
161.22	022.19	008.22	052.09	097.21	145.27
176.17	022.31	009.07	054.06	097.28	146.07
180.21	023.16	009.18	054.08	098.27	146.19
181.09	024.17	009.28	054.15	098.30	147.21
181.31	025.17	010.01	054.19	098.31	148.12
188.26	026.04	010.05	055.04	099.06	148.18
190.15	026.04	010.06	055.15	099.17	148.26
190.20	028.06	011.31	055.21	099.17	149.09
193.01	031.02	012.14	055.29	099.26	149.14
193.16	033.08	012.27	056.11	100.04	149.21
193.30	036.18	013.07	056.17	100.12	150.14
off-shore	039.01	013.24	059.07	100.15	150.18
185.07	046.17	013.31	059.23	101.02	150.21
offended	046.22	014.15	059.24	102.03	151.24
151.31	047.13	014.29	059.25	102.05	152.13
offensive	047.20	014.31	060.01	102.17	152.14
166.26	048.18	015.03	060.09	102.23	152.21
offensively	049.27	015.04	060.11	103.21	153.02
094.13	050.03	015.05	060.13	104.01	153.16
offer	050.31	015.08	060.22	104.10	153.26
044.15	057.08	016.03	060.25	105.06	153.27
offered	058.30	016.06	060.28	105.13	153.30
110.02	067.03	016.12	061.01	105.28	154.20
office	071.10	016.18	061.08	105.29	155.10
190.14	073.09	016.25	062.07	107.01	158.26
192.13	082.17	016.30	062.08	107.01	159.26
192.18	089.18	017.22	062.16	108.03	160.02
officer	096.03	017.24	062.21	108.04	160.25
031.03	097.08	017.28	062.27	108.04	161.22
045.13	100.18	018.24	063.23	108.11	161.26
057.13	100.23	018.24	063.26	108.14	161.29
069.23	102.27	018.28	063.27	109.06	162.04
114.06	105.07	020.06	064.06	109.28	163.17
officer's	106.24	020.07	064.11	110.09	163.28
041.24	107.12	020.14	064.26	110.15	164.07
officers	107.12	020.15	064.27	110.24	164.08
002.16	108.01	021.12	065.20	110.29	164.11
019.18	108.09	022.11	066.05	112.17	165.02
033.25	110.14	023.18	066.06	113.28	165.03
036.07	110.14	023.26	066.26	114.05	165.21
042.19	110.19	024.16	067.05	115.31	166.16
044.17	110.19	024.19	067.10	116.01	166.19
048.02	110.28	024.28	067.17	116.17	167.06
053.09	111.08	024.28	067.20	116.22	167.16
055.13	111.18	025.04	067.29	117.01	168.22
062.14	111.24	025.07	069.28	117.04	170.17
091.24	111.25	025.14	069.31	117.07	170.18
093.22	120.31	025.17	070.04	117.24	170.29
113.06	121.14	025.20	070.11	118.01	170.31
141.15	121.19	025.23	071.12	118.03	171.04
141.28	132.26	025.29	071.16	118.12	171.08
officers'	146.01	027.25	072.06	118.13	171.30
183.02	146.19	028.12	073.01	118.23	172.06
offices	146.23	028.18	073.02	118.25	172.17
035.15	159.02	029.09	073.24	119.08	172.23
officiated	160.16	030.01	073.25	119.13	172.24
119.02	160.27	030.02	074.15	119.19	173.02
offspring	161.01	030.02	074.16	121.14	173.05
010.17	167.20	030.03	075.11	122.01	173.24
often	176.23	030.10	075.17	122.16	174.11
049.17	177.19	030.17	075.28	123.01	174.17
094.14	179.02	031.01	076.28	123.04	174.19
115.28	182.25	031.09	077.29	123.08	175.11
159.22	183.06	031.11	078.19	123.12	175.23
159.25	187.06	031.19	079.02	124.10	175.31
oh	190.03	031.23	079.28	124.12	177.16
018.11	190.16	031.31	079.29	124.20	178.06
019.10	190.28	032.04	079.30	125.06	178.25
025.25	191.31	032.11	080.11	125.23	179.12
045.02	193.15	032.17	080.20	126.04	179.19
045.02	older	033.14	080.26	126.11	180.03
078.26	113.25	034.23	080.29	127.05	180.08
089.09	oldest	035.02	081.04	128.13	180.09
155.08	004.19	035.04	081.15	128.14	180.12
166.04	109.29	035.30	083.03	129.07	180.16
194.03	oller	037.17	083.14	129.24	180.25
oil	171.28	037.29	083.14	130.01	180.26
107.26	olympian	037.30	083.19	131.08	180.30
oil-lamp	034.05	038.26	083.28	131.31	182.07
060.09	ominous	039.26	084.10	132.03	182.17
oiled	009.29	040.23	084.13	132.06	183.09
002.08	056.28	040.25	085.01	132.06	183.16
oilskin	063.01	041.11	086.20	132.06	184.03
044.12	079.22	041.16	086.27	132.29	185.15
055.29	ominously	041.17	087.06	134.21	185.20
060.14	136.04	042.06	087.10	134.27	185.23
090.01	150.27	042.14	087.21	134.29	185.24
095.12	on	042.25	088.09	135.11	186.10
107.31	001.05	043.13	088.12	135.15	186.12
110.29	001.15	044.07	088.24	135.26	186.24
oilskins	002.07	045.08	088.26	137.29	186.25
057.21	003.06	045.09	089.04	138.03	187.06
old	003.14	045.10	089.11	138.11	187.18
001.11	003.14	045.24	089.16	138.12	188.08
003.09	003.16	046.18	091.03	138.17	189.09
004.19	003.23	046.18	091.28	138.21	189.18

55

ON (continued)					
189.23	055.28	138.08	077.04	or	191.07
190.07	056.06	138.16	077.20	003.01	191.18
190.17	056.14	140.15	080.14	003.14	192.06
190.25	056.23	140.18	082.04	005.12	196.26
190.27	057.26	141.24	100.25	007.06	oracle
191.03	058.05	141.26	101.22	008.21	047.18
191.19	059.03	142.12	120.30	011.02	146.30
193.21	060.02	142.23	121.14	011.25	orations
194.02	060.08	143.06	124.06	013.18	114.21
194.09	060.16	143.30	127.03	015.27	order
194.30	061.08	144.05	130.02	015.30	044.29
195.02	061.21	144.17	132.12	017.12	057.13
195.11	062.06	144.23	141.06	021.27	095.21
195.30	062.13	144.27	141.23	024.15	097.01
195.30	063.02	145.01	146.11	026.31	ordered
195.31	063.27	145.04	157.07	027.16	051.08
196.01	064.04	145.09	157.13	030.28	053.10
196.18	064.25	145.10	158.15	031.20	105.12
once	064.31	146.01	158.27	031.21	116.09
033.29	066.06	146.05	160.12	033.01	133.18
034.10	066.09	146.11	161.05	033.04	153.24
034.13	067.07	147.23	161.16	033.07	orders
050.24	067.15	149.24	163.01	034.19	022.14
062.13	068.23	150.26	165.17	036.25	061.12
062.20	069.05	151.16	172.05	036.06	121.15
065.30	069.19	151.24	172.17	039.24	135.26
066.12	069.30	152.12	172.17	041.04	141.01
071.16	069.31	153.14	172.30	041.16	141.06
071.29	070.10	153.27	174.28	042.01	ordinary
079.08	070.18	153.29	177.12	043.13	006.14
088.22	070.22	154.30	191.07	043.13	008.24
100.06	071.11	155.12	193.29	043.20	045.21
102.06	071.15	157.10	onset	044.21	ore
111.22	071.17	159.08	059.19	046.31	125.02
120.28	072.03	159.13	oot	049.01	orthodox
121.25	072.08	159.28	078.16	049.19	159.09
122.20	073.04	160.19	139.18	055.02	oscillated
133.24	073.14	160.29	opalescent	055.05	046.07
137.08	073.31	162.27	185.31	058.22	other
137.09	075.05	162.30	opaque	060.02	004.16
141.01	077.17	165.24	015.13	062.18	013.01
143.12	078.12	165.28	open	063.03	015.02
143.21	082.16	166.10	001.19	063.13	015.04
144.04	083.14	166.10	004.07	064.04	020.25
145.26	083.16	167.18	020.18	066.13	021.04
147.21	084.14	167.28	035.10	069.18	023.05
147.24	085.04	168.13	036.10	070.10	048.12
153.02	085.08	168.23	038.07	071.28	049.16
160.12	085.29	169.28	046.26	073.05	062.26
161.05	086.02	170.12	060.13	073.26	063.08
169.20	086.14	170.19	064.24	077.05	069.09
175.10	086.17	170.19	071.21	080.09	071.12
175.24	087.17	170.26	072.21	084.17	073.25
182.01	087.23	170.27	075.19	084.18	085.28
183.16	087.25	171.09	079.29	085.17	090.10
189.31	089.18	172.12	084.30	085.28	093.06
190.14	090.08	173.25	095.13	087.24	094.21
190.17	092.02	174.02	099.06	087.25	104.10
193.07	092.23	174.07	099.15	088.06	112.17
one	093.15	177.22	109.02	091.05	122.11
001.01	093.30	178.15	117.24	092.01	125.07
001.03	094.28	179.31	121.26	092.12	128.06
001.15	096.12	180.14	132.02	092.14	132.20
002.10	096.12	180.27	132.28	092.16	137.24
002.10	098.03	181.17	142.09	093.04	138.19
003.09	099.03	182.02	161.15	094.18	142.26
004.08	101.20	182.15	166.16	094.27	148.11
005.27	101.20	184.15	180.07	096.10	153.23
009.05	104.08	186.30	181.25	096.15	163.28
009.26	104.09	186.31	185.06	099.03	171.30
009.26	104.28	188.15	191.08	099.20	177.10
010.20	105.01	188.29	open-mouthed	099.25	178.30
012.27	106.26	189.03	008.21	100.26	194.16
012.28	107.05	189.16	017.19	103.22	196.15
013.18	107.16	189.26	opened	104.02	other's
015.29	107.18	191.04	068.10	104.06	124.18
017.06	107.31	191.07	095.15	104.18	171.05
017.10	108.02	191.15	121.24	105.05	others
020.14	108.08	191.15	123.22	105.19	007.02
020.19	108.12	192.23	128.01	106.03	010.08
023.06	108.16	193.04	167.04	108.13	010.31
024.26	109.04	193.11	192.01	114.08	013.21
024.27	109.13	193.24	opening	115.09	019.18
025.08	109.30	193.29	051.22	116.04	027.07
025.21	114.13	194.26	078.11	116.25	036.02
032.25	116.07	196.16	092.31	116.27	052.02
035.07	120.04	one's	099.24	121.10	065.17
036.25	121.13	139.24	153.16	121.25	067.10
038.14	122.03	139.26	154.06	124.05	068.04
039.09	122.17	onions	operation	124.20	069.26
039.18	122.20	165.26	069.19	126.29	072.20
040.20	122.23	only	opined	133.24	084.06
041.17	122.24	005.18	013.06	134.09	084.16
043.01	122.26	005.19	opinion	136.11	085.06
044.23	122.30	008.24	036.20	137.24	087.06
045.16	123.15	009.04	048.04	138.08	092.30
045.25	124.12	014.15	121.27	144.16	093.08
046.17	124.29	023.06	opportunities	145.30	096.08
047.11	125.19	026.07	112.23	146.16	097.02
047.17	126.01	038.06	opposite	147.24	099.05
048.05	128.06	039.17	006.09	152.18	106.23
048.13	128.28	040.01	150.16	153.10	109.11
048.20	129.26	041.25	oppressed	154.07	121.29
049.20	133.08	042.03	025.31	158.04	132.05
050.07	134.01	051.12	085.05	158.11	145.05
050.09	134.02	056.08	114.31	159.23	147.25
050.13	134.12	062.07	oppressive	160.19	177.11
051.08	134.28	066.20	156.02	167.18	196.07
052.02	136.07	067.21	option	178.12	otherwise
053.13	137.28	071.08	159.14	180.27	035.15
053.15	137.29	071.26		182.15	158.23

ough					
ough	075.28	115.07	078.11	164.13	015.10
021.11	076.12	156.21	078.31	165.23	015.24
021.13	076.13	157.31	080.13	166.06	016.26
021.24	076.14	out	081.12	166.09	017.04
021.25	076.21	001.03	081.13	167.02	019.23
021.26	077.02	002.03	081.14	167.14	021.08
021.27	077.11	002.17	084.24	167.20	022.27
021.28	077.23	003.16	084.25	168.06	023.11
021.28	078.01	003.30	086.21	168.19	024.03
021.28	078.03	004.04	088.28	171.12	024.05
022.14	078.12	006.22	089.15	172.03	025.08
022.16	079.05	006.23	090.10	173.31	026.20
022.18	079.08	007.07	091.12	174.09	028.07
022.19	079.11	008.16	091.16	175.07	029.19
022.19	079.14	010.09	091.19	175.24	030.10
022.22	079.18	011.04	092.13	175.27	035.29
022.23	079.30	011.10	093.25	176.17	036.06
022.23	080.02	011.13	095.28	179.21	037.04
022.24	080.14	012.05	098.27	180.02	037.19
048.23	080.26	012.30	099.01	180.09	038.11
048.28	080.29	013.01	099.11	180.19	038.24
051.05	081.11	013.02	102.29	181.01	043.05
063.11	081.29	013.03	103.16	181.07	043.28
063.12	081.29	014.01	104.12	181.21	047.03
063.13	081.30	014.11	104.24	181.28	048.22
063.14	081.31	015.28	105.21	182.03	050.02
072.10	081.31	016.16	105.26	182.10	052.13
085.08	082.08	016.28	106.18	183.27	054.22
085.11	082.10	017.13	106.19	187.05	054.26
085.13	082.13	017.20	106.22	188.11	055.08
085.14	082.30	018.07	106.30	188.16	056.31
085.16	082.31	018.12	107.05	190.11	057.30
085.17	083.11	018.28	107.05	191.14	058.15
085.18	089.06	020.03	107.16	192.19	061.28
085.19	089.07	020.15	107.22	193.14	062.20
086.30	094.07	020.19	108.24	194.11	063.07
089.24	094.03	021.04	108.31	194.19	064.17
089.25	094.09	022.17	110.02	195.05	065.20
137.12	094.12	023.03	110.03	196.03	066.09
155.06	094.20	023.13	111.04	196.05	066.15
155.07	098.09	024.03	111.30	196.22	067.16
178.01	098.11	024.15	112.05	outbreak	067.22
188.22	098.22	024.19	116.02	135.23	067.25
189.05	099.03	024.26	116.15	outburst	068.01
ought	100.10	025.21	117.13	117.15	068.04
092.05	100.12	025.28	117.23	outbursts	068.05
178.26	112.15	026.14	117.29	085.10	068.28
183.10	112.29	029.12	119.12	outcome	068.30
183.12	113.01	030.16	119.21	048.14	069.09
oula	113.01	030.30	121.12	113.04	069.11
020.23	113.02	030.30	121.20	outlined	070.28
020.31	113.02	031.29	122.12	032.31	071.22
our	113.04	033.10	123.17	outlines	072.18
001.11	113.05	034.03	123.18	129.30	072.26
001.16	113.05	034.13	123.20	165.05	072.26
023.30	113.06	037.20	123.20	outpacing	073.01
034.09	113.06	037.28	124.02	106.04	074.08
037.26	113.08	038.03	124.13	outrage	074.30
039.27	113.09	038.22	124.16	016.06	075.27
040.02	113.10	039.28	125.07	outrageous	079.07
040.03	113.11	040.20	125.16	168.27	080.06
040.03	113.11	040.24	125.22	outside	080.07
040.05	113.15	042.02	126.27	013.26	083.30
040.13	113.18	042.26	127.07	014.25	084.21
040.25	113.19	045.23	127.15	020.27	085.04
040.29	114.10	046.27	130.06	029.04	086.04
041.14	114.26	048.26	131.21	039.31	086.21
041.22	114.27	049.06	131.24	054.07	087.26
042.10	114.27	051.09	132.03	059.06	089.27
042.24	115.02	053.03	132.29	060.17	090.01
044.04	115.04	054.03	133.17	109.27	090.11
044.11	115.05	055.10	133.24	121.21	091.27
044.11	115.07	055.26	134.03	125.06	096.08
044.12	116.02	057.08	135.12	131.29	096.13
044.28	116.21	058.04	135.17	138.16	096.26
045.20	119.01	059.22	138.05	159.04	097.15
046.10	119.11	059.30	138.07	173.26	098.25
046.12	119.13	060.14	138.10	176.04	099.16
046.18	137.05	061.07	138.20	190.15	099.17
046.19	147.30	061.30	138.27	193.21	099.21
047.21	148.01	062.10	139.26	outspread	099.21
047.29	152.12	062.18	140.20	022.31	099.30
048.01	158.09	063.13	141.15	023.29	100.02
048.02	158.09	063.21	143.15	065.14	100.09
048.05	159.30	063.22	143.22	outward-bound	106.04
048.07	160.01	063.29	143.28	184.08	106.24
049.12	160.03	063.29	144.20	ov	106.25
049.22	161.26	064.01	144.26	086.03	109.04
050.28	162.20	064.25	145.25	123.28	110.07
052.06	162.23	065.09	145.29	138.17	110.08
052.09	162.25	065.11	146.10	149.27	110.18
052.10	163.05	065.31	147.07	ovation	110.30
052.11	163.21	066.09	147.21	107.19	112.03
054.01	164.27	066.16	148.10	oven	116.28
054.16	176.24	066.17	148.14	131.26	117.09
056.07	176.26	067.01	149.03	163.30	119.22
056.09	176.27	067.21	149.26	over	120.15
057.07	177.02	067.24	150.21	002.11	120.19
058.02	177.26	069.03	151.26	002.16	121.04
058.12	177.28	069.08	152.21	002.27	123.13
059.03	180.14	070.03	152.23	004.02	123.15
062.07	181.05	071.18	152.30	004.21	124.09
062.30	194.15	072.16	153.13	005.01	126.31
063.04	196.23	073.03	154.30	006.13	127.30
065.30	ours	073.11	156.04	006.19	128.25
065.31	056.16	075.10	158.25	007.06	129.06
067.28	079.23	075.11	160.02	007.21	131.09
068.14	ourselves	075.17	161.24	010.02	133.06
072.01	040.27	077.01	161.28	010.30	133.26
075.04	046.08	077.12	162.26	011.11	134.17
075.08	051.17	077.12	163.14	014.22	136.26

OVER (continued)

138.01
138.09
140.07
141.29
142.04
144.07
148.25
150.08
151.18
153.15
154.19
158.27
162.17
164.03
164.04
168.31
174.30
175.08
178.17
178.21
179.08
179.13
181.26
183.06
183.20
184.01
184.09
185.07
187.03
187.14
187.15
188.07
188.24
189.12
194.03
194.05

over-civilised
157.25

over-fed
187.12

overawing
038.12

overbearing
039.18
048.08

overboard
045.14
050.17
056.27
062.18
066.20
071.31
072.14
074.02
075.03
076.22
077.18
082.27
089.07
091.30
096.18
114.15
119.28
148.12
173.15
174.10
183.13

overcome
077.23
179.11

overdressed
144.25

overflowed
130.10

overhaul
116.08

overhauled
103.18

overhead
059.23
195.20

overheard
048.03

overloaded
120.29
120.30
121.11
121.13
121.15

overpowering
118.18

overshadowed
052.07

overtopped
018.17

overturned
068.09
098.12
175.25

overwhelmed
029.23
041.27
106.31

own
009.07
012.03
026.28
032.11
032.14
037.01
056.07
057.09
058.09
075.16
076.23
093.04
093.04
113.21
143.15
147.01
156.21
159.12
163.10
167.21
167.22
172.13
176.22
196.14

owner
040.08
106.31
121.03

owner's
033.24

oysters
169.06
173.09
173.11

p'r'aps
170.07

pace
116.07
117.09
134.09
173.28
186.24

paces
109.20

pacific
176.16

pacified
108.06

package
179.20
181.31

paddle-wheels
029.20

paddling
002.12

page
150.30
191.30

pages
004.31
005.09

pah
120.08
142.23

paid
005.27
009.27
034.10
098.02
125.23
125.27
163.18
192.24

paid-off
195.07

pain
036.26
046.09
054.27
060.07
060.29
075.22
087.07
090.12
101.13
104.30
129.31
131.27
158.11
161.03
167.26

pained
038.12
050.05
149.09
176.22

painful
068.06
102.20

painfully
072.20
085.24
108.23
151.18
191.29

pains
108.20

paint
151.03

painting
161.27

pair
004.05
007.31
011.22
011.29
011.30
023.23
031.13
037.14
050.31
061.05
068.26
090.30
107.17
120.10
149.22
151.01
159.17
186.18

pairs
029.18
079.11
151.01

palace
196.04

palates
093.24

pale
005.13
016.22
026.15
054.17
074.08
083.20
086.23
176.13

palm
023.13

palms
053.12
073.16
105.20
189.02
191.17

pang
158.24

pannikin
119.18

panted
079.07
111.16
138.15

panting
025.20
053.16
061.15
171.02
172.09

pantry
067.24

pants
011.22
035.13

paper
015.19
019.10
035.14
097.13

papers
005.24
033.23
192.17

parade
015.03
153.26

paraded
039.20

paralysed
067.23
078.13

parasol
186.02

pardon
007.15
007.16

paregoric
050.18

part
028.03
055.23
112.17
189.26
193.28

parted
065.27
190.22

partiality
121.28

particular
187.31

particularly
046.21

parting
093.25

parts
143.10

pass
004.31
016.02
025.06
061.04
070.29
149.08
171.22
185.22
196.20

passage
024.28
031.22
032.03
033.22
116.30
125.23
135.16
135.27
147.02
155.21
165.19
181.06

passed
016.16
052.06
054.07
059.26
060.19
065.14
068.21
076.14
081.03
082.14
087.25
111.17
132.30
138.09
139.09
140.09
168.31
185.08
185.12
192.02
194.09

passengers
089.22

passing
033.03
035.24
070.10
085.03
128.27
194.05

passionate
172.13

passionately
171.31
181.24

passionless
164.09

passions
020.12
178.23

passive
181.03

passively
075.12

past
015.17
026.10
030.07
056.28
106.01
109.21
139.06
142.20
143.30
146.10
183.23
184.07
185.16
195.26

pasty-faced
190.21

patch
004.05
016.16
030.03
042.06
117.08

patches
084.01
157.18
184.03

paternally
034.17

path
032.20
112.08
110.22

pathetic
019.07

pathway
129.06

patience
081.30
092.21

patient
026.06
174.01

patriarch
004.28

patriarchal
192.01

patronise
191.10

patter
053.06

pattered
055.28

pattering
090.11

patterns
004.23

pause
024.22
036.20
074.12
079.10
101.07
129.24
146.27
192.15

paused
125.14
143.07
181.08

pauses
031.25
114.21
119.16
121.24

pawed
012.09

pay
070.09
106.29
109.03
113.17
114.27
121.14
126.14
172.20
172.21
172.25
194.12

pay-day
122.14
122.15
166.25

pay-table
135.18
191.15
193.20

paying-off
191.14

payment
002.20

pays
190.15

peace
002.26
031.23
034.13
051.04
061.11
096.10
112.14
142.06
144.02
149.16
156.14
164.16
166.18
189.13

peaceful
042.21
090.12
126.26
196.10

peacefully
116.23

peak
012.12

peaked
009.10
145.15

peal
056.10
140.24

peals
052.01

pearls
059.26

pearly
095.05

peas
161.23

pecking
125.06

peered
017.05
102.15
147.12
160.14

peering
055.12
073.31
181.27
189.15

peevishly
082.25

peevishness
115.28

pelham
005.01
005.31

pelted
006.30

penarth
121.13

pendulum
109.23

penetrating
134.10
158.28
176.10
187.20

pensive
013.11
031.20
116.12
121.24

pensively
155.03

pentland
033.14

people
005.06
026.19
083.04
121.15
126.16
127.26

peopled
031.29
140.26
160.16

per
042.11

perceive
049.18
115.01

perceived
045.17
047.30
076.21

perceiving
069.14

perceptible
160.24

perception
111.27
116.07

perch
007.31
193.16

perched
163.17

perching
190.27

perdition
163.07

perfect
015.11
056.15
056.15
101.05

perfection
133.11

perfectly
097.16
147.19
160.20
167.26
168.28
176.03

perfidious
170.03

performing
076.15
158.01

perfumes
187.20

perfunctorily
012.11
128.14

perhaps
012.28
027.05
027.14
037.22
056.15
061.16
075.30
146.24
166.30
174.21
175.14
177.07

perilous
080.29

periodically
144.31

periods
047.09

perishin'
059.06

perishing
090.21
131.10

permitted
101.05

persecuted
163.03

perseverance
113.03

persevere
094.30

persistence
039.21
092.16
173.04
persistently
025.27
093.16
person
049.17
163.03
personal
081.20
perspiration
006.21
047.05
079.15
128.04
perspired
131.22
perspiring
135.11
182.10
persuaded
163.01
pervaded
033.09
116.14
156.03
187.21
perverse
176.29
perversity
050.28
pet
010.11
107.20
peterhead
033.15
petty
036.07
183.02
petulant
135.08
phantom
033.11
164.14
172.03
phenomenon
005.04
119.03
philanthropist
159.02
philanthropists
010.12
philosophers
156.06
philosophically
057.05
philosophy
048.15
phoo
127.31
physical
177.26
physically
166.22
physique
021.16
pice
003.04
pickpocket
183.08
picture
075.16
picturesque
114.02
pie
041.24
042.27
194.20
piece
008.16
023.25
046.30
074.16
085.11
096.18
097.13
139.25
153.08
pieces
067.02
173.01
piercing
061.23
102.02
114.10
136.13
piercingly
043.01
075.06
132.18
pig
036.10
pigs
024.20
034.30
pigsty
035.01
039.04

pile
012.12
144.19
191.27
piles
190.25
pilgrimage
032.21
piling
054.06
pillars
184.04
pillow
025.30
042.26
060.28
117.24
123.04
125.06
138.21
160.25
173.02
174.17
175.10
175.15
pillowed
108.04
pillows
014.04
065.08
pin
062.25
072.29
081.05
154.02
154.25
155.06
179.03
pink
004.13
095.03
175.13
pins
096.25
099.26
pint
165.27
pious
115.30
pipe
020.18
020.20
024.02
034.28
037.13
070.10
110.02
122.29
123.12
179.25
pipe-stems
114.19
piped
010.27
pipes
007.04
014.03
113.30
144.10
pirates
146.24
pitch
064.08
130.14
130.21
pitched
054.24
065.13
110.24
pitchy
062.03
pitiful
080.31
pitifully
108.21
pitiless
012.14
045.29
052.14
086.27
111.30
pity
012.02
039.25
082.13
101.08
130.26
156.20
place
009.22
013.07
014.17
026.05
030.02
052.03
067.11
075.10
082.21
083.18
088.08
090.29

106.11
110.25
118.29
127.14
132.01
142.22
places
005.07
007.08
032.28
106.29
189.15
placid
007.30
021.05
placidly
004.17
190.02
plain
112.09
165.06
plains
183.30
plaint
030.27
plaintively
043.06
189.09
planet
032.05
planks
013.31
028.13
065.17
072.31
076.18
076.19
077.03
077.05
077.19
078.05
078.21
108.14
118.12
120.06
180.03
181.09
182.01
183.10
plant
040.25
planted
090.30
plates
019.16
play
040.10
040.13
089.13
149.01
195.24
playing
168.24
pleading
171.25
pleasant
120.22
please
044.06
135.24
135.25
143.06
pleased
059.03
123.02
128.19
157.31
plenty
122.24
161.24
pliable
080.16
plimsoll
121.08
plot
034.02
162.17
pluck
029.07
093.10
112.29
149.24
plucked
063.05
pluckily
059.19
plucky
178.01
plug
013.12
plumes
145.16
plummets
185.27
plunge
181.05
plunged
037.07
045.26
062.27
078.24

079.17
093.13
170.22
plunges
055.16
pocket
008.16
122.18
143.18
152.30
182.20
pocket-book
192.04
pockets
124.29
191.18
podmore
090.16
091.15
133.17
143.19
144.01
163.07
163.23
177.06
poetry
195.07
point
015.06
157.12
pointed
024.01
030.12
128.23
165.10
182.17
pointing
065.21
139.08
154.20
177.13
180.06
poised
003.06
064.12
072.17
poison
041.06
050.19
poisoned
114.03
poke
129.20
poked
070.24
pole
014.24
policeman
127.15
policemen
194.28
polish
015.10
polished
005.04
076.08
150.06
polishing
161.27
politician
158.04
189.20
poll-parrot
124.10
124.11
pond
091.06
091.07
ponderous
099.26
139.11
pool
187.09
poop
001.05
031.07
031.24
033.09
034.05
042.14
063.26
064.21
064.31
070.13
072.15
072.18
075.11
082.20
083.03
088.09
091.28
092.08
092.30
100.05
100.13
103.04
119.13
140.14
141.16
176.07
180.17

182.17
poor
003.30
012.06
020.10
040.16
056.02
071.23
089.02
146.14
163.06
174.22
179.13
188.16
190.24
194.17
popping
106.31
popular
115.12
popularity
005.02
022.09
population
116.23
porpoise
062.31
port
001.22
016.03
099.01
106.01
137.03
173.14
180.07
180.14
182.22
ports
099.14
portsmouth
179.28
pose
006.11
posed
122.06
177.02
poses
144.16
posing
169.15
position
044.06
079.20
087.24
positions
069.15
083.24
103.30
positive
094.14
positively
050.29
079.13
possessed
075.03
093.14
112.21
130.12
146.01
possession
044.10
187.27
190.03
possessions
013.08
possible
051.07
163.12
possibly
009.07
040.23
posts
187.03
posture
079.01
pot
049.29
093.23
128.09
128.13
pounˆ
113.16
pound
042.11
108.25
109.01
pounds
121.03
poured
106.29
pout
126.10
156.18
171.23
powdered
100.10
power
156.10
164.06
powerful
004.22

019.05
028.17
034.25
037.20
182.27
practically
051.12
pray
131.25
prayer
068.12
180.19
182.11
prayer-books
130.18
prayerfully
131.06
prayers
131.28
praying
090.19
160.06
preach
042.02
preaching
071.10
precede
095.02
precious
081.24
081.25
116.19
174.24
187.22
precipitation
079.13
precision
018.19
129.06
precocious
006.17
prejudiced
049.17
prematurely
074.21
prepare
178.30
prepared
062.13
090.20
096.06
preparing
163.09
presence
037.25
039.21
presented
070.31
presently
039.31
061.22
preserve
103.05
preserved
045.17
106.17
press-gangs
195.13
pressed
012.26
057.08
069.12
076.10
080.18
149.31
150.15
pressing
073.15
presumption
034.16
presumptuous
056.26
pretended
041.20
148.04
163.24
pretty
012.24
025.10
056.18
056.26
089.14
prevented
051.13
067.21
previous
112.19
price
109.03
priceless
184.28
prickly
023.16
pride
039.16
130.12
163.15
prince
041.09
principle
004.01

principles	protests	purposes	quarter-checks	quoting	024.26
163.24	051.24	164.02	187.05	165.14	030.23
prising	prototypes	purred	quarter-deck	race	036.21
078.20	195.26	025.17	001.04	012.29	053.03
prisoners	protrude	pursued	016.03	185.05	055.03
005.20	061.05	184.02	017.24	raced	063.07
privately	protruded	190.05	105.23	032.25	088.15
192.07	126.10	pursuing	150.21	183.22	099.23
privation	127.18	064.29	quarter-hatch	racket	100.03
026.22	protruding	push	189.24	008.02	102.22
privations	037.16	103.29	quavering	187.16	105.31
015.27	proud	135.08	096.05	racketed	112.08
privilege	056.17	pushed	quay	065.28	131.22
026.29	113.03	003.14	121.01	radiance	134.11
052.14	125.12	004.04	127.20	117.09	138.27
101.04	proverbial	004.08	187.06	radiant	140.13
163.19	094.26	017.23	188.08	191.06	140.19
prize	providence	062.14	queer	radiated	140.31
165.03	071.09	107.03	021.06	147.14	152.23
probability	129.14	110.06	124.01	raft	152.25
170.13	provocation	134.28	155.09	094.06	154.18
probably	039.26	150.17	question	rag	162.07
051.19	044.20	179.07	019.23	011.19	172.13
075.15	provoking	190.30	090.17	036.31	183.30
probing	082.05	pushing	158.06	113.19	187.08
059.11	provokingly	132.25	questions	126.16	188.29
problem	048.18	151.14	115.16	177.30	rang
122.06	115.13	169.15	153.05	rage	001.06
156.07	prowled	put	quick	002.27	019.16
proceeding	164.22	013.07	019.25	021.06	036.27
013.10	prowling	013.22	032.25	041.08	139.22
produced	058.10	019.13	033.22	057.28	range
077.08	prudence	019.23	033.26	073.10	153.20
profane	069.08	020.02	057.29	075.03	ranging
002.25	public-house	020.19	061.10	086.09	002.28
027.05	192.06	025.06	071.22	126.29	rank
profile	puff	025.28	075.26	162.29	033.15
124.01	027.18	043.07	084.30	172.11	136.14
profiles	037.12	043.10	090.19	rages	151.30
142.08	123.05	043.27	117.26	111.12	ranks
profound	134.17	047.06	119.22	ragged	153.16
006.01	puffed	048.16	140.19	010.31	rapid
025.14	085.05	054.08	144.20	186.28	100.27
056.09	puffing	058.22	152.29	raging	112.07
092.26	179.07	076.20	190.22	023.28	144.25
119.05	puffs	078.09	quicker	061.31	174.04
136.21	061.10	084.24	071.30	076.16	rapidity
142.01	puget	090.01	quickly	139.28	087.29
147.20	003.21	094.04	047.07	rags	099.28
152.26	pugnacity	108.07	073.07	009.06	rapidly
157.26	158.30	110.03	078.08	011.11	102.14
160.14	pull	117.23	112.04	011.29	109.05
191.27	042.16	122.17	124.10	040.16	139.27
194.08	078.27	124.28	143.23	059.06	171.17
profoundly	078.27	126.13	151.11	068.02	rapt
126.01	076.29	126.21	180.20	090.09	130.31
166.16	078.30	126.23	quiet	106.20	rare
177.09	105.22	127.08	001.21	172.23	009.09
181.20	154.15	137.30	026.05	rail	069.03
projected	179.10	138.12	026.18	017.22	095.04
118.28	pulled	138.17	038.18	022.28	120.01
prominent	014.19	143.20	066.02	036.03	120.16
037.23	046.28	148.20	067.18	065.04	rat
promise	076.30	153.02	077.26	089.04	071.20
052.08	078.31	154.04	086.15	098.17	119.25
promising	102.19	160.04	110.31	099.16	rate
171.26	126.08	162.03	118.02	101.24	050.04
191.09	148.10	129.28	102.09	113.20
promptly	149.03	170.18	134.10	117.26	rather
047.17	166.21	172.22	136.20	150.10	037.23
169.19	179.09	176.21	139.15	162.17	043.21
prone	179.11	178.01	141.31	180.26	056.22
061.03	179.21	179.18	147.03	182.07	072.08
pronounced	180.02	194.08	160.17	186.24	112.28
033.24	186.29	puts	164.11	189.12	115.11
043.31	194.19	152.21	164.26	railed	119.14
133.23	pump	putting	169.25	040.31	138.23
167.19	076.06	064.22	173.03	rails	167.09
proofs	143.21	170.16	quietly	066.24	rather'n
178.29	pump-leather	puzzled	021.16	096.13	125.10
propelled	033.28	006.25	069.03	rain	ratlines
102.21	pump-rods	094.28	089.03	030.19	062.23
proper	103.06	109.24	114.22	053.09	rats
121.06	pumps	147.12	139.31	053.17	097.11
properly	102.14	puzzling	143.01	062.10	119.25
177.27	102.14	077.06	145.03	068.24	rattle
property	106.02	pyramid	155.01	rainbows	037.05
106.22	punch	029.16	159.23	068.29	045.04
prophecies	017.01	quaking	166.08	072.25	087.15
163.31	punched	090.31	192.25	raise	175.01
proportions	069.05	qualification	quietness	047.03	rattled
156.25	093.06	111.09	002.13	102.01	046.27
propounded	pupils	qualities	quietude	raised	059.24
115.16	083.28	056.06	156.02	002.27	174.17
propped	pure	quality	quite	015.21	rattling
004.24	094.16	169.24	022.06	018.03	025.18
036.08	164.15	193.22	044.02	152.20	091.12
071.06	purity	quarrelled	138.24	181.11	102.28
088.11	014.26	023.15	177.19	192.25	118.09
113.28	purple	159.12	189.19	raising	140.22
proprietorship	066.07	quarrelling	189.21	024.30	141.07
159.24	144.13	178.11	189.22	rallied	raving
prospective	166.06	quarrels	189.22	171.14	144.23
040.06	purple-faced	137.07	190.06	rammed	rayless
prostrate	079.01	quarrelsome	quivering	154.25	117.08
099.03	purpose	090.13	020.30	191.17	rays
protest	049.19	quarter	128.29	rampin'	059.28
025.29	132.09	009.17	149.30	024.16	144.14
protested	195.19	029.09	quotations	ran	164.14
089.28	purposeful	099.01	022.09	018.06	reach
	174.01			024.25	169.22

REACH (continued)

185.18	reclining	regrets	172.14	resemble	096.15
reached	118.31	032.17	remnants	006.01	109.26
055.27	recognise	regular	076.05	resembled	118.19
063.30	188.07	103.09	remonstrance	004.27	150.19
082.20	recognised	regularly	066.17	007.09	157.19
110.20	093.04	006.02	remonstrated	015.06	164.20
127.07	106.22	025.30	049.23	029.22	184.13
reaching	recollect	rejoiced	remorse	032.27	195.15
080.26	146.21	044.23	046.09	038.04	restlessly
read	recommencing	related	remorsefully	057.22	123.05
012.14	013.23	034.27	163.06	068.01	restrain
015.28	reconciled	relations	remote	084.09	174.26
016.12	094.19	192.18	086.24	088.10	restrained
180.21	record	release	removed	117.03	121.25
180.29	165.19	191.21	051.28	127.26	130.02
181.07	196.09	released	renew	144.22	restraining
182.10	recovered	171.12	167.22	145.15	126.28
readily	013.04	relic	renewed	157.18	result
115.19	082.05	026.08	142.07	184.21	082.05
readiness	170.14	relief	rennie	195.18	results
002.11	recovering	002.02	169.05	resembling	044.18
012.03	019.09	047.21	repainted	007.31	resumed
100.26	rectangular	108.12	118.29	029.13	031.23
reading	187.09	155.05	repair	034.21	resuscitated
005.01	recumbent	relieve	058.12	046.05	112.16
ready	167.06	031.05	059.13	065.15	retired
002.03	red	106.08	repeat	074.15	046.20
002.08	003.16	relieved	090.17	074.29	123.01
018.31	004.23	028.11	095.21	124.13	retorted
020.24	009.09	055.02	repeated	164.09	046.19
022.10	033.08	059.18	035.20	175.26	135.21
026.10	036.23	128.26	063.21	reserve	183.14
048.17	055.03	142.24	066.11	119.09	retreat
057.12	065.28	182.04	087.25	166.02	037.24
058.13	083.25	relieving	091.11	resignation	141.05
061.07	117.29	085.11	095.24	062.13	retreated
065.26	120.12	085.12	110.19	093.13	137.20
091.23	130.22	relinquish	117.26	133.25	164.14
100.11	134.26	094.29	123.19	147.15	retreating
104.20	145.17	reluctant	131.11	resigned	155.04
105.06	180.08	096.05	132.24	129.25	return
110.15	red-faced	162.20	142.26	180.04	083.03
118.15	194.30	reluctantly	146.17	resistless	063.03
151.04	red-painted	059.19	153.26	087.01	returned
152.19	185.12	181.31	167.19	resolute	050.04
155.21	redeemed	remain	170.19	021.15	169.19
181.04	101.12	061.19	171.01	108.30	returning
181.17	redeeming	169.30	189.01	151.04	176.06
185.03	055.11	remained	191.21	resonant	revealed
real	redoubled	008.03	repeating	054.18	133.01
142.21	075.14	009.04	043.16	resounded	revel
143.05	reduced	014.16	107.11	019.15	050.29
155.13	054.21	028.16	112.25	106.02	revenge
164.17	reefed	030.03	140.31	respect	164.05
188.01	057.11	041.15	repent	045.21	reverberating
realise	reeled	045.26	131.17	111.10	116.05
045.06	004.09	046.25	131.17	158.30	reverently
realising	102.09	050.09	132.09	respectable	180.30
115.02	139.21	061.01	repentant	176.25	reviled
reality	reeling	063.08	043.13	189.21	050.25
039.24	021.06	074.27	043.20	respected	076.26
056.29	049.31	083.23	replied	069.27	revived
100.11	103.04	094.25	010.23	respiration	086.01
140.27	135.08	107.01	049.05	174.03	revolt
165.13	reeve	117.17	127.01	respites	160.08
really	104.25	123.21	reported	053.11	revolved
160.09	refinement	144.26	049.23	resplendent	092.20
realm	069.27	154.03	164.24	002.25	revolving
156.13	reflected	162.22	188.19	005.14	033.02
reaped	148.02	166.23	reports	027.10	reward
094.24	reflectively	175.11	140.19	030.06	035.29
rear	001.09	remaining	repose	083.28	094.24
136.01	reflects	179.18	015.15	129.04	156.02
reared	124.04	remark	075.13	responsible	rewarded
094.02	refoosing	040.25	164.09	133.27	041.10
reason	120.28	057.05	167.27	rest	rib
040.15	reform	remarked	reposeful	010.11	170.31
081.25	081.05	022.21	027.30	014.05	ribbons
091.06	reformer	034.10	034.20	018.03	066.01
reasonable	158.05	040.15	represent	030.04	ribs
062.20	refrained	048.13	026.19	034.22	036.21
reassured	115.09	109.09	repressed	046.05	057.24
118.09	refuge	120.24	128.30	063.07	065.04
rebounded	009.21	remarks	reprieved	076.26	069.05
059.25	026.31	044.27	101.02	078.01	rid
rebuked	068.25	141.21	reproach	082.22	081.27
094.09	170.03	remember	137.21	104.04	ridge
177.27	refusal	060.02	reproached	105.14	006.15
recall	019.24	126.16	042.24	105.16	ridges
130.03	refuse	146.23	050.25	105.27	054.26
140.26	137.03	183.04	159.31	118.07	ridicule
recalled	refused	183.16	reprobation	142.29	046.08
088.03	040.09	remembered	163.22	148.03	ridiculously
receive	050.16	080.03	reproduction	162.27	080.28
094.16	051.13	088.04	163.22	188.26	riding
received	058.20	113.01	reproved	189.23	184.18
059.18	177.11	113.05	033.25	196.08	184.22
090.31	refusing	remembering	reproving	rested	riding-lights
119.01	051.07	073.08	180.23	064.12	015.12
175.20	070.18	107.07	repulsions	restfulness	rig
recite	reg'lar	195.25	157.24	169.25	091.07
047.19	017.01	195.31	repulsive	resting	107.16
reckless	022.12	reminder	009.20	060.13	rigging
060.15	121.31	085.30	019.08	resting-place	059.24
recklessness	regions	166.11	required	023.11	062.22
094.18	012.13	reminiscences	096.09	restless	064.05
122.11	169.20	169.26	requires	006.24	088.18
156.22	regret	remnant	045.27	023.26	098.14
reckoned	186.07	059.30	rescuers	030.06	103.19
047.23	regretful	060.06	067.15	033.16	117.14
191.19	129.24	077.01	159.21	054.27	137.19

right	rite	room	043.08	rumour	sagacious
004.20	076.16	073.23	046.18	182.11	006.18
011.07	river	074.06	053.04	rumours	sagaciously
018.31	099.16	075.23	053.04	049.26	070.25
019.10	185.09	078.03	059.25	run	sage
025.13	185.20	190.18	062.03	011.16	014.15
031.17	196.18	191.12	070.01	021.10	sages
036.16	riverside	rooted	070.17	041.11	094.28
039.11	185.20	014.01	073.16	042.02	101.12
061.28	195.28	015.01	080.18	081.11	sago
063.15	riveted	107.17	083.13	095.31	050.16
082.15	055.31	170.22	084.12	099.20	said
086.10	road	rope	096.23	122.12	001.09
094.05	012.30	006.21	105.15	136.15	010.21
094.12	169.14	010.30	106.23	139.04	012.30
102.26	193.29	014.21	107.24	140.28	017.07
110.12	roadstead	021.13	117.04	144.20	017.09
114.04	015.11	029.08	118.15	144.26	017.20
125.25	roam	045.08	122.07	154.03	017.25
125.27	012.23	045.09	122.17	161.17	018.09
126.07	roamed	048.16	127.12	185.22	018.11
126.19	158.27	067.07	128.17	running	018.17
128.03	roar	067.10	133.28	009.14	019.11
130.14	036.22	068.01	134.30	030.13	021.20
134.07	077.22	072.01	135.15	031.31	024.18
135.02	084.24	073.05	137.27	054.26	024.25
135.03	099.19	074.25	138.19	058.21	025.11
136.17	103.25	074.31	138.30	084.22	025.21
139.06	193.26	079.15	142.17	089.16	025.25
141.11	195.17	080.25	147.16	098.25	031.05
145.12	195.18	083.13	147.28	132.04	035.07
147.08	roared	096.23	154.28	161.21	035.17
147.09	066.09	097.19	162.03	184.03	038.15
150.24	144.28	097.25	162.23	runs	039.07
155.11	roaring	098.02	175.22	165.15	040.10
155.23	025.18	103.22	178.19	rupee	043.23
167.26	057.27	105.21	185.28	002.28	045.14
168.04	064.02	105.28	193.07	rush	047.02
177.07	109.21	117.14	round-eyed	059.15	047.16
177.13	131.21	141.07	147.23	064.02	048.15
187.08	robbers	187.02	rounded	099.16	048.27
191.20	066.05	ropes	185.06	100.22	048.31
196.02	rock	029.14	rousing	106.04	049.06
196.13	195.17	042.16	129.30	110.06	049.26
righted	rocky	053.08	routine	127.25	049.27
136.02	106.15	057.31	031.23	144.24	051.25
rights	rods	062.31	rove	174.24	053.15
008.23	045.05	066.05	106.02	180.13	058.29
010.14	073.28	141.12	rovings	185.14	070.25
011.14	150.08	187.06	105.05	rushed	074.13
113.08	roll	ropes'-ends	row	059.29	078.18
125.10	079.25	066.24	003.28	060.12	082.28
rigidly	084.20	rose	013.21	067.24	084.27
100.23	099.28	013.26	023.08	066.22	086.18
139.08	102.09	027.21	025.22	070.05	089.02
rim	104.22	030.13	044.28	078.09	089.07
070.28	114.07	032.12	051.13	087.29	089.10
160.14	119.20	033.09	071.17	088.20	089.12
rims	140.16	036.22	075.06	162.06	089.17
007.06	180.08	042.30	085.23	182.31	090.02
063.17	roll-call	046.27	088.30	184.07	090.22
ring	015.25	057.23	118.27	rushes	091.22
020.04	rolled	064.11	120.03	119.16	092.02
036.13	003.14	064.29	126.15	rushing	093.02
ring-bolt	006.04	070.04	126.15	061.27	093.07
069.03	006.28	072.25	129.30	russian	095.31
ring-bolts	019.12	082.01	131.31	004.12	102.03
066.25	031.11	096.20	134.27	006.01	102.20
ringbolts	054.26	106.06	137.14	012.27	102.30
139.22	060.21	108.23	138.01	rustle	106.22
ringing	064.17	139.02	140.12	175.04	108.29
016.04	065.05	142.13	142.12	rustled	109.12
017.17	065.18	149.13	143.06	110.29	110.11
099.15	065.24	149.25	147.09	ruthless	112.26
123.08	067.25	157.16	rowed	055.11	120.16
142.17	080.17	165.04	002.19	s'elp	120.22
174.02	096.23	183.22	rows	106.27	121.01
ripped	099.19	187.10	014.17	109.01	121.04
067.30	101.25	rosy	015.02	172.25	121.06
074.05	102.13	151.04	146.14	s'long	121.30
ripple	171.21	rot	rubbed	008.22	123.15
036.21	179.18	130.15	077.05	126.07	124.06
117.20	180.31	149.27	rubbing	sad	124.09
162.09	182.04	rotation	120.23	048.26	124.15
ripples	184.02	033.03	rubbish-heaps	084.06	125.11
014.31	rolled-up	rotten	009.18	111.03	125.16
rise	011.30	086.06	ructions	117.28	125.29
058.20	186.24	123.29	124.07	158.28	126.01
064.18	roller	157.25	ruddy-faced	191.08	126.02
092.28	064.15	172.19	187.07	saddened	126.18
186.01	084.23	rough	ruffian	111.07	126.19
risen	rolling	005.08	031.19	sadly	126.21
062.05	008.02	121.24	ruffled	053.21	126.27
rises	018.19	186.26	145.16	084.05	126.31
099.04	022.02	roughly	rugged	148.10	127.03
rising	022.08	069.06	005.01	168.06	127.04
085.01	056.31	round	146.10	176.12	128.07
095.14	059.29	003.13	ruin	safe	128.18
150.12	079.05	008.01	165.05	082.21	129.19
171.20	099.21	010.21	ruins	083.18	130.28
173.22	100.22	015.18	160.05	085.30	131.03
risk	105.31	017.11	ruled	118.18	131.13
049.22	109.07	017.19	032.29	159.20	132.05
080.26	146.09	024.04	ruler	safely	132.23
082.13	173.03	025.28	034.04	082.12	133.14
113.18	187.15	029.12	rum	169.21	133.17
167.12	romancing	029.17	070.26	safer	133.24
risks	004.01	030.03	rumble	067.11	134.19
013.10	roof	032.05	146.08	safety	134.25
081.12	064.28	032.13	rumbling	156.13	135.03
		033.08	017.09		135.07

SAID (continued)

135.13	057.11	179.22	saying	scotch	033.05
136.10	058.01	189.28	031.14	148.28	034.03
136.19	059.11	193.19	043.06	scotchmen	034.13
136.31	103.17	satan	094.25	087.11	036.01
137.15	117.19	041.29	094.26	scramble	043.12
137.17	118.06	satin	151.24	091.20	050.13
138.11	123.06	004.24	161.19	097.14	050.31
138.23	140.05	satisfaction	166.03	119.24	053.19
138.26	140.16	077.10	169.14	scrambled	057.24
139.31	140.22	177.03	192.09	064.04	058.05
142.25	150.11	satisfied	sayings	064.26	058.15
146.12	162.11	116.29	022.08	070.12	058.21
146.15	164.13	126.29	094.27	072.08	063.24
146.26	178.20	saucepan	says	073.09	064.01
147.05	179.14	021.04	047.20	075.22	065.09
147.10	182.05	056.31	047.26	083.18	066.16
147.13	182.12	saucepans	089.05	093.21	066.17
147.29	182.28	020.04	090.02	187.29	066.30
148.05	saint	163.30	091.05	scrap	073.20
148.11	035.28	savage	091.09	024.10	075.27
148.15	sake	004.28	109.13	scraped	076.16
148.30	033.19	110.26	132.16	072.31	076.27
150.28	075.14	savagely	136.17	scraping	079.20
151.29	121.03	104.08	145.11	147.28	080.07
152.28	saliva	save	169.07	161.26	081.21
153.28	010.03	046.08	170.19	scratched	083.31
154.05	sallow	058.26	170.26	006.29	084.27
155.01	036.01	091.08	183.17	151.14	086.21
155.21	167.03	119.20	scamp	scratching	088.07
156.07	sallow-faced	131.19	122.22	036.09	088.15
160.26	186.27	131.19	scamping	screamed	092.22
161.06	salt	183.07	076.25	006.11	098.24
163.11	040.31	saved	scandal	030.10	099.17
165.24	057.17	009.13	116.03	036.12	099.22
165.27	062.02	061.14	scandalised	071.01	101.03
166.07	062.11	081.19	036.16	071.25	104.15
167.15	070.11	094.18	163.20	072.24	105.22
168.01	083.31	096.10	169.11	075.06	109.08
168.19	091.01	106.19	177.10	099.03	109.21
169.12	095.12	114.28	scandalous	105.27	111.12
169.19	097.11	132.08	153.10	114.16	111.26
170.05	150.09	savee	scandinavian	154.22	112.09
170.11	161.24	076.30	191.10	154.26	114.22
171.29	salvage	saving	scandinavians	186.30	116.28
172.07	106.29	094.11	004.16	screaming	117.03
177.13	salvation	savoir	021.25	064.18	123.13
178.03	130.14	045.22	047.11	072.05	128.26
179.06	163.10	savour	087.09	074.17	130.21
180.18	sam	101.07	113.23	074.19	131.09
182.12	107.15	saw	145.18	086.09	134.16
182.18	same	009.05	159.10	132.06	140.04
183.03	011.05	012.22	scanning	screech	140.10
187.31	020.12	017.22	152.04	149.25	142.06
188.12	032.08	018.26	scare	screeched	142.19
189.06	033.05	022.29	076.31	096.30	147.01
189.10	038.08	022.30	113.06	136.01	150.14
191.28	039.22	042.01	120.04	screeches	150.09
192.25	040.15	043.05	scarecrow	136.22	150.11
192.28	041.23	050.21	011.07	screechin'	161.15
194.04	050.23	067.28	scared	124.11	162.11
194.30	079.09	070.24	020.10	screeching	162.23
sail	115.17	072.21	072.03	059.22	164.11
030.12	samson	092.27	072.09	132.13	165.04
054.21	130.16	094.02	098.05	screw-brake	166.17
059.16	sand	111.27	133.12	027.27	166.19
062.27	175.05	111.31	143.10	screwed	176.05
065.29	sang	128.05	scarlet	066.07	176.14
095.31	098.19	130.20	042.29	scrimmage	179.01
102.03	187.05	138.31	063.18	004.10	181.01
102.05	sank	143.09	175.26	176.19	182.29
102.12	033.13	150.13	scary	scruff	183.21
116.09	065.14	168.21	120.06	116.02	183.25
116.11	084.12	171.15	scattered	scrupulously	183.28
117.14	088.18	177.04	015.10	159.08	184.23
123.27	saraband	193.30	150.11	scrutinising	185.02
185.13	028.08	195.08	180.25	160.21	185.06
sailcloth	sardonic	196.06	190.13	171.27	185.30
179.21	022.03	sawdust	scattering	scrutiny	191.26
sailed	033.24	080.29	076.13	111.28	192.28
005.22	057.26	saws	scena	scuffle	195.09
163.11	sat	073.27	065.07	082.09	196.06
sailmaker	003.09	say	scene	139.26	196.10
034.26	004.20	007.18	154.29	scuffly	196.14
036.29	005.30	019.19	scents	044.30	196.22
037.11	006.10	020.10	130.22	scum	sea-bird
105.02	006.14	020.10	scholar	193.12	064.13
177.17	007.30	022.20	091.08	scupper	sea-boat
178.30	024.19	036.11	school	152.26	056.20
179.06	025.07	038.08	137.24	scuppers	sea-boats
179.16	034.24	038.10	schooners	134.17	056.21
179.24	035.04	041.03	122.21	scurvy	sea-boots
183.17	036.06	043.17	165.16	056.19	044.11
sailor	036.28	043.20	scolded	scuttled	sea-chest
007.23	040.01	066.10	105.12	139.26	004.03
010.23	043.21	069.24	scorching	sea	025.20
010.28	046.18	082.24	088.06	002.04	116.26
051.18	071.06	097.20	scorn	005.20	sea-chests
053.13	106.31	125.03	026.26	010.06	007.05
056.29	109.28	126.25	044.05	010.19	044.12
085.17	118.25	126.25	048.20	016.10	sea-dog
169.21	128.14	129.26	081.30	020.16	122.27
sailors	129.19	133.23	082.12	027.03	sea-dogs
143.05	133.04	135.31	120.10	027.11	165.23
166.27	144.15	136.04	160.11	026.01	sealed
188.21	145.03	146.25	scornful	029.03	192.13
190.28	145.27	147.07	018.21	030.06	seaman
191.22	148.16	152.17	025.26	031.18	004.19
sails	149.29	160.01	050.12	031.31	006.14
030.22	167.16	171.03	083.21	032.06	006.24
033.07	173.05	194.10	scornfully	032.16	008.24
	174.01		007.06	032.24	012.21

SEAMAN (continued)

032.31	049.13	100.09	sell	097.16	shall
056.29	057.03	104.21	108.16	settled	135.25
065.15	057.06	104.28	108.18	037.29	141.04
084.29	057.07	107.06	selves	107.30	155.20
085.13	062.06	111.19	048.06	settling	169.30
086.18	062.19	112.15	semicircle	013.19	194.11
097.08	063.21	117.28	180.12	116.11	shallow
105.18	063.22	118.13	semicircles	seven	115.06
108.23	064.21	123.13	054.29	020.11	sham
109.29	065.08	126.29	send	062.03	039.24
118.11	066.19	127.11	001.14	076.05	165.12
121.27	071.24	131.01	154.31	163.11	shame
123.11	078.01	137.05	163.06	165.18	135.31
136.03	085.08	138.30	181.05	seventeen	146.13
146.19	089.11	140.05	sends	017.06	194.09
152.26	092.05	141.31	034.15	several	shamefully
160.27	093.11	143.18	sense	020.08	112.23
177.19	098.12	143.31	006.31	025.21	shamelessly
180.24	117.25	144.19	016.08	061.06	059.05
192.01	121.08	147.04	043.27	076.01	shamming
seaman's	121.16	149.15	122.31	091.22	081.28
102.27	122.12	150.01	140.27	092.08	135.20
189.30	124.09	151.21	156.23	095.23	shan't
seamanlike	125.04	153.25	160.22	108.04	143.27
051.15	125.23	156.07	172.13	123.23	shape
seamed	126.01	157.14	senses	132.27	011.26
022.03	128.21	158.12	139.13	136.03	130.29
seamen	131.16	158.21	sensible	severe	139.12
002.23	132.16	159.18	122.31	113.27	172.08
014.26	135.23	162.05	sent	122.26	shaped
034.12	136.02	165.12	010.03	141.20	175.05
060.02	140.29	166.15	012.01	160.28	190.31
060.15	141.04	167.20	027.24	163.21	shapeless
113.25	141.27	167.25	038.03	severity	106.14
137.22	143.19	168.16	050.19	126.24	106.25
150.26	143.28	172.04	074.01	135.21	175.31
195.22	151.09	172.07	076.21	sewed	shapes
searching	151.10	174.23	091.31	007.12	019.27
151.12	154.21	174.23	105.21	179.27	share
seas	155.06	180.13	105.23	shabby	044.15
054.26	157.06	181.14	145.02	133.01	sharp
055.06	160.19	183.24	sentence	150.23	030.14
055.29	161.16	185.13	144.25	shackles	057.13
060.21	166.30	185.21	sentences	140.23	073.29
061.16	167.28	186.01	005.05	shade	074.23
062.10	171.28	191.01	021.31	157.18	076.06
064.29	173.15	192.19	sentiment	169.09	095.18
068.29	174.07	193.25	046.10	176.20	153.13
070.04	175.01	194.08	sentimental	shades	155.19
071.07	175.24	195.24	012.02	069.27	166.13
072.30	176.09	seems	026.26	160.16	166.21
077.22	182.07	060.03	176.25	196.20	sharper
084.11	182.08	seen	sentimentalism	shadow	146.03
084.20	185.22	020.11	156.21	001.20	sharply
096.15	seech	032.31	sentimentally	006.29	030.31
099.17	012.05	035.13	159.03	126.25	037.25
100.03	seed	052.02	sepulchre	139.27	133.14
100.21	007.26	055.13	026.06	141.27	136.19
103.25	011.16	064.24	serene	172.05	140.28
106.05	012.05	067.20	004.29	177.02	143.19
146.08	071.18	075.02	012.13	shadows	186.29
152.07	120.29	085.01	014.26	016.02	shattered
184.07	seedy-looking	096.11	033.04	017.28	060.05
seaweed	186.10	096.24	094.03	019.05	shaved
057.19	seeing	098.17	116.28	023.24	033.28
second	063.09	099.05	164.16	028.08	130.20
004.12	seem	099.28	serenely	084.21	shawl
007.15	079.31	118.22	111.09	086.11	194.01
021.09	141.25	125.09	128.13	109.26	shayme
021.14	159.08	127.19	serenity	135.01	126.13
047.12	seemed	144.06	020.26	136.27	she
060.31	006.12	146.05	142.01	137.19	029.22
101.22	006.27	146.07	serious	151.17	029.25
117.13	007.11	146.14	015.25	164.18	030.02
135.22	017.31	146.19	033.07	164.19	030.22
136.19	018.07	153.03	166.11	164.23	032.13
175.19	019.17	159.25	serious-minded	167.02	032.14
181.23	023.03	165.07	020.13	183.29	032.16
187.30	030.05	166.04	seriously	186.09	032.18
seconds	037.12	178.06	051.14	187.24	032.22
018.11	037.24	seethed	094.23	shadowy	033.20
130.24	039.16	073.17	served	015.30	053.03
secret	043.20	seething	041.07	089.30	054.07
033.21	046.01	103.25	service	139.26	054.22
041.11	046.11	seez	061.17	171.26	054.24
041.13	046.14	007.14	servitude	196.19	054.25
082.29	047.16	007.15	010.19	196.21	054.26
130.07	050.29	007.15	048.10	shake	054.28
146.02	054.30	007.19	set	066.15	056.04
167.13	061.25	007.22	011.15	067.03	056.09
secured	062.08	seized	021.18	087.02	056.16
158.30	063.03	028.13	069.17	103.13	056.19
securing	065.23	seldom	078.20	104.23	056.21
069.18	065.30	005.28	095.06	140.26	056.22
security	067.02	033.25	106.03	186.31	056.22
008.31	072.19	034.04	116.07	shaken	057.02
sedately	072.22	seldom-heard	116.11	032.28	057.02
014.22	073.23	132.23	123.28	042.21	057.03
see	076.03	self	137.08	059.14	057.23
005.19	078.14	111.13	156.15	089.28	057.25
011.08	078.18	self-control	156.21	171.01	057.28
015.18	079.13	053.21	172.17	shakily	058.20
016.31	079.19	self-respect	180.07	046.30	058.22
017.02	083.08	052.09	sets	175.11	058.22
018.26	083.10	self-seeking	196.17	181.17	059.19
020.08	088.13	010.12	setting	shaking	060.06
022.19	093.11	selfish	030.17	084.05	060.21
032.19	093.25	119.13	030.27	088.27	060.22
045.12	095.29	selfishness	037.25	shaky	063.13
046.29	096.17	195.31	083.25	152.12	064.11
049.01	099.09		084.19		064.13

SHE (continued)

	sheltered	089.17	shipmates	shore	175.23
064.15	055.05	089.23	039.02	003.24	shoulders
064.18	068.21	091.16	088.03	015.01	009.10
064.18	sheltering	092.20	193.02	020.15	032.30
070.06	080.19	095.17	shipped	025.07	037.10
071.21	184.29	095.25	005.28	055.21	068.26
076.18	shelves	095.27	018.24	091.03	078.24
080.07	074.04	095.28	shipping	135.18	079.04
089.16	shifted	096.04	190.14	152.14	091.14
091.24	103.20	097.06	ships	190.30	108.23
091.29	122.04	098.06	005.03	191.28	114.01
094.31	151.13	099.08	015.11	shore-boats	132.31
097.07	shifty	100.03	010.07	002.19	134.24
098.07	008.18	100.22	025.12	shore-going	135.06
098.07	188.11	102.03	121.16	003.13	153.15
098.08	shine	102.22	146.05	107.16	179.10
098.08	165.31	105.31	149.27	shores	191.03
098.10	shining	109.30	187.15	033.14	shout
098.11	019.05	112.06	189.29	187.08	042.31
098.22	029.16	114.28	195.08	shorn	066.13
098.29	073.29	116.14	shipshape	185.09	068.10
099.04	074.28	116.27	043.27	short	086.01
099.11	128.24	117.02	shipwrights	003.03	091.28
099.19	130.18	117.04	076.25	007.04	093.17
099.22	shiny	117.16	shirking	017.07	103.15
099.23	191.02	120.20	009.24	018.30	104.21
106.03	ship	120.29	shirt	019.24	157.14
106.08	001.02	121.11	004.13	022.16	168.03
112.08	001.21	121.13	006.17	023.08	shouted
112.09	002.03	121.18	009.05	024.02	007.29
117.17	003.10	122.06	011.03	026.06	013.01
119.22	003.20	123.12	011.09	029.07	013.21
120.30	004.01	125.22	011.19	029.17	064.22
121.12	004.19	127.12	067.30	030.20	066.22
122.08	005.28	127.18	079.06	030.27	067.12
140.09	009.14	128.12	089.31	032.27	070.19
140.16	011.17	134.17	090.30	034.26	070.29
161.28	014.07	136.16	170.31	048.25	071.05
161.28	018.18	140.21	188.06	053.06	071.17
162.04	019.23	140.25	195.04	053.11	071.30
162.05	020.12	142.05	shirt-sleeves	055.24	074.10
162.05	023.05	142.18	031.10	068.12	075.13
162.06	024.23	145.09	shirts	069.29	077.12
162.07	025.10	146.14	004.07	079.03	078.02
162.09	025.12	148.18	035.04	087.02	078.17
169.05	027.17	150.03	132.03	103.06	078.26
169.06	027.24	150.14	144.26	105.18	078.28
169.07	028.09	151.06	191.02	110.02	089.29
169.11	029.10	154.26	shiver	114.10	091.21
183.20	029.15	156.03	061.04	120.19	096.27
184.27	030.21	161.10	shivered	134.17	097.26
185.01	031.31	161.15	079.18	136.25	097.29
185.10	032.03	161.27	104.18	139.04	104.11
185.12	033.20	164.07	111.16	139.26	106.02
185.19	042.17	164.15	shivering	141.29	106.08
185.27	042.21	166.14	055.24	143.09	108.13
186.21	049.03	166.15	shivers	144.30	108.17
187.28	051.04	166.18	083.24	150.19	109.03
188.02	052.08	174.03	089.28	150.29	132.15
188.03	053.24	176.05	shock	153.13	132.18
194.03	054.06	176.13	060.25	153.20	138.16
she'll	054.13	177.14	075.29	157.29	138.27
070.08	054.17	180.08	167.04	161.21	141.10
she's	054.21	181.14	167.09	165.15	165.28
058.08	055.07	182.04	shocked	165.22	181.28
058.08	055.17	182.28	041.20	165.31	190.15
063.15	055.20	182.31	050.06	187.19	shouting
064.23	055.31	183.07	153.09	194.19	010.14
097.29	056.18	183.26	191.28	shortcomings	036.23
shed	056.25	184.24	shocks	115.08	064.04
003.12	058.08	184.25	104.07	shorten	070.08
144.07	058.18	184.26	shoes	059.15	093.07
sheen	058.27	184.31	011.29	shorthanded	099.07
054.15	059.13	185.04	shone	136.16	137.29
090.25	059.18	185.19	015.08	152.01	shouts
095.05	060.05	185.30	036.03	shot	002.25
128.27	060.20	186.16	100.08	059.27	007.25
164.08	060.27	186.30	127.14	065.02	008.02
sheep	060.31	189.13	184.04	071.29	035.20
125.01	062.02	189.26	184.18	184.06	074.26
125.31	062.09	196.19	shook	should	090.13
sheepishly	063.04	196.20	011.10	007.25	137.26
047.14	064.02	ship's	012.17	013.05	139.19
sheer	064.08	002.16	025.19	025.24	195.28
024.19	064.11	006.10	036.28	026.05	shove
sheet	064.22	010.16	039.26	042.09	053.23
002.03	065.07	019.17	063.20	089.21	077.18
065.27	065.20	023.25	066.10	093.22	112.06
098.27	066.15	024.10	066.21	119.04	shoved
117.03	067.25	030.15	067.12	153.11	067.11
sheet-iron	068.09	037.31	068.05	156.08	shovel
191.02	068.22	050.21	070.17	162.19	076.10
sheets	068.28	055.23	076.13	168.03	shoving
029.14	069.28	076.20	086.31	176.30	013.01
114.07	070.03	090.27	091.14	should've	show
117.12	071.04	114.23	104.26	192.10	008.17
140.23	072.22	141.27	111.24	shoulder	008.23
140.30	074.01	148.23	122.28	003.06	017.01
141.11	075.22	163.04	129.11	012.01	040.21
shell	075.30	163.31	133.19	015.20	049.15
095.04	076.18	shipkeeper	136.08	024.05	096.07
shell-back	077.22	190.02	149.21	102.13	136.14
151.29	079.21	190.11	152.19	102.13	154.16
shellback	080.04	shipmate	171.11	109.04	160.04
009.31	080.06	011.04	171.21	120.19	171.25
109.10	083.16	116.05	176.23	120.23	showed
shellbacks	085.18	137.02	187.30	124.09	009.12
069.01	086.06	176.30	190.08	144.17	037.21
087.16	086.27	196.15	shop	145.14	047.08
shelter	088.13	shipmate's	073.22	154.19	154.19
070.23	088.19	012.04	076.04	175.08	

shower	143.28	sighed	silly	146.18	skin
030.21	145.15	093.25	116.18	singly	004.23
059.26	146.30	097.26	120.06	003.02	006.05
showers	161.07	114.21	137.12	sinister	011.27
053.06	166.27	135.05	177.05	059.28	080.15
068.24	sick-bay	147.25	silver	112.22	skinny
showing	051.21	195.23	118.30	sink	125.07
011.27	sickening	sighing	157.20	075.30	skip
035.11	068.09	027.25	184.06	sinking	007.26
037.01	074.01	037.07	similar	031.22	049.20
082.17	sickness	110.30	015.01	034.22	skipped
098.17	177.21	186.06	081.22	105.16	014.21
119.03	side	sighs	117.08	sinners	095.07
shrank	002.10	023.08	simmering	131.10	skipper
129.17	003.16	053.08	137.12	163.09	003.25
133.09	006.19	069.13	simple	sir	049.28
158.14	007.30	082.29	005.05	001.11	114.28
shreds	007.30	084.26	034.17	015.29	125.24
067.30	009.11	087.22	118.28	017.10	138.08
shrewd	012.27	117.18	119.04	031.05	138.08
013.09	014.30	sight	151.21	063.16	170.16
035.12	015.04	010.25	155.16	069.22	190.01
shrewdly	016.03	026.15	simplicity	085.07	skipper's
120.24	019.13	034.03	016.25	085.15	121.29
shriek	037.17	049.06	simply	086.28	147.06
061.23	040.01	054.03	048.14	089.01	147.30
shrieked	043.14	072.27	081.16	089.13	skipper-licking
007.13	050.21	084.14	sin	090.18	007.23
043.01	053.07	147.01	131.17	091.04	skippers
086.07	053.07	161.08	since	091.07	088.04
181.24	054.27	177.15	005.22	091.10	116.29
185.28	054.27	177.21	033.20	091.19	147.10
shrieks	058.15	177.31	058.20	097.08	skirts
002.27	061.01	189.31	069.28	097.29	130.19
060.19	062.20	196.05	115.14	102.06	skulked
092.31	062.29	sign	sinful	123.10	059.04
131.28	062.29	070.03	060.06	123.21	skulking
186.11	063.26	093.06	090.28	132.27	041.19
shrill	064.22	162.18	196.23	133.31	135.16
002.22	064.27	162.18	sing	135.02	skull
shrilly	065.21	181.13	129.13	136.04	157.19
098.19	067.20	191.20	singers	136.28	sky
137.04	067.22	196.21	040.13	137.16	015.06
shrine	069.31	significant	single	141.10	019.16
118.30	073.14	157.29	150.09	151.29	023.02
shrink	073.20	signs	175.04	152.01	023.04
007.12	073.20	104.09	single-handed	152.12	029.07
shrinking	073.25	162.02	134.13	155.07	030.01
171.06	074.16	192.06	singlet	155.21	031.30
shrinkings	075.27	silence	012.07	178.03	032.05
157.24	079.26	009.21	singleton	188.18	036.24
shrivelled	082.06	013.04	004.19	188.19	054.06
108.22	087.16	017.05	005.22	189.01	054.15
shroud	087.16	018.12	005.25	189.06	054.31
102.10	088.16	025.14	005.29	sister	056.11
shrouds	098.13	026.13	012.15	189.18	061.28
062.25	099.08	035.03	012.22	sisters	068.27
shuddered	099.18	040.30	014.13	179.29	083.21
176.09	099.20	043.30	016.19	sit	086.20
shuddering	099.20	045.18	023.15	063.22	086.31
181.23	099.27	056.08	024.01	163.19	092.20
shuffle	099.27	058.29	025.05	sits	095.02
015.23	112.18	061.16	025.09	059.07	099.06
019.25	114.23	084.19	025.11	sitting	103.31
shuffled	118.23	086.20	026.01	004.03	112.09
038.22	124.12	086.01	027.28	007.03	117.02
135.14	127.26	092.26	028.13	014.17	127.18
150.16	136.28	101.13	046.03	023.25	129.05
shuffling	148.23	109.11	046.14	035.15	140.06
031.24	150.26	109.29	046.21	050.14	150.13
129.09	153.30	110.10	046.30	079.01	162.22
173.27	163.28	111.07	047.13	108.04	164.29
181.19	180.12	114.01	047.15	146.18	165.03
shut	184.21	114.10	047.20	159.26	166.06
012.22	186.25	117.18	047.26	170.12	178.07
013.21	188.07	123.22	058.28	189.23	180.10
036.17	side-pocket	130.29	063.28	190.24	183.24
059.01	150.24	133.27	064.06	situation	188.04
074.21	sidelong	139.16	066.31	045.06	skylight
075.13	114.12	152.01	070.21	159.14	063.23
086.15	120.17	152.26	097.07	161.01	065.24
123.22	sides	160.14	097.09	six	066.13
132.07	005.17	165.23	097.29	018.22	069.31
137.09	007.01	166.15	100.18	028.02	slack
167.10	016.25	166.20	102.24	033.29	027.19
173.20	030.08	176.18	108.09	108.09	048.14
shy	032.01	178.24	109.19	120.27	080.25
047.18	062.08	193.04	109.28	121.10	slammed
153.08	086.27	193.04	110.03	121.22	022.26
sick	098.27	silenced	111.08	121.30	106.11
038.12	099.25	181.02	112.21	123.28	127.29
039.05	110.15	silent	145.21	159.26	136.24
041.04	149.14	004.17	145.29	sixteen	163.30
043.08	165.22	066.23	147.11	017.05	193.14
043.28	166.19	068.16	160.11	sixty	slant
075.24	185.01	097.18	160.17	053.24	155.21
081.28	185.16	118.25	162.14	sixty-year-old	slanted
092.01	185.19	123.10	166.02	027.31	157.17
115.30	186.10	134.12	177.12	size	slanting
116.03	187.26	140.04	182.25	145.23	064.21
120.25	sidewalk	154.22	191.23	153.20	slapped
120.27	194.16	159.22	191.29	skeary	016.30
122.05	sideways	162.28	196.08	183.13	036.24
125.15	024.06	164.07	singleton's	skeleton	119.18
127.02	098.21	171.05	006.14	039.28	139.25
135.04	sigh	186.30	047.30	sketched	191.05
135.19	030.28	silently	095.11	191.29	slaps
135.20	089.18	031.21	097.02	skids	044.31
136.05	097.17	136.29	098.28	017.28	108.02
137.09	127.08	silhouettes	112.10	skimmed	slave
143.13	182.28	002.01	141.07	183.20	112.03

slave-owner	114.15	154.23	smudge	138.23	037.13
159.04	slipped	188.06	017.14	143.10	056.12
slavers	027.20	smartness	029.25	147.02	059.16
146.23	175.15	069.27	smudged	152.31	068.18
slaves	185.16	smash	084.02	157.09	086.31
038.13	slippers	138.13	snakes	159.23	133.25
sleep	031.10	149.19	186.18	161.10	159.05
020.17	068.14	smashed	snap	163.25	165.05
023.06	slippery	058.05	102.04	165.13	187.09
025.02	079.27	106.26	snapped	174.04	some
025.31	slipping	smell	023.28	174.04	002.15
026.07	065.16	130.22	107.05	176.22	003.04
038.30	slits	135.18	120.09	177.30	009.26
038.31	082.18	165.21	149.31	179.10	009.26
039.31	slobbered	187.20	snared	179.19	010.20
060.01	194.03	smelt	029.13	181.05	014.02
118.14	slogging	110.21	snarled	183.10	015.09
121.31	184.09	smile	011.02	190.05	016.05
131.03	slopes	021.05	012.19	193.23	019.20
131.05	184.02	033.24	107.04	194.29	020.19
131.12	185.20	035.12	154.14	196.13	020.22
132.11	sloping	037.02	snatch	soaked	021.10
148.03	064.27	037.31	130.13	046.31	021.17
166.16	slouching	047.22	snatched	053.08	022.08
191.04	124.29	073.31	107.19	057.18	025.09
sleepily		102.20	135.10	106.19	028.18
025.21	slow	120.11	154.02	110.23	030.28
044.28	005.31	168.31	181.09	soapsuds	033.22
182.29	037.01	169.03	snatches	036.06	035.13
sleeping	063.19	191.13	071.08	soared	036.19
009.18	118.10	194.07	073.08	060.22	040.25
026.03	124.19	smiled	129.10	064.11	041.31
117.27	144.30	008.04	snatching	130.07	043.01
131.11	169.24	008.31	057.04	183.23	043.26
140.16	slow-eyed	038.24	sneaked	187.19	047.08
166.17	008.05	063.14	040.24	sobbed	055.25
175.30	slowly	106.22	sneered	060.17	056.30
176.05	029.11	119.09	122.07	079.27	057.02
sleepless	030.09	125.21	sniffed	086.08	057.22
063.17	048.25	166.01	006.23	139.28	061.06
sleeplessness	049.08	183.29	021.08	174.09	063.07
118.08	053.04	193.06	sniffing	194.23	066.28
sleeps	054.21	smileless	036.02	sobered	067.07
111.20	083.05	159.18	106.28	166.11	067.15
sleepy	083.22	smiles	snigger	171.27	068.04
015.20	084.12	036.09	044.05	sobs	069.17
118.11	085.21	047.22	sniggered	132.22	071.15
148.11	092.06	054.04	044.01	society	072.03
sleet	092.20	smiling	snipe	020.14	073.05
010.07	097.27		119.08	176.24	082.25
062.02	098.07	004.17	snooze	sockets	084.05
sleeves	116.11	007.06	116.12	083.06	085.02
003.17	123.15	009.20	snore	157.20	085.05
055.24	125.15	023.03	091.13	socks	085.21
067.31	127.12	032.23	snores	023.22	085.29
195.05	129.23	100.08	023.14	031.13	087.03
slender	137.18	122.28	snow	042.07	087.31
056.02	146.15	193.19	064.10	soft	088.10
slept	154.08	smith	096.19	016.19	089.14
009.12	162.29	016.13	164.09	029.12	089.18
060.08	166.10	smoke	snowball's	035.21	089.23
070.20	171.29	004.11	136.16	045.03	089.26
108.03	180.06	024.15	snowy	080.15	092.01
110.28	194.15	030.01	054.26	093.16	092.08
149.15	slumber	052.04	so	110.21	092.29
149.20	040.23	056.11	001.11	116.02	093.18
150.12	148.05	104.19	005.04	174.05	093.26
161.31	slums	144.19	007.14	softies	095.21
176.13	010.18	145.21	007.27	046.04	096.11
slice	slunk	179.08	012.25	softly	098.03
041.03	176.17	185.27	019.10	031.08	106.19
sliding	slurred	186.13	021.30	054.14	106.22
188.25	148.06	smoked	025.25	softy	108.12
slight	sly	007.03	031.04	183.05	108.16
014.31	074.01	061.09	034.06	soiled	109.13
021.18	158.26	108.05	038.18	186.03	112.19
027.27	small	smoking	039.17	sojer	114.13
029.04	006.16	010.01	040.22	059.07	115.31
098.20	006.21	025.14	044.13	solemn	116.02
136.30	013.25	060.09	044.21	094.10	116.11
140.16	014.23	149.22	047.27	177.02	121.15
150.18	015.27	184.11	051.12	178.31	121.17
150.23	024.13	189.28	053.22	solemnly	123.15
slightest	032.05	smoky	053.22	090.26	124.04
039.26	042.15	002.13	057.09	soles	124.08
118.07	077.09	186.03	066.18	015.23	127.10
158.22	077.11	smooth	072.02	solicitude	128.10
slightly	095.05	004.15	075.09	069.21	128.23
006.04	096.18	006.04	081.19	077.02	128.26
025.06	102.22	029.05	082.13	solid	132.26
028.10	110.27	029.20	089.25	076.09	134.01
038.07	114.27	054.25	089.27	164.17	138.15
060.29	133.02	073.16	090.06	165.13	139.09
081.09	177.22	079.26	090.28	solidity	139.24
109.21	191.27	117.02	094.13	158.22	139.26
122.28	smaller	162.10	094.14	solitary	146.15
173.17	007.12	175.05	105.03	035.29	148.04
180.28	019.27	smooth-faced	108.26	150.13	151.14
slim	smart	084.08	108.31	174.15	152.12
029.10	053.24	114.09	109.01	189.14	153.02
054.29	082.26	smoothed	114.25	solitude	157.09
076.09	089.25	174.13	119.10	030.17	157.11
100.13	092.04	smoothing	119.22	032.07	157.27
185.26	155.18	174.29	121.06	092.22	158.01
slimy	165.16	smoothly	124.20	134.16	159.25
106.13	190.31	103.07	124.24	solo	160.18
110.21	smarted	127.13	125.13	074.18	160.19
sling	104.19	smouldering	126.08	som'think	160.31
067.23	smarting	018.12	126.11	085.15	165.28
slip	053.12	024.02	132.16	sombre	167.13
098.21	smartly	113.30	135.30	015.04	167.22

SOME (continued)

167.28	065.02	sounds	102.03	097.10	138.19
172.08	068.15	044.31	116.21	114.20	154.28
173.25	093.12	139.24	special	171.10	175.22
174.20	098.10	171.18	094.11	spluttering	spunger
179.03	102.05	sour	speck	036.24	121.19
188.16	106.27	054.03	032.10	062.30	spunyarn
193.27	109.17	source	speckled	073.10	105.05
194.26	125.29	114.04	086.22	105.25	spurious
196.06	136.14	157.11	spectacles	spoiled	163.18
somebody	161.28	south	004.26	151.28	spurred
007.29	166.25	030.05	speech	161.22	078.22
079.08	167.29	054.06	145.08	spoilt	spurted
122.02	170.14	086.30	156.08	053.14	106.03
136.23	172.26	185.08	171.25	107.16	squabbling
146.12	173.13	south-east	speechless	spoke	107.22
166.07	178.07	116.31	128.30	008.05	137.07
191.31	188.05	south-easter	133.21	033.16	squalid
somebody'll	189.05	112.05	speed	033.25	002.26
173.08	sooner	south-west	061.28	040.28	squall
somebody's	018.25	033.30	103.08	052.04	030.19
066.06	sooperfloos	054.14	185.14	054.02	059.22
069.02	007.24	southern	speedily	060.16	061.24
somehow	soot	081.06	178.04	100.06	065.20
093.28	030.03	southern-going	speeding	119.16	squalls
107.29	042.06	005.03	183.21	143.26	054.21
147.16	soothe	195.07	speedy	145.06	055.14
163.01	137.16	southward	052.08	158.17	117.04
190.01	soothed	005.22	spell	159.17	square
something	118.10	032.22	041.21	160.29	053.02
004.02	soothing	southwest	050.28	162.15	074.07
019.25	014.27	176.07	063.16	162.30	096.26
022.20	soothingly	space	095.29	167.18	097.27
025.24	036.19	007.12	164.28	168.06	121.05
037.04	sooty	034.30	186.21	173.10	182.14
037.28	061.25	127.13	spell-bound	174.02	182.22
038.08	sophistry	183.27	177.14	177.10	square-head
040.12	115.06	187.22	spelling	192.08	013.13
070.11	sordid	190.20	005.30	spoken	squarely
080.24	032.21	spaniard	spells	019.22	175.17
085.28	187.27	017.09	161.15	025.16	squares
090.15	sorely	spanker	spent	036.01	142.10
110.21	105.29	123.17	005.26	spokes	squaring
116.19	sorr	123.20	025.15	033.02	013.17
137.23	007.15	123.21	119.13	067.23	108.23
143.29	007.16	123.29	158.31	097.03	squashed
146.15	072.13	spanned	159.23	100.27	106.20
147.06	089.27	129.05	sperrit	142.27	squatted
148.03	sorrow	spare	193.12	sport	028.17
149.06	106.24	011.21	speshul	016.31	squeak
149.18	156.14	034.23	122.25	160.04	077.04
150.25	174.19	054.09	spices	spot	squeaked
153.09	179.12	071.03	187.20	009.28	012.15
157.03	194.27	087.11	spines	034.14	077.06
157.13	sorrowful	092.15	015.05	137.29	squeaky
166.07	042.05	115.25	spinning	151.25	006.20
169.23	159.06	118.27	075.02	spouting	squinted
175.21	171.23	132.31	spirals	127.14	114.20
175.26	178.22	158.31	127.20	sprang	squirmed
179.24	sorrows	spared	spirit	013.31	079.12
188.13	195.26	136.07	159.12	134.03	st
192.11	sorry	spark	178.18	162.22	041.21
somethink	045.27	015.06	spiritual	181.28	staggered
136.31	143.13	130.26	041.31	sprawled	013.03
sometimes	sorts	sparkled	spit	073.15	079.24
043.24	125.16	036.04	097.20	097.20	096.17
052.05	125.22	150.11	149.21	144.15	110.04
056.26	sou'wester	sparkling	spite	sprawling	134.09
079.28	110.28	029.06	026.24	007.05	staggering
114.06	184.10	108.06	spiteful	105.23	003.05
142.22	soul	sparks	047.27	spray	099.02
162.09	002.29	065.28	164.22	072.24	stagnated
somewhat	019.08	sparrer	spitting	sprays	144.12
094.05	059.08	046.16	021.03	055.05	stain
somewhere	130.11	spars	splash	055.28	117.08
074.24	130.15	034.23	173.15	062.02	160.07
076.03	163.06	054.09	splashed	065.29	stained
078.01	179.05	054.29	084.13	068.30	006.06
107.18	soulless	059.21	096.26	071.14	155.23
189.25	187.10	088.20	100.16	090.11	196.02
somnambulists	187.24	098.20	187.06	spread	stainless
144.23	souls	099.30	splashes	004.16	164.13
son	005.08	140.20	150.07	042.09	stains
069.10	032.02	185.29	splashing	050.04	011.31
146.28	117.19	spasmodically	003.01	065.11	stalked
193.11	sound	119.16	024.03	098.27	161.30
song	003.22	125.27	058.25	106.19	stalking
129.11	027.24	spat	073.20	142.17	039.14
songs	033.13	006.30	109.08	181.21	stammered
040.03	074.17	063.24	splendid	spreading	122.30
092.30	080.27	105.19	021.15	023.21	133.22
129.30	082.20	speak	150.13	110.18	181.16
sonny	091.13	027.06	184.30	144.09	194.14
003.19	108.15	034.06	splendour	spree	stamped
008.10	118.07	035.09	086.31	121.10	036.23
020.24	130.31	036.17	195.06	spring	059.29
069.11	141.14	043.24	splice	037.11	100.10
108.01	148.05	047.14	010.05	spring-flood	103.06
149.01	173.24	084.15	splintered	196.17	137.20
sonorous	175.03	090.29	078.06	spring-time	187.04
017.25	182.27	103.14	splinters	150.05	stamping
sonorously	186.10	141.25	106.25	springbok	021.02
019.22	sounded	168.01	split	076.24	055.03
soon	018.05	177.11	078.23	sprung	129.09
002.18	071.08	192.07	149.09	142.12	142.28
014.08	091.01	speaker	149.10	spun	stanchion
021.01	091.31	013.04	149.11	017.19	068.11
030.11	103.26	136.09	165.22	039.04	073.05
031.07	sounding	speaking	splutter	098.31	088.12
039.10	103.12	001.07	170.04	100.05	stanchions
042.08	sounding-rod	004.11	spluttered	103.01	023.24
061.30	188.20	075.04	080.08	105.15	065.04

stand
 011.20
 011.20
 030.06
 066.03
 077.19
 080.13
 088.13
 089.26
 094.04
 098.23
 102.19
 102.23
 105.14
 110.07
 110.27
 116.11
 135.06
 140.30
 142.21
 143.17
 154.21
 181.06
 187.02
 187.02
 194.27
stand-up
 004.06
standards
 015.08
standing
 017.22
 027.29
 042.01
 060.25
 077.29
 096.01
 104.03
 128.05
 138.31
 143.09
 146.04
 182.17
star
 015.06
 129.27
starboard
 001.22
 015.31
 051.06
 099.13
 099.16
 106.01
 106.16
 180.11
stare
 031.28
 032.13
 109.24
 158.20
stared
 004.13
 007.02
 008.01
 010.31
 024.12
 038.06
 072.21
 087.09
 096.27
 101.17
 118.27
 120.14
 129.02
 134.27
 138.22
 159.28
 173.04
 181.26
 192.31
staring
 025.08
 025.20
 032.01
 037.15
 047.10
 061.10
 065.01
 083.29
 084.09
 110.09
 136.07
 145.29
 168.18
 173.29
 187.10
starlight
 033.01
 143.24
starred
 184.06
stars
 014.28
 031.29
 033.12
 086.21
 111.29
 140.07
start
 017.02
 084.15

 092.28
 095.19
 112.15
 138.20
 149.04
 149.05
 169.18
started
 014.20
 024.19
 024.28
 060.26
 080.29
 082.29
 097.30
 098.11
 104.13
 137.14
 154.23
 175.17
 178.13
 181.31
startled
 043.21
 046.24
 046.25
 063.31
 075.28
 110.08
 132.01
 133.31
 140.31
 170.13
startling
 009.19
 027.21
 036.22
 084.16
 087.30
 167.10
 167.13
startlingly
 037.23
starts
 085.25
starvation
 161.30
starve
 193.13
starved
 080.05
starvin'
 047.29
starving
 009.18
 083.12
state
 024.23
 078.13
 115.03
 177.28
stately
 059.20
statements
 158.06
station
 179.26
 185.16
statue
 145.23
stay
 095.31
staysail
 025.03
steadfastness
 086.10
 156.23
steadied
 103.01
steadily
 004.04
 007.12
 016.12
 050.16
 088.18
 140.07
 146.22
 184.18
 185.19
steadiness
 160.21
steady
 003.18
 016.27
 022.03
 033.01
 099.01
 100.14
 100.14
 100.23
 161.30
 173.04
 179.11
 184.20
 186.16
steak
 165.26
steal
 188.13
stealing
 042.10

 042.16
 129.21
stealthily
 027.22
 048.12
 120.12
 131.22
 167.29
 186.12
stealthy
 114.12
 134.02
 140.13
steam
 058.06
steamboats
 128.18
 184.11
steamer
 007.16
 053.19
steamers
 196.07
steaming
 014.25
 186.02
steamy
 088.05
steel
 054.18
 184.27
steely
 150.29
 180.12
steep
 059.28
steer
 010.05
steered
 100.27
steering
 098.29
 102.26
steers
 102.29
step
 016.01
 034.29
 047.19
 149.11
stepped
 001.03
 027.28
 037.19
 103.20
 109.20
 116.07
 136.03
 145.24
 153.01
 153.27
 154.06
 167.01
 182.02
 183.27
 185.30
stepping
 016.16
 021.04
 023.03
 151.11
 152.27
steps
 035.05
 062.24
 102.22
 133.26
 143.25
 152.05
 194.12
sterile
 120.16
stern
 029.19
 069.20
 114.10
sternly
 110.20
 132.25
sternness
 028.05
steward
 031.09
 049.30
 050.05
 050.17
 054.10
 055.24
 057.03
 067.22
 155.04
 155.22
stick
 081.21
 146.28
sticking
 008.12
 183.11
sticks
 066.19
 089.15

stiff
 014.23
 053.12
 055.10
 057.21
 083.15
 087.03
 102.07
 110.05
 133.01
 191.20
stiffened
 037.30
 104.05
 134.08
stiffening
 080.12
stiffly
 071.03
 084.17
 106.22
 118.31
stifled
 116.13
still
 017.18
 019.02
 026.09
 030.06
 033.17
 036.05
 039.12
 042.20
 046.28
 047.05
 060.25
 061.02
 066.14
 083.15
 084.06
 086.20
 087.12
 087.27
 088.21
 093.01
 096.08
 097.16
 100.23
 107.11
 108.14
 109.25
 117.19
 121.26
 124.26
 126.09
 129.02
 139.07
 148.31
 154.04
 160.20
 175.09
 177.14
 180.04
 191.11
stillness
 013.29
 015.11
 061.02
 114.08
 133.12
 162.12
 164.31
sting
 055.04
 124.05
stinging
 040.09
 091.01
stinkin'
 124.26
stinking
 170.11
stir
 025.11
 028.02
 033.02
 061.03
 084.16
 095.30
 096.28
 100.27
 118.10
 129.29
 164.19
 165.30
 174.28
 195.24
stirred
 005.13
 017.15
 035.23
 083.22
 095.15
 146.28
 151.24
 153.07
 181.12
stirring
 022.30
 135.12
 167.08

stitch
 107.08
 179.17
stitches
 179.09
stock
 154.03
stoical
 063.25
stoked
 094.07
stokehold
 128.21
 132.12
stole
 041.23
 130.30
 194.20
stolen
 009.08
 080.23
 129.17
stolid
 062.12
 087.13
 150.17
stomach
 097.21
stone
 027.09
 144.06
 167.07
 187.03
stones
 187.16
 195.11
 195.23
 195.31
stonily
 063.16
stony
 103.12
 187.08
 193.05
stood
 006.22
 008.25
 009.20
 011.14
 011.27
 012.27
 013.11
 015.02
 017.18
 017.28
 018.08
 018.16
 019.02
 022.27
 023.17
 026.01
 026.09
 028.07
 031.20
 033.11
 035.27
 036.05
 037.01
 039.12
 044.07
 044.28
 046.18
 046.28
 046.30
 055.14
 057.15
 064.06
 080.10
 096.20
 100.23
 105.11
 107.11
 109.20
 117.13
 116.24
 121.19
 123.12
 124.13
 133.01
 133.21
 134.12
 136.20
 139.07
 144.10
 145.21
 152.04
 153.25
 160.17
 164.13
 176.03
 178.24
 180.16
 187.04
 192.14
 194.28
 196.03
stool
 190.27
stop
 075.29
 086.14

 086.25
 088.26
 115.17
 146.30
 152.18
 152.18
 152.19
 170.28
stoppages
 088.09
stopped
 016.21
 018.30
 029.09
 030.02
 039.07
 042.11
 048.25
 091.28
 124.11
 128.29
 146.20
 154.18
 160.13
 175.01
 194.31
stopping
 150.28
stores
 076.05
 122.12
 151.28
 161.21
 177.20
stories
 034.28
 056.28
storm
 066.14
 152.05
 195.16
stormed
 152.13
storms
 054.13
 185.06
stormy
 054.13
 059.30
 092.22
 145.07
story
 037.12
stout
 054.11
 076.17
stoutest
 076.19
stove
 042.02
 058.09
 094.02
 163.27
straddling
 145.16
straggling
 165.25
straight
 015.02
 023.12
 030.16
 043.10
 055.15
 057.18
 072.25
 076.24
 078.29
 112.08
 117.25
 150.30
 155.01
 184.21
 187.08
 192.20
straightforward
 041.20
strain
 027.25
 028.10
 077.30
 104.16
 160.23
strained
 058.01
 073.02
 187.17
straining
 071.13
strands
 014.19
strange
 006.31
 015.13
 037.21
 083.08
 096.16
 109.12
 124.04
 127.25
 161.18
 171.15

STRANGE (continued)

187.26	184.10	191.22	144.18	117.06	surlily
188.03	strip	stupidity	152.31	127.14	011.25
193.22	104.10	115.04	163.16	150.12	168.30
strangely	stripes	156.20	168.09	164.30	surliness
057.22	004.13	stupidly	169.03	sunbeams	087.13
126.28	stripped	007.06	176.15	083.27	surly
144.24	004.20	038.07	188.28	sunburnt	127.01
165.09	023.15	084.10	188.30	004.26	178.24
strangers	184.09	stuttering	189.13	035.04	surmounted
188.29	185.29	072.12	suddenly	113.28	190.19
strangle	strive	style	008.15	sunday	surprise
043.02	096.17	022.13	013.23	020.16	004.31
straw	strode	subdued	014.20	041.24	011.08
065.11	133.25	003.03	016.28	091.03	024.20
110.23	147.21	016.26	019.12	sunderland	044.30
streak	stroke	084.07	027.18	087.18	084.18
136.26	001.06	115.14	036.05	sunken	134.05
streaked	002.07	178.04	037.03	084.02	135.28
014.30	strolled	190.26	067.17	sunlight	176.19
streaks	048.22	191.06	071.15	084.05	surprised
001.20	strong	subject	073.08	095.09	013.29
stream	026.09	093.31	074.17	150.07	018.04
056.12	026.16	sublime	077.08	sunlit	029.23
114.03	026.16	052.14	078.05	029.17	045.25
132.28	027.07	131.08	078.20	sunny	093.01
156.19	054.20	submerged	079.03	183.30	107.06
179.04	111.01	098.13	086.01	sunrise	115.01
185.21	174.09	submissive	088.29	101.09	129.14
186.12	176.25	041.15	090.10	101.10	141.30
186.15	184.28	submitting	092.27	sunset	153.02
196.19	195.19	115.28	093.12	030.19	173.05
streamed	stronger	subsided	095.28	036.03	177.12
059.23	080.03	002.31	096.18	059.15	177.15
063.25	185.05	145.25	097.03	101.09	182.16
065.29	strongest	subtle	099.10	101.10	192.08
100.01	096.31	037.27	102.19	sunshade	surprises
127.24	strongly	178.10	107.07	023.03	116.17
195.21	006.23	subtleties	110.04	sunshine	surprising
streaming	strook	046.12	139.07	009.19	036.26
079.14	077.15	subtlety	140.17	022.30	122.04
103.30	struck	157.23	145.27	029.23	surrender
126.03	011.31	succeed	148.05	033.01	167.21
streams	013.23	094.30	150.21	054.19	178.31
099.24	030.08	succeeded	151.20	056.13	185.03
106.17	057.29	167.18	160.28	068.27	surrendering
street	062.10	success	165.24	070.05	111.15
169.05	064.14	037.01	166.08	072.24	surrounded
street-boy	067.16	succession	172.04	079.20	019.02
006.17	077.10	101.10	173.05	086.06	031.31
streets	078.04	140.19	174.08	092.27	086.26
068.05	083.28	successive	186.01	096.21	144.12
strength	093.15	189.29	195.25	100.02	195.12
060.01	123.08	successors	suddenness	111.16	surrounding
094.17	139.11	027.03	043.21	112.07	005.19
097.11	142.16	such	182.01	116.14	080.10
103.23	145.09	006.08	suffered	138.15	169.29
111.11	148.01	009.28	023.16	150.23	survey
111.23	150.07	033.10	111.17	162.24	013.20
130.16	163.15	039.09	129.31	183.27	surveyed
151.31	156.17	039.19	suffering	184.02	018.22
167.22	188.28	039.23	092.21	195.20	042.14
170.10	structures	041.21	157.05	195.22	survival
171.10	015.14	042.16	158.24	195.29	009.29
171.22	struggle	044.18	178.01	sunshiny	survived
195.06	015.26	044.19	184.29	074.06	177.07
stretch	055.25	045.20	suffocated	sup	susceptibilities
150.06	062.22	051.15	098.01	189.25	112.11
stretched	064.30	056.24	suffused	superb	suspect
014.18	struggled	056.30	097.06	018.15	040.27
025.08	002.22	060.02	sugar	160.07	046.16
030.16	054.25	065.26	126.11	169.16	157.10
060.28	065.10	069.25	161.23	superhuman	suspected
067.20	066.03	069.26	suggested	072.23	039.23
106.03	066.31	079.13	012.24	superior	046.05
114.19	091.19	081.11	094.05	021.25	159.13
125.07	struggling	082.06	116.18	036.09	suspended
136.20	014.13	115.06	suggestion	supernatural	015.21
153.25	strutted	115.16	027.21	036.21	037.16
176.14	115.20	120.03	suited	157.11	060.09
179.09	stuck	129.22	049.18	supper	suspense
stretching	003.16	138.19	050.10	020.06	061.04
166.19	007.07	142.12	suits	024.07	suspicion
172.03	023.12	146.06	060.14	165.27	081.27
184.20	066.31	146.16	sulky	support	082.11
strewn	073.29	155.11	036.30	134.11	112.19
106.14	079.04	161.17	053.09	supported	115.03
stride	080.01	163.09	sullenly	050.05	159.22
001.03	082.02	163.12	058.21	110.15	suspicious
037.20	105.26	167.17	163.17	182.05	134.05
124.29	108.24	171.10	sulphur	suppose	159.05
126.31	143.17	177.04	130.22	119.30	176.27
152.29	160.02	193.14	sumptuous	155.10	suspiciously
154.17	stuffed	sudden	150.04	supposed	042.13
175.19	014.04	009.20	sums	009.07	sustained
strides	080.15	023.07	002.27	suppressed	030.25
016.02	stumbled	060.26	sun	018.05	092.24
striding	015.17	062.26	030.07	044.31	swagger
144.22	stumbling	079.25	030.17	supreme	018.08
strike	139.22	084.07	032.11	130.27	swaggering
136.18	stumped	084.26	034.21	sure	169.13
136.18	035.09	087.22	037.25	022.20	185.26
170.06	106.28	095.19	059.27	129.15	swallow
striking	stunned	097.25	062.04	167.04	020.23
066.30	067.21	100.26	075.21	surely	126.03
145.04	stunsail	114.08	083.24	009.25	swallowed
172.31	116.08	117.20	083.25	063.11	171.04
string	stupefied	125.17	084.11	158.23	swallowing
027.26	085.31	126.06	084.19	174.26	123.23
060.09	stupid	130.23	084.24	surface	swam
145.02	020.22	136.23	092.28	150.17	065.11
171.13	046.17	142.29	095.15	176.15	077.24

SWAM (continued)

103.20	swirls	111.22	tar-pot	172.11	079.26
swarm	098.18	114.06	007.20	172.14	079.27
187.26	swish	136.06	tarred	172.15	080.04
swarmed	109.07	153.24	179.12	182.24	081.18
079.15	swishing	153.26	tarry	temper	081.19
swarthy	030.25	153.28	151.25	018.12	085.19
017.08	055.29	159.08	task	058.30	085.22
swathed	swollen	170.26	094.29	082.04	086.11
178.25	055.03	179.19	tassel	137.17	086.27
181.13	097.12	189.04	037.18	tempers	091.23
sway	swoon	189.08	133.05	053.14	092.11
061.06	098.04	189.10	tatters	tempest	093.17
swayed	swore	194.31	002.26	004.18	097.11
004.09	076.28	taken	013.17	060.16	111.06
028.06	087.14	042.18	tattooed	tempt	114.10
103.29	163.23	045.31	004.21	041.24	114.19
137.29	swung	089.22	026.12	temptation	116.10
swaying	027.18	089.25	113.28	068.15	121.16
003.07	060.14	176.21	taut	temptations	127.23
028.11	066.04	190.03	179.13	111.15	128.04
030.10	070.01	196.08	tautened	tempted	135.22
057.20	072.07	takes	027.26	166.30	140.06
075.10	073.07	031.03	tawlk	166.29	141.06
100.20	079.10	122.19	086.02	ten	142.22
103.04	080.16	137.01	tax	113.16	144.06
103.11	080.19	takin'	062.07	152.11	148.20
109.20	082.16	047.29	taytottlers	169.19	150.11
118.04	083.14	taking	070.30	170.06	151.19
195.01	099.10	008.15	tea	170.07	152.16
195.11	099.27	064.08	041.01	173.09	159.06
swear	102.11	110.01	128.09	176.18	159.19
031.17	105.20	111.10	129.16	tenacious	163.05
107.09	108.28	118.06	161.23	104.07	163.16
131.15	135.29	tale	teach	112.02	164.20
163.23	163.17	196.05	013.07	tenanted	164.20
swearing	185.12	talents	013.11	023.09	167.05
004.12	sybarite	009.24	teak	tended	177.22
129.21	023.11	tales	073.16	159.01	180.19
swears	sycophants	005.13	tear	tendency	183.11
010.07	158.07	talk	065.30	088.13	183.12
sweeping	sympathetic	039.29	078.22	tender	183.25
117.06	010.13	087.20	144.07	020.30	185.05
175.25	sympathised	115.12	159.07	023.01	192.30
sweepings	157.23	119.14	159.07	023.04	thank
149.27	symptom	122.31	170.02	157.22	030.17
sweet	042.19	124.23	174.15	164.16	070.26
130.21	synchronise	124.31	174.15	177.03	109.06
sweetened	023.14	130.16	tearful	tendered	thanked
128.10	systematically	143.03	043.10	072.08	115.15
sweetness	044.16	166.08	tearfully	tenderly	thanks
026.31	t'other	talked	107.17	083.01	114.14
swell	122.17	114.01	179.14	159.02	that
013.12	table	121.01	tearing	tenderness	001.21
029.20	050.04	134.06	078.20	102.30	002.12
030.04	190.25	141.29	tears	130.10	002.29
054.14	191.19	159.01	041.17	157.04	003.19
162.10	tablet	159.09	057.17	tepid	003.23
180.07	008.15	163.01	069.03	014.27	005.15
190.07	taciturn	165.10	077.29	ter	005.16
swept	009.31	192.21	103.28	168.10	005.17
002.07	046.04	talking	138.02	172.12	005.27
030.07	141.31	020.09	148.21	172.22	006.06
038.11	tack	036.28	179.12	172.23	007.09
058.23	162.04	123.31	194.22	172.26	007.15
080.07	tackle	140.03	tech	192.27	007.16
084.22	085.11	159.23	154.14	terms	007.22
087.02	085.12	163.29	technically	048.02	008.09
090.11	085.18	192.16	056.29	terrible	009.04
130.06	tacks	tall	teeth	034.16	009.05
142.04	076.06	014.13	016.22	061.01	009.06
185.28	tact	017.22	017.29	072.02	009.12
191.16	051.13	017.27	020.21	166.17	010.04
swift	110.15	019.26	036.04	terribly	010.05
032.04	taffy	023.22	045.17	075.09	010.05
100.25	109.05	063.14	046.31	terrific	010.06
106.04	tail	065.22	059.21	066.16	010.13
110.06	014.23	185.24	065.31	terrified	010.16
147.26	tailor	tallest	066.28	159.15	010.24
swifter	189.20	018.17	066.26	174.05	011.06
183.25	tails	tally	084.05	terror	011.11
swiftly	009.02	105.13	087.11	060.08	011.24
060.22	185.16	tame	091.12	111.31	012.07
140.31	taint	028.19	097.16	122.19	012.23
175.12	116.13	tamed	120.09	terrors	012.29
swimming	tainted	044.23	149.31	134.14	014.07
119.26	052.11	taming	154.19	145.25	014.16
189.08	101.11	008.09	172.01	testifying	014.28
swims	take	tangible	tell	009.29	015.01
091.25	003.19	141.24	001.14	than	017.13
091.29	007.22	tangle	001.15	005.25	017.14
094.31	011.03	028.21	003.22	010.26	017.28
swine	012.08	tangled	003.26	032.01	018.05
050.27	012.23	062.31	044.03	035.14	018.08
swing	019.11	083.30	050.13	037.09	018.13
003.23	020.20	146.28	051.03	038.05	019.24
088.19	021.13	tank	057.06	045.21	019.31
127.13	021.24	091.16	091.15	045.28	020.04
152.29	031.01	tap	122.23	046.28	020.09
180.11	039.16	028.12	124.22	048.16	020.26
swing-doors	050.22	tap-rooms	139.19	049.13	021.12
169.15	051.13	088.06	143.20	049.16	021.16
swinging	057.13	tapped	145.27	056.15	021.21
007.04	063.04	084.29	146.17	057.17	021.24
053.08	063.16	143.08	146.24	058.17	021.25
072.29	067.02	149.06	152.07	061.02	021.29
109.23	081.07	175.23	152.15	062.16	021.31
151.25	081.16	191.03	152.16	064.28	022.11
162.11	089.23	tar	155.11	071.30	023.14
swirling	105.06	007.26	167.12	076.10	024.02
100.17	107.05	007.28	171.28	077.08	025.18
	109.06	011.31	172.09	078.07	026.26

THAT (continued)

027.09	079.13	143.22	096.02	005.19	012.27
027.17	079.26	143.28	105.17	005.20	012.29
027.22	080.03	144.10	120.20	005.22	012.30
028.03	080.05	146.01	122.25	005.23	012.31
028.17	080.28	146.07	128.17	005.23	013.01
029.20	080.30	148.28	129.13	005.26	013.03
032.15	080.31	149.07	129.15	005.27	013.04
033.16	081.07	150.25	136.18	005.28	013.06
033.26	081.17	150.26	165.29	005.30	013.06
034.04	081.23	150.29	169.08	006.02	013.09
034.10	081.27	151.29	172.27	006.03	013.10
034.18	082.05	152.05	173.13	006.04	013.10
035.12	082.09	152.07	193.02	006.05	013.13
037.17	083.17	152.20	**the**	006.06	013.14
037.28	083.27	152.21	001.02	006.08	013.14
039.14	084.26	152.31	001.04	006.10	013.15
039.16	084.28	153.10	001.04	006.10	013.15
039.21	085.17	154.22	001.05	006.10	013.17
039.29	086.12	154.30	001.05	006.11	013.18
040.06	086.21	155.06	001.05	006.13	013.20
040.26	088.13	155.06	001.07	006.13	013.22
040.28	088.25	156.09	001.08	006.13	013.24
041.13	088.29	156.11	001.09	006.15	013.25
041.21	088.30	156.13	001.09	006.16	013.26
041.28	088.31	156.15	001.14	006.19	013.26
041.29	089.02	156.16	001.15	006.24	013.30
042.09	089.24	157.01	001.18	006.24	013.31
043.07	090.01	157.10	001.19	006.25	014.06
043.25	090.28	158.08	001.19	006.27	014.08
044.05	091.13	158.15	001.20	006.28	014.10
044.14	091.31	158.29	001.20	006.28	014.10
044.19	092.10	158.29	001.21	006.29	014.12
045.08	092.20	159.14	001.22	006.30	014.15
045.29	092.28	160.15	002.03	007.03	014.16
045.30	093.22	160.16	002.04	007.04	014.16
045.31	093.29	161.06	002.04	007.06	014.17
046.05	094.15	161.09	002.05	007.08	014.18
046.13	095.02	161.18	002.07	007.08	014.19
046.18	097.18	161.30	002.07	007.17	014.20
046.20	097.22	162.04	002.08	007.24	014.21
047.03	097.28	162.04	002.08	007.29	014.21
047.21	097.30	163.02	002.09	008.01	014.21
047.30	099.30	163.09	002.10	008.02	014.25
048.04	100.09	163.12	002.11	008.06	014.25
048.13	101.08	164.18	002.11	008.07	014.25
048.25	105.13	164.23	002.13	008.09	014.26
049.13	105.28	164.24	002.13	008.19	014.26
049.18	107.07	164.27	002.14	008.19	014.28
049.28	107.15	165.04	002.16	008.23	014.28
049.30	108.09	165.11	002.16	008.24	014.29
049.31	109.06	165.18	002.16	008.25	014.30
050.01	110.21	166.11	002.17	008.27	014.30
050.14	112.02	166.15	002.18	008.27	015.01
050.30	112.15	166.19	002.18	008.29	015.04
051.02	112.18	166.27	002.21	008.31	015.04
051.03	113.12	166.27	002.21	009.01	015.05
051.10	113.17	168.03	002.23	009.02	015.06
051.16	113.20	168.31	002.25	009.03	015.07
051.20	114.14	169.20	002.26	009.04	015.07
051.26	115.08	169.30	002.29	009.10	015.08
053.16	115.19	171.11	002.30	009.17	015.10
055.01	115.21	172.02	002.31	009.20	015.10
056.05	116.14	172.05	003.04	009.22	015.11
056.13	116.19	172.23	003.05	009.23	015.12
056.14	117.03	173.11	003.06	009.30	015.16
056.18	117.28	174.04	003.07	010.03	015.17
056.21	119.04	174.04	003.07	010.04	015.18
057.06	119.11	174.07	003.09	010.05	015.20
058.12	119.12	174.18	003.10	010.07	015.20
058.18	121.08	174.20	003.11	010.07	015.21
059.04	121.12	175.20	003.14	010.08	015.22
059.07	121.14	175.31	003.15	010.08	015.23
059.30	121.19	176.22	003.15	010.09	015.23
060.01	121.27	176.26	003.17	010.09	015.24
061.29	122.23	176.28	004.01	010.10	015.24
062.01	123.28	177.06	004.02	010.11	015.27
062.04	124.05	177.17	004.04	010.11	015.28
062.09	125.03	177.19	004.04	010.12	015.29
062.15	126.01	177.30	004.08	010.12	015.30
062.19	126.15	178.08	004.09	010.15	015.31
062.20	127.09	178.09	004.09	010.15	016.01
065.20	127.25	178.13	004.10	010.17	016.02
065.27	129.14	179.04	004.17	010.17	016.03
065.30	130.01	180.12	004.19	010.18	016.03
066.01	130.12	180.24	004.19	010.18	016.05
067.14	131.08	181.05	004.20	010.19	016.08
067.29	131.31	182.31	004.20	010.26	016.09
068.01	133.17	183.04	004.21	010.29	016.10
068.14	133.29	183.05	004.23	010.31	016.10
068.16	135.23	186.01	004.24	011.05	016.10
068.22	135.26	187.02	004.25	011.06	016.15
068.25	136.01	188.22	004.28	011.10	016.16
069.14	136.05	188.26	004.29	011.12	016.17
070.05	136.27	190.28	004.29	011.20	016.18
070.19	137.01	190.31	004.31	011.23	016.20
071.08	137.27	191.01	005.02	011.26	016.21
072.30	137.29	191.25	005.02	011.27	016.24
073.21	138.10	193.03	005.05	011.28	016.25
073.26	138.19	193.15	005.06	012.01	016.27
073.30	139.02	194.08	005.07	012.01	016.29
074.04	139.20	194.15	005.08	012.09	016.29
075.09	139.30	**that'll**	005.11	012.10	016.30
075.10	140.01	016.26	005.11	012.12	017.02
075.19	140.19	069.22	005.12	012.12	017.04
076.04	140.26	**that's**	005.12	012.12	017.05
076.21	140.29	007.24	005.13	012.13	017.07
076.28	141.12	011.01	005.15	012.14	017.13
076.30	141.22	011.16	005.17	012.17	017.15
077.24	142.18	014.06	005.18	012.18	017.22
078.08	143.10	019.10	005.18	012.24	017.23
078.11		086.02		012.25	017.24

THE (continued)

017.24	023.20	029.14	033.10	040.08	049.28
017.25	023.24	029.15	033.10	040.08	049.30
017.26	023.26	029.16	033.12	040.15	049.30
017.26	023.27	029.17	033.14	040.17	049.31
017.28	023.27	029.18	033.14	040.19	050.03
017.29	024.03	029.20	033.15	040.21	050.04
017.29	024.03	029.20	033.17	040.26	050.05
017.30	024.03	029.21	033.18	040.31	050.10
018.03	024.04	029.23	033.18	041.01	050.12
018.03	024.05	029.23	033.19	041.01	050.13
018.03	024.11	029.24	033.26	041.09	050.17
018.04	024.11	029.25	033.27	041.11	050.20
018.05	024.12	030.01	034.03	041.11	050.21
018.06	024.16	030.02	034.03	041.11	050.23
018.06	024.18	030.02	034.04	041.12	050.26
018.07	024.24	030.03	034.05	041.16	050.26
018.07	024.24	030.04	034.07	041.17	050.28
018.15	024.27	030.05	034.09	041.19	051.03
018.15	024.28	030.06	034.11	041.19	051.04
018.17	025.02	030.07	034.11	041.21	051.04
018.18	025.05	030.08	034.13	041.23	051.05
018.19	025.06	030.09	034.14	041.23	051.06
018.20	025.13	030.10	034.15	041.23	051.08
018.22	025.14	030.11	034.20	041.24	051.11
018.24	025.14	030.11	034.20	041.26	051.19
018.26	025.15	030.12	034.21	041.27	051.20
018.27	025.16	030.12	034.21	041.28	051.21
018.30	025.17	030.14	034.21	042.03	051.28
019.01	025.17	030.14	034.23	042.04	051.29
019.03	025.24	030.15	034.23	042.04	051.30
019.04	025.25	030.17	034.23	042.07	052.03
019.07	025.28	030.18	034.24	042.08	052.05
019.07	025.29	030.18	034.26	042.13	052.08
019.07	026.01	030.18	034.27	042.14	053.02
019.09	026.01	030.19	034.27	042.16	053.03
019.12	026.02	030.20	035.01	042.16	053.04
019.16	026.02	030.21	035.02	042.20	053.06
019.16	026.03	030.24	035.03	042.25	053.07
019.16	026.06	030.25	035.05	042.27	053.08
019.17	026.07	030.26	035.05	042.30	053.11
019.18	026.13	030.26	035.06	043.04	053.12
019.18	026.14	030.27	035.07	043.11	053.14
019.19	026.26	030.27	035.09	043.11	053.16
019.21	026.27	030.30	035.10	043.12	053.16
019.23	026.28	030.31	035.11	043.12	053.17
019.24	026.29	031.01	035.11	043.30	053.19
019.26	026.29	031.01	035.13	043.30	053.25
019.26	026.31	031.02	035.21	044.04	053.25
019.27	026.31	031.03	035.22	044.06	054.06
019.30	027.01	031.03	035.22	044.07	054.06
019.31	027.02	031.05	035.23	044.09	054.08
020.01	027.02	031.06	035.26	044.09	054.09
020.02	027.03	031.07	035.27	044.10	054.09
020.04	027.07	031.09	035.27	044.15	054.11
020.04	027.09	031.09	035.30	044.17	054.13
020.05	027.09	031.09	035.31	044.17	054.13
020.05	027.11	031.11	035.31	044.23	054.13
020.06	027.12	031.11	036.01	044.26	054.14
020.08	027.15	031.11	036.02	044.28	054.17
020.10	027.15	031.12	036.02	044.29	054.18
020.11	027.16	031.14	036.03	044.29	054.19
020.11	027.17	031.16	036.04	045.03	054.19
020.12	027.19	031.19	036.06	045.05	054.20
020.12	027.19	031.21	036.07	045.06	054.21
020.19	027.19	031.21	036.09	045.09	054.23
020.20	027.20	031.22	036.13	045.10	054.24
020.20	027.21	031.23	036.15	045.11	054.24
020.20	027.23	031.23	036.24	045.12	054.26
020.25	027.23	031.25	036.27	045.13	054.28
020.27	027.23	031.26	036.27	045.17	054.30
020.30	027.24	031.26	036.29	045.18	055.01
020.31	027.25	031.26	036.30	045.18	055.01
021.03	027.25	031.29	037.03	045.20	055.04
021.06	027.26	031.30	037.04	045.24	055.04
021.08	027.27	031.30	037.05	045.25	055.06
021.09	027.27	031.31	037.07	046.01	055.08
021.09	027.31	031.31	037.08	046.05	055.08
021.09	028.01	032.01	037.08	046.05	055.10
021.14	028.02	032.02	037.09	046.07	055.11
021.20	028.04	032.03	037.10	046.07	055.13
021.22	028.05	032.03	037.11	046.08	055.14
021.24	028.05	032.04	037.13	046.09	055.14
021.27	028.06	032.05	037.14	046.19	055.16
021.30	028.07	032.08	037.16	046.19	055.17
022.04	028.08	032.11	037.17	046.22	055.18
022.09	028.09	032.14	037.18	046.27	055.20
022.11	028.09	032.16	037.24	047.05	055.20
022.16	028.10	032.18	037.25	047.06	055.21
022.17	028.10	032.20	037.29	047.07	055.22
022.19	028.12	032.21	037.29	047.11	055.23
022.19	028.13	032.22	037.30	047.12	055.24
022.23	028.15	032.23	037.31	047.13	055.26
022.28	028.17	032.24	038.03	047.18	055.26
022.28	028.18	032.24	038.08	047.25	055.27
022.28	028.21	032.24	038.09	048.02	055.29
023.01	029.02	032.26	038.10	048.03	055.31
023.01	029.04	032.26	038.15	048.06	056.01
023.02	029.05	032.28	038.19	048.13	056.02
023.04	029.05	032.28	038.24	048.14	056.03
023.05	029.07	032.29	038.26	048.24	056.03
023.05	029.07	032.30	038.31	048.29	056.07
023.05	029.08	032.31	039.04	048.30	056.08
023.08	029.08	033.02	039.07	049.03	056.09
023.11	029.09	033.02	039.17	049.05	056.11
023.11	029.10	033.05	039.19	049.05	056.11
023.16	029.10	033.05	039.22	049.12	056.12
023.17	029.11	033.05	039.26	049.17	056.13
023.18	029.12	033.06	039.27	049.21	056.13
023.19	029.13	033.07	039.30	049.25	056.14
023.19	029.14	033.09	039.31	049.25	056.20
023.19	029.14	033.09	040.04	049.26	056.24

THE (continued)   THE NIGGER OF THE NARCISSUS

056.25	062.17	067.22	074.30	083.03	088.15
056.26	062.17	067.24	074.30	083.05	088.15
056.27	062.19	067.25	075.08	083.07	088.16
056.28	062.20	067.30	075.11	083.13	088.16
056.29	062.20	068.01	075.17	083.16	088.18
056.31	062.22	068.02	075.17	083.16	088.19
057.01	062.22	068.09	075.18	083.21	088.19
057.03	062.23	068.10	075.18	083.24	088.20
057.04	062.25	068.12	075.21	083.27	088.23
057.05	062.25	068.14	075.21	083.28	088.26
057.08	062.26	068.19	075.22	083.29	088.27
057.11	062.27	068.19	075.24	083.30	088.28
057.12	062.27	068.21	075.27	083.31	088.31
057.14	062.28	068.22	075.28	083.31	089.01
057.14	062.31	068.22	075.30	083.31	089.04
057.16	063.01	068.24	075.31	083.31	089.04
057.26	063.02	068.25	076.01	084.01	089.10
057.27	063.03	068.27	076.01	084.01	089.13
057.28	063.03	068.28	076.02	084.02	089.15
057.30	063.03	068.30	076.05	084.02	089.18
057.31	063.04	068.30	076.15	084.04	089.23
058.04	063.06	069.05	076.17	084.05	089.29
058.05	063.07	069.06	076.19	084.07	089.30
058.06	063.08	069.09	076.19	084.07	090.10
058.07	063.08	069.09	076.22	084.08	090.11
058.07	063.10	069.19	076.24	084.10	090.12
058.10	063.10	069.26	076.26	084.10	090.17
058.12	063.17	069.28	076.27	084.11	090.18
058.13	063.23	069.28	076.27	084.12	090.21
058.15	063.24	069.31	076.31	084.13	090.22
058.15	063.26	069.31	077.02	084.13	090.24
058.16	063.26	069.31	077.03	084.14	090.24
058.19	063.26	070.01	077.05	084.16	090.26
058.21	063.27	070.01	077.07	084.19	090.31
058.23	063.29	070.03	077.11	084.20	091.05
058.24	064.01	070.05	077.13	084.20	091.07
058.27	064.02	070.12	077.17	084.21	091.14
058.29	064.04	070.13	077.18	084.22	091.16
058.30	064.05	070.14	077.19	084.24	091.16
058.31	064.07	070.16	077.21	084.25	091.19
059.04	064.07	070.17	077.21	084.26	091.26
059.13	064.08	070.21	077.22	084.26	091.27
059.13	064.08	070.23	077.22	084.27	091.28
059.14	064.09	070.24	077.22	084.29	091.30
059.16	064.11	070.28	077.25	084.29	092.03
059.16	064.12	070.30	077.29	084.31	092.04
059.17	064.15	070.31	077.30	085.02	092.06
059.18	064.19	071.04	077.30	085.03	092.06
059.19	064.20	071.05	077.31	085.11	092.07
059.21	064.21	071.06	078.04	085.11	092.09
059.21	064.21	071.07	078.05	085.14	092.10
059.22	064.22	071.12	078.09	085.18	092.12
059.23	064.23	071.14	078.16	085.26	092.16
059.24	064.24	071.16	078.20	085.27	092.17
059.24	064.27	071.16	078.21	086.02	092.18
059.25	064.27	071.17	078.22	086.03	092.19
059.25	064.28	071.22	078.23	086.08	092.20
059.26	064.28	071.26	078.28	086.09	092.20
059.26	064.31	072.07	079.06	086.10	092.22
060.03	064.31	072.10	079.09	086.11	092.22
060.04	065.04	072.13	079.15	086.11	092.25
060.05	065.04	072.15	079.16	086.12	092.26
060.07	065.05	072.15	079.18	086.13	092.28
060.08	065.06	072.15	079.19	086.17	092.30
060.09	065.07	072.17	079.19	086.19	092.30
060.11	065.07	072.18	079.20	086.19	093.02
060.12	065.07	072.18	079.21	086.20	093.02
060.17	065.09	072.18	079.21	086.20	093.05
060.17	065.11	072.18	079.21	086.21	093.07
060.20	065.11	072.20	079.23	086.22	093.08
060.20	065.12	072.22	079.23	086.24	093.09
060.21	065.17	072.23	079.24	086.24	093.10
060.21	065.19	072.25	079.26	086.24	093.15
060.24	065.20	072.26	079.26	086.25	093.22
060.27	065.21	072.26	080.01	086.26	093.24
060.28	065.21	072.30	080.03	086.26	093.25
060.29	065.22	072.30	080.04	086.28	093.26
060.30	065.22	072.31	080.05	086.29	093.29
060.31	065.24	073.01	080.05	086.30	093.30
060.31	065.24	073.02	080.07	086.30	093.31
061.02	065.25	073.06	080.09	086.31	093.31
061.06	065.27	073.08	080.12	086.31	094.01
061.09	065.27	073.14	080.17	086.31	094.03
061.09	065.28	073.14	080.20	087.03	094.08
061.12	065.29	073.16	080.26	087.04	094.11
061.14	065.29	073.17	080.27	087.07	094.11
061.16	066.02	073.18	080.30	087.09	094.16
061.16	066.04	073.18	081.05	087.11	094.17
061.17	066.05	073.19	081.05	087.12	094.17
061.17	066.09	073.19	081.06	087.17	094.19
061.17	066.11	073.20	081.21	087.20	094.23
061.18	066.12	073.21	081.26	087.20	094.24
061.18	066.13	073.22	081.27	087.20	094.26
061.19	066.13	073.23	081.29	087.21	094.26
061.22	066.15	073.24	081.31	087.23	094.27
061.23	066.16	073.25	081.31	087.24	094.30
061.25	066.16	073.25	082.04	087.27	095.01
061.26	066.30	073.26	082.05	087.29	095.01
061.27	067.01	073.31	082.09	087.31	095.02
061.28	067.01	074.01	082.11	088.01	095.02
061.28	067.01	074.06	082.11	088.03	095.02
061.30	067.02	074.07	082.18	088.04	095.03
061.31	067.04	074.07	082.19	088.05	095.03
062.01	067.08	074.11	082.20	088.05	095.06
062.03	067.10	074.13	082.20	088.06	095.07
062.04	067.12	074.16	082.26	088.09	095.07
062.08	067.16	074.16	082.29	088.09	095.08
062.09	067.17	074.17	082.30	088.11	095.08
062.11	067.20	074.20	082.31	088.12	095.09
062.14	067.21	074.22	083.03	088.13	095.12
062.16	067.22	074.24	083.03	088.14	095.13

THE (continued)   THE NIGGER OF THE NARCISSUS   75

095.14	100.25	107.27	116.09	123.11	131.20
095.15	100.26	107.28	116.10	123.12	131.21
095.18	101.02	107.31	116.11	123.12	131.23
095.20	101.03	108.03	116.12	123.13	131.26
095.21	101.04	108.05	116.13	123.16	131.29
095.26	101.06	108.07	116.14	123.16	132.01
095.26	101.08	108.07	116.17	123.16	132.02
095.28	101.10	108.08	116.27	123.17	132.05
095.30	101.11	108.11	116.30	123.17	132.20
095.31	101.13	108.17	117.01	123.18	132.23
096.03	101.14	108.22	117.02	123.18	132.26
096.03	101.14	108.24	117.04	123.24	132.26
096.05	101.16	108.28	117.04	123.26	132.28
096.07	101.17	108.30	117.06	123.31	132.30
096.08	101.22	109.02	117.07	124.01	132.31
096.08	101.24	109.04	117.07	124.03	133.03
096.12	101.25	109.07	117.09	124.06	133.04
096.13	102.03	109.07	117.10	124.14	133.05
096.14	102.06	109.14	117.11	124.18	133.05
096.14	102.09	109.19	117.13	124.19	133.07
096.15	102.10	109.21	117.15	124.20	133.11
096.21	102.11	109.21	117.19	124.29	133.12
096.21	102.14	109.22	117.20	124.31	133.14
096.22	102.15	109.23	117.23	125.06	133.15
096.23	102.16	109.25	117.23	125.07	133.19
096.24	102.17	109.28	117.25	125.08	133.24
096.25	102.21	109.29	117.26	125.09	133.26
096.25	102.21	109.30	117.28	125.10	133.30
096.26	102.23	110.10	118.01	125.12	133.31
096.28	102.25	110.18	118.02	125.23	134.01
096.31	102.26	110.24	118.02	125.26	134.05
096.31	102.27	110.24	118.03	125.26	134.14
097.01	102.28	111.04	118.03	126.08	134.15
097.01	102.31	111.09	118.04	126.20	134.16
097.03	103.01	111.12	118.04	126.26	134.17
097.05	103.03	111.12	118.05	126.27	134.17
097.08	103.03	111.15	118.07	126.30	134.25
097.09	103.04	111.16	118.08	126.31	134.27
097.10	103.06	111.18	118.09	127.07	135.01
097.14	103.07	111.21	118.10	127.11	135.01
097.17	103.08	111.22	118.10	127.12	135.06
097.18	103.08	111.26	118.10	127.15	135.08
097.19	103.10	111.26	118.12	127.16	135.11
097.22	103.11	111.28	118.15	127.18	135.13
097.25	103.12	111.28	118.16	127.19	135.16
097.27	103.15	112.02	118.17	127.20	135.18
097.28	103.16	112.03	118.18	127.20	135.18
097.28	103.18	112.04	118.20	127.22	135.20
097.31	103.19	112.04	118.20	127.23	135.23
098.02	103.21	112.06	118.21	127.24	135.27
098.05	103.21	112.06	118.23	127.30	135.29
098.06	103.22	112.07	118.25	128.01	135.30
098.08	103.23	112.07	118.26	128.05	136.01
098.10	103.23	112.09	118.28	128.05	136.03
098.11	103.24	112.11	118.28	128.06	136.09
098.14	103.25	112.11	118.29	128.07	136.09
098.14	103.25	112.12	118.30	128.07	136.11
098.14	103.27	112.14	118.30	128.08	136.13
098.15	104.01	112.16	119.02	128.11	136.13
098.15	104.04	112.17	119.04	128.13	136.14
098.15	104.04	112.17	119.08	128.13	136.18
098.16	104.07	112.17	119.10	128.13	136.19
098.17	104.10	112.18	119.13	128.15	136.21
098.18	104.10	112.23	119.19	128.15	136.23
098.19	104.14	112.23	119.23	128.21	136.24
098.20	104.14	112.27	119.23	128.23	136.26
098.21	104.15	113.04	119.24	128.25	136.26
098.22	104.19	113.07	119.29	128.25	136.29
098.26	104.25	113.09	119.30	128.26	136.30
098.30	104.29	113.10	120.05	128.27	136.30
098.30	104.30	113.13	120.13	128.30	137.01
098.31	105.02	113.18	120.13	128.31	137.02
098.31	105.04	113.18	120.16	129.01	137.06
099.01	105.06	113.21	120.20	129.03	137.13
099.01	105.06	113.23	120.20	129.04	137.13
099.02	105.08	113.25	120.20	129.04	137.17
099.06	105.12	113.26	120.23	129.05	137.17
099.08	105.16	113.27	120.29	129.06	137.18
099.12	105.21	113.30	121.01	129.06	137.19
099.15	105.23	114.05	121.01	129.07	137.19
099.16	105.23	114.05	121.03	129.11	137.22
099.16	105.26	114.07	121.03	129.15	137.24
099.17	105.27	114.08	121.08	129.18	137.27
099.17	105.29	114.08	121.10	129.18	137.30
099.21	105.30	114.21	121.11	129.19	138.01
099.25	105.31	114.21	121.16	129.26	138.02
099.26	105.31	114.22	121.17	130.02	138.03
099.26	106.02	114.23	121.20	130.03	138.09
099.26	106.04	114.24	121.21	130.07	138.11
099.28	106.04	114.24	121.23	130.07	138.16
099.30	106.05	114.28	121.27	130.11	138.17
099.31	106.06	114.28	121.28	130.11	138.19
099.31	106.06	114.28	121.29	130.12	138.21
100.01	106.08	114.31	122.06	130.13	138.21
100.02	106.09	115.01	122.06	130.14	138.28
100.02	106.11	115.03	122.11	130.15	138.28
100.03	106.13	115.11	122.12	130.27	139.01
100.03	106.16	115.14	122.16	130.29	139.01
100.04	106.16	115.17	122.16	130.30	139.01
100.07	106.18	115.17	122.19	131.02	139.04
100.07	106.19	115.18	122.25	131.02	139.08
100.13	106.21	115.26	122.28	131.05	139.10
100.15	106.25	115.30	123.01	131.07	139.10
100.15	106.27	115.30	123.03	131.07	139.11
100.17	106.30	116.02	123.05	131.09	139.11
100.18	107.01	116.02	123.06	131.09	139.11
100.19	107.09	116.06	123.06	131.15	139.12
100.20	107.11	116.06	123.07	131.15	139.14
100.21	107.13	116.07	123.07	131.16	139.15
100.21	107.25	116.08	123.08	131.18	139.20
100.22	107.27	116.09			

THE (continued)

139.21	144.27	154.29	162.29	169.29	178.11
139.22	144.28	154.31	163.01	169.29	178.17
139.25	145.07	155.02	163.02	170.02	178.19
139.27	145.09	155.03	163.04	170.15	178.20
139.27	145.09	155.03	163.04	170.16	178.20
139.31	145.14	155.05	163.06	170.22	178.22
139.31	145.18	155.09	163.09	170.31	178.23
140.02	145.19	155.15	163.09	171.02	178.23
140.03	145.21	155.15	163.10	171.05	178.23
140.04	145.21	155.19	163.17	171.18	178.24
140.05	145.22	155.22	163.18	171.20	178.25
140.06	145.23	156.03	163.19	171.22	178.30
140.06	145.24	156.03	163.19	171.23	178.31
140.06	145.26	156.05	163.20	171.30	179.01
140.07	145.27	156.05	163.22	172.02	179.02
140.08	145.29	156.07	163.27	172.05	179.06
140.08	146.01	156.08	163.28	172.06	179.06
140.10	146.04	156.09	163.28	172.06	179.07
140.11	146.07	156.10	163.29	172.08	179.08
140.12	146.09	156.11	163.29	172.08	179.09
140.12	146.16	156.12	163.30	172.17	179.09
140.13	146.19	156.12	163.31	172.24	179.12
140.14	146.31	156.12	164.04	172.27	179.13
140.14	147.15	156.13	164.07	172.29	179.16
140.15	147.16	156.14	164.07	172.30	179.16
140.16	147.18	156.15	164.08	172.31	179.16
140.18	147.19	156.17	164.09	173.02	179.17
140.19	147.27	156.18	164.09	173.03	179.18
140.20	147.31	156.24	164.10	173.06	179.19
140.21	148.11	156.24	164.11	173.19	179.20
140.22	148.23	156.24	164.11	173.20	179.24
140.23	148.24	157.04	164.12	173.21	179.26
140.24	148.29	157.04	164.14	173.22	179.29
140.25	149.07	157.05	164.14	173.23	180.04
140.26	149.07	157.07	164.15	173.24	180.04
140.26	149.14	157.08	164.16	173.26	180.07
140.28	149.16	157.12	164.19	173.26	180.08
140.30	149.17	157.15	164.20	173.28	180.08
140.30	149.22	157.17	164.20	173.29	180.08
141.01	149.24	157.17	164.22	174.02	180.09
141.01	149.31	157.18	164.25	174.03	180.11
141.02	150.01	157.20	164.25	174.03	180.11
141.02	150.02	157.23	164.27	174.11	180.13
141.06	150.03	157.26	164.29	174.13	180.13
141.07	150.05	157.27	164.29	174.15	180.15
141.08	150.05	157.28	164.30	174.16	180.16
141.09	150.05	158.07	164.30	174.17	180.17
141.11	150.06	158.07	165.01	174.18	180.17
141.12	150.07	158.08	165.01	174.19	180.19
141.12	150.08	158.09	165.02	174.20	180.19
141.14	150.09	158.14	165.02	174.23	180.20
141.14	150.10	158.15	165.03	174.24	180.23
141.15	150.11	158.18	165.03	174.27	180.24
141.16	150.12	158.19	165.04	175.01	180.25
141.16	150.13	158.22	165.04	175.04	180.26
141.21	150.14	159.10	165.06	175.04	180.30
141.22	150.15	159.11	165.08	175.06	180.31
141.23	150.15	159.19	165.11	175.09	180.31
141.24	150.16	159.21	165.13	175.10	181.01
141.31	150.21	159.24	165.15	175.11	181.03
142.01	150.22	159.25	165.18	175.12	181.06
142.02	150.23	159.26	165.29	175.13	181.07
142.04	150.24	159.27	166.05	175.15	181.07
142.04	150.26	159.28	166.06	175.15	181.08
142.05	150.28	159.28	166.06	175.17	181.08
142.06	151.01	159.30	166.06	175.17	181.08
142.06	151.05	160.10	166.06	175.20	181.09
142.10	151.07	160.10	166.07	175.21	181.09
142.13	151.09	160.12	166.08	175.23	181.11
142.14	151.21	160.15	166.09	175.27	181.11
142.17	151.22	160.20	166.10	175.29	181.14
142.18	151.25	160.22	166.12	175.31	181.14
142.19	151.27	160.23	166.12	176.01	181.16
142.24	151.28	160.25	166.13	176.02	181.17
142.25	151.28	160.26	166.14	176.04	181.19
142.26	151.29	160.30	166.14	176.05	181.19
142.26	152.03	161.01	166.16	176.05	181.28
142.27	152.06	161.06	166.16	176.06	181.30
142.28	152.08	161.07	166.18	176.10	181.30
142.29	152.13	161.08	166.18	176.10	181.30
142.31	152.19	161.09	166.19	176.11	181.31
143.01	152.23	161.15	166.20	176.12	182.01
143.05	152.24	161.15	167.01	176.13	182.02
143.05	152.27	161.19	167.02	176.13	182.03
143.11	152.28	161.20	167.02	176.14	182.04
143.18	152.31	161.21	167.04	176.15	182.05
143.20	153.06	161.22	167.04	176.17	182.07
143.21	153.07	161.27	167.06	176.23	182.08
143.23	153.12	161.31	167.10	176.23	182.10
143.24	153.16	161.31	167.11	176.24	182.13
143.24	153.17	162.01	167.14	176.28	182.14
143.26	153.18	162.03	167.16	177.01	182.16
143.28	153.20	162.05	167.22	177.13	182.17
143.31	153.21	162.08	167.23	177.14	182.17
144.01	153.22	162.10	168.12	177.14	182.18
144.07	153.23	162.11	168.14	177.16	182.19
144.09	153.24	162.11	168.18	177.16	182.21
144.10	153.26	162.12	168.20	177.17	182.22
144.10	154.01	162.12	168.22	177.18	182.23
144.11	154.02	162.17	168.23	177.19	182.24
144.12	154.08	162.17	168.24	177.20	182.27
144.13	154.09	162.20	168.24	177.21	182.28
144.15	154.13	162.21	169.01	177.22	182.28
144.18	154.16	162.22	169.02	177.31	182.28
144.19	154.20	162.23	169.14	178.05	182.29
144.21	154.22	162.23	169.16	178.06	182.31
144.21	154.24	162.24	169.20	178.07	182.31
144.24	154.25	162.26	169.22	178.08	183.01
144.26	154.26	162.26	169.23	178.08	183.02
	154.27	162.27	169.24	178.09	183.02

THE (continued)

183.03	187.03	192.13	026.20	106.12	087.26
183.06	187.03	192.13	026.21	106.17	091.18
183.08	187.06	192.15	026.21	106.22	092.17
183.14	187.06	192.16	026.24	106.31	093.01
183.16	187.07	192.16	026.26	107.03	093.21
183.16	187.07	192.18	026.27	108.04	095.27
183.17	187.07	192.20	026.28	108.05	096.19
183.18	187.08	192.21	026.29	109.19	100.14
183.18	187.10	192.22	027.03	109.25	103.26
183.19	187.12	192.31	027.12	109.29	103.29
183.20	187.14	193.06	032.26	113.26	106.18
183.21	187.16	193.12	032.29	113.29	110.17
183.23	187.16	193.12	034.06	116.20	113.03
183.24	187.17	193.12	035.13	116.25	116.15
183.24	187.18	193.14	035.20	116.28	121.04
183.25	187.18	193.15	035.23	121.24	123.25
183.25	187.19	193.20	035.25	132.03	123.26
183.26	187.22	193.22	036.15	134.29	126.20
183.26	187.23	193.22	036.23	137.23	126.23
183.27	187.24	193.23	036.24	137.25	126.16
183.28	187.25	193.24	036.28	137.28	128.21
183.28	187.25	193.25	037.01	139.02	129.24
183.29	187.27	193.26	038.02	141.27	131.30
183.29	187.27	193.26	038.04	144.21	133.01
183.29	187.30	193.27	042.13	145.05	133.08
183.30	188.03	193.28	042.18	145.07	136.28
184.01	188.04	194.05	048.31	145.30	137.09
184.02	188.05	194.06	051.09	146.02	137.16
184.02	188.05	194.06	053.09	147.17	139.04
184.03	188.07	194.12	053.12	147.20	141.30
184.05	188.08	194.15	055.02	151.14	142.20
184.06	188.09	194.20	055.11	151.14	142.30
184.06	188.12	194.27	055.16	151.15	142.31
184.07	188.19	194.31	057.15	151.22	143.02
184.07	188.19	195.01	057.16	153.01	143.03
184.08	188.20	195.01	060.02	153.15	143.05
184.10	188.21	195.02	061.07	159.12	146.04
184.11	188.22	195.03	061.08	164.16	146.09
184.13	188.23	195.03	061.24	166.12	146.19
184.14	188.23	195.05	061.24	172.20	150.29
184.14	188.24	195.06	061.29	172.20	151.12
184.15	188.25	195.07	061.30	172.22	152.04
184.15	188.26	195.09	063.06	172.24	152.05
184.16	188.26	195.11	063.08	174.29	153.12
184.17	188.30	195.12	064.25	177.11	155.16
184.20	188.31	195.16	065.04	179.29	155.22
184.21	189.05	195.17	065.08	180.26	156.04
184.22	189.07	195.17	065.17	180.26	159.13
184.23	189.11	195.18	066.20	180.28	159.15
184.23	189.12	195.20	066.24	181.05	160.04
184.25	189.13	195.21	066.28	181.20	161.02
184.31	189.13	195.21	066.30	182.16	161.05
185.01	189.18	195.22	068.08	184.09	165.16
185.02	189.19	195.23	068.23	185.13	166.13
185.03	189.23	195.23	068.25	185.17	179.04
185.05	189.27	195.24	069.11	186.24	183.09
185.05	189.28	195.24	070.11	187.12	184.03
185.05	189.29	195.25	072.20	187.13	185.12
185.06	189.30	195.26	072.31	191.05	186.16
185.07	190.01	195.26	073.01	191.16	190.10
185.08	190.02	195.27	073.16	191.18	195.08
185.08	190.03	195.28	076.25	191.20	195.23
185.09	190.05	195.28	083.08	195.10	196.06
185.09	190.10	195.29	083.12	theirs	196.16
185.11	190.13	195.30	083.26	045.21	themselves
185.11	190.13	195.30	084.17	128.20	013.15
185.12	190.13	196.01	085.04	146.06	013.20
185.14	190.14	196.01	087.05	them	016.09
185.14	190.14	196.02	087.06	006.10	035.26
185.15	190.16	196.02	087.07	011.21	036.26
185.15	190.18	196.02	087.08	012.26	060.01
185.18	190.20	196.03	087.12	014.12	066.27
185.19	190.21	196.05	087.22	021.11	067.09
185.19	190.22	196.05	087.26	023.13	072.14
185.20	190.22	196.06	087.26	026.29	087.04
185.20	190.23	196.06	087.27	031.16	092.23
185.21	190.27	196.07	087.28	034.26	095.10
185.22	190.28	196.07	090.12	035.03	095.24
185.23	190.29	196.08	092.21	035.14	102.07
185.23	190.29	196.09	092.21	036.11	103.10
185.24	190.30	196.09	092.31	036.14	103.17
185.26	191.08	196.13	095.09	044.15	103.22
185.28	191.09	196.13	095.11	047.01	117.29
185.29	191.10	196.14	096.09	048.29	137.14
185.30	191.12	196.17	096.16	049.21	137.26
185.30	191.12	196.18	096.17	053.10	147.16
186.01	191.13	196.18	099.06	056.06	147.26
186.04	191.14	196.18	099.30	060.26	166.20
186.05	191.15	196.19	100.17	061.23	then
186.07	191.15	196.22	101.06	062.22	001.09
186.08	191.17	196.24	101.19	062.24	008.15
186.08	191.19	196.25	103.20	062.26	010.02
186.08	191.19	196.26	103.20	063.16	010.28
186.09	191.21	their	103.25	063.30	011.29
186.09	191.21	003.10	103.28	064.20	012.26
186.10	191.26	003.29	104.02	064.29	013.10
186.10	191.26	004.17	104.03	066.15	013.25
186.12	191.27	005.08	104.05	066.19	013.29
186.13	191.27	008.14	104.09	066.22	016.13
186.15	191.28	011.24	104.12	068.04	017.25
186.15	191.28	012.01	104.13	068.10	018.11
186.15	191.30	012.02	104.15	073.03	019.17
186.16	191.31	012.03	104.19	073.16	019.29
186.17	192.01	013.07	104.20	074.01	022.25
186.17	192.01	013.14	104.22	074.16	023.29
186.24	192.07	013.20	104.29	083.23	024.22
186.26	192.08	014.01	104.31	083.29	024.28
186.30	192.08	015.05	104.31	084.16	025.17
186.30	192.09	015.12	105.01	086.07	027.29
187.01	192.10	016.06	105.30	086.22	028.08
		022.31	106.01	087.02	029.08

THEN (continued)

029.14	there	139.16	027.08	096.10	153.21
030.15	001.11	139.19	027.11	096.11	153.27
030.28	001.13	140.29	031.30	096.15	155.14
032.09	001.22	141.08	031.31	096.21	155.15
033.13	007.29	142.14	035.09	099.07	155.17
037.15	009.28	143.08	035.16	101.05	159.12
039.07	011.27	143.09	035.19	101.07	159.15
042.24	012.24	146.04	035.20	101.19	161.02
043.10	013.28	147.25	035.25	102.07	161.03
045.02	013.29	148.17	035.25	102.29	161.04
046.15	014.05	150.09	036.22	103.10	163.03
049.03	015.05	150.25	036.23	103.19	165.19
049.16	016.23	151.08	036.28	103.20	167.18
050.04	017.04	151.31	038.04	103.29	172.16
050.09	021.17	152.15	038.14	103.31	172.18
051.24	023.10	152.23	039.13	104.06	172.20
054.05	025.29	152.25	044.20	104.09	172.22
055.23	025.30	152.28	049.10	104.16	172.23
059.20	026.05	157.02	050.18	104.18	173.24
059.29	034.15	159.14	053.07	104.22	176.05
060.23	037.31	159.27	053.11	104.24	180.25
060.30	039.30	160.17	055.14	104.26	180.26
061.03	040.20	160.22	055.17	104.28	183.22
062.21	041.05	163.04	055.20	104.31	187.04
062.23	042.09	163.08	056.07	105.29	188.12
065.05	042.31	163.13	057.19	106.12	189.01
066.14	043.25	163.28	057.21	106.16	190.30
071.08	043.28	164.28	063.09	106.20	190.31
073.03	045.03	165.21	063.30	107.04	191.03
075.28	049.14	165.30	064.06	107.14	191.15
076.21	049.25	166.28	064.20	107.19	191.16
077.18	050.10	166.31	064.21	107.21	192.08
081.03	051.23	167.12	064.29	107.28	192.22
082.07	051.27	167.25	064.31	107.31	193.21
083.21	057.01	167.25	065.01	108.16	193.24
087.30	058.11	168.12	065.02	109.02	193.28
088.01	059.10	169.04	065.03	109.18	195.01
088.30	059.15	169.13	065.05	109.31	195.03
091.12	060.01	169.23	065.06	110.12	195.12
093.12	061.19	170.22	065.09	110.16	195.14
095.19	066.26	174.31	065.10	111.03	196.20
095.25	068.03	176.04	065.14	112.26	they're
096.18	068.13	177.16	065.18	113.04	137.12
098.06	070.14	177.17	066.14	113.30	they've
103.31	071.27	178.15	066.20	116.17	093.18
105.12	072.03	176.19	066.23	116.23	137.12
105.19	073.21	180.15	066.24	116.26	thick
107.27	073.26	181.23	066.25	118.23	016.04
109.11	073.30	182.20	066.25	118.24	023.13
110.01	074.05	185.01	066.25	121.06	061.25
111.25	076.04	186.10	066.26	121.06	076.02
112.20	077.06	188.04	066.29	121.06	099.23
116.10	077.13	190.24	066.31	121.09	110.19
117.01	078.26	191.21	067.06	121.12	144.30
117.30	079.27	191.21	067.10	121.22	thicker
119.07	080.19	193.04	068.08	121.23	114.19
119.12	081.12	193.06	068.09	122.18	thief
119.29	081.13	195.11	068.16	125.02	042.03
122.16	083.22	there's	068.21	123.10	109.06
122.30	084.26	017.09	069.11	125.18	148.28
124.20	091.15	024.07	069.14	123.19	thighs
125.14	091.24	040.11	069.21	123.29	036.25
125.21	094.06	069.07	069.24	124.31	153.25
125.28	094.16	080.08	070.21	125.01	191.05
126.06	095.27	120.26	072.19	125.23	thin
126.18	096.30	120.27	072.29	126.01	006.19
127.03	099.29	122.24	073.02	126.02	009.08
129.19	100.16	135.23	073.14	127.29	014.29
129.24	101.21	168.12	073.20	127.30	036.01
130.25	102.24	these	073.22	128.22	060.11
132.13	102.27	019.03	074.10	129.13	074.18
135.07	104.24	083.11	075.01	129.14	084.03
136.17	105.09	095.18	076.04	129.25	090.30
137.04	105.14	100.14	076.09	133.06	100.06
139.05	105.14	112.13	076.19	133.27	102.04
139.07	105.25	115.22	076.05	134.28	106.01
139.17	106.23	179.30	083.08	135.09	108.06
139.24	106.28	195.27	083.09	137.14	113.26
140.18	108.10	they	083.10	137.26	124.14
141.06	109.26	001.12	084.03	137.29	133.03
142.02	110.05	003.29	084.04	137.29	139.06
142.15	110.07	005.19	084.16	137.30	140.24
143.19	110.20	005.19	086.02	141.03	thin-faced
143.22	112.20	007.17	086.25	141.29	149.17
144.23	115.31	008.09	086.26	141.29	thin-lipped
145.27	116.02	008.13	087.05	144.06	058.16
147.29	117.19	008.13	087.18	145.31	thing
148.02	119.19	009.08	087.18	146.08	005.18
148.22	121.12	009.27	087.19	146.22	005.19
152.04	123.22	010.04	087.28	147.02	016.05
153.14	124.06	011.15	087.31	147.18	034.11
154.14	126.30	011.24	088.02	149.09	042.27
154.18	127.27	012.03	088.04	149.20	054.27
155.12	128.22	013.07	090.23	150.16	058.03
160.28	129.09	013.31	090.25	151.08	058.27
161.08	129.22	014.09	092.08	151.13	067.29
167.08	129.28	015.17	092.11	151.13	071.26
168.02	130.16	015.18	092.13	151.15	093.29
170.24	130.21	016.03	092.15	151.20	110.27
173.21	130.28	020.01	092.23	151.21	112.27
175.09	131.31	021.07	092.24	151.23	115.18
176.20	132.02	021.11	092.26	151.23	118.13
177.25	132.21	022.05	093.11	151.23	129.22
179.04	132.24	024.27	093.14	151.24	131.08
188.30	132.27	026.15	093.15	152.14	133.11
189.26	133.10	026.17	093.16	153.03	140.01
190.11	133.29	026.22	093.23	153.07	146.16
191.29	135.28	027.02	095.09	153.08	152.28
192.19	137.05	027.04	095.10	153.08	156.15
193.10	137.20	027.06	095.20	153.15	167.23
196.18	139.05	027.06	096.07	153.19	172.28

172.28
177.04
190.09
things
  010.11
  012.10
  028.02
  044.14
  045.04
  046.20
  056.12
  059.11
  073.07
  074.23
  074.23
  075.01
  075.03
  088.02
  094.05
  104.30
  106.25
  127.25
  139.29
  146.21
  151.20
  171.26
  174.08
  176.07
  187.16
  187.21
  187.21
think
  001.11
  004.02
  021.01
  021.14
  025.02
  025.24
  025.25
  039.02
  043.22
  043.25
  044.09
  047.14
  070.06
  082.26
  091.17
  093.03
  112.28
  113.17
  129.13
  129.20
  131.04
  131.18
  132.13
  135.17
  142.14
  143.07
  143.12
  149.12
  152.08
  152.10
  160.03
  169.17
  189.21
  189.26
  194.16
  194.17
thinkin'
  168.30
thinking
  103.17
  113.22
  128.01
  128.20
  164.23
  168.05
  174.07
  189.29
thinner
  035.14
  037.22
  083.11
  162.28
third
  108.19
  169.05
  190.20
thirst
  111.17
  193.11
thirsty
  127.10
  162.13
thirty
  108.10
thirty-second
  058.04
this
  003.22
  009.21
  009.27
  011.17
  012.18
  014.06
  015.25
  017.20
  018.25
  025.10
  026.05

039.15
039.24
045.17
047.16
053.20
058.28
060.23
062.05
070.30
081.27
082.24
086.05
089.11
090.27
097.21
102.05
104.26
107.06
111.01
112.04
113.22
116.16
125.13
125.17
125.20
131.05
131.10
131.24
132.11
132.17
132.19
134.21
135.26
135.27
136.05
136.10
136.16
136.31
137.01
137.05
137.10
138.26
138.27
142.23
142.27
144.01
146.31
148.06
148.18
149.11
151.06
152.02
152.05
152.30
153.04
153.11
153.22
155.21
155.24
156.16
159.14
160.05
166.26
167.28
168.26
169.28
170.07
174.21
174.25
177.27
177.31
178.02
178.04
178.10
179.04
179.31
194.11
tho'
143.22
155.11
155.14
those
005.06
005.12
005.20
007.05
007.08
009.06
012.08
012.29
013.04
021.10
021.23
026.14
026.16
026.19
027.15
028.02
032.14
041.30
044.14
057.06
057.07
061.03
066.19
072.05
075.19
076.17
085.24
087.05
105.10

106.31
109.28
109.30
141.25
143.16
152.07
167.09
171.23
181.04
191.22
though
037.26
038.28
039.29
040.29
041.08
055.22
056.07
058.11
058.22
063.19
063.25
064.11
070.20
071.03
076.11
079.08
081.17
083.01
084.24
087.01
088.23
091.09
091.30
093.01
095.10
098.07
099.07
099.11
102.15
102.28
105.30
106.09
109.24
109.30
111.14
112.15
113.03
113.23
115.08
115.22
115.23
123.30
124.05
125.08
126.28
129.16
135.29
146.09
147.12
148.24
153.03
153.09
153.18
154.02
154.29
157.25
158.04
158.10
160.18
160.30
161.28
162.25
167.12
168.22
174.06
174.13
175.18
175.22
176.06
176.07
180.23
186.20
192.05
thought
018.28
020.10
046.15
048.14
051.11
051.17
058.02
059.09
076.20
088.15
092.16
092.28
104.22
111.13
116.15
119.27
121.09
127.09
128.24
137.25
143.15
145.12
151.16
159.14
174.20

176.28
178.05
179.30
189.08
189.23
190.06
191.23
192.21
thoughtful
141.19
146.20
thoughtfully
035.01
113.25
120.02
123.25
180.27
193.20
thoughtfulness
068.18
thoughts
028.01
031.25
082.08
087.28
104.03
156.15
162.27
164.20
thousand
034.14
thrashed
162.11
thread
056.02
175.26
179.16
threads
144.09
threatened
049.24
171.22
threatening
062.05
133.30
154.10
three
003.01
003.21
016.22
020.13
033.31
036.07
036.06
042.01
045.26
053.01
071.28
074.06
075.26
078.12
080.04
099.05
106.03
106.13
109.01
109.31
118.27
121.10
122.20
122.21
130.24
136.11
137.17
138.31
143.10
143.25
145.05
150.15
165.29
threes
014.09
031.20
141.03
threw
050.16
069.09
109.05
125.06
thrice
021.29
thro'
078.16
throat
022.12
033.08
087.15
102.27
129.01
150.27
174.17
throats
061.24
104.22
throbbed
186.03
through
001.19
004.04
005.31
011.28

012.02
013.25
014.10
016.16
016.16
017.23
020.02
023.02
025.16
027.24
029.16
030.16
035.03
037.05
043.03
043.10
052.05
053.05
053.24
054.23
055.09
055.14
058.06
058.12
058.21
060.07
060.19
060.24
061.14
063.09
065.29
065.31
078.06
079.11
082.19
085.09
086.12
087.10
088.24
092.06
092.22
092.25
095.01
095.29
098.14
099.24
100.01
101.04
107.29
108.06
108.07
111.11
111.18
114.08
114.27
117.10
117.23
119.22
121.08
127.18
130.04
130.17
130.27
132.25
134.16
137.23
142.05
143.24
143.31
144.21
146.24
146.16
149.14
149.30
150.02
153.16
155.05
156.16
156.20
156.20
156.21
157.21
156.17
156.19
159.25
162.12
173.14
174.21
176.02
185.08
185.11
186.17
186.22
187.11
189.29
192.02
192.06
192.08
throw
026.14
throwing
002.05
007.01
064.25
139.29
thrown
011.26
045.13
050.31

065.06
099.13
104.23
117.24
129.06
145.17
thrust
039.14
thuds
045.03
thump
120.19
thump
060.27
109.09
187.16
thumped
046.26
thumping
076.31
thunder
025.16
071.07
106.05
117.03
thundered
095.28
099.15
130.23
182.14
195.10
thundering
056.09
thus
046.23
157.03
ticket
136.18
tide
130.06
185.14
tide-rode
027.18
tidy
191.08
tied
066.01
072.06
080.25
090.08
128.17
tiers
003.10
ties
104.03
tight
142.21
till
005.28
027.29
031.04
046.15
049.04
050.17
058.13
060.25
065.03
089.11
091.10
096.10
098.09
101.10
102.22
105.16
105.17
115.18
126.27
140.20
150.27
153.17
160.10
161.08
170.20
177.25
186.08
time
006.02
006.23
006.23
011.06
016.09
025.09
026.04
026.08
032.24
033.16
038.08
039.22
045.12
047.05
049.21
050.10
055.07
055.07
058.19
059.18
061.17
069.26
078.04
078.04
081.17

TIME (continued)

082.25	004.02	031.01	053.23	070.15	084.20
082.25	004.02	031.02	054.02	070.18	085.08
083.05	004.16	031.07	054.09	070.21	085.18
083.12	004.21	031.11	054.11	070.23	085.21
091.02	005.17	031.25	054.11	070.23	086.01
092.10	005.22	032.16	054.12	071.02	086.02
093.05	005.29	032.19	054.14	071.05	086.05
095.15	006.01	032.19	054.16	071.06	086.06
096.11	006.09	032.21	054.22	071.13	086.10
102.06	006.12	032.22	054.23	071.25	086.14
103.12	006.13	033.21	054.27	071.26	087.02
103.13	006.20	033.25	054.28	071.27	087.02
112.15	006.23	033.26	054.30	071.29	087.16
115.08	006.28	034.01	055.09	072.04	087.20
116.12	007.12	034.06	055.09	072.09	088.11
116.27	007.14	034.09	055.11	072.17	088.13
129.09	007.15	034.13	055.13	072.19	088.13
129.26	008.06	034.17	056.06	072.19	088.22
130.02	009.07	034.22	056.12	072.22	089.02
131.05	009.15	035.18	056.14	072.29	089.04
131.11	009.26	035.26	056.18	073.05	089.22
140.10	009.26	035.28	056.21	073.12	089.23
143.01	009.30	035.30	057.03	073.16	089.24
156.11	010.02	036.01	057.04	073.20	089.25
158.29	010.24	036.11	057.07	073.23	090.14
158.31	011.01	036.16	057.08	073.31	090.17
159.24	011.13	036.24	057.09	074.06	091.04
160.17	011.15	037.12	057.09	074.21	091.17
160.29	011.20	037.12	057.10	074.23	091.20
163.09	011.21	037.24	057.13	074.24	091.20
165.11	011.23	038.02	057.23	074.31	091.23
165.23	012.03	038.08	057.27	075.01	091.28
166.06	012.07	038.30	058.09	075.02	092.05
169.21	012.12	039.14	058.11	075.03	092.13
170.07	012.20	039.16	058.14	075.05	092.17
172.30	012.20	039.31	058.17	075.09	092.23
175.13	012.23	040.05	058.18	075.09	092.29
175.23	012.23	040.07	058.19	075.11	093.01
177.18	013.06	040.10	058.20	075.13	093.05
180.23	013.10	040.16	058.24	075.13	093.10
188.19	013.11	040.22	058.26	075.23	093.10
189.24	013.15	040.25	059.09	075.30	093.11
194.05	013.20	041.04	059.13	076.03	093.14
times	013.28	041.04	059.15	076.15	093.31
033.09	014.07	041.17	059.19	076.16	094.04
039.15	014.20	041.20	059.21	076.22	094.04
046.16	015.01	041.24	060.12	076.30	094.07
051.30	015.01	042.02	060.17	076.31	094.09
056.22	015.14	042.12	060.23	077.02	094.10
060.22	015.24	042.15	061.07	077.18	094.16
063.24	015.25	042.17	061.12	077.31	094.19
075.26	015.26	042.26	061.15	077.31	094.20
092.08	015.27	043.02	061.18	078.01	094.20
123.23	016.14	043.10	061.19	078.09	094.29
146.06	016.29	043.14	061.21	078.11	094.30
152.11	016.30	043.20	061.25	078.11	094.30
157.01	016.31	043.24	061.30	078.14	095.08
165.29	017.16	043.27	062.06	078.18	095.10
166.05	018.03	044.05	062.12	078.20	095.24
166.28	018.07	044.12	062.13	078.21	095.29
167.17	018.18	044.15	062.15	078.22	095.30
196.17	018.23	044.16	062.18	079.02	096.06
timid	018.31	044.17	062.19	079.13	096.07
032.17	019.13	044.21	062.21	079.18	096.10
162.08	019.16	044.21	062.27	079.19	096.13
tin	019.17	044.22	062.29	079.25	096.17
002.03	019.31	044.26	063.04	079.28	096.18
024.03	020.02	045.19	063.07	079.28	096.23
046.18	020.07	045.23	063.10	079.29	096.27
046.26	020.10	045.31	063.13	079.29	096.28
050.08	020.16	046.01	063.22	079.30	097.01
060.09	020.16	046.06	063.24	080.01	097.04
128.06	020.19	046.08	063.27	080.01	097.05
tin-tacks	020.19	046.09	063.27	080.01	097.20
076.06	020.21	046.11	063.28	080.06	097.24
tinker	020.29	046.14	064.07	080.09	098.01
085.16	021.19	046.27	064.11	080.11	098.02
tinkers	022.10	047.01	064.19	080.11	098.11
143.04	022.16	047.12	065.02	080.24	098.12
143.04	022.17	047.14	065.10	080.24	098.13
tints	022.20	047.14	065.17	081.02	098.21
095.03	022.20	047.17	065.21	081.03	098.21
tiny	022.21	047.24	065.22	081.04	098.23
076.07	023.03	047.25	065.23	081.04	099.02
tipsy	023.06	047.31	065.25	081.07	099.08
002.23	025.06	048.06	065.25	081.14	099.09
119.17	025.15	048.21	065.30	081.19	099.11
tired	025.28	049.22	066.03	081.21	099.13
050.17	026.01	049.22	066.15	081.21	099.20
127.22	026.02	049.25	066.19	081.24	099.27
129.14	026.06	050.07	066.27	081.26	100.07
162.09	026.14	050.09	066.27	082.02	100.11
179.24	026.19	050.18	066.29	082.13	100.12
183.21	026.24	050.19	066.31	082.14	100.17
tireless	026.25	050.22	067.02	082.16	100.26
118.14	026.26	050.26	067.06	082.22	101.06
174.30	026.28	050.29	067.08	082.23	101.08
titters	026.29	051.03	067.10	082.24	101.09
016.26	027.06	051.07	067.14	082.24	101.09
to	027.07	051.08	067.23	082.26	101.10
001.07	027.12	051.09	067.30	082.26	101.16
001.14	027.14	051.13	068.10	082.29	102.01
001.15	027.18	051.15	068.15	082.30	102.07
001.16	028.09	051.18	068.19	083.10	102.09
002.08	028.12	051.27	069.02	083.19	102.13
002.15	029.03	051.28	069.14	083.26	102.14
002.19	029.07	052.01	069.14	084.01	102.17
002.28	029.24	052.10	069.19	084.04	102.17
003.04	030.05	053.07	069.24	084.10	103.04
003.23	030.12	053.18	069.26	084.14	103.04
003.26	030.22	053.21	070.06	084.15	103.10

TO (continued)   THE NIGGER OF THE NARCISSUS

103.12	131.03	156.11	173.03	194.08	135.30
103.15	131.03	156.12	173.07	194.09	tolled
103.16	131.10	156.18	173.07	194.27	180.10
103.17	131.18	156.21	173.14	194.31	tom
103.22	131.19	156.23	173.18	195.07	014.21
103.28	132.02	157.02	173.23	195.13	107.24
104.02	133.09	157.03	174.02	195.22	ton
104.11	134.11	157.05	174.14	195.24	081.01
104.14	134.12	157.06	174.21	196.01	tone
104.17	134.17	157.08	174.23	196.13	010.24
104.20	134.23	157.11	174.23	196.27	015.25
104.21	134.24	157.12	175.03	to-day	016.25
104.28	135.17	157.14	175.16	178.06	021.17
104.29	135.18	157.31	175.17	to-morrow	024.14
104.30	135.24	158.02	175.18	022.22	039.08
105.06	135.24	158.03	175.24	134.23	086.18
105.12	135.25	158.06	175.28	138.06	086.28
105.13	135.26	158.07	176.04	138.07	089.09
105.23	135.27	158.10	176.06	141.04	102.16
105.28	135.31	158.13	176.09	143.02	122.09
105.29	136.03	158.21	177.10	151.09	127.01
106.08	136.04	158.23	177.11	170.07	129.25
106.30	136.05	159.01	177.24	188.10	130.25
107.02	136.16	159.01	178.07	190.09	133.30
107.05	136.19	159.08	178.08	to-night	136.13
107.09	136.21	159.11	178.09	025.03	142.17
107.20	136.22	159.15	178.11	142.31	143.26
107.29	136.24	159.19	178.11	143.27	147.11
107.30	137.05	159.21	178.14	149.01	147.29
108.17	137.09	159.23	178.17	tobaccer	148.29
108.30	137.18	160.04	178.26	108.26	149.23
109.19	137.23	160.04	178.30	tobacco	153.13
111.02	138.01	160.08	178.31	004.11	154.13
111.04	138.14	160.09	179.10	008.16	155.05
111.05	138.30	160.09	179.22	024.22	158.09
111.10	139.13	160.10	180.01	024.24	160.26
111.13	140.05	160.11	180.11	052.04	166.05
111.15	140.11	160.15	180.13	107.13	180.21
111.19	140.13	160.15	180.13	163.26	181.22
111.22	140.14	160.18	180.14	179.08	183.16
112.05	140.15	160.19	180.15	191.24	193.19
112.06	140.22	161.02	180.18	tobacco-juice	tones
112.15	140.26	161.05	180.21	006.06	002.23
112.27	140.26	161.25	181.01	toe	016.04
112.28	140.29	161.27	181.05	021.27	018.19
113.07	141.05	162.02	181.07	toes	019.01
113.12	141.19	162.05	181.14	072.31	040.28
113.16	141.20	162.06	181.14	123.24	095.18
113.18	141.25	162.09	181.17	toff	131.30
114.06	141.31	162.13	181.31	169.07	189.02
114.29	142.12	162.15	182.07	187.29	tongue
115.01	142.21	162.15	182.08	toffs	073.11
115.07	142.31	162.17	182.17	003.24	136.10
115.07	143.03	162.19	182.24	together	180.10
115.12	143.11	162.30	182.29	003.02	tongues
115.19	143.11	163.06	182.29	004.12	070.10
115.22	143.12	163.07	182.31	008.12	130.22
115.25	143.14	163.08	183.02	010.16	too
115.25	143.17	163.10	183.06	020.01	016.23
115.27	143.21	163.19	183.07	024.20	021.21
115.28	143.23	163.21	183.09	034.24	031.17
115.31	143.31	163.23	183.10	042.01	049.10
116.02	144.19	163.25	183.11	046.29	051.17
116.03	144.20	163.29	183.12	057.12	056.18
116.04	144.28	164.12	183.12	061.21	071.22
117.06	144.29	164.23	183.17	064.23	072.15
117.09	145.05	164.26	183.21	071.28	092.14
117.29	146.06	164.27	183.23	071.31	094.23
119.04	146.10	164.28	183.24	074.10	111.23
119.10	146.20	165.22	183.27	074.14	115.21
119.11	146.23	165.25	185.03	077.19	116.16
119.14	147.04	165.31	185.04	080.21	121.06
119.19	147.09	166.02	185.07	084.25	121.20
119.20	147.09	166.09	185.13	096.04	125.12
119.24	148.04	166.15	185.21	099.07	126.04
119.30	148.12	166.30	185.22	099.16	128.11
120.04	148.20	167.12	186.01	102.19	132.01
120.05	148.23	167.17	186.04	102.28	133.20
120.07	148.27	167.20	186.15	105.22	142.21
120.21	149.04	167.21	186.20	108.13	142.22
121.01	149.05	167.23	187.28	109.19	146.19
121.02	149.05	167.25	187.30	136.03	148.30
121.07	149.12	167.28	188.04	140.17	151.30
121.08	149.15	168.07	188.08	141.15	151.30
121.09	149.20	168.07	188.09	144.28	152.08
121.15	149.25	168.16	188.13	145.06	152.10
121.19	150.02	168.25	188.27	163.03	156.07
122.01	150.22	168.27	188.29	175.25	164.23
122.03	151.06	168.29	188.30	180.03	168.10
122.07	151.07	169.08	188.31	189.16	174.26
123.04	151.11	169.12	189.19	190.14	179.13
123.13	151.13	169.13	189.24	193.28	180.15
123.16	151.17	169.20	189.26	196.21	182.08
123.26	151.21	169.30	189.26	togs	183.11
123.28	152.01	169.31	189.29	025.07	194.18
123.29	152.05	170.01	191.15	190.30	took
124.04	152.15	170.01	191.15	toil	006.25
124.08	152.20	170.01	191.24	026.22	008.25
124.23	152.21	170.02	192.07	035.25	011.26
124.29	153.05	170.18	192.10	056.01	020.15
125.21	153.19	170.23	192.11	081.22	054.15
126.09	153.25	170.31	192.13	081.29	055.30
126.14	154.03	171.08	192.20	101.09	059.09
127.12	154.10	171.08	192.21	104.17	064.15
129.12	154.21	171.08	192.28	113.05	066.13
129.15	155.01	171.11	193.06	191.16	082.25
129.27	155.06	171.22	193.08	told	087.24
130.03	155.06	172.04	193.26	045.30	094.23
130.08	155.15	172.07	193.27	051.12	095.03
130.11	156.05	172.17	193.29	061.18	097.03
131.01	156.09	172.21		113.13	113.15

82 TOOK (continued)

120.25	133.16	trash	trip	099.08	130.29
126.31	162.23	051.01	008.21	146.20	130.31
139.04	177.31	travel	031.02	189.14	134.28
145.28	181.30	116.28	155.18	tub	138.21
152.30	188.04	travelling	triumph	037.08	144.27
154.05	194.22	128.25	135.26	tubes	147.08
161.25	touching	166.05	175.14	164.25	148.22
164.08	020.27	traversed	triumphal	tucked	160.25
165.08	145.22	023.07	129.05	100.19	171.15
170.24	174.16	trawling	triumphant	tug	173.17
177.01	tow	184.17	086.28	002.11	175.16
177.26	122.20	treacherous	triumphantly	022.16	179.08
178.28	185.09	195.17	120.16	029.07	191.07
179.24	tow-rope	treacherously	triumphed	029.17	192.27
187.27	002.09	111.20	156.19	185.11	turning
196.06	towards	tread	156.19	tugged	004.10
196.07	008.24	017.24	trivet	079.07	057.26
tools	010.03	treasures	063.15	185.17	069.08
076.22	017.24	158.11	trod	tugs	072.20
183.13	020.01	treat	032.15	122.21	064.17
top	029.18	169.15	183.28	186.15	116.05
098.26	054.13	treated	troop	tumbled	117.24
100.19	054.30	172.15	117.05	004.14	133.28
145.07	055.25	tree	trooped	014.02	136.11
149.07	084.11	075.11	190.17	035.23	145.30
157.04	110.03	110.05	trooping	055.08	147.26
top-gallant	120.19	trees	042.15	073.24	154.18
117.25	124.15	022.31	trot	074.28	188.08
topmast	129.18	127.26	186.29	tumbling	191.18
025.02	137.18	195.23	trotting	045.05	turns
116.07	139.22	tremble	039.28	tumult	087.14
118.27	141.02	060.21	trouble	042.31	093.23
topped	146.09	trembled	042.20	060.07	104.19
064.10	148.03	090.28	063.09	100.21	107.30
099.16	173.28	099.08	081.23	136.21	tweaking
121.21	tower	109.22	086.19	142.13	115.09
topping	193.21	133.06	101.19	178.16	twelve
105.31	195.23	140.09	114.16	tune	005.23
195.18	195.24	140.21	121.31	031.27	020.15
toppled	towered	148.13	126.11	168.25	twenty
073.01	064.09	172.10	142.15	turbulent	151.01
toppling	132.30	trembling	142.26	026.18	179.27
060.22	141.28	042.29	151.08	084.21	twenty-four
064.16	184.27	057.30	162.25	142.07	053.24
topsail	towering	067.29	183.03	turmoil	095.16
065.27	015.03	072.26	troubled	004.29	twenty-seven
105.13	018.15	086.16	114.03	059.26	130.02
topsails	057.23	095.23	187.11	086.24	twenty-six
029.11	099.22	126.28	192.15	100.02	029.18
058.17	town	170.19	trousers	111.30	twice
106.03	014.29	175.02	004.05	112.12	016.15
tore	189.20	tremendous	011.31	turn	019.14
067.27	195.17	060.20	090.30	017.11	020.16
079.06	townies	106.06	107.17	022.23	058.11
103.02	179.28	176.19	191.01	040.20	058.21
153.29	toy	tremendously	trousers'	048.07	090.17
torment	059.14	019.14	191.18	063.08	121.25
068.25	trace	tremor	truck	066.15	127.30
164.04	192.18	060.18	047.24	080.06	twilight
tormented	track	tremulous	trucks	083.13	084.31
019.06	184.08	186.01	030.22	097.30	twine
047.11	trade	194.13	140.01	097.31	179.12
060.29	007.17	tremulously	truculence	104.25	twinkled
066.27	033.18	039.05	159.16	105.06	189.04
112.01	094.03	trepidation	true	106.22	twisted
tormentor	112.07	153.23	034.13	109.17	118.16
049.12	190.26	trials	040.23	110.07	144.09
162.31	192.10	111.18	160.07	127.12	twisting
torn	193.15	triangular	161.04	131.14	072.20
002.26	trades	030.13	trusted	133.09	twitched
009.02	116.31	096.21	103.22	143.27	068.08
012.12	traditions	tribute	trustfully	145.05	097.14
061.26	184.28	111.10	191.18	145.11	137.31
099.11	tragic	trick	truth	148.27	twitching
099.31	019.07	021.30	026.22	172.17	043.09
torpid	trailing	158.02	027.13	173.12	103.11
095.19	025.04	trickled	027.15	180.30	181.26
torpor	trails	006.06	032.17	186.20	two
090.12	014.31	106.18	043.20	turn-to	001.20
torrent	030.01	trickling	045.15	135.04	003.10
131.21	140.08	067.19	051.17	turned	003.11
139.28	186.03	tricks	112.22	003.12	004.15
tortured	train	143.20	114.25	004.30	004.15
075.07	190.06	tried	156.24	006.02	007.29
tossed	tramped	026.19	truthfulness	008.24	009.04
025.19	034.29	036.10	170.04	010.01	012.16
059.14	128.26	038.30	try	017.18	013.14
104.14	137.29	043.10	056.26	020.17	013.18
tossing	tramping	054.11	091.17	023.13	014.17
055.18	123.19	056.21	092.13	024.04	016.02
145.08	141.14	063.28	097.05	029.17	019.15
184.17	trampled	069.15	115.19	029.21	021.23
196.26	052.09	086.10	145.10	035.31	023.14
tot	082.09	087.01	155.01	036.23	029.01
070.26	trampling	087.19	170.28	038.01	029.20
tottered	044.30	095.24	170.29	043.29	030.01
080.21	trance	097.01	tryin'	055.10	031.27
100.05	006.01	103.28	011.13	055.10	034.25
105.09	transaction	115.22	trying	061.30	036.25
tottering	141.24	119.20	015.27	062.04	037.17
037.20	transgressions	119.24	029.24	063.23	038.06
touch	184.30	144.29	036.02	083.05	051.22
035.24	transparent	154.10	041.04	090.18	060.02
176.13	124.13	173.22	046.06	095.08	063.10
177.09	151.18	trifle	058.08	103.07	064.04
190.10	transported	037.22	059.13	109.19	067.09
touched	051.23	trim	065.17	110.30	067.31
012.03	trap	044.26	073.05	111.04	069.01
023.19	071.21	trimming	078.11	122.29	070.10
043.13	trap-doors	045.10	078.21	123.15	070.15
043.20	073.18		089.01	127.30	071.28

075.25	043.11	121.15	unflinchingly	unsafe	035.05
078.30	054.23	129.17	063.24	044.07	035.09
079.11	075.19	131.23	unforgiving	096.12	036.06
082.18	084.30	134.26	034.01	unscathed	037.10
084.08	086.12	136.13	183.15	111.14	037.12
087.15	101.09	138.03	unfortunate	unseen	037.30
087.25	164.19	139.01	115.03	169.31	042.13
099.03	unceasingly	139.22	unfriendly	unselfish	043.08
100.25	039.20	143.20	176.29	056.01	043.21
103.09	053.10	145.11	189.19	unsettling	047.15
107.23	063.18	148.08	unglittering	161.03	047.19
108.03	065.19	164.07	117.10	unshaken	048.03
109.20	078.28	164.10	ungrateful	162.14	051.20
109.30	156.16	174.14	094.24	unsmiling	051.21
113.16	uncertain	175.10	unhallowed	046.04	054.06
116.01	124.03	175.15	052.12	unspeakable	055.17
121.10	191.23	175.30	unheard	049.30	057.31
131.02	unchanged	180.04	087.03	147.14	059.20
132.30	111.27	181.03	104.15	174.06	060.22
134.09	uncle	183.20	171.30	unspoken	061.31
136.11	143.03	185.26	unheeded	010.15	062.22
138.29	unclean	undergone	114.22	unsteadily	062.25
139.10	030.04	081.22	195.10	192.02	062.27
141.28	unclouded	underhand	unheeding	unsteadiness	062.28
143.24	083.25	188.10	012.14	037.21	063.05
144.14	uncomprehending	understand	102.25	unsteady	064.04
145.03	149.28	018.29	unholy	090.26	064.17
145.18	unconcern	026.13	094.12	108.30	064.26
147.24	147.15	046.14	186.21	116.31	064.31
148.03	unconcerned	093.08	uninterested	180.31	065.02
155.16	016.09	113.25	146.04	182.12	065.03
157.19	038.02	189.10	union	unstirring	066.03
159.10	unconciliating	understanding	180.04	116.05	066.13
163.26	041.10	028.04	181.09	unstrung	066.30
174.12	unconscious	understood	unique	056.30	067.04
175.25	012.28	062.15	026.28	unsuspected	067.11
179.02	032.18	104.14	049.07	027.22	067.23
180.03	142.05	109.30	157.13	unswerving	067.24
181.04	147.20	157.23	unison	116.22	068.07
182.15	unconsciously	undertone	019.17	unthinking	069.10
186.16	025.16	024.21	universal	026.10	069.12
186.19	068.11	undiscerning	012.17	027.30	069.25
186.22	uncouth	115.04	150.30	133.12	070.12
186.27	016.15	undisturbed	158.30	untidy	071.01
189.17	114.07	034.19	universe	194.06	071.13
191.07	uncovered	undone	060.04	untied	072.06
191.08	016.21	003.16	060.30	071.28	072.08
192.06	uncritical	undoubted	117.17	untired	072.23
194.28	181.02	169.27	162.20	169.21	072.25
two-funnel	unction	undreamt-of	unjust	untold	073.29
122.21	158.01	046.12	116.19	184.26	074.21
twos	under	undressed	unkindly	untouched	075.02
014.09	004.14	023.20	177.10	046.03	075.05
141.03	004.20	undulated	unknown	untrustworthy	075.13
tyke	006.04	014.31	009.29	038.13	076.14
124.26	006.16	065.12	171.16	063.01	076.24
170.28	009.01	undulating	unless	untruthful	078.30
tyrant	009.05	030.03	127.02	146.15	079.10
038.12	011.30	undying	167.27	156.23	079.12
ugly	013.05	032.13	unmanly	unveil	079.15
041.18	013.30	181.15	082.02	156.12	080.06
umbreller	014.04	186.07	unmask	unwashed	080.08
120.31	014.28	unearthly	170.02	035.10	080.10
121.17	015.12	083.17	unmentionable	unwilling	080.11
unable	023.03	130.19	008.30	158.21	080.26
035.28	027.25	uneasily	unmercifully	unwillingly	081.04
066.29	029.11	037.10	033.21	102.22	082.29
069.26	030.07	134.26	unmoved	130.28	083.16
098.01	033.12	153.07	005.30	139.16	083.17
103.17	041.31	181.12	013.18	174.12	084.11
125.21	044.19	uneasy	025.12	unyforms	085.10
144.20	050.28	023.09	unnatural	012.16	085.25
unaccountable	053.05	059.05	062.05	up	086.15
116.13	054.05	066.24	077.24	001.07	088.14
unaffectedly	056.11	110.26	unofficially	002.08	089.04
018.21	057.10	115.03	042.08	002.10	089.24
unaided	057.30	146.02	unpardonable	002.15	090.15
113.04	060.21	161.19	045.22	003.05	091.15
unappeasable	064.07	unemotional	unpolite	003.12	094.02
055.07	064.15	012.11	051.15	007.03	095.10
unappreciated	064.20	unending	unprepared	007.20	095.31
116.25	065.16	104.16	163.06	011.05	096.01
unapproachable	066.24	unendurable	unprosperous	011.14	096.17
086.28	068.25	104.16	156.05	011.17	096.27
unattached	070.05	unenvious	unprovoked	011.20	097.04
145.02	077.03	190.05	142.12	013.10	098.23
unattainable	077.20	unerring	unquenchable	014.05	098.25
032.06	080.25	171.10	158.17	014.20	099.02
unbelief	081.18	unexpected	unquiet	015.03	099.09
122.10	084.01	085.26	015.26	015.13	099.19
137.21	086.30	099.10	unready	017.11	100.17
unbelieving	088.17	134.03	067.06	017.16	102.07
152.24	088.27	152.31	unrealisable	017.26	102.23
173.18	089.06	unexpectedly	169.31	017.27	102.24
unblinking	090.31	024.12	unrebuked	018.23	103.13
095.14	092.18	085.29	163.25	018.26	103.19
unbosomed	094.08	101.18	unrecognised	019.03	103.31
183.02	098.21	160.13	166.21	020.06	104.03
unbounded	098.26	unexpressed	unrest	020.17	104.27
113.11	100.19	010.15	101.04	020.29	105.04
115.26	103.15	unextinguishable	111.30	023.13	105.20
unbroken	106.20	178.29	unresting	023.27	107.03
068.23	106.27	unfair	184.23	023.29	107.17
184.15	107.03	182.04	unrestrained	024.06	107.25
unbuttoned	110.08	unfairly	169.12	025.21	109.12
009.04	110.17	064.15	unringing	027.09	109.31
109.04	111.28	unfaithful	168.02	028.04	110.13
uncanny	112.08	027.12	unruffled	030.20	110.27
040.10	115.02	unfit	162.14	031.11	111.01
unceasing	117.01	041.01	unruly	031.12	111.03
032.29	118.31		026.18	032.16	111.21

UP (continued)

111.22	011.15	021.01	085.18	veered	188.05
116.14	019.30	021.02	107.31	112.04	188.06
117.27	022.25	021.02	180.01	veil	192.23
118.28	028.04	022.22	used	037.29	vessel
119.24	030.06	024.14	016.06	146.30	184.19
119.26	032.12	039.20	020.09	170.02	vessels
120.03	035.04	040.26	020.21	veiled	184.08
120.05	039.17	040.27	069.24	048.09	vestige
122.03	040.17	041.10	079.28	veined	060.05
123.06	041.22	042.01	094.05	113.29	131.07
123.09	041.30	042.14	111.02	124.13	vexation
123.10	042.12	043.08	122.01	venerable	020.28
123.12	050.12	044.04	167.17	004.27	077.30
123.13	055.31	044.10	useless	047.02	vibrate
124.08	056.02	044.16	007.23	056.28	019.17
124.29	056.10	044.22	172.27	191.23	vibrated
125.02	061.03	045.19	usual	vengeance	027.26
125.10	064.12	045.31	029.08	171.26	vibrating
125.26	065.09	046.04	042.16	venom	054.17
126.09	066.04	047.03	044.27	162.27	061.01
126.15	066.05	047.13	045.11	venomous	088.18
127.29	066.16	048.01	142.25	061.20	171.12
128.07	067.13	048.03	160.11	149.17	182.03
129.18	076.16	048.12	161.20	venomously	vibrations
130.13	082.09	050.06	180.22	045.29	106.07
131.01	092.28	050.11	utter	ventilator	142.18
132.04	100.20	051.13	148.30	119.23	viciously
132.07	101.06	051.14	188.29	ventured	012.19
133.03	104.15	052.07	utterance	047.12	078.25
135.06	105.01	052.10	022.01	158.06	082.31
136.04	111.25	052.13	180.22	verbiage	088.16
140.14	111.31	062.04	utterly	005.09	093.21
140.27	112.09	063.12	092.24	verdict	127.04
140.29	117.02	067.08	134.15	121.27	186.18
141.12	121.08	067.13	157.09	verge	victim
145.01	126.13	067.29	vacant	041.16	012.30
145.18	130.31	069.16	031.28	041.17	097.23
147.04	137.30	069.25	087.09	077.29	victories
147.14	147.26	070.28	vacantly	vermin	195.29
148.09	156.17	071.13	068.04	064.30	victory
148.16	165.01	072.09	vague	verra	026.07
148.27	165.06	074.20	082.01	040.12	view
149.04	166.12	074.27	087.25	040.12	158.02
151.07	168.24	074.31	151.22	very	159.09
153.04	181.01	075.03	171.19	002.02	177.23
153.18	184.22	075.24	vaguely	011.12	193.23
154.16	187.24	076.11	104.04	021.18	vigilance
154.16	187.25	077.15	147.14	023.12	140.27
155.19	189.28	077.17	169.28	026.04	vigilant
156.17	194.12	077.21	186.13	033.01	184.25
156.22	195.16	079.19	vain	034.11	vigorous
160.06	196.13	079.25	054.30	037.25	179.25
161.26	196.22	080.07	162.20	039.12	vigorously
162.04	upper	081.11	185.01	043.16	019.04
162.11	007.03	081.21	valiance	045.07	090.05
162.22	016.22	081.24	057.15	047.05	127.17
166.02	023.22	082.09	valiant	048.05	vigour
166.09	029.11	083.06	054.28	048.13	156.16
166.14	075.17	083.20	valley	049.15	vile
166.21	119.25	086.02	132.19	056.07	096.09
168.01	147.24	086.04	valleys	058.10	157.30
168.14	upright	089.04	184.01	067.18	village
168.17	003.07	089.14	valuation	076.12	105.08
168.21	014.23	089.17	176.22	079.18	violence
169.13	025.26	089.19	vang	080.20	026.23
170.12	030.14	094.15	070.01	081.01	054.24
170.24	069.30	094.21	vanished	083.20	061.20
173.10	117.07	094.28	010.26	087.27	087.01
173.13	134.24	095.01	030.15	088.21	097.20
173.20	144.10	096.27	108.29	088.23	193.15
173.23	180.28	097.18	125.18	089.25	violences
174.14	185.26	097.24	129.01	092.02	146.24
174.27	191.11	098.09	154.27	093.01	violent
175.12	uproar	098.25	178.04	093.12	009.13
175.24	061.01	104.23	186.26	095.31	028.14
176.30	086.26	105.14	vanishing	098.09	059.19
178.21	100.03	112.11	030.01	101.23	068.17
178.24	137.07	112.27	117.25	105.09	084.15
179.18	uprooted	113.13	182.09	122.27	104.07
179.22	110.05	113.15	vanquished	123.15	140.21
180.13	upset	113.18	086.26	127.10	152.06
181.13	007.28	113.20	vapours	127.11	178.11
182.16	upturned	115.04	061.26	127.14	violently
183.11	023.26	119.11	186.03	127.22	004.01
184.01	079.11	121.17	variation	128.01	055.18
184.27	upward	122.23	137.06	129.28	099.10
185.20	088.19	126.14	varied	131.06	099.19
186.13	upwards	126.17	123.20	131.15	125.29
186.29	004.14	126.20	various	131.15	154.25
187.26	054.25	138.17	086.16	134.04	virtue
187.30	061.10	143.11	189.02	142.25	046.07
188.09	066.31	143.31	varnished	144.01	094.20
188.23	099.29	145.10	135.10	146.31	virtues
189.08	110.09	158.11	195.05	152.20	184.30
190.08	129.02	158.18	vast	155.16	visible
190.29	132.19	159.16	026.10	156.06	015.31
191.07	145.29	160.01	101.13	157.30	037.16
191.13	173.04	161.11	117.17	159.15	171.01
191.15	174.13	161.13	144.11	160.16	180.12
191.23	urge	163.23	165.06	161.09	vision
192.06	100.26	163.28	180.12	161.14	088.02
192.10	urged	176.30	vaster	161.25	129.29
192.12	063.10	188.03	185.02	163.27	146.03
193.30	077.15	192.03	vastness	166.25	164.15
196.17	096.03	192.28	018.22	167.16	186.14
uplifted	154.20	192.31	111.30	169.25	visions
145.26	us	193.27	vault	170.13	012.29
upon	003.23	194.29	019.15	177.22	105.07
001.21	003.25	use	vaulted	177.27	117.26
004.10	008.12	012.07	147.24	178.28	visitation
008.30	014.06	040.13		185.16	163.16

visiting	007.10	046.24	walks	wants	043.06
115.30	012.04	048.22	119.17	089.03	043.12
visitor	014.04	049.08	wall	115.27	043.19
009.19	016.05	050.04	064.10	warm	043.25
039.24	026.26	050.22	072.07	034.22	044.05
043.15	053.10	051.01	139.03	044.11	044.06
170.13	066.13	051.04	162.08	050.24	044.08
visits	070.07	051.31	wallow	053.06	044.16
167.17	071.18	074.12	009.23	090.23	044.19
vitality	075.12	162.09	132.29	044.24
085.06	086.16	081.26	wallowed	warmth	045.07
167.21	091.22	083.18	077.23	092.27	045.16
vitiated	096.05	089.09	walls	159.30	045.25
132.30	096.22	090.05	186.13	warn't	045.30
vivacious	101.19	093.20	186.23	121.11	047.17
190.23	105.15	126.08	187.10	warning	047.20
vivid	107.10	126.23	187.10	063.30	048.09
068.29	108.01	126.26	187.24	114.23	048.13
092.11	109.15	127.03	195.21	warningly	049.02
169.26	129.10	128.15	wamibo	136.10	049.06
vividness	135.14	130.28	016.13	was	049.07
087.29	140.03	131.03	016.13	001.06	049.09
vivre	141.15	131.13	047.09	001.18	049.13
045.22	144.19	131.25	060.28	001.22	049.14
vociferated	145.07	132.15	070.23	002.03	049.15
131.28	146.06	134.06	074.14	002.14	049.16
voice	167.19	134.19	074.25	002.26	049.23
008.20		134.29	077.13	003.26	049.23
010.22	void	135.03	078.27	004.24	049.24
010.28	060.24	135.07	079.29	004.30	049.26
013.26	volume	135.19	079.30	005.01	049.27
017.17	065.06	138.03	080.02	005.27	050.11
017.25	099.12	138.07	087.09	005.28	050.13
018.20	voluminous	138.13	109.11	006.15	051.04
023.31	156.07	138.18	113.24	006.20	051.19
024.31	voluntarily	138.20	120.15	007.27	051.21
032.29	016.20	138.25	149.25	007.29	051.22
033.26	voluptuously	160.19	149.28	009.05	051.30
038.27	162.24	162.21	159.17	009.08	052.04
043.24	votary	167.11	180.29	009.11	053.20
045.07	014.12	167.30	191.11	009.21	054.12
050.06	voy'ge	168.11	wamibo's	010.04	055.01
054.18	057.02	168.21	068.05	010.24	055.27
063.30	voyage	168.31	073.10	010.26	056.04
067.30	020.09	169.04	074.08	011.01	056.09
068.17	021.22	169.12	161.14	013.22	056.14
071.13	091.04	169.18	161.15	013.29	056.16
077.03	092.05	170.10	wander	014.30	056.19
078.10	094.01	171.14	181.01	015.16	056.21
078.17	112.17	171.20	wandered	017.04	056.22
084.16	136.31	173.01	148.24	017.27	058.09
084.25	155.13	174.12	188.11	017.27	058.13
087.22	160.10	174.27	193.30	017.30	058.13
088.04	165.11	175.07	wanderer	018.04	059.02
089.07	177.19	180.05	176.08	018.15	059.10
089.28	188.23	181.02	wanderers	018.20	059.15
090.27	voyages	181.10	083.04	018.30	060.01
091.01	056.28	181.12	wandering	018.31	062.07
091.11	076.05	192.17	005.07	019.23	062.20
093.04	vulgar	wait's	009.16	019.26	063.01
095.16	046.01	037.15	032.09	019.30	065.01
095.29	vulture	175.24	117.18	020.12	066.06
097.09	145.16	waited	150.04	020.26	066.07
102.01	vy	038.14	wanderings	021.16	066.26
103.15	086.02	039.07	118.08	021.31	067.22
106.07	114.16	066.14	want	022.05	067.23
108.22	114.17	123.10	001.16	022.14	067.26
108.26	125.02	124.18	012.15	022.26	067.28
111.29	153.30	146.13	018.14	023.06	067.30
117.21	167.30	151.11	020.28	023.20	068.18
118.04	waddled	170.08	022.15	025.29	068.27
120.23	184.11	171.08	043.17	026.07	068.31
123.08	waddling	181.04	044.21	026.27	069.23
123.16	122.21	181.18	045.22	027.17	069.30
123.30	wager	186.25	046.09	030.25	070.06
125.18	192.23	189.16	047.24	031.01	070.14
126.05	wages	193.05	052.10	031.22	071.09
126.28	191.16	waiting	057.07	032.14	073.19
130.23	192.18	044.29	062.19	032.18	073.21
131.07	wail	066.17	081.19	033.13	073.26
132.21	091.31	075.29	085.17	033.20	074.05
132.24	wailing	177.17	090.09	033.21	074.19
133.17	105.22	wake	090.09	033.27	074.19
153.31	181.22	030.15	095.30	034.22	075.22
134.20	195.27	123.13	124.23	035.16	076.02
135.01	waist	147.04	126.14	035.17	076.18
137.01	004.21	185.17	131.03	036.16	076.19
138.19	014.02	waxing	135.17	036.30	077.07
139.15	031.21	162.01	136.14	037.05	077.27
139.28	070.01	182.29	146.10	037.22	079.22
141.04	087.04	walk	147.03	037.31	079.26
146.08	waistcoats	051.25	151.11	038.01	079.27
148.06	106.24	103.04	151.13	038.22	080.03
149.25	waists	155.01	151.15	038.29	080.14
152.02	100.17	175.18	152.01	039.13	080.25
152.20	wait	walked	160.09	039.16	080.31
155.02	017.17	031.24	165.17	039.23	081.10
155.10	017.20	037.11	179.22	039.24	081.13
159.31	017.26	049.08	192.26	039.28	081.24
165.30	018.10	108.30	wanted	040.08	081.28
168.02	018.10	143.23	056.22	040.14	081.30
174.09	018.13	150.22	076.22	040.24	082.03
178.04	019.10	154.23	114.29	040.30	082.04
182.14	024.21	154.28	149.20	041.16	082.30
192.26	025.18	walking	151.20	041.21	083.03
195.19	025.23	036.04	151.23	041.27	083.15
voiceless	038.08	039.30	155.14	041.29	083.24
026.25	042.25	052.02	155.15	042.08	084.03
voices	043.02	131.09	160.09	042.20	084.31
001.21	043.12	152.04	192.07	042.21	085.02
003.18	043.19	186.24		042.31	085.14
005.30	044.02				

WAS (continued)

085.30	157.12	190.27	watchfully	waves	047.07	
086.13	157.12	192.04	055.13	025.16	047.21	
090.29	157.15	192.08	103.01	030.26	047.22	
091.13	157.17	192.20	watchfulness	054.20	047.23	
091.27	157.20	193.04	171.27	057.11	047.29	
092.04	158.12	194.02	watching	059.29	047.30	
092.14	158.14	194.05	033.06	073.17	047.31	
093.05	158.25	wash	063.06	084.13	048.01	
093.24	158.29	051.08	074.09	084.22	048.03	
093.29	159.01	140.04	160.23	086.24	048.04	
093.30	159.04	wash-tub	174.18	088.15	048.05	
094.12	159.07	036.06	178.07	095.08	048.06	
094.21	159.11	058.26	water	096.25	048.07	
094.28	159.14	washboard	014.30	106.05	048.14	
098.12	159.18	067.21	024.04	184.13	048.20	
098.16	159.20	washboards	029.06	waving	049.16	
099.13	159.21	054.11	029.21	022.30	049.21	
102.27	159.22	washed	030.02	054.29	050.28	
104.30	159.27	007.10	030.08	058.01	051.10	
106.11	159.27	058.11	030.18	070.15	051.11	
106.12	160.22	059.12	053.09	144.18	051.16	
106.14	160.29	075.25	055.07	way	051.17	
106.26	161.03	082.27	057.17	002.17	051.27	
106.30	161.06	099.26	060.11	004.04	051.29	
109.14	161.07	150.05	062.28	011.31	052.04	
110.05	161.14	washerman	063.25	014.06	052.06	
110.21	161.18	037.07	064.22	015.07	052.11	
110.23	161.24	washing	065.06	029.08	054.02	
111.19	162.28	048.21	065.16	035.09	056.03	
112.03	162.30	156.04	070.04	041.31	056.05	
112.04	163.02	wasn't	070.12	046.08	056.05	
112.18	163.08	008.12	071.22	054.23	056.06	
112.21	163.13	090.04	073.01	058.21	056.08	
112.28	163.19	121.12	075.28	059.03	056.16	
113.11	164.17	121.13	079.17	069.25	056.19	
114.25	164.17	161.14	090.25	070.30	056.20	
115.05	164.28	161.17	091.16	072.19	056.27	
115.25	164.29	177.15	091.18	074.04	057.07	
115.26	165.06	194.26	098.14	076.04	057.30	
115.31	165.07	wasted	099.12	078.24	058.02	
116.03	165.18	104.31	099.15	080.05	058.06	
117.23	165.30	watch	099.24	086.02	058.10	
118.09	166.24	021.13	102.10	089.15	058.20	
118.16	166.26	021.22	103.31	090.14	058.25	
118.18	166.31	048.30	105.26	096.07	059.01	
120.18	167.05	050.26	106.04	097.04	059.08	
121.02	167.17	051.07	106.18	098.13	059.09	
121.14	167.24	053.16	106.21	120.20	059.12	
121.21	167.26	055.04	106.30	129.05	062.04	
121.29	167.28	055.21	107.23	129.23	062.06	
123.22	168.05	057.14	109.07	136.11	062.14	
124.02	168.15	061.18	110.22	142.25	062.18	
125.22	168.25	062.21	117.27	143.15	064.13	
125.23	168.26	062.25	119.22	144.30	067.22	
127.11	169.10	063.26	126.30	148.24	067.27	
127.19	169.13	064.24	127.10	150.02	070.06	
127.22	169.13	069.17	127.15	152.05	070.16	
127.27	169.23	069.23	127.15	154.30	071.01	
127.28	169.25	097.09	127.21	156.16	071.05	
128.02	170.30	106.17	127.30	160.14	071.08	
128.03	170.31	108.11	140.08	162.05	071.10	
129.03	171.01	114.05	150.09	164.27	071.16	
129.22	171.24	118.10	161.25	165.29	071.30	
129.28	172.05	128.26	172.20	179.04	072.02	
130.01	173.05	132.02	172.22	182.28	074.21	
130.06	173.09	137.03	186.22	194.30	074.22	
130.16	173.13	141.01	187.07	waylaid	075.01	
130.29	173.22	141.02	187.10	105.10	075.03	
130.31	173.29	144.21	188.18	we	075.09	
131.07	174.03	144.24	water's	005.24	075.12	
131.26	174.07	148.01	005.17	012.04	075.13	
131.31	174.12	154.31	water-cask	020.23	075.15	
133.09	174.31	157.07	023.30	024.20	075.16	
133.10	175.23	176.02	070.13	039.25	075.22	
134.22	176.04	178.18	071.06	040.03	075.25	
137.06	176.24	182.22	090.15	040.04	076.10	
138.28	177.04	watch-officer	water-line	040.24	076.12	
139.05	177.04	118.04	030.22	040.26	076.14	
139.09	177.06	watchdogs	030.26	040.28	076.17	
139.16	177.07	185.18	waterfall	040.29	076.20	
139.18	177.12	watched	055.09	041.07	076.21	
139.30	177.17	021.05	waterlogged	041.08	077.01	
140.01	177.24	029.19	065.12	041.14	077.10	
140.12	177.24	054.01	waterproofs	042.02	077.17	
140.24	177.29	055.05	044.11	042.22	077.19	
141.16	177.31	055.20	waters	043.02	077.20	
141.17	178.12	056.04	084.21	043.03	077.29	
141.18	178.13	057.26	117.10	043.05	078.01	
141.24	178.15	073.12	165.01	043.16	078.03	
142.07	178.19	088.21	180.12	043.18	078.13	
142.11	178.21	096.05	184.24	044.23	078.20	
142.16	178.25	102.25	196.19	044.25	078.30	
142.24	178.29	134.10	watkinses	044.27	078.31	
142.30	178.31	134.15	122.20	045.06	079.05	
143.14	180.06	149.13	wave	045.09	079.06	
145.07	180.15	153.12	012.02	045.12	079.07	
146.22	180.15	154.22	036.22	045.17	079.10	
147.23	181.23	156.20	057.27	045.20	079.15	
147.28	181.25	165.03	058.23	045.27	079.17	
150.22	182.08	167.29	064.09	045.31	079.24	
151.15	183.03	178.21	145.25	046.05	079.30	
151.19	185.01	185.25	waved	046.07	080.01	
151.31	185.02	watches	096.16	046.08	080.02	
152.25	185.02	030.27	114.18	046.12	080.03	
152.31	186.10	040.21	117.12	046.13	080.04	
155.12	187.31	056.01	147.21	046.15	080.05	
156.06	188.05	watchful	wavered	046.16	080.09	
156.09	188.17	028.07	153.21	046.18	080.10	
157.02	188.23	033.11	166.08	046.22		
157.08	189.06	070.02	wavering	046.25		
157.09	190.18		152.02	047.04		

WE (continued)   THE NIGGER OF THE NARCISSUS   87

080.10	136.15	096.04	125.02	194.30	096.15
080.18	136.30	wearied	125.04	wept	099.05
080.19	137.02	053.10	125.29	069.03	099.14
080.20	137.16	087.28	127.03	were	099.19
080.24	138.04	wearily	127.17	002.30	099.28
080.26	139.20	068.17	128.11	003.12	101.19
080.29	141.03	084.27	129.25	003.13	104.20
081.02	147.31	weariness	129.25	004.11	106.02
081.03	148.09	162.23	134.22	007.08	106.02
081.10	148.12	wearing	136.05	009.01	106.03
081.14	149.13	004.13	136.17	009.09	106.18
081.15	151.28	107.30	138.24	009.10	106.23
081.16	152.01	wearisome	144.02	012.03	107.30
081.17	152.11	015.28	148.03	013.14	108.02
081.18	155.16	weary	151.07	014.01	109.26
081.19	155.20	058.22	151.10	014.03	112.12
081.21	156.21	086.18	160.05	014.09	112.13
081.21	157.07	095.09	161.14	016.26	112.20
081.25	157.21	098.07	163.13	017.31	112.29
081.26	157.23	101.10	163.13	018.27	113.03
081.26	157.25	106.05	167.29	019.22	113.09
082.08	157.27	118.11	183.14	020.25	113.13
082.10	157.28	119.01	188.19	021.07	113.24
082.11	157.30	162.13	193.01	022.10	113.28
082.12	157.31	weather	well-fed	026.13	114.26
082.13	158.02	014.14	116.29	027.02	114.26
082.13	158.05	055.20	well-filled	027.07	114.31
082.15	158.06	057.14	044.12	027.08	115.06
082.20	158.06	058.30	well-known	028.03	115.21
082.22	158.14	063.05	083.07	029.14	115.22
082.23	158.20	063.26	well-meaning	034.11	116.04
082.28	159.09	064.15	026.19	035.14	116.31
082.29	160.02	064.31	went	035.25	119.15
082.31	160.06	065.14	001.14	035.25	119.28
083.17	160.08	069.07	014.22	036.22	120.05
086.04	160.09	090.07	016.18	040.21	127.29
086.05	160.09	091.27	018.24	042.22	130.21
088.29	160.16	092.03	019.25	044.12	132.02
089.01	160.22	094.31	020.01	045.03	132.21
089.06	160.30	109.03	020.16	045.27	135.28
089.06	161.01	140.30	021.31	045.31	137.07
089.07	161.04	182.19	025.04	046.05	137.20
089.11	161.11	weather-rail	025.14	046.13	139.19
089.22	161.12	055.15	029.02	046.21	141.06
089.27	161.12	weathered	029.17	046.25	141.29
089.28	161.18	107.21	030.12	047.06	142.02
092.05	161.19	115.11	031.06	047.28	145.31
093.30	161.22	weathering	032.04	047.30	146.15
094.01	161.24	111.15	033.18	048.01	148.01
094.02	161.25	wedge	038.14	048.02	148.31
094.05	162.02	002.04	038.26	048.04	150.10
094.07	162.03	week	045.10	048.20	153.08
094.12	162.12	048.11	050.09	049.26	153.19
094.18	162.13	134.22	054.06	050.03	157.21
094.24	162.15	179.27	057.08	050.28	157.30
096.27	162.17	183.18	058.14	051.10	160.06
096.30	163.05	weeks	058.15	051.23	161.03
096.31	165.13	121.11	071.22	051.28	161.21
097.18	168.07	121.30	072.05	053.14	161.22
097.19	176.20	weeks'	072.26	054.06	162.13
098.05	176.20	120.27	072.29	054.09	166.01
098.09	176.21	121.22	074.18	056.17	167.09
098.20	176.26	weepin'	074.21	057.16	174.05
098.23	176.28	049.28	075.02	057.19	175.18
098.28	177.04	weeping	076.05	058.25	177.09
099.19	177.09	063.26	081.15	059.03	177.27
100.05	177.26	121.19	084.25	059.12	178.27
100.05	178.27	weighed	085.07	061.12	181.11
100.06	183.06	081.01	088.24	062.16	185.15
100.06	188.07	141.21	088.26	062.17	188.16
100.10	188.15	weight	089.04	063.18	190.18
102.08	188.16	009.01	098.07	063.31	194.18
102.08	192.09	048.16	103.19	064.24	195.01
102.11	192.15	060.21	107.26	065.16	195.03
112.16	192.16	076.23	112.05	066.23	195.14
112.21	193.28	134.21	116.21	066.18	196.24
112.28	196.21	weights	118.13	066.21	weren't
112.29	we'll	179.01	119.22	069.13	120.30
112.29	014.07	weird	120.14	069.14	180.15
113.01	we're	012.29	122.05	070.07	west
113.05	070.30	016.17	124.10	071.07	021.10
113.06	086.04	048.09	127.05	071.16	030.12
113.12	086.06	087.31	129.24	075.20	117.09
113.13	101.23	welcome	131.09	076.04	179.26
113.16	we've	011.01	132.06	076.17	west-country
113.17	113.19	183.27	135.15	076.19	087.12
114.23	135.31	185.29	141.03	077.16	089.01
114.25	143.01	welcoming	143.25	077.29	west-countryman
114.27	weak	195.29	146.19	078.13	017.07
114.29	016.08	welfare	148.12	080.02	westerly
114.31	037.05	041.27	155.10	080.06	054.21
114.31	105.09	well	156.03	082.07	196.27
115.02	138.14	005.26	160.29	082.23	western
115.05	138.23	008.20	161.26	083.05	022.12
115.06	159.31	017.02	166.03	083.06	164.27
115.08	weakly	022.01	171.04	083.30	176.12
115.11	081.13	022.21	173.26	083.31	westward
115.16	093.27	034.13	180.21	084.03	054.13
115.17	125.11	043.26	185.19	084.06	162.17
115.18	weakness	044.01	186.17	084.26	180.07
115.19	056.04	047.01	188.07	085.23	182.18
116.04	119.10	069.24	186.15	087.02	wet
119.15	158.24	071.05	188.24	087.28	007.02
120.24	171.06	075.10	188.25	090.06	009.12
121.20	wealthy	076.18	189.09	092.10	036.07
122.05	116.28	083.20	189.12	092.11	048.30
126.13	wear	090.06	190.12	092.12	051.10
126.17	095.17	104.30	192.20	092.31	055.10
136.02	095.25	109.18	193.06	093.12	057.16
136.12	095.27	120.08	193.14	094.24	058.07
136.14	095.27	121.30	194.23	095.10	059.06

WET (continued)

059.12	179.14	057.23	065.16	090.11	026.04
060.10	179.19	094.28	065.22	171.18	026.13
068.02	182.24	129.19	070.22	186.17	026.14
106.20	191.30	where	076.11	white	026.16
108.03	193.08	002.14	081.08	003.15	026.22
108.14	what's	003.29	084.20	003.17	027.15
109.05	003.20	009.15	087.05	004.05	032.15
whalers	010.20	009.22	088.16	004.23	034.26
033.16	014.05	009.22	091.12	004.27	042.03
what	017.20	009.24	092.19	006.04	047.18
005.04	020.30	009.25	093.24	006.05	050.05
005.07	021.22	009.27	096.25	007.06	053.13
005.09	040.11	009.28	097.25	007.09	058.14
005.10	048.24	016.08	098.04	007.20	066.18
007.18	048.28	016.08	103.07	008.26	069.15
010.22	048.28	018.08	104.05	009.21	071.01
011.17	069.06	030.20	104.09	011.27	071.24
011.20	085.25	036.28	111.20	014.16	076.15
017.21	095.26	064.06	118.26	015.19	085.24
018.13	109.12	065.25	123.07	019.03	085.31
018.13	116.14	066.25	123.19	019.31	087.05
018.14	119.06	066.29	126.09	023.12	091.30
021.16	124.31	067.28	129.08	026.21	093.12
024.22	132.23	075.12	129.26	029.13	096.27
025.10	138.27	077.25	133.07	029.16	097.20
025.22	143.11	078.01	141.21	032.09	102.25
036.09	152.08	090.14	141.30	037.14	105.11
039.08	wheedle	093.19	144.23	054.19	106.31
039.13	009.26	093.21	148.26	057.27	109.14
041.07	wheel	095.04	155.03	059.23	109.28
042.20	031.06	095.20	158.14	067.18	111.10
043.17	032.31	103.29	164.25	073.17	113.06
044.03	063.29	107.21	167.11	082.18	113.14
048.06	067.01	117.18	168.02	090.06	113.15
050.13	070.22	118.31	170.08	090.15	124.03
053.15	095.13	121.18	182.31	096.18	131.30
055.27	098.30	123.03	190.02	097.13	132.31
057.01	103.01	127.13	195.09	098.19	134.15
078.18	108.08	132.14	whimpered	100.19	138.29
082.07	108.15	136.07	097.24	105.26	141.25
082.24	108.18	145.08		106.01	145.10
082.27	140.12	153.06	whims	112.07	146.01
085.17	142.24	154.04	115.28	113.30	146.05
085.26	wheel-box	173.14	whine	116.29	146.24
085.29	064.07	176.19	027.07	120.09	147.19
088.27	wheels	179.31	whined	120.31	149.10
089.24	187.15	187.04	108.26	123.04	149.12
089.31	wheezing	191.04	whining	124.17	159.08
090.23	025.30	195.04	026.20	128.11	163.05
091.06	when	where's	whip	129.27	163.23
098.05	007.17	023.30	020.07	130.19	164.01
105.17	008.13	071.15	095.19	130.23	166.04
111.02	010.10	whether	whirled	133.08	171.15
114.29	020.09	044.20	053.07	134.07	172.21
114.30	020.15	092.12	099.30	141.08	175.16
115.16	022.18	094.04	127.20	144.22	178.22
116.05	022.20	166.30	127.21	146.29	178.30
119.06	033.16	which	whirling	164.13	179.06
120.05	034.12	009.06	006.14	168.23	180.01
120.06	034.15	009.12	whirlpools	172.01	180.15
122.05	035.18	014.21	098.16	173.29	180.18
122.08	036.17	014.31	whiskers	178.21	182.06
122.14	044.15	015.05	120.12	180.05	188.14
124.21	044.23	021.18	whisper	183.20	188.16
124.22	047.25	031.18	006.07	183.23	189.20
124.22	049.18	032.15	043.11	184.04	190.02
124.23	050.10	033.23	063.30	185.10	191.10
125.04	051.08	038.20	114.23	188.06	192.05
126.25	053.16	039.17	116.20	191.25	192.21
126.25	053.22	041.21	117.21	195.11	193.24
127.31	056.30	042.04	141.27	196.04	196.11
130.28	057.08	050.03	167.31	whitechapel	who's
132.04	057.10	055.26	whispered	013.19	041.04
133.13	057.28	057.03	024.08	whiteclad	088.31
133.15	067.25	062.06	061.21	002.19	144.31
133.22	067.27	066.04	078.09	whiteness	145.01
135.30	070.18	068.31	081.09	086.23	170.15
140.01	070.29	087.29	087.16	088.17	170.17
140.11	073.14	115.10	089.19	110.18	170.18
140.29	084.03	128.16	093.17	whites	171.07
143.30	094.02	152.26	101.19	017.29	172.12
146.10	098.22	169.26	114.18	019.13	173.12
146.24	109.18	177.02	125.20	whitewashed	193.03
146.25	110.29	179.17	131.29	190.16	whoever
147.03	112.03	whiff	132.26	whizz	161.16
148.10	115.31	085.30	134.29	181.31	whole
148.13	116.27	132.29	136.06	who	016.05
151.10	117.23	whiffs	136.26	002.20	023.27
151.12	121.18	034.27	148.10	002.23	056.03
151.15	130.03	while	148.29	003.09	060.04
151.23	131.09	001.22	169.04	005.06	062.25
151.26	143.09	010.08	179.21	005.13	062.26
155.14	155.17	017.05	181.15	005.22	099.12
159.11	158.06	021.03	191.05	005.23	100.21
161.03	159.06	025.11	whispers	005.25	105.23
161.12	163.22	025.27	016.30	006.14	116.06
161.12	166.12	028.16	030.26	006.25	141.24
163.08	167.24	029.10	040.22	007.05	174.03
165.17	168.06	035.21	044.31	008.18	179.29
168.09	168.14	036.25	047.08	010.01	180.11
168.30	173.28	037.11	110.31	010.08	wholesome
170.15	175.12	039.26	190.04	010.09	056.27
170.15	178.23	050.23	whistled	010.10	wholly
170.25	179.25	053.08	024.24	012.27	168.27
171.03	185.01	055.28	079.10	013.11	whom
171.28	185.02	057.01	083.27	014.11	041.30
172.07	191.12	058.25	129.07	015.21	087.18
172.07	194.16	059.13	137.04	017.18	188.28
172.23	194.17	060.21	whistling	017.20	189.29
178.31	whenever	065.09	031.08	018.01	whopped
	041.31	065.12		022.05	091.10

091.11	080.09	162.19	004.15	033.24	060.24
whose	089.11	162.26	004.26	033.26	060.26
013.30	090.07	165.01	005.26	034.02	060.29
020.14	090.23	171.20	005.31	034.24	061.02
056.02	091.08	182.23	006.06	035.02	061.08
127.18	091.25	182.23	006.09	035.04	061.10
148.13	091.25	188.09	006.18	035.10	061.13
157.07	091.29	wind's	006.21	035.20	061.23
why	094.31	061.28	006.28	035.23	061.28
010.22	097.21	windlass	006.30	035.27	062.12
011.12	099.21	002.08	007.02	036.03	062.24
011.16	101.22	006.10	007.02	036.05	063.16
016.13	102.07	025.17	007.07	036.06	063.18
046.29	102.08	027.19	007.11	036.08	063.23
047.15	104.23	027.26	007.20	036.10	063.25
049.03	108.18	096.14	007.26	036.14	064.03
089.21	108.25	windmill	007.31	036.20	064.05
089.30	108.27	139.07	008.08	036.22	064.10
091.06	108.29	windows	008.16	036.23	065.03
093.02	108.31	187.11	008.18	036.26	065.03
107.06	109.01	winds	008.25	036.28	065.12
126.11	109.03	054.26	008.26	036.29	065.14
135.01	109.17	058.31	008.30	036.31	065.15
135.21	111.01	161.07	008.31	037.11	065.21
135.22	124.06	161.17	009.11	037.13	065.30
165.10	124.06	windward	009.31	038.02	066.04
168.02	124.08	029.07	010.06	038.07	066.26
170.26	126.23	031.07	010.21	038.11	066.27
177.23	127.09	055.13	010.29	038.15	066.28
wi'	129.25	057.10	011.07	038.24	066.28
040.11	136.02	059.21	011.11	038.26	067.04
194.14	137.03	063.24	011.27	039.12	067.08
wicked	137.16	065.10	011.30	039.19	067.13
073.31	138.04	066.27	011.31	039.20	067.18
090.25	138.11	088.11	012.09	040.02	067.19
090.27	138.12	091.20	012.12	040.02	067.24
wickedness	141.12	097.04	012.14	040.03	067.27
041.29	143.03	099.11	012.28	040.06	068.07
wide	143.06	162.02	013.02	040.23	069.02
006.19	143.20	wings	013.09	040.31	069.03
035.04	147.01	009.11	013.24	041.06	069.06
060.10	148.12	030.10	013.26	041.08	069.08
068.10	149.05	064.11	014.23	041.26	069.16
075.19	149.08	067.31	014.26	041.27	069.21
076.16	149.27	124.14	014.27	042.04	069.22
078.12	152.18	130.20	014.30	042.06	070.01
117.24	152.22	183.20	015.19	042.24	070.02
142.18	154.07	185.10	015.20	042.25	070.03
146.07	154.15	wink	016.17	042.29	070.09
154.06	154.31	036.30	016.23	042.31	070.13
181.25	169.17	083.29	016.24	043.08	070.16
183.24	170.07	winked	016.27	043.14	070.20
183.29	170.21	181.25	017.24	043.16	070.22
186.28	172.09	winter	017.25	043.21	070.29
wide-awake	172.09	055.01	018.19	043.25	070.31
191.13	172.20	121.02	019.06	043.29	071.12
wife	172.21	121.07	019.18	044.15	071.29
020.13	172.25	164.09	019.20	044.24	071.31
188.05	179.05	wiped	019.22	044.25	072.03
189.05	179.15	002.06	020.07	044.28	072.04
wild	180.01	057.01	020.12	045.03	072.09
028.08	198.22	128.16	020.13	045.09	072.12
042.31	190.07	135.10	020.17	045.11	072.21
049.26	196.07	wiping	020.26	045.22	072.22
059.29	willingly	010.22	020.28	046.11	072.27
062.06	051.18	036.30	020.29	046.20	073.02
074.08	wimmen	047.05	021.05	047.02	073.03
097.14	169.08	wire	021.15	047.02	073.04
117.05	winches	073.27	022.01	047.03	073.04
192.05	187.17	wires	022.01	047.19	073.07
196.25	wind	192.09	022.02	047.24	073.11
wild-eyed	010.07	wisdom	022.07	047.25	073.12
072.06	030.29	004.29	023.05	048.02	073.20
wilderness	054.05	012.15	023.13	048.09	073.28
050.19	057.16	025.15	023.17	048.19	073.29
wildest	059.17	101.05	023.23	048.24	074.04
061.02	062.22	112.10	023.26	048.25	074.16
158.03	066.16	147.15	023.28	048.26	074.20
wildly	067.01	156.12	024.01	048.29	074.22
019.12	068.22	wise	024.05	048.31	075.07
020.07	070.23	046.15	025.12	049.14	075.18
061.06	072.24	wish	025.20	049.21	075.18
064.02	077.21	020.25	026.01	049.24	075.23
065.01	079.16	047.28	026.06	050.25	076.07
104.24	083.27	104.30	026.10	051.22	076.23
149.19	086.30	120.18	026.11	052.03	076.23
149.26	088.14	173.09	026.11	052.13	076.29
181.26	086.19	173.12	027.21	053.02	077.10
will	092.19	173.22	027.30	053.06	077.14
008.23	097.28	wished	028.06	053.09	077.23
012.04	098.10	034.01	028.12	053.11	077.24
012.07	098.19	046.08	029.09	053.17	077.30
012.20	098.31	174.14	029.12	053.21	077.30
014.08	100.01	wishing	029.21	054.02	077.31
017.14	102.06	092.17	029.24	054.05	078.21
020.23	102.12	wisps	030.08	054.10	078.31
021.01	103.27	083.30	030.22	054.12	079.01
021.13	104.14	100.01	030.23	054.18	079.04
021.22	106.13	144.15	030.24	054.21	079.05
021.24	114.21	wit	030.26	055.25	079.09
044.20	119.29	094.08	031.06	057.16	079.12
045.01	123.05	with	031.10	057.26	079.15
047.15	123.14	002.06	031.12	057.28	079.17
047.16	127.20	002.10	032.07	058.07	080.09
047.20	134.18	003.06	032.10	058.25	080.11
047.26	139.31	003.09	032.12	058.29	080.12
047.27	140.15	003.11	032.14	058.30	080.15
051.05	142.27	004.06	033.05	058.31	080.21
057.02	142.29	004.07	033.05	059.06	080.22
064.18	146.31	004.10	033.08	059.20	080.30
075.25	155.19	004.13		060.13	

90 WITH (continued)   THE NIGGER OF THE NARCISSUS

081.09	105.03	137.15	172.03	024.01	wondering
081.11	105.04	137.23	172.06	025.05	132.29
081.14	105.06	137.25	172.10	025.09	157.02
082.01	105.15	138.01	172.14	026.30	wood
082.06	105.25	138.08	172.25	033.13	028.12
082.08	105.27	138.19	172.31	034.30	073.16
082.19	106.06	139.06	173.04	036.27	074.05
082.28	106.12	139.07	173.21	040.17	075.18
082.31	106.13	139.11	174.08	043.03	078.23
083.13	106.14	140.03	174.29	047.22	wooden
083.14	107.02	140.13	176.15	047.23	068.11
083.15	107.14	140.17	176.27	054.07	wooden-headed
083.30	107.25	140.21	177.01	063.02	020.31
084.04	108.03	141.05	177.02	064.08	woodwork
084.06	108.06	142.09	177.05	066.22	014.04
084.17	109.09	143.25	177.10	068.13	wool
084.18	109.12	143.26	177.29	069.18	079.03
084.18	109.24	144.16	177.31	071.02	080.15
084.22	110.12	144.27	178.18	075.06	194.19
084.23	110.15	144.30	178.26	076.08	woollen
084.25	110.17	145.02	179.07	079.09	037.18
084.30	110.23	145.05	179.12	082.13	word
084.30	110.30	145.06	179.22	083.29	004.12
085.01	111.05	145.16	180.05	089.26	011.04
085.05	111.07	145.17	180.06	097.17	018.06
085.09	111.26	145.17	180.13	097.17	024.01
085.25	112.25	145.22	180.22	101.07	036.01
085.26	113.12	145.26	180.27	102.30	069.18
085.31	113.31	145.30	181.14	110.02	110.03
086.16	114.01	147.08	181.28	114.30	147.22
086.20	114.07	147.12	182.01	115.02	166.04
086.22	114.10	147.18	182.25	116.03	171.22
087.01	114.18	148.11	182.27	119.09	words
087.08	115.15	148.15	183.22	126.12	019.21
087.11	115.20	148.21	184.03	127.06	021.20
087.15	115.20	148.23	184.06	127.14	021.30
087.25	115.29	149.06	184.10	130.31	028.02
087.29	117.09	149.09	184.10	135.12	033.26
088.08	117.13	149.30	184.16	140.15	036.16
088.18	117.14	149.31	184.24	144.14	046.20
088.20	118.06	150.28	184.26	147.21	063.28
088.22	118.24	150.29	184.26	152.22	067.14
089.05	118.28	151.26	184.27	157.26	072.09
089.08	119.09	152.12	184.27	164.31	081.10
089.18	119.16	152.29	185.13	165.10	087.21
090.08	120.10	153.21	186.03	166.03	093.04
090.15	120.11	153.23	186.23	167.08	094.31
090.22	120.13	153.31	186.24	173.21	097.26
090.30	120.14	154.03	186.28	174.16	102.28
092.09	120.17	154.09	187.13	179.03	104.15
092.27	120.21	154.20	187.29	181.01	109.31
093.14	120.31	154.24	188.02	183.26	115.10
093.15	121.26	154.26	188.07	184.01	116.18
093.17	122.04	154.28	188.11	186.31	131.20
093.26	122.11	155.08	188.28	192.02	132.14
094.10	122.14	155.11	188.30	wits	137.21
094.15	122.19	155.23	188.30	077.01	140.09
095.05	122.21	155.24	189.07	wizened	140.28
095.11	122.23	156.05	189.08	190.03	148.06
095.13	122.24	157.19	189.09	woefully	151.21
095.16	123.19	157.24	189.26	146.17	157.30
095.23	123.21	157.31	190.04	woke	163.21
095.26	123.26	157.31	190.16	025.21	165.20
096.05	124.01	158.01	190.21	111.20	167.19
096.09	124.02	158.01	190.25	140.16	172.08
096.16	124.15	158.02	191.01	191.13	180.31
097.12	124.19	158.17	191.05	woman	181.04
097.20	125.14	159.06	191.17	056.02	work
097.21	125.17	159.23	191.19	073.09	002.16
097.25	126.06	160.01	192.14	075.07	006.26
097.30	126.08	160.21	192.21	105.07	009.24
098.02	126.22	160.24	192.31	159.02	010.05
098.05	126.24	160.28	193.14	194.01	010.09
098.24	127.08	161.11	194.01	194.06	016.11
098.25	127.15	161.25	194.26	women	026.21
099.04	127.21	162.03	194.29	039.01	048.14
099.06	127.21	162.14	195.04	089.22	049.19
099.09	128.04	162.15	195.08	186.28	050.26
099.10	128.10	162.18	195.19	186.30	052.06
099.15	128.16	162.21	195.28	won't	062.17
099.16	128.19	162.26	196.09	010.11	063.01
099.23	128.30	163.01	196.12	019.20	074.21
099.27	128.31	163.11	196.17	039.10	076.25
099.29	129.03	163.20	196.25	040.13	094.17
100.09	129.07	164.18	withdrawn	057.03	095.11
100.17	130.10	164.26	169.21	057.06	105.16
100.21	130.10	164.30	withdrew	086.18	105.17
100.24	130.11	165.05	078.08	102.20	113.01
100.25	130.11	165.09	142.11	108.21	115.30
100.27	130.12	165.11	withered	128.11	128.19
101.17	130.13	165.19	176.12	131.26	136.16
102.02	131.11	165.21	within	166.11	137.10
102.04	131.13	165.24	005.15	171.03	151.07
102.20	131.25	166.01	005.16	181.16	151.30
102.22	133.02	166.11	026.12	193.07	152.09
102.30	133.14	167.06	026.15	193.10	166.26
103.07	133.25	167.07	040.26	wonder	168.10
103.09	134.05	167.10	046.19	008.07	168.11
103.11	134.10	167.31	059.02	058.02	176.26
103.19	134.13	168.15	062.08	096.27	177.27
103.22	134.20	168.16	082.09	wondered	178.02
103.28	134.28	169.12	102.15	093.30	193.13
103.28	134.30	169.16	133.09	150.02	196.09
103.30	135.03	169.18	158.16	107.21	196.11
104.06	135.05	170.02	169.22	176.05	worked
104.09	135.11	170.18	177.15	wonderful	038.20
104.14	135.21	170.25	without	005.03	069.08
104.21	135.24	171.05	002.02	wonderfully	075.04
104.28	136.21	171.10	008.04	070.06	097.06
104.29	136.24	171.18	018.20	122.03	104.16
105.02	136.25	171.31			105.02

WORKED (continued)

```
         177.29              062.15     wreaths             139.18              154.15              008.09
working                      062.23        144.14           145.27              154.16              010.22
         025.07              066.18     wreckage            146.17              154.16              010.23
         034.11              068.26        106.14           148.27              154.21              010.25
         191.11              070.09     wrestling           165.26              154.26              011.02
works                        075.21        160.23           193.10              167.31              011.21
         102.26              075.29     wretched            194.11              168.30              012.05
world                        076.29        052.12     ye're                     169.11              012.07
         004.30              077.16        064.29           109.18              169.17              012.15
         005.14              081.06        144.01           126.07              170.09              012.16
         009.19              081.23     wriggling           149.23              170.17              012.18
         034.04              081.25        131.22           149.27              170.18              012.20
         039.19              082.17     wring               171.07              170.21              012.20
         056.03              089.16        149.21           172.26              170.26              012.21
         056.13              091.17     wringing            172.28              170.26              013.02
         061.31              091.18        106.21           193.12              170.28              013.07
         076.02              092.28        189.07     year                      171.03              013.07
         090.28              094.15     wrist               055.01              171.03              013.11
         092.29              094.29        083.11           125.17              171.06              013.13
         103.27              098.06        096.23     yearning                  171.09              013.13
         106.16              109.13     write               076.10              171.09              014.07
         115.01              112.03        191.28     years                     171.28              016.14
         116.21              112.26     writhe              003.21              171.28              018.01
         117.27              114.07        068.26           005.23              172.09              018.02
         129.22              114.12     writhed             005.26              172.09              018.13
         132.11              114.16        174.11           020.12              172.10              018.14
         158.10              114.28     wrong               035.16              172.11              018.26
         176.04              115.05        016.23           066.19              172.11              018.27
         185.01              115.18        043.25           083.04              172.12              018.28
         193.12              115.23        046.29           092.12              172.15              018.29
worldly                      116.11        049.14           101.18              172.18              019.20
         013.08              116.19        143.08           111.06              172.19              020.22
worn                         116.20        157.09           111.21              172.19              020.25
         150.29              116.28     wrongs              130.02              172.20              020.28
worn-out                     116.30        035.30           130.03              172.21              020.29
         112.03              117.30        113.15           142.20              172.23              020.31
         179.03              119.27        137.25           155.12              172.25              021.01
worried                      120.07     wrung               163.11              172.25              021.21
         021.03              120.25        026.14           176.08              172.27              021.22
         054.10              122.05        069.03           189.30              173.11              022.15
         057.05              122.12        075.08     yell                      173.12              022.18
worrums                      126.02        133.19           040.20              173.14              024.09
         148.07              126.15        196.22           196.27              173.15              025.23
worry                        137.30     wull                196.27              173.16              025.25
         107.29              142.15        139.18     yelled                    193.02              028.20
worse                        143.13     wussen              013.12              193.08              031.15
         010.25              143.15        114.15           045.23              193.09              031.16
         042.28              144.24     yah                 062.14              193.09              031.16
         049.13              146.25        011.17           063.29              193.11              031.17
         058.08              147.10        172.28           065.19              193.11              031.18
         085.22              148.17     yankee              066.07     yerself                      031.18
         089.12              149.11        012.31           066.08              126.07              031.19
         129.21              151.08        149.05           067.06              127.01              035.18
         142.22              156.11     yankees             070.14              127.05              036.14
         161.04              160.01        011.13           070.24     yes                          036.17
worser'n                     160.02        011.21           071.06              015.29              036.18
         172.16              160.08     yard                072.01              019.10              036.17
worth                        161.09        062.16           074.14              024.29              038.17
         003.30              161.12        063.03           075.24              031.05              038.18
         116.25              162.04        066.02           076.11              043.16              038.30
         151.24              162.09        096.26           077.19              082.15              038.31
worthless                    163.12        096.31           091.22              090.18              039.01
         058.26              163.23        105.06           099.21              121.22              039.02
would                        166.29     yard-arms           131.23              124.16              039.03
         002.12              166.31        065.21     yelling                   125.22              039.05
         004.31              167.28        097.28           038.18              132.15              039.08
         009.27              169.02        104.01           144.31              137.08              040.20
         015.29              169.07     yards               145.17              138.25              041.03
         016.01              169.11        029.15     yellow                    142.01              041.05
         018.29              173.13        044.26           004.13              143.04              041.06
         020.25              174.20        045.11           008.18              160.03              041.07
         021.02              174.25        053.02           035.12              194.20              042.05
         031.19              178.30        053.07           095.03     yet                          042.06
         033.23              179.23        059.24           107.27              006.08              042.06
         035.16              189.08        097.27           108.24              019.31              042.26
         038.09           wouldn't        099.26           150.07              026.07              042.28
         039.06              024.08        103.21           154.19              035.15              042.28
         039.08              049.19        155.19           166.13              085.09              043.22
         039.29              049.20        182.14           179.27              089.12              043.23
         039.31              067.03        188.22     yells                     097.08              043.24
         041.03              080.13     yarmouth            077.08              111.03              043.26
         041.06              080.13        189.17           142.13              112.14              043.26
         041.06              089.13     yarn                186.11              130.26              045.01
         041.18              090.03        126.03     yelped                    133.30              045.23
         042.01              090.06     yawn                014.06              147.31              046.23
         042.11              091.04        118.11           108.31              154.26              046.29
         043.24              121.07     yawned              120.21              181.14              047.04
         044.03              152.11        006.30           137.04     yielded                      047.14
         044.15              169.11        023.08     yer                       059.19              047.27
         045.14              194.21        087.14           007.15     yielding                     047.27
         047.19              194.21        173.25           011.16              054.22              047.28
         047.21           wound           yawning           013.21     ymperor                      048.15
         048.19              066.24        014.02           013.22              171.09              048.18
         049.20              185.10        017.19           086.03     yon's                        048.19
         049.21           wounded         ye                108.25              040.10              049.01
         050.10              099.24        013.01           112.26     you                          049.03
         050.24              106.08        017.02           114.13              003.04              049.13
         051.26              173.02        043.08           114.14              003.20              050.07
         052.07           wrack            043.08           114.15              003.22              051.01
         053.13              061.26        043.17           125.05              003.24              051.01
         053.19           wrang            043.17           125.15              003.24              055.08
         053.21              040.11        043.18           125.15              003.28              066.10
         055.25              040.12        045.24           126.06              003.28              067.15
         056.24              040.12        070.26           126.19              003.28              067.29
         056.26           wrapped          074.13           126.21              007.18              068.03
         056.31              034.22        077.26           127.04              007.18              069.07
         057.05              166.14        078.16           127.04              007.19              069.11
         058.18              178.21        091.26           127.05              007.23              071.25
         061.04           wrath            108.17           137.09              007.24              072.10
         061.04              034.16        120.01           149.24              007.25              074.11
         061.22                            125.20           153.30              008.08              075.26
```

YOU (continued)

077.27	136.02	124.10	yourn
078.30	136.09	125.02	122.08
080.09	136.09	166.17	yours
082.25	138.04	170.11	107.04
082.27	138.06	you've	yourself
082.27	138.10	085.20	039.09
083.07	138.12	151.08	048.18
085.13	138.25	young	048.23
085.16	139.24	004.15	085.12
086.14	143.01	006.14	085.16
088.30	143.02	012.19	091.05
088.31	143.06	021.15	135.24
089.03	143.07	021.19	179.15
089.10	143.13	021.23	189.11
089.11	143.19	022.27	yourselves
089.20	143.28	031.13	039.02
089.21	146.10	031.18	063.29
089.21	146.15	036.17	147.05
089.23	146.26	047.11	152.09
089.24	147.03	063.14	178.27
089.26	147.03	069.20	youth
089.31	147.05	069.23	012.15
090.03	147.13	108.22	033.15
090.04	148.31	130.04	045.27
090.05	149.01	155.12	084.08
090.05	149.03	190.07	152.07
090.06	149.03	191.08	youthful
090.07	149.04	younger	033.03
090.16	149.05	113.21	114.09
091.05	149.07	136.11	yuss
091.08	149.27	137.24	124.15
091.09	149.28	youngster	167.15
091.19	150.28	006.25	193.01
091.20	151.07	012.18	zenith
091.24	151.10	069.07	183.23
091.25	151.10	091.02	
093.27	151.27	137.10	
095.27	152.07	youngsters	
096.01	152.10	001.15	
096.01	152.14	105.08	
097.10	152.14	your	
097.21	152.15	003.20	
097.22	152.16	003.28	
097.24	152.16	007.18	
100.15	152.18	010.20	
102.05	152.18	011.03	
105.17	152.19	012.16	
108.08	153.04	013.12	
108.10	153.05	016.14	
108.29	153.21	018.13	
109.02	153.23	018.28	
109.06	154.01	019.11	
109.06	154.05	019.28	
109.12	154.07	020.23	
109.18	154.07	021.21	
110.14	155.01	024.21	
110.16	155.06	024.29	
119.27	160.01	036.16	
119.28	160.03	036.17	
119.29	160.04	042.07	
120.03	160.06	042.27	
120.05	165.17	045.23	
121.31	166.03	047.02	
122.01	168.10	047.29	
123.01	168.11	048.22	
123.26	168.13	048.24	
124.06	170.06	055.09	
124.16	170.12	069.06	
124.22	170.15	078.17	
124.23	172.19	085.19	
125.01	172.28	089.31	
125.11	173.08	090.09	
125.12	173.13	096.29	
125.12	178.01	097.11	
125.13	178.02	108.12	
126.03	178.26	108.15	
126.11	179.05	108.18	
127.01	179.10	108.22	
127.02	179.13	109.17	
128.09	179.14	126.05	
128.21	179.19	126.21	
129.15	179.31	128.09	
129.20	180.19	131.23	
131.16	182.22	132.06	
131.17	182.24	132.06	
131.18	183.10	132.08	
131.19	183.12	133.14	
131.20	189.05	136.10	
132.07	190.10	137.16	
132.09	191.04	139.13	
132.10	192.12	143.02	
132.11	192.24	149.02	
132.15	193.02	149.11	
132.16	193.07	151.07	
132.16	193.07	151.30	
133.13	193.09	152.08	
133.22	194.10	152.09	
133.27	194.18	152.10	
133.29	196.24	152.13	
133.29	you'll	152.15	
134.23	020.23	152.16	
135.13	057.03	152.18	
135.15	086.16	155.08	
135.17	109.16	168.10	
135.17	you're	172.16	
135.17	071.26	178.02	
135.20	072.10	187.05	
135.24	089.31	189.04	
135.24	105.17	192.26	
135.25	122.19	your-r-r	
135.30	122.22	007.16	

WORD FREQUENCY TABLE

3	'ad	1	adjusting	3	among	1	artist
1	'and	1	admiral	29	amongst	365	as
1	'ang	2	admirals	1	amphibious	1	ascend
1	'ard	1	admiration	1	ample	2	ascended
1	'arf	2	admired	1	amused	4	ashamed
2	'art	1	admiring	1	amusement	13	ashore
1	'artless	4	admit	1	amusements	1	asiatics
1	'arts	1	admonished	181	an	5	aside
8	'as	1	ado	24	an'	4	ask
17	'ave	1	adorned	1	analysis	45	asked
5	'aven't	3	adrift	3	anchor	5	asking
1	'aven'tchee	1	advance	1	anchor-shackle	3	aslant
2	'baccy	7	advanced	1	anchored	2	asleep
4	'cos	2	advancing	2	anchors	8	aspect
2	'e	1	adventure	1576	and	1	aspirations
2	'ead	1	adversary	1	anecdote	1	aspiring
1	'ealthy	2	advised	1	angel	1	ass
4	'ear	1	adze	2	anger	1	assault
1	'eartedness	3	afar	1	angle	1	assent
2	'ed	5	afeard	5	angrily	3	assented
11	'ee	2	affair	12	angry	1	assert
2	'ell	3	affected	1	anguish	1	assertion
25	'em	1	affection	1	anguished	1	assertions
3	'er	1	affectionate	1	anguishing	1	assisted
16	'ere	1	affectionately	1	angular	1	associate
2	'ere's	1	affections	3	animal	1	association
26	'im	1	affirmation	1	animal-like	1	assorted
3	'is	5	affirmed	1	animals	5	assurance
1	'isself	1	affronted	1	animated	3	assured
7	'it	1	afloat	2	animation	1	astern
1	'nough	2	afore	1	annas	1	astir
1	'nuff	7	afraid	1	annoy	2	astonished
1	'old	1	afresh	1	annoyance	1	astounded
2	'ome	35	aft	3	annoyed	2	astounding
1	'omeward	67	after	75	another	1	astride
1	'ope	1	after-hatch	2	another's	1	astute
1	'ow	1	after-rail	6	answer	1	asunder
1	'owling	3	afternoon	21	answered	351	at
1	'pears	1	afterthought	1	answers	2	ate
1	'stead	8	afterwards	1	antagonism	1	athlete
1	'struth	53	again	1	anticipated	1	athletic
2	'tain't	43	against	3	anxiety	4	atmosphere
1	'twas	3	age	10	anxious	1	atrocious
1	'twill	1	aged	4	anxiously	1	attached
1	'un	1	ageen	55	any	1	attacked
2	'ungry	1	ages	3	anybody	1	attained
1	'urt	1	agile	1	anybody's	2	attempt
1	'ypocrites	3	agility	8	anyhow	1	attempted
1592	a	1	agin'	18	anything	1	attendance
1	a'n't	1	agitation	1	anythink	2	attended
1	a-drivin'	7	ago	1	anyways	1	attending
1	abaft	2	agony	1	anywhere	3	attention
1	abandon	1	agreed	3	apart	5	attentive
5	abandoned	7	ah	2	apathetic	3	attentively
1	abashed	1	ah-h-h	2	appalled	5	attitude
1	abeam	7	ahead	4	appalling	5	attitudes
1	abject	1	aided	1	apparent	3	audacious
1	abjectly	1	aimless	4	apparently	1	audacities
4	able	1	aimlessly	1	apparition	2	audible
8	aboard	29	ain't	1	appeal	1	augmented
3	abominable	1	ainch'ee	2	appealing	2	august
1	abominated	24	air	2	appear	2	austere
1	abortive	1	airing	3	appearance	1	austerely
94	about	4	airs	32	appeared	1	authoritative
55	above	1	ajar	3	appearing	1	authoritative-ly
1	abreast	1	akimbo	1	appears		
1	abroad	1	akin	1	appeased	1	autumn
2	abrupt	1	alacrity	1	appeasement	1	avenging
2	abruptly	2	alarm	1	appeasing	1	average
1	absence	2	alarmed	1	appetite	2	averted
1	absently	1	alas	1	appointment	2	avidity
2	absolutely	2	alert	1	appreciative	1	avoiding
2	absorbed	1	alighted	1	appreciatively	1	awake
1	absorption	2	alike	1	apprehension	1	awaken
4	absurd	9	alive	3	approach	2	awakened
1	absurdly	258	all	8	approached	6	aware
2	abundantly	1	all-fired	1	approved	81	away
2	abuse	1	alleviate	1	aquatic	2	awe
4	abused	34	allistoun	1	arab	1	awesome
1	abusively	3	allowance	1	arbiter	1	awestruck
1	abysmal	3	allowed	1	arbitrary	4	awful
1	abysses	1	alluded	3	arch	1	awhile
1	accentuated	1	allusiveness	4	arched	1	awkward
1	accept	8	almost	30	archie	3	axe
1	accepted	19	aloft	3	archie's	1	axed
1	access	1	aloive	2	ardent	1	axes
3	accident	27	alone	4	ardour	16	ay
1	accidentally	47	along	71	are	5	ba
1	accommodation--ladder	2	alongside	1	aren't	3	babble
		1	aloof	1	argue	1	babbling
1	accompaniment	5	aloud	3	argued	1	babies
2	accomplice	14	already	2	arguing	1	baby
1	accomplices	13	also	1	argument	79	back
1	accomplish	1	altercation	1	argumentation	1	back-handed
2	according	4	altogether	2	arguments	1	back-lickers
3	account	1	altruistic	1	arid	2	backbone
2	accursed	14	always	18	arm	2	backed
1	acrid	40	am	2	arm's	1	backhanded
6	across	8	amazed	1	arm-in-arm	2	backing
1	act	2	amazing	1	armpit	11	backs
1	acted	1	amazingly	2	armpits	1	backsides
1	action	1	ambition	45	arms	1	backslider
1	actual	1	ambitious	2	arose	5	backwards
1	acute	1	ambush	10	around	2	backwash
1	adamant	1	amen	1	aroused	27	bad
1	add	1	american	2	arranged	1	baffled
7	added	1	amiable	1	arranging	1	baffling
1	addled	1	amicable	1	arrested	4	bag
1	addressed	1	amicably	1	arrive	103	baker
1	addressing	2	amidships	1	articles	3	baker's
1	adjured	1	amidst	1	articulated	3	balance

3	balanced	2	belonging	3	blowing	3	brightened
2	balancing	1	belongings	3	blown	1	brightness
1	bald	25	below	7	blows	1	brilliance
1	bald-headed	1	belts	1	blowsy	3	brilliant
1	bale	1	bench	1	blubbered	1	brilliantly
3	band	1	bend	1	blubbering	8	bring
1	band-box	8	bending	15	blue	2	bringing
1	banded	2	bends	1	blue-eyed	1	brink
3	bands	1	benefactors	1	blueness	1	brisk
1	bandy-legged	1	benevolence	1	bluish	1	briskly
3	banged	1	benevolently	1	blurr	1	britain
1	bank	1	benign	2	blurred	1	broach
3	banks	13	bent	1	blurted	12	broad
1	barbarian	1	benumbed	1	blustered	1	broad-backed
8	bare	1	bereaved	1	bo'sun	1	broad-chested
1	bare-armed	1	bereavement	12	board	14	broke
1	bare-footed	10	berth	1	boarded	11	broken
2	bared	5	berths	1	boarding	1	broken-down
1	barefooted	1	beshrouded	2	boarding-house	1	broken-hearted
3	bareheaded	2	beside	1	boards	1	bronzed
1	barges	1	besides	2	boast	1	brood
2	baritone	1	besprinkled	3	boasted	1	brooded
1	barks	14	best	3	boat	2	brooding
2	barometer	3	bestarred	2	boats	2	broom
1	barred	1	bestriding	38	boatswain	1	brooms
2	barrel	17	better	3	boatswain's	1	brother
1	barrels	1	better'n	2	bob	1	brother-in-law
1	bars	1	betters	2	bobbed	1	brotherhood
3	base	36	between	5	bodies	3	brothers
1	bash	2	bewailed	2	bodily	7	brought
1	bashfully	3	bewildered	21	body	1	brow
2	basked	2	bewildering	1	boil	3	brown
1	bass	1	bewilderment	2	boiling	2	brows
1	bat	10	beyond	2	bolster	1	brr
1	bath	1	bhoy	6	bombay	4	brrr
1	battens	1	bible	2	bond	1	brrrr
4	battered	1	biceps	1	bone	1	brrrrrr
2	battering	40	big	6	bones	1	bruised
1	battling	1	bigger	3	bony	1	brunt
3	bays	1	bights	8	book	1	brusquely
132	be	2	binnacle	2	boom	6	brutal
1	beach	2	binnacle-stand	4	boomed	3	brutality
3	beady	7	bird	3	boot	2	brutally
1	beak	1	birdface	2	booted	5	brute
5	beaks	2	birds	7	boots	2	brutes
5	beam	1	birth	4	border	1	bt
1	beamed	5	biscuit	1	bore	2	bucket
2	beaming	3	biscuits	3	bored	1	bucketfuls
3	beams	12	bit	5	born	1	buckets
9	bear	3	bite	2	borrowed	1	buffeting
10	beard	1	biting	2	bosom	1	bug
5	bearded	1	bits	1	boss'en	2	buildings
2	beards	4	bitter	21	both	1	built
4	bearing	8	bitterly	1	bothered	2	bulged
2	beast	2	bitterness	1	bothersome	2	bulging
1	beasts	2	bizarre	2	bottle	9	bulkhead
7	beat	1	blabbing	6	bottom	5	bulky
1	beaten	79	black	1	bough	1	bull
8	beating	1	black'earted	1	boughs	2	bull-necked
1	beautiful	1	black-'earted	4	bound	1	bullied
2	beauty	1	black-faced	1	bounded	1	bullies
1	becalmed	1	black-rimmed	1	bout	3	bully
32	became	1	blacked	1	bow	2	bullying
12	because	1	blackened	1	bow-legged	4	bulwark
1	beckon	1	blacker	1	bow-sprit	3	bulwarks
7	become	1	blackguard	3	bowed	1	bulwer
3	becoming	4	blackness	1	bowl	3	bunch
11	bed	1	bladder	1	bowls	2	bunches
1	bed-places	1	blades	3	bows	2	bundle
3	bedding	13	blamed	3	bowsprit	1	bundles
1	bedplace	4	blamme	8	box	24	bunk
5	beds	1	blanche	2	boxes	4	bunks
1	bedside	6	blank	9	boy	1	buoy
2	beef	1	blanked	1	boy's	1	buoyant
1	beef-cask	15	blanket	7	boys	1	buoys
129	been	5	blankets	6	brace	6	burden
1	beer	1	blasphemed	1	braced	1	burdened
1	beetle	2	blasphemies	8	braces	3	buried
1	befitting	1	blasphemous	5	brain	1	burly
70	before	1	blasphemy	2	brake	1	burn
48	began	4	blast	1	brand	2	burned
7	beggar	1	blaze	4	brass	9	burning
1	beggar's	3	blazed	1	brass-bound	3	burnt
1	beggars	2	blazing	1	brass-wire	10	burst
2	begged	1	bleak	1	brasses	2	bursting
2	beggin'	2	bleared	1	bravely	2	bursts
2	begin	1	bless	1	braying	1	burying
3	beginning	1	blessed	2	brazen	2	bushy
1	begins	1	blessin'	3	bread	4	business
2	begrimed	6	blew	1	bread-board	2	bust
2	begun	10	blind	13	break	2	bustling
1	behave	2	blinded	1	breakers	7	busy
28	behind	4	blinding	1	breakfast	179	but
1	beholders	4	blindly	3	breaking	1	button
2	bein'	9	blinked	1	breaks	1	button-holed
15	being	2	blinking	7	breast	1	buttoned
2	beings	1	bliss	1	breastbone	2	buttons
1	belaboured	1	blistered	2	breasts	1	buzz
1	belaying	4	block	20	breath	1	buzzed
7	belaying-pin	1	blocking	4	breathe	207	by
88	belfast	4	blocks	14	breathed	1	byculla
5	belfast's	1	bloke	8	breathing	34	cabin
1	belief	2	blood	1	breathing-time	3	cable
7	believe	2	bloodshot	1	breathings	1	cadged
5	believed	1	bloodthirsty	2	breathless	3	cadging
1	believing	5	bloody	17	breeze	1	caged
3	bell	37	bloomin'	1	brick	1	cajoled
1	bellows	11	blooming	2	bridge	1	cake
4	bells	2	blotted	1	bridge-stanch-	1	caked
1	belong	12	blow		ion	1	calculated
1	belonged	3	blowed	4	bright	1	calculating

1	calcutta	3	chances	1	cleansed	4	complained
15	call	4	change	27	clear	1	complaining
30	called	5	changed	6	cleared	1	complainingly
1	called-up	1	changes	1	clearer	1	complaint
3	calling	3	changing	1	clearest	1	complaints
1	calls	2	channel	1	clearing	1	complete
17	calm	1	channels	1	clears	1	completed
1	calmed	1	chaos	1	cleat	2	completely
6	calmly	11	chap	1	cleet	1	complex
1	calms	9	chaps	2	clenched	1	complicated
1	calumniated	5	chapter	7	clerk	4	composed
2	calves	1	characteristi-	3	clever	3	composure
58	came		cs	1	cleverly	1	comprehension
1	campbell	3	charge	1	cliff	2	compressed
23	can	3	charged	1	cliffs	1	compressors
29	can't	1	charity	2	climbed	3	conceal
1	candid	25	charley	1	climbing	1	concealing
1	candle	1	charley's	1	clinch	1	conceded
1	cannibal	1	charm	1	cling	1	conceit
1	cannily	1	charred	3	clinging	3	conceited
1	cannon	1	chary	1	clinked	1	concentrated
3	cannot	1	chasten	1	clipped	1	concentration
1	cannybals	2	chatter	5	close	1	concern
1	cantankerous	2	chattered	1	close-hauled	2	concerned
1	canton	2	chattering	1	close-to	1	concertina
12	canvas	1	chawnce	15	closed	2	conciliating
4	cap	1	chawrge	2	closer	1	concloode
2	capacity	1	cheating	3	closing	2	concluded
8	cape	4	check	1	cloth	1	concurred
2	caper	1	check-ropes	20	clothes	2	condemned
1	capitals	1	checked	4	clothing	1	condescend
1	capping	4	cheek	11	cloud	2	condescended
1	capricious	2	cheekbones	1	clouded	1	condescending
7	caps	2	cheeked	11	clouds	1	condition
1	capsized	3	cheeks	2	clout	2	conduct
1	capsizes	4	cheeky	1	clouted	1	cones
1	capstans	1	cheer	2	clumsily	1	confers
49	captain	2	cheered	2	clumsy	1	confessed
2	captain's	6	cheerful	3	clung	1	confided
1	captive	4	cheerfully	1	cluster	2	confidence
1	captivity	1	cheerfulness	1	clustered	1	confident
3	carcass	1	cheerily	4	clusters	2	confidential
2	cardiff	2	cheery	1	clutch	3	confidentially
24	care	1	cherished	4	clutched	1	confined
3	cared	20	chest	4	clutching	1	confinement
1	careful	8	chests	2	clyde	1	conflagration
4	carefully	1	chew	1	coal	3	confounded
2	careless	1	chewed	1	coal-locker	7	confused
1	carelessness	9	chief	4	coast	1	congregated
2	cares	30	child	9	coat	1	conical
1	caress	1	child's	4	coats	1	connoisseur
2	caressed	1	childish	1	cock-sure	1	conquer
1	caressing	1	childlike	1	cockatoo	1	conquerors
1	careworn	9	children	2	cocked	1	conscientious
1	cargo	1	chilling	2	cockroaches	1	conscious
1	caring	1	chimed	8	coffee	2	consciousness
1	carnivorous	1	chimera	2	coffin	1	consecutive
10	carpenter	1	chimneys	1	coffins	1	consent
2	carpenter's	10	chin	3	coil	1	consented
10	carried	3	china	1	coils	2	consequently
4	carrying	2	chins	1	coin	1	considered
1	cart	1	chintz	35	cold	1	considering
2	carved	2	chips	1	coldly	1	consigning
1	carving	1	chisels	4	collapsed	1	consoled
1	caryatides	1	chockfull	1	collarless	1	consoler
5	case	3	choked	2	collars	1	consolingly
4	cask	1	chokes	1	collected	1	conspirators
5	cast	2	chokey	1	collecting	2	conspired
3	castaways	1	choking	1	collision	2	constant
2	casting	1	choose	1	colonies	1	consternation
1	casual	1	chops	2	colossal	1	consulted
6	cat	2	chorus	1	colour	1	consumed
1	cataclysm	2	chosen	3	coloured	1	consummate
1	cataracts	1	christian	1	columns	1	consumption
11	catch	1	chronometers	1	combat	1	contact
1	catches	5	chuck	46	come	2	contained
2	catching	1	chucked	5	comes	1	contemned
10	caught	1	chuckled	2	comfort	1	contemplate
3	cause	2	chuckling	2	comfortable	3	contemplated
3	caused	4	chum	2	comfortably	1	contemplating
1	causes	1	chummed	1	comforting	3	contempt
2	caution	1	chump	2	comical	1	contemptible
3	cautious	1	chums	5	comin'	4	contemptuous
4	cautiously	3	church	26	coming	2	contemptuously
1	cavalierly	1	churned	1	command	1	contented
2	tavern	8	circle	2	commanded	1	contentions
1	cavity	1	circled	1	commanders	1	contest
1	cawn't	1	circles	2	commanding	1	continent
15	ceased	1	circling	1	commands	2	continents
1	ceaseless	1	circular	1	commenced	5	continued
1	ceasing	1	civil	1	commendation	4	continuous
1	ceiling	1	claim	1	commended	1	contours
1	centre	1	claimed	2	comment	2	contributed
2	century	1	claims	5	commented	1	contumely
2	ceremonious	2	clambering	1	committed	1	conveniently
1	certain	1	clamorous	1	commodore	1	conversation
1	certainly	7	clamour	6	common	1	conversed
1	certificate	6	clamoured	1	communed	1	convex
4	certitude	1	clang	1	community	2	conviction
1	certitudes	1	clanking	1	compact	1	convinced
1	chafe	1	clap	3	companion	3	convulsive
1	chafed	1	clapped	1	companions	1	convulsively
1	chaff	1	clash	7	company	59	cook
1	chaffed	1	clashed	1	comparatively	4	cook's
8	chain	1	clasped	3	compass	1	cooked
1	chain-cables	2	clasping	6	compassion	1	cookie
1	chained	1	clatter	1	compassionate	1	cooks
3	chains	1	clattered	1	compelled	2	cool
1	chalk	1	claw	1	compelling	1	cooling
1	champed	4	clay	1	compensate	1	coolness
10	chance	9	clean	1	complain	1	coon

1	copper	1	culminating	1	deep-chested	10	dirty
1	corded	1	culprit	1	deepened	1	disabused
1	core	1	cunning	1	deepening	8	disappeared
7	corner	1	cup	1	deeper	1	disappearing
9	corners	1	cur	1	deferentially	2	disappointed
1	cornflour	1	cured	1	defiant	1	disappointment
5	corpse	4	curiosity	1	defiantly	3	disapproving
2	corpses	1	curious	1	degradations	1	disarranged
1	correct	1	curiously	1	dejected	1	disaster
1	corruption	1	curling	1	delay	1	disbelief
1	coss	1	curls	2	delayed	2	disc
1	costermonger	1	current	1	deliberate	2	discern
1	costly	3	curse	5	deliberately	3	discharge
3	cotton	5	cursed	1	deliberation	1	discharges
3	cough	6	curses	4	delicate	1	discharging
4	coughed	3	cursing	3	delight	4	discipline
3	coughing	1	curt	4	delighted	1	disclosed
110	could	1	curtain	1	delightful	2	disclosure
17	couldn't	2	curtly	1	deliverance	1	discomposed
1	count	2	curve	2	delivered	1	discomposing
1	counted	2	curved	1	deluge	1	discontent
3	counter	1	custom	2	delusions	2	discontented
1	countless	17	cut	1	demanding	1	discordant
3	country	5	cutting	1	demonstrated	1	discounted
4	couple	1	cymbals	1	demonstrator	2	discouraged
4	couples	6	d'ye	1	demoralising	1	discouragement
6	courage	4	d'yer	1	den	1	discoursed
1	courageous	2	d'you	1	denials	3	discoursing
2	courageously	1	dab	2	denied	1	discovered
12	course	1	dago	1	denser	1	discreetly
3	court	4	daily	1	dentyst	6	discussed
1	courtiers	1	dam	2	deny	1	discussion
1	cover	2	dam'	1	departing	3	disdain
1	cowardice	1	damaged	1	departure	3	disdained
2	cowardly	1	damages	1	dependence	3	disdainful
1	cowed	1	damme	1	depending	1	disenchanted
2	crack	5	damn	1	deposited	1	disengaged
3	cracked	1	damn-it	1	depressed	1	disguise
1	cracks	1	damnable	3	depths	6	disgust
2	craft	1	damnation	1	derided	3	disgusted
1	craftily	4	damned	2	derisive	3	disgusting
1	crafty	1	damning	1	dervish	2	dish
4	craik	3	damp	3	descended	2	disheartened
1	crammed	1	dance	1	descending	3	dishevelled
1	cramped	5	danced	1	described	1	dishonest
1	cranes	3	dancing	2	deserted	1	disintegrated
1	craning	1	dandy	1	deserts	1	disinterested
1	crank	2	danger	1	deserve	1	disinterred
2	crash	3	dangerous	1	deserved	2	dislike
1	crashed	1	dangerously	1	deserving	1	dislocating
1	crashing	1	dare	16	desire	3	dismal
2	craving	4	dared	1	desired	4	dismally
5	crawl	41	dark	1	desires	1	dismasted
12	crawled	1	darken	1	desirous	5	dismay
3	crawling	2	darkened	1	desk	3	dismayed
4	crazy	2	darker	1	desolated	1	disordered
1	creak	23	darkness	5	desolation	1	dispassionately
2	creation	1	darlin'	4	despair		
6	creature	1	darlint	1	despairingly	1	dispense
1	creature's	1	dart	2	desperate	1	display
1	creatures	7	darted	5	desperately	1	displayed
1	credit	2	darting	2	desperation	3	disputed
28	creighton	3	dash	1	despised	1	disputes
1	creighton's	3	dashed	1	despondently	1	disquiet
1	crest	1	dashing	1	destiny	2	disquieting
1	crested	8	davis	1	destitute	2	disregarded
1	crestfallen	1	davy	1	destruction	1	dissembled
3	crests	2	dawn	1	detach	1	dissent
12	crew	42	day	1	detached	1	dissipation
1	crews	1	day's	1	detaching	10	dissolved
46	cried	7	daylight	1	detail	1	dissolving
7	cries	22	days	1	details	2	distance
1	crime	1	days'	4	determination	1	distanced
3	criminals	1	dazed	2	determined	2	distant
3	crimson	7	dazzling	1	detested	1	distasteful
1	cringing	25	dead	2	devastated	3	distended
1	critical	1	dead-and-gone	1	developing	6	distinct
1	criticise	1	dead-eyes	1	development	2	distinction
1	criticism	2	deadened	8	devil	7	distinctly
1	croak	1	deadeyes	3	devils	2	distinguish
2	croaked	5	deadly	1	devonport	1	distinguished
1	crooked	3	deaf	1	devoted	6	distracted
1	crool	1	deafened	5	devotion	2	distracting
2	cross	2	deafening	1	devoured	1	distress
1	cross-head	1	deal	1	dew	1	distressingly
6	crossed	19	death	1	dhow	1	distribute
2	crosswise	2	deathlike	1	dialogue	3	distrustful
2	crouched	1	debauch	1	diamonds	2	disturb
8	crouching	1	debauchery	72	did	2	disturbance
3	crowbar	1	decadent	21	didn't	5	disturbed
1	crowbars	1	decapitated	25	die	1	disturber
32	crowd	1	decease	6	died	3	disturbing
4	crowded	1	deceased	1	different	1	ditch
1	crowds	1	decencies	3	difficult	1	dive
1	crown	2	decency	6	difficulty	3	dived
1	crucifixion	5	decent	1	dig	1	divers
1	crude	1	deceptions	4	dignity	1	divested
3	cruel	1	decidedly	1	dilapidated	2	divvle
1	cruel-looking	1	decisive	1	dilated	72	do
1	cruelty	92	deck	5	dim	6	dock
1	cruise	1	deck-house	1	dimensions	1	dock-loafer
1	crumbs	17	decks	2	din	1	dockmen
1	crumpled	2	declaration	1	dinna	3	doctor
1	crunched	7	declared	3	dinner	1	doctrines
1	crush	2	declining	1	dinner-tins	2	dodge
1	crushed	1	declivities	3	dip	4	dodged
4	cry	1	decorously	3	dipped	1	dodger
3	crying	2	decorum	1	directed	1	dodges
1	crypt	1	decrepit	1	directions	1	dodging
1	cuffed	1	decried	7	directly	9	does
1	cuffs	16	deep	2	dirt	2	dog

1	dog-watch	1	dumbfounded	3	endurance	1	expect
1	dog-watches	1	dumpy	6	enduring	3	expectant
1	dogger	4	dunnage	2	enemy	1	expectantly
3	doing	1	dupes	1	energetic	1	expectation
1	doll	1	durability	1	energetically	10	expected
2	dollars	7	during	3	energy	1	expectorated
1	dolorous	4	dust	1	enfolded	1	expects
3	dome	1	dusted	1	engage	1	expense
1	domineering	3	dusty	1	engaging	4	experience
1	domitable	1	dutch	1	engine	1	experimentally
68	don't	2	dutchman	1	engineer	2	explain
1	donch	1	dutchmen	3	engines	3	explained
51	done	2	dutchy	1	english	1	explaining
137	donkin	1	duties	1	englishman	1	explosions
9	donkin's	1	dutifully	1	enigma	3	explosive
1	doomed	9	duty	1	enigmatical	1	expose
64	door	1	dwarfed	1	enigmatically	4	exposed
1	door-handle	1	dwelling	1	enjoy	1	expostulated
4	doorpost	1	dwelt	2	enjoyed	1	expostulation
9	doors	12	dying	1	enjoying	1	express
9	doorstep	13	each	1	enlighten	3	expressed
6	doorway	4	eager	1	enlightened	5	expression
2	doorways	1	eagerly	1	enormity	1	exquisitely
1	dooty	4	eagerness	13	enormous	3	extended
4	dorg	6	ear	1	enouf	1	extent
1	dorg's	1	early	29	enough	1	extinct
1	dose	1	earn	1	enraged	1	extolled
1	dosed	1	earnest	1	ensign	3	extra
4	double	1	earnestness	5	entered	1	extraordinary
2	doubled	1	earns	1	enthusiasm	3	extreme
12	doubt	1	earrings	1	enthusiastica-	1	extremely
1	doubtful	11	ears		lly	2	extremity
1	doubtfully	23	earth	1	entrance	1	exultation
1	doubting	1	earthquake	1	entranced	1	exultingly
2	doubts	1	earthy	4	entreated	7	eye
1	dough	6	ease	1	entreaty	1	eyeballs
89	down	6	eased	1	enunciated	2	eyebrows
1	down-haul	2	easier	1	enveloped	3	eyelashes
1	downright	2	easily	1	enviable	2	eyelid
1	downs	1	easing	2	envy	8	eyelids
1	downstairs	7	east	1	episodes	134	eyes
1	downward	2	east-end	1	equal	3	fabulous
1	downwards	2	eastern	1	equator	86	face
2	doze	1	eastward	1	equipped	3	faced
1	dozed	9	easy	3	erect	50	faces
1	dozing	4	eat	2	errors	1	facetious
3	drag	1	ebbed	3	escape	1	facile
3	dragged	1	echoed	3	escaped	1	facilitate
1	dragging	1	ecstatic	1	escapes	3	facing
1	dramatic	1	eddied	1	especially	4	fact
9	drank	3	eddies	1	established	1	factitious
1	dratted	1	eddying	8	eternal	1	factory
1	draughts	14	edge	5	eternity	2	faded
8	draw	1	edging	1	etiquette	1	fading
2	drawing	2	edifice	1	evanescent	1	failure
1	drawl	1	effaced	1	evasions	12	faint
4	drawn	5	effect	19	even	1	fainter
1	drawn-up	2	effective	12	evening	7	faintly
3	draws	13	effort	2	evenings	16	fair
2	dread	4	efforts	1	event	2	fairly
5	dream	1	effrontery	1	eventful	1	fairy
4	dreamed	1	eggs	2	events	6	faith
1	dreamily	1	eggshell	40	ever	2	faithful
1	dreaminess	2	egoism	1	ever-expected	8	fall
1	dreamlessly	4	eh	1	ever-interest-	2	fallen
3	dreams	4	eight		ing	7	falling
3	dreamy	1	eighty	6	everlasting	1	falls
1	dreamy-eyed	3	either	67	every	1	false
1	drenched	1	ejaculated	4	everybody	1	falsehood
2	dress	2	elated	5	everything	2	faltered
1	dressed	6	elbow	1	evil	1	faltering
2	drew	6	elbows	1	evil-smelling	2	fame
2	dried	1	elder	1	exact	5	familiar
4	drift	2	elderly	3	exacting	1	familiarly
8	drifted	1	elders	1	exactions	1	family
1	drifting	1	eldest	1	exactly	1	famous
3	drifts	1	electric	1	exaggerated	4	fancied
11	drink	2	elegant	1	exaltation	2	fancy
1	drinking	1	elm	1	exalted	2	fangs
1	drinks	2	eloquence	1	examination	1	fantastic
4	dripping	4	else	1	examine	1	fantastically
5	drive	1	emaciated	1	examined	1	fantasy
5	driven	1	emanated	1	examining	18	far
2	driving	3	embarrassed	1	examples	1	far-away
1	droll	1	emblem	5	exasperated	1	far-off
3	drooped	3	embracing	2	exasperating	1	farmer
1	drooping	2	emergency	2	exasperation	6	farther
7	drop	1	eminence	1	excellent	6	fascinated
11	dropped	3	emitted	3	except	2	fascinating
4	dropping	6	emotion	1	excessive	2	fascination
9	drops	1	emotional	2	excessively	1	fashing
1	dross	2	emotions	2	exchange	1	fashion
4	drove	1	emphasis	5	exchanged	11	fast
3	drown	3	emptiness	6	excited	2	fastened
2	drowned	15	empty	4	excitedly	1	fastenings
8	drowned	1	enchantment	4	excitement	3	faster
1	drowsily	1	enclosed	2	exciting	1	fastidious
1	drowsy	1	enclosing	17	exclaimed	1	fastidiousness
1	drummed	1	encourage	3	exclamation	1	fat
1	drums	3	encouraged	3	exclamations	1	fat-headed
5	drunk	1	encouragement	1	execration	2	fatal
1	drunken	2	encouraging	1	execute	7	fate
9	dry	3	encouragingly	2	exertions	2	father
1	drying	28	end	1	exhaled	2	fatherly
1	duck	1	endangered	10	exhausted	1	fathers
1	ducking	5	endeavour	2	exist	3	fatigue
1	ducky	8	ended	9	existence	2	fatiguing
1	due	1	ending	1	existences	3	fault
3	dug	2	endless	1	exists	1	favoured
7	dull	1	endlessly	1	expanded	2	favourite
7	dumb	4	ends	2	expanse	1	favourites

1	favours	1	fled	1	forty-five	7	gazed
22	fear	3	fleeing	43	forward	5	gazing
1	feared	1	fleet	3	forwards	5	gear
2	fearful	5	fleeting	2	fought	6	general
1	fearless	1	fleets	1	foul-mouthed	5	generally
1	fears	1	flesh	13	found	3	generation
1	features	3	fleshless	1	foundations	7	gentle
2	feeble	1	fleshy	11	four	7	gentleman
3	feebly	12	flew	4	fours	2	gentlemanly
10	feel	2	flick	1	fowl-like	2	gentlemen
7	feeling	1	flicker	1	fraction	11	gently
4	feelings	1	flickering	1	fragile	2	gesticulated
53	feet	1	flicks	2	fragment	2	gesticulating
20	fell	1	flies	1	fragments	6	gesture
1	feller	1	flight	1	frame	4	gestures
10	fellow	1	flights	1	framing	57	get
1	fellow's	3	fling	1	frankly	1	gets
6	fellows	3	flinging	2	frantic	6	getting
28	felt	2	flitted	1	frantically	4	ghastly
1	fenced	2	float	3	fraud	1	ghost
1	ferociously	6	floated	1	fray	2	ghosts
1	ferocity	2	floating	3	free	1	gi'e
1	fervour	3	flood	1	freed	2	giants
2	fetch	4	flooded	1	freedom	1	gibberish
1	fetched	6	floor	1	freely	1	gift
1	fettered	1	flopped	1	freezing	1	gifts
3	feverish	3	flores	1	freighted	1	gigantic
1	feverishly	2	flourished	1	french	1	giggling
23	few	1	flourishing	6	fresh	1	gin
1	fiction	1	flow	2	freshening	4	girl
1	fidelity	2	flowed	1	fresher	2	girls
2	field	2	flowing	2	freshness	1	git
1	fiend	1	fluffy	3	friend	11	giv'
1	fiendish	1	flukes	10	friendly	1	giv'us
1	fiends	13	flung	5	friends	18	give
5	fierce	1	flush	3	friendship	12	given
7	fiercely	1	flutter	1	frigate	1	gives
1	fiercer	3	fluttered	1	fright	11	giving
2	fiery	4	fluttering	5	frightened	1	glad
1	fife	1	fly-wheels	3	frightful	21	glance
1	fifty-eight	4	flying	1	frightfully	8	glanced
8	fight	4	fo'c'sle	1	frigid	7	glances
3	fighting	6	foam	1	fringes	4	glancing
9	figure	3	foamed	8	fro	6	glare
1	figured	7	foaming	1	frockcoat	6	glared
2	figures	1	fog	195	from	5	glaring
1	filaments	1	foiled	13	front	7	glass
11	filled	3	folds	2	frontier	1	glasses
2	filth	5	followed	1	frontiers	1	glazed
6	filthy	1	following	1	frosted	2	gleam
13	find	1	follows	1	froth	10	gleamed
19	fine	7	folly	1	frothing	4	gleaming
1	finest	6	food	2	fruit	2	glided
2	finger	9	fool	27	full	3	gliding
14	fingers	2	fooling	1	fully	2	glimmered
1	finish	1	foolish	2	fumbled	1	glimpse
5	finished	1	foolishness	2	fun	1	glimpses
10	finn	6	fools	1	fundamental	4	glistened
1	finn's	14	foot	1	fundamentally	5	glistening
7	fire	1	foot-ropes	2	funk	3	glitter
1	fireman	1	footfalls	4	funny	4	glittered
1	firemen	1	foothold	8	fur	3	glittering
3	firing	4	footsteps	2	furies	1	gloat
1	firm	321	for	8	furious	2	gloating
5	firmly	3	force	3	furiously	1	globe
31	first	3	forced	1	furl	1	globes
1	first-class	4	fore	1	furnace	6	gloom
1	first-rate	1	fore-braces	1	furnaces	2	gloomily
1	firth	1	fore-capstan	1	furniture	7	gloomy
2	fish	2	fore-rigging	2	furriners	5	glorious
1	fisherman	1	fore-top-mast	5	further	2	glory
7	fist	1	fore-yards	1	furtive	1	glossy
1	fisted	1	forearms	6	fury	1	glove
8	fists	1	foreboding	1	fuss	1	gloved
8	fit	1	forebrace	1	fust	4	glow
1	fitness	44	forecastle	5	future	1	glowed
1	fits	2	forecastle-head	1	gaff-topsail	2	glowing
2	fitted			2	gaily	2	glued
1	fitting	1	forecastles	1	gained	1	gnawed
1	fittings	2	forefinger	4	gait	1	gnawing
6	five	1	forehatch	12	gale	96	go
4	fixed	4	forehead	5	gales	1	goad
3	fixedly	1	foreign	17	galley	6	god
1	fixing	1	foreland	2	gals	1	god's
1	fixity	2	foremast	1	game	3	goes
2	flag	1	forepeak	1	games	8	goin'
1	flagship	1	forerunner	2	gang	42	going
2	flagstones	4	foresail	1	gangway	9	gold
1	flakes	2	foresheet	1	gangway-ladder	1	golden
6	flame	2	foreshore	1	gantline	28	gone
1	flamed	1	foretack	1	gaping	1	gong
1	flames	1	forever	1	gardens	43	good
1	flannel	1	foreyard	1	garments	3	good-bye
1	flap	1	forged	1	garrulous	1	good-humoured
4	flapped	6	forget	1	gas	1	good-naturedly
2	flapping	4	forgetful	1	gaslight	1	good-night
2	flaps	2	forgetfulness	1	gaslit	1	good-tempered
1	flare	4	forgetting	11	gasped	1	goose-winged
1	flared	1	forgive	2	gasping	52	got
3	flash	1	forgot	1	gasps	1	gouge
5	flashed	14	forgotten	2	gates	1	grab
2	flashes	1	fork	1	gather	1	grabbed
4	flashing	2	forlorn	2	gathered	1	grabbing
2	flat	1	forlornly	2	gathering	4	grace
1	flatten	2	form	2	gaudy	4	gradually
4	flattened	1	forms	1	gauged	1	grain
1	flattering	1	formula	24	gave	1	gran'mother
1	flattery	3	forth	2	gawd	1	grand
1	flavour	1	fortnight	1	gawn	1	granite
1	flayed	2	fortune	1	gay	1	granted
1	flecking	1	forty	11	gaze	1	grappled

2	grasp	1	half-mast	43	heavy	1	hours'
3	grasped	1	half-open	1	hecatombs	7	house
1	grasping	1	half-past	1	hedgehog	3	houses
1	grass	1	half-reluctant	1	heeding	2	hout
1	grate	1	half-smoked	2	heel	3	hovered
1	grateful	1	half-submerged	1	heeled	20	how
5	grating	1	half-tide	1	heeling	3	however
11	grave	1	half-turn	1	heels	3	howl
2	gravely	1	half-undressed	1	height	7	howled
2	graves	3	half-way	1	heights	1	howls
1	graveyards	1	half-witted	26	held	1	howly
1	gravity	1	hall	2	hell	2	hubbub
1	grazed	1	hallelujah	5	helm	4	huddled
1	grease	10	hallo	1	helmets	1	hugged
1	greasy	1	halls	1	helmsman	3	hugging
42	great	1	halos	1	helmsmen	1	hulks
4	greater	1	halyards	14	help	4	hull
1	greatness	1	ham	4	helped	4	hum
3	greed	1	hammering	1	helping	10	human
1	greedily	1	hammers	4	helplessly	1	humane
2	greedy	52	hand	1	helplessness	1	humanised
4	green	1	hand's	1	henceforth	2	humanity
1	greenhorn	1	hand-grenade	114	her	1	humble
3	grew	1	handed	1	Herbert	1	humid
14	grey	1	handful	46	here	1	humility
3	grey-haired	1	handfuls	8	here's	4	hummed
1	greyness	4	handle	2	hereafter	1	humming
2	grief	1	handled	1	heretic	1	humorous
1	grievance	2	handles	2	heroic	1	humouring
1	grievances	1	handling	3	herself	1	hunched
1	grieved	54	hands	1	hesitate	1	hundreds
4	grim	1	handspike	8	hesitated	1	hundredweight
2	grimaces	1	handspikes	1	hesitating	31	hung
4	grimacing	2	handy	9	hey	1	hung-up
1	grimly	3	hang	2	hidden	5	hunger
2	grimy	10	hanging	1	hides	5	hungry
1	grin	1	hansen	2	hiding	1	hunted
2	grinding	1	happen	1	hierarchy	2	hurricane
1	grindstone	2	happened	39	high	1	hurried
6	grinned	1	happening	1	high-booted	6	hurriedly
2	grinning	1	happiness	1	high-shouldered	9	hurry
3	grins	3	harbour			6	hurt
6	grip	44	hard	6	higher	1	hurtling
3	gripped	1	hard-driven	1	highly	1	hus
2	gripping	1	hard-faced	1	highway	1	hushed
1	grit	1	hard-weather	1	hill	3	husks
1	grizzled	2	harder	4	hills	1	husky
5	groan	1	hardest	311	him	1	hydraulic
8	groaned	9	hardly	1	himposed	1	hypothesis
2	groaning	1	hardness	51	himself	2	hysterically
3	groans	1	harm	1	hind	305	i
3	groped	1	harmfully	1	hint	16	i'll
2	groping	1	harmlessly	2	hinted	10	i'm
1	grotesque	1	harpooner	1	hip	19	i've
4	ground	1	harps	1	hirish	4	ice
13	group	11	has	804	his	3	icy
3	groups	1	hasn't	4	hiss	1	idea
1	grow	1	hasten	6	hissed	1	ideal
1	growing	3	hasty	7	hissing	3	ideas
2	growl	3	hat	1	history	1	idle
9	growled	8	hatch	1	hitched	1	idol
6	growling	2	hatches	1	hoar-frost	148	if
1	growls	2	hatchet	4	hoarse	1	ignerant
1	grown-up	7	hate	1	hoarsely	3	ignoble
2	grub	7	hated	1	hoisted	2	ignorance
1	gruesome	3	hateful	28	hold	3	ignorant
1	gruff	4	hats	6	holding	1	ignored
2	grumbled	11	haul	1	holds	2	ill
1	grumbling	3	hauled	6	hole	1	ill-used
2	grumpily	2	hauling	1	holes	1	ill-will
2	grunt	1	haunt	1	holiness	1	illimitable
22	grunted	84	have	8	hollow	1	illogical
8	grunting	8	haven't	1	hollowed	2	illuminated
1	guard	6	having	3	hollows	4	illusion
2	guarding	2	hawse-pipe	2	holy	1	illusions
1	guffaw	4	haze	1	holystones	1	illusive
1	guffawed	2	hazy	1	homage	1	illustrating
1	guided	968	he	17	home	4	image
1	guileless	1	he'll	1	homeless	3	images
2	gulp	10	he's	3	homeward	1	imaginary
1	gulped	105	head	1	homewards	1	imagined
1	gums	1	head-earrings	1	honest	2	imbecile
1	gunpowder	3	heading	1	honourable	1	imbecility
1	gurgled	3	headlands	1	honours	1	imitated
7	gust	9	headlong	3	hoo	1	immaterial
3	gusts	38	heads	4	hook	2	immeasurable
1	guts	1	heal	1	hook-pot	11	immense
1	gyme	2	health	2	hooked	4	immensity
4	h'm	1	healthful	2	hooker	1	immobilised
1	h's	1	healthy	1	hooks	3	immobility
1	ha'penny	8	heap	1	hooted	1	immorality
1	habit	2	heaps	1	hooting	5	immortal
1	habitual	33	hear	8	hope	1	immortals
352	had	54	heard	2	hopeful	1	immutable
8	hadn't	1	hearing	5	hopeless	1	imparted
2	haggard	10	heart	2	hopelessly	2	impassioned
1	hah	1	heart-breaking	4	hopes	1	impassive
5	hail	1	heartiness	10	horizon	1	impassiveness
1	hailed	2	heartless	1	horizontally	1	impatience
2	hailing	1	heartlessly	1	horned	4	impatient
12	hair	2	heartrending	6	horrible	4	impatiently
3	hairs	22	hearts	3	horribly	4	impenetrable
2	hairy	2	hearty	1	horrid	2	imperceptibly
31	half	8	heat	1	horrified	1	imperfect
1	half-circle	1	heated	1	horror	1	imperfections
1	half-dead	1	heathen	1	horror-struck	1	imperilled
2	half-drowned	4	heave	2	horrors	1	impertinent
1	half-finished	1	heaved	4	horse	1	impetuosity
1	half-heartedly	6	heaven	13	hot	2	imploring
1	half-hour	3	heavier	3	hour	1	import
1	half-hourly	14	heavily	16	hours	3	importance

1	important	1	inshore	1	jet	5	languidly
1	imposing	10	inside	2	jewels	2	languor
7	impossible	1	insignificance	1	jib-boom	1	lanterns
1	imposture	3	insignificant	1	jig	1	lanyard
2	imposyshun	1	insincere	3	jim	1	lap
1	impotent	3	insisted	127	jimmy	5	large
2	imprecations	2	insistence	33	jimmy's	1	largely
2	impressed	2	insolence	1	jingled	3	larger
4	impression	3	insolent	6	job	1	lark
1	impressively	1	inspecting	1	jocose	1	larn
3	impudence	3	inspiration	1	jocular	2	lashed
3	impudent	1	inspire	1	jocularly	3	lashing
1	impudently	7	inspired	1	join	4	lashings
1	impulse	1	instant	1	joining	66	last
2	impulses	3	instantly	2	joint	2	lasted
1	impulsively	3	instead	1	jointless	1	lasting
2	impure	1	instinct	1	joker	4	late
869	in	2	instinctively	2	jokes	1	lately
1	inabordable	1	instincts	1	jolly	1	latent
1	inarticulate	2	insulting	1	journals	1	later
1	inauspiciously	1	intellectual	1	journey	1	latitude
1	inboard	2	intelligent	2	jove	1	latitudes
1	incalculable	1	intelligible	1	jovial	5	laugh
1	incarnation	1	intelligibly	1	jovially	11	laughed
2	incertitude	5	intense	4	joy	4	laughing
1	incertitudes	1	intensely	2	joyfully	1	laughs
6	inch	2	intent	2	joyous	10	laughter
2	inches	1	intention	1	joys	2	launched
1	incident	2	intently	2	judged	2	law
1	incidentally	1	inter	1	judgment	37	lay
1	inclination	8	interest	1	judy	1	lay-up
2	inclined	6	interested	1	juice	2	layer
1	inclusive	1	interfere	1	jumble	1	lazily
2	incomparable	2	interfered	6	jump	1	lazy
1	incomparably	1	interjected	4	jumped	3	lead
5	incomprehensi-	3	interminable	1	jumping	2	leading
	ble	1	interminably	1	jumps	1	leaf
1	inconsolable	1	intermit	31	just	1	leaks
2	incorruptible	1	interpreter	1	justice	5	lean
1	increased	1	interrogated	1	justify	5	leaned
6	incredible	1	interrupted	1	keel	1	leaner
2	incredibly	1	interval	1	keen	7	leaning
1	incult	1	intervals	24	keep	6	leap
1	incumbrance	1	interview	4	keeping	14	leaped
1	incurably	1	intimacy	1	ken	3	leaping
2	indeed	1	intimate	30	kept	1	learn
1	indelicate	98	into	5	key	4	learned
1	independent	5	intolerable	5	kick	1	learning
4	indestructible	2	intonation	6	kicked	4	least
3	india	1	intonations	4	kicking	1	leastways
2	indian	1	intoxicated	2	kid	11	leave
1	indiarubber	1	intrepid	2	kids	1	leaves
1	indicating	1	intrepidly	5	kill	2	leaving
1	indifferent	1	invalid	15	king	1	lectured
2	indignant	1	invalids	3	kindly	1	lectures
6	indignation	1	invariable	1	kindness	4	led
1	indignations	1	inventyd	1	kinds	1	ledge
1	indispensable	1	invigorated	1	kinship	6	lee
3	indistinct	1	invincibleness	1	kitchen	11	leeward
1	indistinctly	11	invisible	1	kitt's	29	left
1	indistinguish-	3	invulnerable	5	knee	12	leg
	able	4	inward	2	kneeling	3	leggo
1	individual	1	inwards	14	knees	1	legion
2	indomitable	2	irish	2	knelt	18	legs
1	indubitable	20	iron	29	knew	3	leisure
1	indubitably	1	iron-grey	2	knife	4	lend
1	indulgence	2	ironic	1	knits	9	length
1	indulgent	2	ironically	2	knitted	1	lent
1	industrious	2	irons	1	knives	14	less
1	industriously	1	irony	6	knock	1	lesson
1	industry	1	irrefutable	9	knocked	45	let
1	ineffective	1	irregular	3	knocking	2	let's
2	ineffectual	3	irremediable	5	knot	1	letter
1	inefficient	2	irresistible	2	knots	4	letting
1	ineradicable	1	irresistibly	1	knotted	5	level
1	inevitable	2	irresolute	46	know	1	lever
1	inexperienced	1	irretrievably	1	knowed	1	levity
1	inexpressible	1	irreverence	3	knowing	2	liar
1	inexpressibly	1	irritable	4	knowledge	1	liberality
1	infallibly	3	irritated	29	knowles	1	liberties
3	infamous	1	irritating	8	known	1	liberty-men
1	infamy	2	irritation	5	knows	1	licking
1	infected	75	is	1	knuckles	2	lid
2	infernal	3	island	1	labor	7	lie
1	infinite	2	islands	3	labour	4	lie-up
1	inflamed	1	isn't	1	labours	2	lied
2	inflexible	1	isolation	1	lacerated	5	lies
1	inflexibly	1	issues	6	ladder	56	life
1	infliction	405	it	2	ladders	1	lifeboats
1	influence	29	it's	1	ladies	5	lifeless
1	influenced	43	its	5	lady	1	lifelessly
2	information	8	itself	1	laffed	2	lifelong
1	informed	1	jabbering	1	laid	1	lifetime
1	infuriated	13	jack	1	lairs	5	lift
2	inglorious	4	jacket	1	lake	17	lifted
1	inhospitable	4	jackets	1	lamb	3	lifting
1	inhospitably	1	jacks	1	lambs	1	lifts
1	inhuman	1	jail	7	lame	56	light
1	initiated	1	jail-prop	1	lament	1	light-to
2	injured	1	jam	2	lamentable	1	light-vessels
3	injustice	36	james	13	lamp	4	lighted
1	inky	3	jammed	1	lamp-posts	1	lighter
1	innocent	7	jaws	1	lamplight	2	lighthouse
1	innocently	1	jeer	5	lamps	1	lighthouses
1	innocuous	3	jeered	23	land	1	lightless
1	innumerable	1	jeering	1	landlady	3	lightly
6	inquired	5	jerk	2	landlubbers	4	lightning
1	insanely	3	jerked	2	landsmen	7	lights
1	insatiable	3	jerks	3	lane	202	like
1	inscrutable	3	jerky	4	language	6	liked
1	insecure	1	jersey	2	languid	3	likely

1	likes	4	lurched	1	meeraculous	1	moodily
1	lilies	2	lurching	1	meeting	1	moody
3	limb	1	lurking	1	melancholy	4	moon
2	limbs	1	lurks	1	memorable	1	mooned
1	limits	1	luxuriously	2	memories	2	moonlight
5	limp	7	lying	3	memory	1	moons
2	limped	1	lying-up	208	men	1	mooring
3	limpid	1	lytton	4	men's	1	moorings
1	limping	7	mad	6	menace	1	moorland
9	line	1	madagascar	9	menacing	1	mop
4	lines	1	maddened	2	menacingly	1	mopping
1	linger	65	made	5	mental	3	moral
2	lingered	3	madly	2	mentally	1	morality
2	lingering	1	madman	2	mentioned	86	more
1	lining	1	magic	4	merchant	3	more'n
3	links	1	magistryt	5	merciless	2	moreover
3	lip	2	magnificence	3	mercy	1	moribund
37	lips	2	magnificent	3	mere	1	morn'n
1	liquor	1	mahogany	1	merged	18	morning
4	list	15	main	2	meritorious	1	morose
3	listen	1	main-hatch	1	merriment	4	mortal
19	listened	1	main-pump	1	merry	2	mortally
1	listener	3	mainmast	1	messengers	1	mortals
1	listeners	3	mainsail	3	met	1	mortuary
3	listening	4	maintained	1	metal	14	most
2	lit	1	maintopsail	2	metallic	2	mostly
1	literally	1	majestic	1	meteorological	5	mother
60	little	1	majority	1	mewing	1	mother's
8	live	26	make	6	middle	1	motherliness
11	lived	1	maker's	4	midnight	1	mothers
3	lively	1	makes	1	midship	4	motion
11	lives	8	making	1	midshipstop	11	motionless
5	livid	1	malevolent	8	midst	1	mounds
3	living	3	malingering	1	mien	1	mourned
1	load	1	maltese	8	might	5	mournful
1	loading	153	man	6	mighty	2	mournfully
1	loafed	10	man's	1	migrating	1	mournfulness
1	loathsome	1	man-jack	1	milch-cow	2	mourning
1	lobes	2	manage	1	mild	1	mouse
3	locked	7	managed	1	mildness	2	moustache
2	locker	1	manfully	3	mile	1	moustaches
1	lockers	2	mangy	4	miles	18	mouth
2	locking	1	manhood	1	milk	1	mouthed
1	loftily	2	maniacs	1	milky	3	mouthful
1	loftiness	1	manifest	1	millionaire	4	mouths
4	lofty	2	manifestation	4	millions	20	move
1	loife	4	mankind	1	mimicked	40	moved
1	lolled	2	manned	13	mind	6	movement
1	lolling	14	manner	1	minds	5	movements
1	london	1	manoeuvre	1	mine	4	moving
1	lone	2	mantle	6	mingled	127	mr
2	loneliness	33	many	1	ministering	41	much
6	lonely	1	marble	3	minnyt	4	mud
77	long	3	marched	2	mint	1	muddle
2	long-armed	1	marching	4	minute	1	muddlehead
1	long-drawn	1	mares	3	minutes	3	muddy
1	long-headed	1	marine	1	minyt	1	muffled
1	long-necked	4	mark	1	miraculous	2	muffler
1	long-suffering	5	marked	1	mirth	9	mug
1	longed	1	marlin-spikes	1	misapprehended	1	mugful
4	longer	1	marmalade	1	mischievous	1	multitude
3	longing	2	married	1	misdeeds	1	multitudes
45	look	1	marrow	4	miserable	12	mumbled
3	look-out	1	masheens	1	miserably	2	munched
89	looked	3	mask	3	misery	4	murder
27	looking	4	mass	1	misfit	1	murdering
8	looks	1	mast	3	misfortune	2	murky
1	loom	47	master	1	misgivings	16	murmur
2	loomed	4	master's	1	misplaced	6	murmured
1	looming	2	masterful	4	miss	2	murmuring
1	looney	2	masterfully	5	missed	9	murmurs
1	loop	5	mastheads	2	misshapen	1	murthering
4	loose	1	masticating	2	missing	1	muscle
1	loosely	9	masts	8	mist	1	muscles
1	loquacity	1	matches	1	mistaken	1	muscular
4	lord	32	mate	1	mister	1	mushrooms
1	lorded	2	mate's	1	mistook	1	music
3	lose	1	material	1	mistrust	1	music-hall
1	loss	8	mates	1	mistrustful	1	musing
1	losses	1	matey	1	misty	1	musketry
18	lost	15	matter	3	mixed	16	must
24	lot	1	mattress	1	mizzen-rigging	2	muster
1	lotion	1	maudlin	1	mizzen-topsails	2	mustered
1	lots	1	maul			2	mustering
27	loud	2	mauritius	3	moan	2	mustn't
4	louder	12	may	3	moaned	10	mute
3	loudly	2	maze	2	moaning	1	mutes
2	lounged	81	me	1	moanings	1	mutinies
2	lounging	3	meagre	2	moans	1	mutinous
1	love	1	meal	3	mob	5	mutiny
1	love-birds	1	meals	2	mocking	12	mutter
6	loved	3	mean	3	model	18	muttered
2	lovely	6	meaning	1	modelled	8	muttering
1	loving	3	meaningless	1	moind	4	mutters
1	lovingly	5	meant	1	moist	1	mutual
27	low	2	meantime	50	moment	70	my
9	lower	1	measured	1	moment's	4	myself
2	lowered	1	measureless	1	momentous	1	mysteries
1	loyalty	4	meat	8	moments	6	mysterious
1	lubberly	1	meat-safe	10	money	2	mystery
1	lubbers	2	mechanically	1	money's	1	nae
2	luck	1	meddle	2	monotonous	4	nail
1	lucky	1	meddling	2	monsoon	1	nailed
1	luffed	1	medicine	1	monster	7	nails
4	lull	2	meditate	1	monsters	1	naive
6	luminous	2	meditated	4	monstrous	3	naked
2	lump	4	meditation	5	month	13	name
1	lumps	4	meditative	1	month's	1	nameless
3	lunatic	2	meditatively	2	months	3	names
1	lungs	1	meed	2	monumental	1	napkin
5	lurch	1	meek	1	mood	20	narcissus

1	narcotics	1	objected	1	overawing	2	peal
14	narrow	1	objurgations	2	overbearing	1	peals
2	narrowed	1	obligation	21	overboard	1	pearls
1	nations	1	obliged	2	overcome	1	pearly
1	native	1	oblique	1	overdressed	1	peas
1	natural	2	obliquely	1	overflowed	1	pecking
2	naturally	1	oblong	1	overhaul	4	peered
1	nature	1	obnoxious	1	overhauled	4	peering
1	natures	4	obscure	2	overhead	1	peevishly
1	naught	1	obscurity	1	overheard	1	peevishness
1	naughty	1	obsequious	5	overloaded	2	pelham
1	nautical	10	observed	1	overpowering	1	pelted
1	navy	5	obstinate	1	overshadowed	1	penarth
1	nayggur	1	obvious	1	overtopped	1	pendulum
19	near	1	occasion	3	overturned	4	penetrating
1	nearest	1	occasions	3	overwhelmed	4	pensive
10	nearly	1	occupation	24	own	1	pensively
1	neat	1	occupations	3	owner	1	pentland
1	neatly	7	ocean	1	owner's	6	people
1	necessary	1	odds	3	oysters	3	peopled
10	neck	1673	of	1	p'r'aps	1	per
3	necks	68	off	5	pace	2	perceive
3	need	1	off-shore	1	paces	3	perceived
3	needle	1	offended	1	pacific	1	perceiving
2	needles	1	offensive	2	pacified	1	perceptible
1	needs	1	offensively	2	package	2	perception
1	neglect	1	offer	1	paddle-wheels	2	perch
1	neglected	1	offered	1	paddling	1	perched
1	negligence	3	office	2	page	1	perching
1	negligent	5	officer	2	pages	1	perdition
1	negligently	1	officer's	2	pah	4	perfect
1	neighbour	15	officers	8	paid	1	perfection
2	neighbours	1	officers'	1	paid-off	6	perfectly
3	neither	1	offices	16	pain	1	perfidious
1	nerve	1	officiated	4	pained	2	performing
1	nerveless	1	offspring	2	painful	1	perfumes
1	nervous	5	often	5	painfully	2	perfunctorily
2	nervously	10	oh	1	pains	12	perhaps
2	nest	1	oil	1	paint	1	perilous
47	never	1	oil-lamp	1	painting	1	periodically
12	new	1	oiled	18	pair	1	periods
2	newcomer	7	oilskin	3	pairs	1	perishin'
1	newcomers	1	oilskins	1	palace	2	perishing
1	news	88	old	1	palates	1	permitted
15	next	1	older	8	pale	1	persecuted
3	nice	2	oldest	1	palm	1	perseverance
1	niches	1	oller	5	palms	1	persevere
1	nicknamed	1	olympian	1	pang	3	persistence
28	nigger	4	ominous	1	pannikin	2	persistently
4	nigger's	2	ominously	3	panted	2	person
4	niggers	470	on	5	panting	1	personal
1	nigh	40	once	1	pantry	4	perspiration
62	night	248	one	2	pants	1	perspired
2	night's	2	one's	4	paper	2	perspiring
2	night-cap	1	onions	3	papers	1	persuaded
1	night-shirt	51	only	2	parade	4	pervaded
2	night-watch	1	onset	1	paraded	1	perverse
1	night-watchman	2	oot	2	paralysed	1	perversity
1	nightcap	1	opalescent	1	parasol	2	pet
1	nightmare	1	opaque	2	pardon	1	peterhead
5	nights	29	open	1	paregoric	2	petty
1	nilsen	2	open-mouthed	5	part	1	petulant
2	nine	7	opened	2	parted	3	phantom
1	nip	6	opening	1	partiality	2	phenomenon
171	no	1	operation	1	particular	1	philanthropist
12	nobody	1	opined	1	particularly	1	philanthropists
1	nod	3	opinion	1	parting		
6	nodded	1	opportunities	1	parts	1	philosophers
3	nodding	2	opposite	9	pass	1	philosophically
16	noise	3	oppressed	12	passage		
3	noiseless	1	oppressive	21	passed	1	philosophy
2	noiselessly	1	option	1	passengers	1	phoo
6	noises	114	or	6	passing	1	physical
3	noisily	2	oracle	1	passionate	1	physically
4	noisy	1	orations	2	passionately	1	physique
1	non-recogniti-	4	order	1	passionless	1	pice
	on	6	ordered	2	passions	1	pickpocket
3	none	6	orders	1	passive	1	picture
1	nonplussed	3	ordinary	1	passively	1	picturesque
1	nonsense	1	orf	14	past	3	pie
2	nor	1	orthodox	1	pasty-faced	9	piece
1	north	1	oscillated	5	patch	2	pieces
1	north-east	35	other	3	patches	4	piercing
1	north-west	2	other's	1	paternally	3	piercingly
4	northward	30	others	3	path	1	pig
4	norwegians	2	otherwise	1	pathetic	2	pigs
9	nose	43	ough	1	pathway	2	pigsty
3	noses	4	ought	2	patience	3	pile
1	nosing	2	ould	2	patient	1	piles
2	nostrils	162	our	1	patriarch	1	pilgrimage
147	not	2	ours	1	patriarchal	1	piling
2	note	6	ourselves	1	patronise	1	pillars
1	notes	259	out	1	patter	12	pillow
40	nothing	1	outbreak	2	pattered	1	pillowed
3	nothink	1	outburst	1	pattering	2	pillows
7	notice	1	outbursts	1	patterns	7	pin
3	noticed	2	outcome	8	pause	3	pink
1	notion	1	outlined	3	paused	2	pins
1	notwithstandi-	2	outlines	4	pauses	1	pint
	ng	1	outpacing	1	pawed	1	pious
79	now	1	outrage	11	pay	10	pipe
2	nowadays	1	outrageous	3	pay-day	1	pipe-stems
2	number	18	outside	3	pay-table	1	piped
1	numbered	3	outspread	1	paying-off	4	pipes
5	o	1	outward-bound	1	payment	3	pirates
2	o'	4	ov	1	pays	3	pitch
1	o'clock	1	ovation	14	peace	3	pitched
2	obedient	2	oven	4	peaceful	1	pitchy
1	obediently	161	over	1	peacefully	1	pitiful
2	obeyed	1	over-civilised	1	peak	1	pitifully
4	object	1	over-fed	2	peaked	5	pitiless

6	pity	2	presence	1	qualities	3	recovered
18	place	1	presented	2	quality	1	recovering
5	places	2	presently	2	quarrelled	1	rectangular
2	placid	1	preserve	1	quarrelling	1	recumbent
2	placidly	2	preserved	1	quarrels	14	red
2	plain	1	press-gangs	1	quarrelsome	1	red-faced
1	plains	7	pressed	3	quarter	1	red-painted
1	plaint	1	pressing	1	quarter-checks	1	redeemed
2	plaintively	1	presumption	5	quarter-deck	1	redeeming
1	planet	1	presumptuous	1	quarter-hatch	1	redoubled
18	planks	3	pretended	1	quavering	1	reduced
1	plant	5	pretty	4	quay	1	reefed
1	planted	2	prevented	3	queer	3	reeled
1	plates	1	previous	3	question	4	reeling
5	play	1	price	2	questions	1	reeve
1	playing	1	priceless	16	quick	1	refinement
1	pleading	1	prickly	1	quicker	1	reflected
1	pleasant	3	pride	8	quickly	1	reflectively
4	please	1	prince	21	quiet	1	reflects
4	pleased	1	principle	11	quietly	1	refocusing
2	plenty	1	principles	1	quietness	1	reform
1	pliable	1	prising	1	quietude	1	reformer
1	plimsoll	1	prisoners	9	quite	1	refrained
2	plot	1	privately	3	quivering	4	refuge
4	pluck	1	privation	1	quotations	1	refusal
1	plucked	1	privations	1	quoting	1	refuse
1	pluckily	4	privilege	2	race	5	refused
1	plucky	1	prize	2	raced	2	refusing
1	plug	1	probability	2	racket	3	reg'lar
1	plumes	2	probably	1	racketed	2	regions
1	plummets	1	probing	1	radiance	1	regret
1	plunge	2	problem	1	radiant	1	regretful
7	plunged	1	proceeding	1	radiated	1	regrets
1	plunges	1	produced	5	raft	1	regular
5	pocket	2	profane	1	rag	2	regularly
1	pocket-book	1	profile	10	rage	1	rejoiced
2	pockets	1	profiles	1	rages	1	related
8	poomore	13	profound	2	ragged	1	relations
1	poetry	4	profoundly	4	raging	1	release
2	point	1	projected	9	rays	1	released
5	pointed	1	prominent	16	rail	1	relic
5	pointing	1	promise	1	railed	4	relief
3	poised	2	promising	2	rails	2	relieve
2	poison	2	promptly	5	rain	6	relieved
1	poisoned	1	prone	2	rainbows	2	relieving
1	poke	4	pronounced	2	raise	1	relinquish
1	poked	1	proofs	6	raised	2	reluctant
1	pole	1	propelled	1	raising	2	reluctantly
1	policeman	1	proper	1	rallied	2	remain
1	policemen	1	properly	2	rammed	22	remained
1	polish	1	property	1	rampin'	1	remaining
3	polished	1	prophecies	28	ran	2	remark
1	polishing	1	proportions	4	rang	6	remarked
2	politician	1	propounded	1	range	2	remarks
2	poll-parrot	5	propped	1	ranging	5	remember
2	pond	1	proprietorship	3	rank	4	remembered
2	ponderous	1	prospective	1	ranks	4	remembering
1	pool	1	prostrate	4	rapid	2	reminder
28	poop	1	protest	2	rapidity	1	reminiscences
14	poor	1	protested	4	rapidly	4	remnant
1	popping	1	protests	1	rapt	1	remnants
1	popular	1	prototypes	5	rare	1	remonstrance
2	popularity	1	protrude	2	rat	1	remonstrated
1	population	2	protruded	2	rate	1	remorse
1	porpoise	1	protruding	9	rather	1	remorsefully
9	port	3	proud	1	rather'n	1	remote
1	ports	1	proverbial	1	ratlines	1	removed
1	portsmouth	2	providence	2	rats	1	renew
1	pose	2	provocation	4	rattle	1	renewed
2	posed	1	provoking	3	rattled	1	rennie
1	poses	2	provokingly	6	rattling	1	repainted
1	posing	1	prowled	1	raving	2	repair
3	position	1	prowling	1	rayless	2	repeat
3	positions	1	prudence	3	rays	19	repeated
1	positive	1	public-house	2	reach	4	repeating
2	positively	4	puff	5	reached	3	repent
5	possessed	1	puffed	1	reaching	2	repentant
3	possession	1	puffing	7	read	3	replied
1	possessions	1	puffs	1	readily	3	reported
2	possible	1	puget	3	readiness	1	reports
2	possibly	1	pugnacity	1	reading	4	repose
8	posts	8	pull	23	ready	2	reposeful
1	posture	15	pulled	5	real	1	represent
4	pot	2	pump	1	realise	1	repressed
1	poun'	1	pump-leather	1	realising	1	reprieved
3	pound	1	pump-rods	5	reality	1	reproach
1	pounds	3	pumps	1	really	3	reproached
1	poured	1	punch	1	realm	1	reproaching
3	pout	2	punched	1	reaped	1	reprobation
1	powdered	1	pupils	1	rear	1	reproved
2	power	2	pure	1	reared	1	reproving
6	powerful	1	purity	3	reason	1	repulsions
1	practically	3	purple	1	reasonable	2	repulsive
1	pray	1	purple-faced	1	reassured	1	required
3	prayer	3	purpose	1	rebounded	1	requires
1	prayer-books	1	purposeful	2	rebuked	2	rescuers
1	prayerfully	1	purposes	2	recall	1	resemble
1	prayers	1	purred	1	recalled	17	resembled
2	praying	2	pursued	1	receive	10	resembling
1	preach	1	pursuing	4	received	2	reserve
1	preaching	2	push	1	recite	4	resignation
1	precede	12	pushed	1	reckless	2	resigned
5	precious	3	pushing	3	recklessness	1	resistless
1	precipitation	44	put	2	reckoned	3	resolute
2	precision	1	puts	1	reclining	1	resonant
1	precocious	2	putting	1	recognise	2	resounded
1	prejudiced	4	puzzled	2	recognised	3	respect
1	prematurely	1	puzzling	1	recollect	1	respectable
1	prepare	1	pyramid	1	recommencing	1	respected
3	prepared	1	quaking	1	reconciled	1	respiration
1	preparing	1	qualification	2	record	1	respites

6	resplendent	1	rowed	2	schooners	2	settled
1	responsible	3	rows	1	scolded	2	settling
21	rest	1	rubbed	1	scorching	5	seven
1	rested	1	rubbing	7	scorn	1	seventeen
1	restfulness	1	rubbish-heaps	4	scornful	11	several
1	resting	1	ructions	1	scornfully	5	severe
1	resting-place	1	ruddy-faced	1	scotch	2	severity
13	restless	1	ruffian	1	scotchmen	2	sewed
1	restlessly	1	ruffled	3	scramble	2	shabby
1	restrain	2	rugged	9	scrambled	1	shackles
2	restrained	1	ruin	1	scrap	3	shade
1	restraining	1	ruins	1	scraped	3	shades
1	result	1	ruled	2	scraping	7	shadow
1	results	1	ruler	2	scratched	19	shadows
1	resumed	1	rum	1	scratching	6	shadowy
1	resuscitated	1	rumble	13	screamed	7	shake
2	retired	1	rumbling	6	screaming	5	shaken
3	retorted	1	rumour	1	screech	3	shakily
2	retreat	1	rumours	2	screeched	2	shaking
2	retreated	16	run	1	screeches	1	shaky
1	retreating	11	running	1	screechin'	5	shall
2	return	1	runs	2	screeching	1	shallow
2	returned	1	rupee	1	screw-brake	2	sham
1	returning	11	rush	1	screwed	3	shame
1	revealed	11	rushed	2	scrimmage	1	shamefully
1	revel	1	rushes	1	scruff	1	shamelessly
1	revenge	1	rushing	1	scrupulously	2	shamming
1	reverberating	3	russian	2	scrutinising	1	shan't
1	reverently	1	rustle	1	scrutiny	4	shape
2	reviled	1	rustled	2	scuffle	2	shaped
1	revived	1	ruthless	1	scuffly	3	shapeless
1	revolt	3	s'elp	1	scum	1	shapes
1	revolved	2	s'long	1	scupper	1	share
1	revolving	6	sad	1	scuppers	10	sharp
3	reward	1	saddened	1	scurvy	1	sharper
1	rewarded	5	sadly	1	scuttled	7	sharply
1	rib	5	safe	100	sea	1	shattered
1	ribbons	2	safely	1	sea-bird	2	shaved
4	ribs	1	safer	1	sea-boat	1	shawl
1	rid	1	safety	1	sea-boats	1	shayme
1	ridge	1	sagacious	1	sea-boots	100	she
1	ridges	1	sagaciously	3	sea-chest	1	she'll
1	ridicule	1	sage	2	sea-chests	5	she's
1	ridiculously	2	sages	1	sea-dog	2	shed
2	riding	1	sago	1	sea-dogs	5	sheen
1	riding-lights	161	said	1	sealed	2	sheep
2	rig	14	sail	25	seaman	1	sheepishly
8	rigging	1	sailcloth	2	seaman's	1	sheer
43	right	2	sailed	1	seamanlike	4	sheet
1	righted	10	sailmaker	1	seamed	1	sheet-iron
5	rights	8	sailor	9	seamen	6	sheets
2	rigidly	5	sailors	1	searching	1	shell
2	rim	20	sails	23	seas	1	shell-back
2	rims	1	saint	1	seaweed	2	shellback
2	ring	3	sake	13	second	2	shellbacks
1	ring-bolt	1	saliva	2	seconds	1	shelter
1	ring-bolts	2	sallow	7	secret	2	sheltered
1	ringbolts	1	sallow-faced	1	secured	2	sheltering
6	ringing	11	salt	1	securing	1	shelves
2	ripped	1	salvage	1	security	3	shifted
3	ripple	2	salvation	1	sedately	2	shifty
1	ripples	1	sam	66	see	1	shine
4	rise	11	same	1	seech	6	shining
1	risen	1	samson	5	seed	1	shiny
1	rises	1	sand	1	seedy-looking	166	ship
5	rising	2	sang	1	seeing	17	ship's
5	risk	4	sank	3	seem	2	shipkeeper
2	risks	1	saraband	90	seemed	5	shipmate
1	rite	3	sardonic	1	seems	1	shipmate's
4	river	33	sat	27	seen	3	shipmates
2	riverside	1	satan	1	seethed	2	shipped
1	riveted	1	satin	1	seething	1	shipping
3	road	2	satisfaction	5	seez	10	ships
1	roadstead	2	satisfied	1	seized	1	shipshape
1	roam	2	saucepan	3	seldom	1	shipwrights
1	roamed	2	saucepans	1	seldom-heard	1	shirking
8	roar	2	savage	1	self	13	shirt
2	roared	1	savagely	1	self-control	1	shirt-sleeves
5	roaring	7	save	1	self-respect	5	shirts
1	robbers	8	saved	1	self-seeking	1	shiver
1	rock	1	savee	1	selfish	3	shivered
1	rocky	1	saving	1	selfishness	1	shivering
3	rods	1	savoir	2	sell	2	shivers
9	roll	1	savour	1	selves	4	shock
1	roll-call	27	saw	1	semicircle	4	shocked
22	rolled	1	sawdust	1	semicircles	1	shocks
2	rolled-up	1	saws	4	send	1	shoes
2	roller	28	say	1	sends	6	shone
14	rolling	9	saying	8	sense	27	shook
1	romancing	2	sayings	1	senses	2	shop
1	roof	14	says	1	sensible	10	shore
6	room	1	stamp	11	sent	1	shore-boats
4	rooted	1	stamping	1	sentence	2	shore-going
28	rope	1	scandal	2	sentences	2	shores
8	ropes	4	scandalised	1	sentiment	1	shorn
1	ropes'-ends	1	scandalous	3	sentimental	46	short
25	rose	1	scandinavian	1	sentimentalism	1	shortcomings
1	rosy	7	scandinavians	1	sentimentally	1	shorten
2	rot	1	scanning	1	sepulchre	2	shorthanded
1	rotation	3	scare	7	serene	4	shot
4	rotten	1	scarecrow	2	serenely	13	should
3	rough	6	scared	2	serenity	1	should've
1	roughly	3	scarlet	3	serious	15	shoulder
52	round	1	scary	1	serious-minded	15	shoulders
1	round-eyed	4	scattered	2	seriously	10	shout
1	rounded	1	scattering	1	served	37	shouted
1	rousing	1	scend	1	service	7	shouting
1	routine	1	scene	2	servitude	9	shouts
1	rove	1	scents	14	set	3	shove
1	rovings	1	scholar	1	sets	1	shoved
23	row	1	school	6	setting	1	shovel

1	shoving	5	slapped	3	solemn	1	splashes
10	show	2	slaps	1	solemnly	5	splashing
4	showed	1	slave	1	soles	3	splendid
2	shower	1	slave-owner	2	solicitude	2	splendour
2	showers	1	slavers	3	solid	1	splice
6	showing	1	slaves	1	solidity	1	splintered
3	shrank	18	sleep	4	solitary	1	splinters
1	shreds	3	sleepily	4	solitude	5	split
2	shrewd	8	sleeping	1	solo	1	splutter
1	shrewdly	1	sleepless	1	som'think	4	spluttered
1	shriek	1	sleeplessness	10	sombre	4	spluttering
5	shrieked	1	sleeps	110	some	2	spoiled
5	shrieks	3	sleepy	7	somebody	2	spoilt
1	shrill	2	sleet	1	somebody'll	22	spoke
2	shrilly	4	sleeves	2	somebody's	3	spoken
1	shrine	1	slender	5	somehow	5	spokes
1	shrink	10	slept	32	something	2	sport
1	shrinking	1	slice	1	somethink	4	spot
1	shrinkings	1	sliding	7	sometimes	1	spouting
1	shrivelled	9	slight	1	somewhat	4	sprang
1	shroud	3	slightest	5	somewhere	3	sprawled
1	shrouds	10	slightly	1	somnambulists	2	sprawling
1	shuddered	5	slim	3	son	1	spray
1	shuddering	2	slimy	1	song	7	sprays
2	shuffle	1	sling	3	songs	8	spread
3	shuffled	2	slip	6	sonny	3	spreading
4	shuffling	3	slipped	1	sonorous	1	spree.
12	shut	2	slippers	1	sonorously	1	spring
2	shy	1	slippery	26	soon	1	spring-flood
26	sick	1	slipping	1	sooner	1	spring-time
1	sick-bay	1	slits	1	sooperfloos	1	springbok
2	sickening	1	slobbered	2	soot	1	sprung
1	sickness	1	slogging	1	soothe	9	spun
63	side	2	slopes	1	soothed	1	spunyer
1	side-pocket	1	sloping	1	soothing	1	spunyarn
2	sidelong	1	slouching	1	soothingly	1	spurious
18	sides	7	slow	1	sooty	1	spurred
1	sidewalk	1	slow-eyed	1	sophistry	1	spurted
2	sideways	27	slowly	2	sordid	2	squabbling
5	sigh	2	slumber	1	sorely	1	squalid
6	sighed	1	slums	4	sorr	4	squall
4	sighing	1	slunk	5	sorrow	3	squalls
7	sighs	1	slurred	4	sorrowful	7	square
14	sight	2	sly	1	sorrows	1	square-head
7	sign	18	small	2	sorry	1	squarely
1	significant	2	smaller	2	sorts	1	squares
3	signs	7	smart	2	sou'wester	2	squaring
39	silence	1	smarted	7	soul	1	squashed
1	silenced	1	smarting	2	soulless	1	squatted
14	silent	3	smartly	3	souls	1	squeak
2	silently	1	smartness	16	sound	2	squeaked
1	silhouettes	2	smash	5	sounded	1	squeaky
4	silly	2	smashed	1	sounding	1	squinted
3	silver	4	smell	1	sounding-rod	1	squirmed
3	similar	1	smelt	3	sounds	1	st
1	simmering	13	smile	1	sour	5	staggered
6	simple	10	smiled	2	source	2	staggering
1	simplicity	1	smileless	4	south	1	stagnated
2	simply	3	smiles	1	south-east	2	stain
1	sin	8	smiling	1	south-easter	3	stained
5	since	1	smith	2	south-west	1	stainless
3	sinful	11	smoke	1	southern	1	stains
1	sing	3	smoked	2	southern-going	1	stalked
1	singers	6	smoking	2	southward	1	stalking
2	single	2	smoky	1	southwest	4	stammered
1	single-handed	10	smooth	6	space	6	stamped
1	singlet	2	smooth-faced	1	spaniard	4	stamping
52	singleton	1	smoothed	4	spanker	3	stanchion
8	singleton's	1	smoothing	1	spanned	2	stanchions
1	singly	2	smoothly	10	spare	25	stand
2	sinister	3	smouldering	1	spared	1	stand-up
1	sink	2	smudge	2	spark	1	standards
3	sinking	1	smudged	2	sparkled	12	standing
2	sinners	2	snakes	2	sparkling	2	star
36	sir	1	snap	1	sparks	8	starboard
1	sister	4	snapped	1	sparrer	4	stare
1	sisters	1	snared	9	spars	19	stared
2	sit	4	snarled	2	spasmodically	15	staring
1	sits	1	snatch	3	spat	2	starlight
13	sitting	4	snatched	13	speak	1	starred
3	situation	3	snatches	2	speaker	6	stars
10	six	1	snatching	5	speaking	9	start
1	sixteen	1	sneaked	1	special	14	started
1	sixty	1	sneered	1	speck	10	startled
1	sixty-year-old	2	sniffed	1	speckled	7	startling
2	size	2	sniffing	1	spectacles	1	startlingly
1	skeary	1	snigger	3	speech	1	starts
1	skeleton	1	sniggered	2	speechless	1	starvation
1	sketched	1	snipe	3	speed	1	starve
1	skids	1	snooze	1	speedily	1	starved
1	skimmed	1	snore	1	speeding	1	starvin'
4	skin	1	snores	1	speedy	2	starving
1	skinny	3	snow	6	spell	4	state
2	skip	1	snowball's	1	spell-bound	1	stately
2	skipped	1	snowy	1	spelling	1	statements
8	skipper	67	so	1	spells	2	station
3	skipper's	5	soaked	5	spent	1	statue
1	skipper-licki-ng	1	soapsuds	1	sperrit	1	stay
		5	soared	1	speshul	1	staysail
3	skippers	6	sobbed	1	spices	2	steadfastness
1	skirts	2	sobered	1	spines	1	steadied
1	skulked	1	sobs	2	spinning	9	steadily
2	skulking	2	society	1	spirals	1	steadiness
1	skull	2	sockets	2	spirit	13	steady
36	sky	3	socks	1	spiritual	1	steak
4	skylight	9	soft	1	spit	1	steal
3	slack	1	softies	1	spite	3	stealing
6	slammed	2	softly	2	spiteful	6	stealthily
1	slant	1	softy	1	spitting	3	stealthy
1	slanted	1	soiled	1	splash	1	steam
1	slanting	1	sojer	4	splashed	2	steamboats

107

2	steamer	1	strongest	1	swagger	1	tempers
1	steamers	1	strongly	2	swaggering	2	tempest
2	steaming	1	strook	2	swallow	1	tempt
1	steamy	20	struck	1	swallowed	1	temptation
2	steel	1	structures	1	swallowing	1	temptations
2	steely	4	struggle	3	swam	2	tempted
1	steep	6	struggled	1	swarm	7	ten
1	steer	1	struggling	1	swarmed	2	tenacious
1	steered	1	strutted	1	swarthy	1	tenanted
2	steering	12	stuck	2	swathed	1	tended
1	steers	2	stuffed	1	sway	1	tendency
4	step	1	stumbled	4	swayed	6	tender
15	stepped	1	stumbling	12	swaying	1	tendered
5	stepping	2	stumped	4	swear	2	tenderly
7	steps	1	stunned	2	swearing	3	tenderness
1	sterile	1	stunsail	1	swears	1	tepid
3	stern	1	stupefied	2	sweeping	6	ter
2	sternly	3	stupid	1	sweepings	1	terms
1	sternness	2	stupidity	1	sweet	4	terrible
10	steward	3	stupidly	1	sweetened	1	terribly
2	stick	1	stuttering	1	sweetness	1	terrific
2	sticking	1	style	7	swell	2	terrified
2	sticks	7	subdued	12	swept	3	terror
10	stiff	1	subject	5	swift	2	terrors
3	stiffened	2	sublime	1	swifter	1	testifying
1	stiffening	1	submerged	3	swiftly	65	than
4	stiffly	1	submissive	2	swimming	3	thank
1	stifled	1	submitting	3	swims	1	thanked
39	still	2	subsided	1	swine	1	thanks
7	stillness	2	subtle	5	swing	382	that
2	sting	1	subtleties	1	swing-doors	2	that'll
2	stinging	1	subtlety	6	swinging	19	that's
1	stinkin'	1	succeed	1	swirling	3298	the
1	stinking	1	succeeded	1	swirls	191	their
14	stir	1	success	1	swish	3	theirs
9	stirred	2	succession	2	swishing	107	them
3	stirring	1	successive	2	swollen	23	themselves
2	stitch	1	successors	1	swoon	133	then
1	stitches	37	such	3	swore	168	there
1	stock	27	sudden	19	swung	10	there's
1	stoical	42	suddenly	1	sybarite	8	these
1	stoked	2	suddenness	1	sycophants	295	they
2	stokehold	3	suffered	1	sympathetic	1	they're
3	stole	5	suffering	1	sympathised	2	they've
3	stolen	1	suffocated	1	symptom	7	thick
3	stolid	1	suffused	1	synchronise	1	thicker
1	stomach	2	sugar	1	systematically	3	thief
4	stone	3	suggested	1	t'other	3	thighs
4	stones	1	suggestion	3	table	17	thin
1	stonily	2	suited	1	tablet	1	thin-faced
3	stony	1	suits	3	taciturn	1	thin-lipped
61	stood	2	sulky	1	tack	27	thing
1	stool	2	sullenly	3	tackle	28	things
10	stop	1	sulphur	1	tacks	36	think
1	stoppages	1	sumptuous	2	tact	1	thinkin'
15	stopped	1	sums	1	taffy	8	thinking
1	stopping	19	sun	1	tail	4	thinner
5	stores	1	sunbeams	1	tailor	3	third
2	stories	3	sunburnt	2	tails	2	thirst
3	storm	3	sunday	1	taint	2	thirsty
1	stormed	1	sunderland	2	tainted	1	thirty
2	storms	1	sunken	36	take	1	thirty-second
4	stormy	3	sunlight	7	taken	88	this
1	story	1	sunlit	3	takes	3	tho'
2	stout	1	sunny	1	takin'	39	those
1	stoutest	2	sunrise	5	taking	73	though
4	stove	5	sunset	1	tale	34	thought
1	straddling	1	sunshade	1	talents	2	thoughtful
1	straggling	25	sunshine	1	tales	6	thoughtfully
16	straight	1	sunshiny	10	talk	1	thoughtfulness
1	straightforward	1	sup	9	talked	8	thoughts
5	strain	3	superb	7	talking	1	thousand
3	strained	1	superhuman	8	tall	1	thrashed
1	straining	2	superior	1	tallest	3	thread
1	strands	2	supernatural	1	tally	1	threads
13	strange	3	supper	1	tame	2	threatened
4	strangely	1	support	1	tamed	3	threatening
1	strangers	3	supported	1	taming	33	three
1	strangle	2	suppose	1	tangible	3	threes
2	straw	1	supposed	1	tangle	4	threw
1	streak	2	suppressed	3	tangled	1	thrice
1	streaked	1	supreme	1	tank	1	thro'
1	streaks	3	sure	1	tap	7	throat
9	stream	4	surely	1	tap-rooms	2	throats
6	streamed	2	surface	5	tapped	1	throbbed
3	streaming	2	surlily	3	tar	104	through
2	streams	1	surliness	1	tar-pot	1	throw
1	street	2	surly	1	tarred	4	throwing
1	street-boy	1	surmounted	1	tarry	9	thrown
1	streets	8	surprise	1	task	1	thrust
13	strength	15	surprised	2	tassel	1	thuds
1	stretch	1	surprises	2	tatters	1	thumb
12	stretched	2	surprising	3	tattooed	3	thump
3	stretching	3	surrender	1	taut	1	thumped
1	strewn	1	surrendering	1	tautened	1	thumping
7	stride	5	surrounded	1	tawk	4	thunder
1	strides	3	surrounding	1	tax	5	thundered
1	striding	1	survey	1	taytottlers	1	thundering
3	strike	2	surveyed	4	tea	2	thus
3	striking	1	survival	2	teach	1	ticket
5	string	1	survived	1	teak	2	tide
1	strip	1	susceptibilities	8	tear	1	tide-rode
1	stripes			1	tearful	1	tidy
4	stripped	3	suspect	2	tearfully	5	tied
1	strive	3	suspected	1	tearing	1	tiers
2	strode	3	suspended	9	tears	1	ties
2	stroke	1	suspense	1	tech	1	tight
1	strolled	5	suspicion	1	technically	27	till
10	strong	3	suspicious	18	teeth	68	time
2	stronger	1	suspiciously	27	tell	18	times
		2	sustained	4	temper	2	timid

7	tin	1	trepidation	1	uncritical	56	upon
1	tin-tacks	1	trials	1	unction	7	upper
1	tinker	2	triangular	80	under	11	upright
2	tinkers	1	tribute	1	undergone	4	uproar
1	tints	2	trick	1	underhand	1	uprooted
1	tiny	2	trickled	6	understand	1	upset
2	tipsy	1	trickling	1	understanding	2	upturned
6	tired	1	tricks	4	understood	1	upward
2	tireless	20	tried	1	undertone	11	upwards
1	titters	1	trifle	1	undiscerning	1	urge
1021	to	1	trim	1	undisturbed	4	urged
1	to-day	1	trimming	1	undone	112	us
10	to-morrow	3	trip	1	undoubted	5	use
4	to-night	2	triumph	1	undreamt-of	9	used
1	tobaccer	1	triumphal	1	undressed	2	useless
9	tobacco	1	triumphant	2	undulated	8	usual
1	tobacco-juice	1	triumphantly	1	undulating	2	utter
1	toe	2	triumphed	3	undying	2	utterance
2	toes	1	trivet	2	unearthly	3	utterly
2	toff	2	trod	4	uneasily	2	vacant
1	toffs	1	troop	7	uneasy	1	vacantly
39	together	1	trooped	1	unemotional	4	vague
2	toys	1	trooping	1	unending	4	vaguely
9	toil	1	trot	1	unendurable	3	vain
5	told	1	trotting	1	unenvious	1	valiance
1	tolled	13	trouble	1	unerring	1	valiant
2	tom	3	troubled	4	unexpected	1	valley
1	ton	5	trousers	4	unexpectedly	1	valleys
32	tone	1	trousers'	1	unexpressed	1	valuation
8	tones	1	truck	1	unextinguisha-	1	vang
3	tongue	2	trucks		ble	8	vanished
2	tongues	1	truculence	1	unfair	3	vanishing
37	too	4	true	1	unfairly	1	vanquished
32	took	1	trusted	1	unfaithful	2	vapours
2	tools	1	trustfully	1	unfit	1	variation
5	top	10	truth	1	unflinchingly	1	varied
1	top-gallant	1	truthfulness	2	unforgiving	2	various
3	topmast	9	try	1	unfortunate	2	varnished
3	topped	1	tryin'	2	unfriendly	6	vast
2	topping	15	trying	1	unglittering	1	vaster
1	toppled	1	tub	1	ungrateful	2	vastness
2	toppling	1	tubes	1	unhallowed	1	vault
2	topsail	1	tucked	3	unheard	1	vaulted
3	topsails	5	tug	2	unneeded	1	veered
4	tore	2	tugged	2	unneeding	3	veil
2	torment	2	tugs	2	unholy	1	veiled
5	tormented	6	tumbled	1	uninterested	2	veined
2	tormentor	1	tumbling	2	union	4	venerable
6	torn	6	tumult	3	unique	1	vengeance
1	torpid	2	tune	1	unison	1	venom
1	torpor	3	turbulent	3	universal	2	venomous
2	torrent	6	turmoil	4	universe	1	venomously
1	tortured	26	turn	1	unjust	1	ventilator
3	tossed	1	turn-to	1	unkindly	2	ventured
4	tossing	44	turned	2	unknown	1	verbiage
1	tot	14	turning	2	unless	1	verdict
3	tottered	4	turns	1	unmanly	3	verge
1	tottering	1	tweaking	1	unmask	1	vermin
4	touch	2	twelve	1	unmentionable	2	verra
10	touched	2	twenty	1	unmercifully	70	very
3	touching	2	twenty-four	3	unmoved	1	vessel
2	tow	1	twenty-seven	2	unnatural	1	vessels
1	tow-rope	1	twenty-six	1	unofficially	2	vestige
19	towards	8	twice	1	unpardonable	2	vexation
3	tower	1	twilight	1	unpolite	1	vibrate
4	towered	1	twine	1	unprepared	1	vibrated
4	towering	1	twinkled	1	unprosperous	5	vibrating
3	town	2	twisted	1	unprovoked	2	vibrations
1	townies	1	twisting	1	unquenchable	7	viciously
1	toy	3	twitched	1	unquiet	2	victim
1	trace	3	twitching	1	unready	1	victories
1	track	82	two	1	unrealisable	1	victory
7	trade	1	two-funnel	1	unrebuked	4	view
1	trades	2	twos	1	unrecognised	1	vigilance
1	traditions	2	tyke	2	unrest	1	vigilant
1	tragic	1	tyrant	1	unresting	1	vigorous
1	trailing	1	ugly	1	unrestrained	3	vigorously
4	trails	2	umbrella	1	unringing	1	vigour
1	train	7	unable	1	unruffled	2	vile
3	tramped	1	unaccountable	1	unruly	1	village
2	tramping	1	unaffectedly	2	unsafe	6	violence
2	trampled	1	unaided	1	unscathed	1	violences
1	trampling	1	unappeasable	1	unseen	9	violent
1	trance	1	unappreciated	1	unselfish	6	violently
1	transaction	1	unapproachable	1	unsettling	2	virtue
1	transgressions	1	unattached	1	unshaken	1	virtues
2	transparent	1	unattainable	1	unsmiling	4	visible
1	transported	2	unbelief	3	unspeakable	5	vision
1	trap	2	unbelieving	1	unspoken	3	visions
1	trap-doors	1	unblinking	1	unsteadily	1	visitation
1	trash	1	unbosomed	1	unsteadiness	1	visiting
1	travel	2	unbounded	5	unsteady	4	visitor
2	travelling	2	unbroken	1	unstirring	1	visits
1	traversed	2	unbuttoned	1	unstrung	1	vitality
1	trawling	1	uncanny	1	unsuspected	1	vitiated
1	treacherous	8	unceasing	1	unswerving	1	vivacious
1	treacherously	6	unceasingly	3	unthinking	3	vivid
1	tread	2	uncertain	1	untidy	1	vividness
1	treasures	1	unchanged	1	untied	1	vivre
1	treat	1	uncle	1	untired	1	vociferated
1	treated	1	unclean	1	untold	79	voice
2	tree	1	unclouded	1	untouched	1	voiceless
3	trees	1	uncomprehendi-	2	untrustworthy	30	voices
1	tremble		ng	2	untruthful	1	void
8	trembled	1	unconcern	1	unveil	2	volume
9	trembling	2	unconcerned	1	unwashed	1	voluminous
3	tremendous	1	unconciliating	1	unwilling	1	voluntarily
1	tremendously	4	unconscious	4	unwillingly	1	voluptuously
1	tremor	2	unconsciously	1	unyforms	1	votary
2	tremulous	2	uncouth	254	up	1	voy'ge
1	tremulously	1	uncovered	1	uplifted	12	voyage

2	voyages	43	well	1	woefully
1	vulgar	1	well-fed	4	woke
1	vulture	1	well-filled	7	woman
6	vy	1	well-known	5	women
1	waddled	1	well-meaning	16	won't
1	waddling	79	went	3	wonder
1	wager	1	wept	3	wondered
2	wages	183	were	1	wonderful
1	wail	2	weren't	2	wonderfully
3	wailing	4	west	2	wondering
5	waist	2	west-country	5	wood
1	waistcoats	1	west-countrym-	1	wooden
1	waists		an	1	wooden-headed
75	wait	2	westerly	1	woodwork
2	wait's	3	western	3	wool
14	waited	4	westward	1	woollen
4	waiting	16	wet	10	word
4	wake	1	whalers	34	words
2	waking	106	what	36	work
4	walk	21	what's	7	worked
8	walked	1	wheedle	3	working
6	walking	13	wheel	1	works
1	walks	1	wheel-box	22	world
4	wall	1	wheels	1	worldly
2	wallow	1	wheezing	1	worn
1	wallowed	59	when	2	worn-out
6	walls	4	whenever	3	worried
21	wamibo	45	where	1	worrums
5	wamibo's	2	where's	1	worry
1	wander	4	whether	9	worse
3	wandered	26	which	1	worser'n
1	wanderer	2	whiff	3	worth
1	wanderers	1	whiffs	1	worthless
5	wandering	59	while	122	would
1	wanderings	3	whimpered	15	wouldn't
53	want	1	whims	2	wound
10	wanted	1	whine	3	wounded
2	wants	1	whined	1	wrack
6	warm	1	whining	3	wrang
2	warmth	2	whip	3	wrapped
1	warn't	4	whirled	1	wrath
2	warning	1	whirling	1	wreaths
1	warningly	1	whirlpools	1	wreckage
430	was	1	whiskers	1	wrestling
2	wash	8	whisper	3	wretched
2	wash-tub	21	whispered	1	wriggling
1	washboard	7	whispers	1	wring
1	washboards	5	whistled	2	wringing
7	washed	4	whistling	2	wrist
1	washerman	67	white	1	write
2	washing	1	whitechapel	1	writhe
6	wasn't	1	whiteclad	1	writhed
1	wasted	3	whiteness	6	wrong
34	watch	2	whites	3	wrongs
1	watch-officer	1	whitewashed	5	wrung
1	watchdogs	1	whizz	1	wull
21	watched	95	who	1	wusse'n
3	watches	11	who's	2	yah
3	watchful	1	whoever	2	yankee
2	watchfully	14	whole	2	yankees
1	watchfulness	1	wholesome	6	yard
6	watching	1	wholly	3	yard-arms
56	water	4	whom	12	yards
1	water's	2	whopped	1	yarmouth
4	water-cask	6	whose	1	yarn
1	water-line	20	why	1	yawn
1	waterfall	2	wi'	4	yawned
1	waterlogged	3	wicked	2	yawning
1	waterproofs	1	wickedness	23	ye
6	waters	15	wide	8	ye're
1	watkinses	1	wide-awake	2	year
6	wave	3	wife	1	yearning
4	waved	10	wild	18	years
2	wavered	1	wild-eyed	3	yell
1	wavering	1	wilderness	19	yelled
14	waves	2	wildest	3	yelling
5	waving	9	wildly	10	yellow
44	way	86	will	3	yells
1	waylaid	1	willingly	4	yelped
341	we	1	wimmen	72	yer
1	we'll	1	winches	3	yerself
4	we're	47	wind	17	yes
3	we've	1	wind's	14	yet
6	weak	6	windlass	1	yielded
3	weakly	1	windmill	1	yielding
4	weakness	1	windows	1	ymperor
1	wealthy	4	winds	1	yon's
5	wear	13	windward	336	you
2	wearied	8	wings	4	you'll
2	wearily	2	wink	10	you're
1	weariness	1	winked	2	you've
2	wearing	4	winter	19	young
1	wearisome	4	wiped	3	younger
9	weary	3	wiping	5	youngster
17	weather	1	wire	2	youngsters
1	weather-rail	1	wires	68	your
2	weathered	7	wisdom	1	your-r-r
1	weathering	1	wise	1	yourn
1	wedge	7	wish	1	yours
4	week	3	wished	9	yourself
2	weeks	1	wishing	5	yourselves
2	weeks'	3	wisps	5	youth
1	weepin'	1	wit	2	youthful
2	weeping	759	with	3	yuss
2	weighed	1	withdrawn	1	zenith
5	weight	2	withdrew		
1	weights	1	withered		
4	weird	15	within		
3	welcome	58	without		
1	welcoming	1	wits		
1	welfare	1	wizened		

FIELD OF REFERENCE

1.01 CHAPTER ONE
1.02 MR. BAKER, chief mate of the ship Narcissus,
1.03 stepped in one stride out of his lighted cabin
1.04 into the darkness of the quarter-deck. Above
1.05 his head on the break of the poop, the night-watchman
1.06 rang a double stroke. It was nine o'clock. Mr.
1.07 Baker, speaking up to the man above him, asked:
1.08 " Are all the hands aboard, Knowles? "
1.09 The man limped down the ladder, then said re-
1.10 flectively:
1.11 " I think so, sir. All our old chaps are there, and
1.12 a lot of new men has come . . . . They must be all
1.13 there. "
1.14 " Tell the boatswain to send all hands aft, " went
1.15 on Mr. Baker; " and tell one of the youngsters to
1.16 bring a good lamp here. I want to muster our
1.17 crowd. "
1.18 The main deck was dark aft, but half-way from
1.19 forward, through the open doors of the forecastle,
1.20 two streaks of brilliant light cut the shadow of the
1.21 quiet night that lay upon the ship. A hum of voices
1.22 was heard there, while port and starboard, in the
2.01 illuminated doorways, silhouettes of moving men
2.02 appeared for a moment, very black, without relief,
2.03 like figures cut out of sheet tin. The ship was ready
2.04 for sea. The carpenter had driven in the last wedge
2.05 of the main-hatch battens, and, throwing down his
2.06 maul, had wiped his face with great deliberation, just
2.07 on the stroke of five. The decks had been swept,
2.08 the windlass oiled and made ready to heave up the
2.09 anchor; the big tow-rope lay in long bights along
2.10 one side of the main deck, with one end carried up
2.11 and hung over the bows, in readiness for the tug
2.12 that would come paddling and hissing noisily, hot
2.13 and smoky, in the limpid, cool quietness of the early
2.14 morning. The captain was ashore, where he had been
2.15 engaging some new hands to make up his full crew;
2.16 and, the work of the day over, the ship's officers had
2.17 kept out of the way, glad of a little breathing-time.
2.18 Soon after dark the few liberty-men and the new
2.19 hands began to arrive in shore-boats rowed by white-
2.20 clad Asiatics, who clamoured fiercely for payment
2.21 before coming alongside the gangway-ladder. The
2.22 feverish and shrill babble of Eastern language struggled
2.23 against the masterful tones of tipsy seamen, who
2.24 argued against brazen claims and dishonest hopes
2.25 by profane shouts. The resplendent and bestarred
2.26 peace of the East was torn into squalid tatters by
2.27 howls of rage and shrieks of lament raised over sums
2.28 ranging from five annas to half a rupee; and every
2.29 soul afloat in Bombay Harbour became aware that the
2.30 new hands were joining the Narcissus.
2.31 Gradually the distracting noise had subsided. The
3.01 boats came no longer in splashing clusters of three or
3.02 four together, but dropped alongside singly, in a
3.03 subdued buzz of expostulation cut short by a " Not
3.04 a pice more! You go to the devil! " from some
3.05 man staggering up the accommodation-ladder -- a dark
3.06 figure, with a long bag poised on the shoulder. In
3.07 the forecastle the newcomers, upright and swaying
3.08 amongst corded boxes and bundles of bedding, made
3.09 friends with the old hands, who sat one above another
3.10 in the two tiers of bunks, gazing at their future ship-
3.11 mates with glances critical but friendly. The two
3.12 forecastle lamps were turned up high, and shed an
3.13 intense hard glare; shore-going round hats were
3.14 pushed far on the backs of heads, or rolled about on
3.15 the deck amongst the chain-cables; white collars,
3.16 undone, stuck out on each side of red faces; big
3.17 arms in white sleeves gesticulated; the growling
3.18 voices hummed steady amongst bursts of laughter
3.19 and hoarse calls. " Here, sonny, take that bunk!
3.20 . . . Don't you do it! . . . What's your last ship?
3.21 . . . I know her . . . . Three years ago, in Puget
3.22 Sound. . . . This here berth leaks, I tell you! . . .
3.23 Come on; give us a chance to swing that chest! . . .
3.24 Did you bring a bottle, any of you shore toffs?. . .
3.25 Give us a bit of 'baccy. . . . I know her; her skipper
3.26 drank himself to death. . . . He was a dandy boy!
3.27 . . . Liked his lotion inside, he did!. . . No. . . .
3.28 Hold your row, you chaps. . . . I tell you, you came
3.29 on board a hooker, where they get their money's
3.30 worth out of poor Jack, by -- ! . . . "
3.31 A little fellow, called Craik and nicknamed Belfast,
4.01 abused the ship violently, romancing on principle,
4.02 just to give the new hands something to think over.
4.03 Archie, sitting aslant on his sea-chest, kept his knees
4.04 out of the way, and pushed the needle steadily through
4.05 a white patch in a pair of blue trousers. Men in
4.06 black jackets and stand-up collars, mixed with men
4.07 bare-footed, bare-armed, with coloured shirts open
4.08 on hairy chests, pushed against one another in the
4.09 middle of the forecastle. The group swayed, reeled,
4.10 turning upon itself with the motion of a scrimmage,
4.11 in a haze of tobacco smoke. All were speaking
4.12 together, swearing at every second word. A Russian
4.13 Finn, wearing a yellow shirt with pink stripes, stared
4.14 upwards, dreamy-eyed, from under a mop of tumbled
4.15 hair. Two young giants with smooth, baby faces --
4.16 two Scandinavians -- helped each other to spread
4.17 their bedding, silent and smiling placidly at the
4.18 tempest of good-humoured and meaningless curses.
4.19 Old Singleton, the oldest able seaman in the ship,
4.20 sat apart on the deck right under the lamps, stripped
4.21 to the waist, tattooed like a cannibal chief all over
4.22 his powerful chest and enormous biceps. Between
4.23 the blue and red patterns his white skin gleamed like
4.24 satin; his bare back was propped against the heel of
4.25 the bow-sprit, and he held a book at arm's length
4.26 before his big, sunburnt face. With his spectacles
4.27 and a venerable white beard, he resembled a learned
4.28 and savage patriarch, the incarnation of barbarian
4.29 wisdom serene in the blasphemous turmoil of the
4.30 world. He was intensely absorbed, and, as he turned
4.31 the pages, an expression of grave surprise would pass
5.01 over his rugged features. He was reading Pelham.
5.02 The popularity of Bulwer Lytton in the forecastles
5.03 of Southern-going ships is a wonderful and bizarre
5.04 phenomenon. What ideas do his polished and so
5.05 curiously insincere sentences awaken in the simple
5.06 minds of the big children who people those dark and
5.07 wandering places of the earth? What meaning can
5.08 their rough, inexperienced souls find in the elegant
5.09 verbiage of his pages? What excitement? -- what
5.10 forgetfulness? -- what appeasement? Mystery! Is
5.11 it the fascination of the incomprehensible? Is it
5.12 the charm of the impossible? Or are those beings
5.13 who exist beyond the pale of life stirred by his tales
5.14 as by an enigmatical disclosure of a resplendent world
5.15 that exists within the frontier of infamy and filth,
5.16 within that border of dirt and hunger, of misery and
5.17 dissipation, that comes down on all sides to the water's
5.18 edge of the incorruptible ocean, and is the only thing
5.19 they know of life, the only thing they see of surround-
5.20 ing land -- those lifelong prisoners of the sea?
5.21 Mystery!
5.22 Singleton, who had sailed to the southward since
5.23 the age of twelve, who in the last forty-five years had
5.24 lived / as we had calculated from his papers / no more
5.25 than forty months ashore -- old Singleton, who boasted,
5.26 with the mild composure of long years well spent,
5.27 that generally from the day he was paid off from one
5.28 ship till the day he shipped in another he seldom was
5.29 in a condition to distinguish daylight -- old Singleton
5.30 sat unmoved in the clash of voices and cries, spelling
5.31 through Pelham with slow labour, and lost in an
6.01 absorption profound enough to resemble a trance.
6.02 He breathed regularly. Every time he turned the
6.03 book in his enormous and blackened hands the muscles
6.04 of his big white arms rolled slightly under the smooth
6.05 skin. Hidden by the white moustache, his lips,
6.06 stained with tobacco-juice that trickled down the long
6.07 beard, moved in inward whisper. His bleared eyes
6.08 gazed fixedly from behind the glitter of black-rimmed
6.09 glasses. Opposite to him, and on a level with his
6.10 face, the ship's cat sat on the barrel of the windlass
6.11 in the pose of a crouching chimera, blinking its green
6.12 eyes at its old friend. It seemed to meditate a leap
6.13 on to the old man's lap over the bent back of the
6.14 ordinary seaman who sat at Singleton's feet. Young
6.15 Charley was lean and long-necked. The ridge of his
6.16 backbone made a chain of small hills under the old
6.17 shirt. His face of a street-boy -- a face precocious,
6.18 sagacious, and ironic, with deep downward folds
6.19 on each side of the thin, wide mouth -- hung low over
6.20 his bony knees. He was learning to make a lanyard
6.21 knot with a bit of an old rope. Small drops of per-
6.22 spiration stood out on his bulging forehead; he
6.23 sniffed strongly from time to time, glancing out of
6.24 the corners of his restless eyes at the old seaman,
6.25 who took no notice of the puzzled youngster muttering
6.26 at his work.
6.27 The noise increased. Little Belfast seemed, in
6.28 the heavy heat of the forecastle, to boil with facetious
6.29 fury. His eyes danced; in the crimson of his face,
6.30 comical as a mask, the mouth yawned black, with
6.31 strange grimaces. Facing him, a half-undressed man
7.01 held his sides, and, throwing his head back, laughed
7.02 with wet eyelashes. Others stared with amazed eyes.
7.03 Men sitting doubled up in the upper bunks smoked
7.04 short pipes, swinging bare brown feet above the heads
7.05 of those who, sprawling below on sea-chests, listened,
7.06 smiling stupidly or scornfully. Over the white rims
7.07 of berths stuck out heads with blinking eyes; but
7.08 the bodies were lost in the gloom of those places,
7.09 that resembled narrow niches for coffins in a white-
7.10 washed and lighted mortuary. Voices buzzed louder.
7.11 Archie, with compressed lips, drew himself in, seemed
7.12 to shrink into a smaller space, and sewed steadily,
7.13 industrious and dumb. Belfast shrieked like an
7.14 inspired Dervish: " . . . So I seez to him, boys,
7.15 seez I, ` Beggin' yer pardon, sorr, ` seez I to that second
7.16 mate of that steamer -- ` beggin' your-r-r pardon, sorr,
7.17 the Board of Trade must 'ave been drunk when they
7.18 granted you your certificate! ` ` What do you say,
7.19 you --! ` seez he, comin' at me like a mad bull . . .
7.20 all in his white clothes; and I up with my tar-pot
7.21 and capsizes it all over his blamed lovely face and his
7.22 lovely jacket. . . . ` Take that! ` seez I. ` I am a
7.23 sailor, anyhow, you nosing, skipper-licking, useless,
7.24 sooperfloos bridge-stanchion, you! That's the kind
7.25 of man I am! ` shouts I. . . . You should have
7.26 seed him skip, boys! Drowned, blind with tar, he
7.27 was! So . . . "
7.28 " Don't 'ee believe him! He never upset no tar;
7.29 I was there! " shouted somebody. The two Nor-
7.30 wegians sat on a chest side by side, alike and placid,
7.31 resembling a pair of love-birds on a perch, and with
8.01 round eyes stared innocently; but the Russian Finn,
8.02 in the racket of explosive shouts and rolling laughter,
8.03 remained motionless, limp, and dull, like a deaf man
8.04 without a backbone. Near him Archie smiled at his
8.05 needle. A broad-chested, slow-eyed newcomer spoke
8.06 deliberately to Belfast during an exhausted lull in the
8.07 noise: " I wonder any of the mates here are alive
8.08 yet with such a chap as you on board! I concloode
8.09 they ain't that bad now, if you had the taming of
8.10 them, sonny. "
8.11 " Not bad! Not bad! " screamed Belfast. " If
8.12 it wasn't for us sticking together. . . . Not bad!
8.13 They ain't never bad when they ain't got a chawnce,
8.14 blast their black 'arts. . . . " He foamed, whirling

8.15 his arms, then suddenly grinned and, taking a tablet
8.16 of black tobacco out of his pocket, bit a piece off with
8.17 a funny show of ferocity. Another new hand -- a man
8.18 with shifty eyes and a yellow hatchet face, who had
8.19 been listening open-mouthed in the shadow of the
8.20 midship locker -- observed in a squeaky voice: " Well,
8.21 it's a 'omeward trip, anyhow. Bad or good, I can do
8.22 it on my 'ed -- s'long as I get 'ome. And I can look
8.23 after my rights! I will show 'em! " All the heads
8.24 turned towards him. Only the ordinary seaman and
8.25 the cat took no notice. He stood with arms akimbo,
8.26 a little fellow with white eyelashes. He looked as if
8.27 he had known all the degradations and all the furies.
8.28 He looked as if he had been cuffed, kicked, rolled in
8.29 the mud; he looked as if he had been scratched,
8.30 spat upon, pelted with unmentionable filth . . . and
8.31 he smiled with a sense of security at the faces around.
9.01 His ears were bending down under the weight of his
9.02 battered felt hat. The torn tails of his black coat
9.03 flapped in fringes about the calves of his legs. He
9.04 unbuttoned the only two buttons that remained and
9.05 every one saw that he had no shirt under it. It was
9.06 his deserved misfortune that those rags which nobody
9.07 could possibly be supposed to own looked on him as
9.08 if they had been stolen. His neck was long and thin;
9.09 his eyelids were red; rare hairs hung about his jaws;
9.10 his shoulders were peaked and drooped like the broken
9.11 wings of a bird; all his left side was caked with mud,
9.12 which showed that he had lately slept in a wet ditch.
9.13 He had saved his inefficient carcass from violent
9.14 destruction by running away from an American ship
9.15 where, in a moment of forgetful folly, he had dared to
9.16 engage himself; and he had knocked about for a
9.17 fortnight ashore in the native quarter, cadging for
9.18 drinks, starving, sleeping on rubbish-heaps, wandering
9.19 in sunshine: a startling visitor from a world of night-
9.20 mares. He stood repulsive and smiling in the sudden
9.21 silence. This clean white forecastle was his refuge;
9.22 the place where he could be lazy; where he could
9.23 wallow, and lie and eat -- and curse the food he ate;
9.24 where he could display his talents for shirking work,
9.25 for cheating, for cadging; where he could find surely
9.26 some one to wheedle and some one to bully -- and
9.27 where he would be paid for doing all this. They
9.28 all knew him. Is there a spot on earth where such
9.29 a man is unknown, an ominous survival testifying
9.30 to the eternal fitness of lies and impudence? A
9.31 taciturn long-armed shellback, with hooked fingers,
10.01 who had been lying on his back smoking, turned in his
10.02 bed to examine him dispassionately, then, over his
10.03 head, sent a long jet of clear saliva towards the door.
10.04 They all knew him! He was the man that cannot
10.05 steer, that cannot splice, that dodges the work on dark
10.06 nights; that, aloft, holds on frantically with both
10.07 arms and legs, and swears at the wind, the sleet, the
10.08 darkness; the man who curses the sea while others
10.09 work. The man who is the last out and the first in
10.10 when all hands are called. The man who can't do
10.11 most things and won't do the rest. The pet of
10.12 philanthropists and self-seeking landlubbers. The
10.13 sympathetic and deserving creature that knows all
10.14 about his rights, but knows nothing of courage, of
10.15 endurance, and of the unexpressed faith, of the un-
10.16 spoken loyalty that knits together a ship's company.
10.17 The independent offspring of the ignoble freedom of
10.18 the slums full of disdain and hate for the austere
10.19 servitude of the sea.
10.20 Some one cried at him: " What's your name? " --
10.21 " Donkin, " he said, looking round with cheerful
10.22 effrontery. -- " What are you? " asked another voice. --
10.23 " Why, a sailor like you, old man, " he replied, in a
10.24 tone that meant to be hearty but was impudent. --
10.25 " Blamme if you don't look a blamed sight worse
10.26 than a broken-down fireman, " was the comment in a
10.27 convinced mutter. Charley lifted his head and piped
10.28 in a cheeky voice: " He is a man and a sailor " -- then,
10.29 wiping his nose with the back of his hand, bent down
10.30 industriously over his bit of rope. A few laughed.
10.31 Others stared doubtfully. The ragged newcomer
11.01 was indignant -- " That's a fine way to welcome a chap
11.02 into a fo'c'sle, " he snarled. " Are you men or a lot
11.03 of 'artless cannybals? " -- " Don't take your shirt off
11.04 for a word, shipmate, " called out Belfast, jumping
11.05 up in front, fiery, menacing, and friendly at the same
11.06 time. -- " Is that 'ere bloke blind? " asked the in-
11.07 domitable scarecrow, looking right and left with
11.08 affected surprise. " Can't 'ee see I 'aven't got no
11.09 shirt? "
11.10 He held both his arms out crosswise and shook the
11.11 rags that hung over his bones with dramatic effect.
11.12 " 'Cos why? " he continued very loud. " The
11.13 bloody Yankees been tryin' to jump my guts out 'cos
11.14 I stood up for my rights like a good 'un. I am an
11.15 Englishman, I am. They set upon me an' I 'ad to
11.16 run. That's why. A'n't yer never seed a man 'ard
11.17 up? Yah! What kind of blamed ship is this?
11.18 I'm dead broke. I 'aven't got nothink. No bag, no
11.19 bed, no blanket, no shirt -- not a bloomin' rag but
11.20 what I stand in. But I 'ad the 'art to stand up agin'
11.21 them Yankees. 'As any of you 'art enough to spare
11.22 a pair of old pants for a chum? "
11.23 He knew how to conquer the naive instincts of
11.24 that crowd. In a moment they gave him their com-
11.25 passion, jocularly, contemptuously, or surlily; and
11.26 at first it took the shape of a blanket thrown at him as
11.27 he stood there with the white skin of his limbs showing
11.28 his human kinship through the black fantasy of his
11.29 rags. Then a pair of old shoes fell at his muddy feet.
11.30 With a cry: -- " From under, " a rolled-up pair of
11.31 canvas trousers, heavy with tar stains, struck him on
12.01 the shoulder. The gust of their benevolence sent a
12.02 wave of sentimental pity through their doubting hearts.
12.03 They were touched by their own readiness to alleviate
12.04 a shipmate's misery. Voices cried: -- " We will fit
12.05 you out, old man. " Murmurs: -- " Never seed seech
12.06 a hard case. . . . Poor beggar. . . . I've got an old
12.07 singlet. . . . Will that be of any use to you? . . .
12.08 Take it, matey. . . . " Those friendly murmurs filled
12.09 the forecastle. He pawed around with his naked
12.10 foot, gathering the things in a heap, and looked about
12.11 for more. Unemotional Archie perfunctorily contri-
12.12 buted to the pile an old cloth cap with the peak torn
12.13 off. Old Singleton, lost in the serene regions of
12.14 fiction, read on unheeding. Charley, pitiless with the
12.15 wisdom of youth, squeaked: -- " If you want brass
12.16 buttons for your new unyforms I've got two for you. "
12.17 The filthy object of universal charity shook his fist
12.18 at the youngster. -- " I'll make you keep this 'ere
12.19 fo'c'sle clean, young feller, " he snarled viciously.
12.20 " Never you fear. I will learn you to be civil to an
12.21 able seaman, you ignerant ass. " He glared harmfully,
12.22 but saw Singleton shut his book, and his little beady
12.23 eyes began to roam from berth to berth. -- " Take that
12.24 bunk by the door there -- it's pretty fair, " suggested
12.25 Belfast. So advised, he gathered the gifts at his feet,
12.26 pressed them in a bundle against his breast, then looked
12.27 cautiously at the Russian Finn, who stood on one side
12.28 with an unconscious gaze, contemplating, perhaps, one
12.29 of those weird visions that haunt the men of his race. --
12.30 " Get out of my road, Dutchy, " said the victim of
12.31 Yankee brutality. The Finn did not move -- did not
13.01 hear. Get out, blast ye, " shouted the other, shoving
13.02 him aside with his elbow. " Get out, you blanked
13.03 deaf and dumb fool. Get out. " The man staggered,
13.04 recovered himself, and gazed at the speaker in silence. --
13.05 " Those damned furriners should be kept under, "
13.06 opined the amiable Donkin to the forecastle. " If
13.07 you don't teach 'em their place they put on you like
13.08 anythink. " He flung all his worldly possessions into
13.09 the empty bedplace, gauged with another shrewd look
13.10 the risks of the proceeding, then leaped up to the
13.11 Finn, who stood pensive and dull. -- " I'll teach you to
13.12 swell around," he yelled. "I'll plug your eyes for
13.13 you, you blooming square-head. " Most of the men
13.14 were now in their bunks and the two had the fore-
13.15 castle clear to themselves. The development of the
13.16 destitute Donkin aroused interest. He danced all in
13.17 tatters before the amazed Finn, squaring from a
13.18 distance at the heavy unmoved face. One or two men
13.19 cried encouragingly: " Go it, Whitechapel! " settling
13.20 themselves luxuriously in their beds to survey the
13.21 fight. Others shouted: " Shut yer row! . . . Go
13.22 an' put yer 'ed in a bag! . . . " The hubbub was
13.23 recommencing. Suddenly many heavy blows struck
13.24 with a handspike on the deck above boomed like dis-
13.25 charges of small cannon through the forecastle. Then
13.26 the boatswain's voice rose outside the door with an
13.27 authoritative note in its drawl: -- " D'ye hear below
13.28 there? Lay aft! Lay aft to muster all hands! "
13.29 There was a moment of surprised stillness. Then
13.30 the forecastle floor disappeared under men whose
13.31 bare feet flopped on the planks as they sprang clear
14.01 out of their berths. Caps were rooted for amongst
14.02 tumbled blankets. Some, yawning, buttoned waist-
14.03 bands. Half-smoked pipes were knocked hurriedly
14.04 against woodwork and stuffed under pillows. Voices
14.05 growled: -- " What's up? . . . Is there no rest for
14.06 us? " Donkin yelped: -- " If that's the way of this
14.07 ship, we'll 'ave to change all that. . . . You leave me
14.08 alone. . . . I will soon . . . " None of the crowd
14.09 noticed him. They were lurching in twos and threes
14.10 through the doors, after the manner of merchant
14.11 Jacks who cannot go out of a door fairly, like mere
14.12 landsmen. The votary of change followed them.
14.13 Singleton, struggling into his jacket, came last, tall
14.14 and fatherly, bearing high his head of a weather-
14.15 beaten sage on the body of an old athlete. Only
14.16 Charley remained alone in the white glare of the
14.17 empty place, sitting between the two rows of iron
14.18 links that stretched into the narrow gloom forward.
14.19 He pulled hard at the strands in a hurried endeavour
14.20 to finish his knot. Suddenly he started up, flung the
14.21 rope at the cat, and skipped after the black tom which
14.22 went off leaping sedately over chain compressors,
14.23 with its tail carried stiff and upright, like a small flag
14.24 pole.
14.25 Outside the glare of the steaming forecastle the
14.26 serene purity of the night enveloped the seamen with
14.27 its soothing breath, with its tepid breath flowing
14.28 under the stars that hung countless above the mast-
14.29 heads in a thin cloud of luminous dust. On the town
14.30 side the blackness of the water was streaked with
14.31 trails of light which undulated gently on slight ripples
15.01 similar to filaments that float rooted to the shore.
15.02 Rows of other lights stood away in straight lines as
15.03 if drawn up on parade between towering buildings;
15.04 but on the other side of the harbour sombre hills arched
15.05 high their black spines, on which, here and there, the
15.06 point of a star resembled a spark fallen from the sky.
15.07 Far off, Byculla way, the electric lamps at the dock
15.08 gates shone on the end of lofty standards with a glow
15.09 blinding and frigid like captive ghosts of some evil
15.10 moons. Scattered all over the dark polish of the
15.11 roadstead, the ships at anchor floated in perfect still-
15.12 ness under the feeble gleam of their riding-lights,
15.13 looming up, opaque and bulky, like strange and
15.14 monumental structures abandoned by men to an
15.15 everlasting repose.
15.16 Before the cabin door Mr. Baker was mustering
15.17 the crew. As they stumbled and lurched along past
15.18 the mainmast, they could see aft his round, broad
15.19 face with a white paper before it, and beside his

shoulder the sleepy head, with dropped eyelids, of the boy, who held, suspended at the end of his raised arm, the luminous globe of a lamp. Even before the shuffle of naked soles had ceased along the decks, the mate began to call over the names. He called distinctly in a serious tone befitting this roll-call to unquiet loneliness, to inglorious and obscure struggle, or to the more trying endurance of small privations and wearisome duties. As the chief mate read out a name, one of the men would answer: " Yes, sir! " or " Here! " and, detaching himself from the shadowy mob of heads visible above the blackness of starboard bulwarks, would step barefooted into the circle of light, and in two noiseless strides pass into the shadows on the port side of the quarter-deck. They answered in divers tones: in thick mutters, in clear, ringing voices; and some, as if the whole thing had been an outrage on their feelings, used an injured intonation: for discipline is not ceremonious in merchant ships, where the sense of hierarchy is weak, and where all feel themselves equal before the unconcerned immensity of the sea and the exacting appeal of the work.

Mr. Baker read on steadily: -- " Hansen -- Campbell -- Smith -- Wamibo. Now, then, Wamibo. Why don't you answer? Always got to call your name twice. " The Finn emitted at last an uncouth grunt, and, stepping out, passed through the patch of light, weird and gaudy, with the face of a man marching through a dream. The mate went on faster: -- " Craik -- Singleton -- Donkin. . . . O Lord! " he involuntarily ejaculated as the incredibly dilapidated figure appeared in the light. It stopped; it uncovered pale gums and long, upper teeth in a malevolent grin. -- " Is there anything wrong with me, Mister Mate? " it asked, with a flavour of insolence in the forced simplicity of its tone. On both sides of the deck subdued titters were heard. -- " That'll do. Go over, " growled Mr. Baker, fixing the new hand with steady blue eyes. And Donkin vanished suddenly out of the light into the dark group of mustered men, to be slapped on the back and to hear flattering whispers: -- " He ain't afeard, he'll give sport to 'em, see if he don't. . . . Reg'lar Punch and Judy show. . . . Did ye see the mate start at him? . . . Well! Damme, if I ever! . . . "

The last man had gone over, and there was a moment of silence while the mate peered at his list. -- " Sixteen, seventeen, " he muttered. " I am one hand short, bo'sun, " he said aloud. The big west--countryman at his elbow, swarthy and bearded like a gigantic Spaniard, said in a rumbling bass: -- " There's no one left forward, sir. I had a look round. He ain't aboard, but he may turn up before daylight." -- "Ay. He may or he may not, " commented the mate. " Can't make out that last name. It's all a smudge. . . . That will do, men. Go below. "

The distinct and motionless group stirred, broke up, began to move forward.

" Wait! " cried a deep, ringing voice.

All stood still. Mr. Baker, who had turned away yawning, spun round open-mouthed. At last, furious, he blurted out: -- " What's this? Who said ` Wait ` ? What . . . "

But he saw a tall figure standing on the rail. It came down and pushed through the crowd, marching with a heavy tread towards the light on the quarter--deck. Then again the sonorous voice said with insistence: -- " Wait! " The lamplight lit up the man's body. He was tall. His head was away up in the shadows of lifeboats that stood on skids above the deck. The whites of his eyes and his teeth gleamed distinctly, but the face was indistinguishable. His hands were big and seemed gloved.

Mr. Baker advanced intrepidly. " Who are you? How dare you . . . " he began.

The boy, amazed like the rest, raised the light to the man's face. It was black. A surprised hum -- a faint hum that sounded like the suppressed mutter of the word " Nigger " -- ran along the deck and escaped out into the night. The nigger seemed not to hear. He balanced himself where he stood in a swagger that marked time. After a moment he said calmly: -- " My name is Wait -- James Wait. "

" Oh! " said Mr. Baker. Then, after a few seconds of smouldering silence, his temper blazed out. " Ah! Your name is Wait. What of that? What do you want? What do you mean, coming shouting here? "

The nigger was calm, cool, towering, superb. The men had approached and stood behind him in a body. He overtopped the tallest by half a head. He said: " I belong to the ship. " He enunciated distinctly, with soft precision. The deep, rolling tones of his voice filled the deck without effort. He was naturally scornful, unaffectedly condescending, as if from his height of six foot three he had surveyed all the vastness of human folly and had made up his mind not to be too hard on it. He went on: -- " The captain shipped me this morning. I couldn't get aboard sooner. I saw you all aft as I came up the ladder, and could see directly you were mustering the crew. Naturally I called out my name. I thought you had it on your list, and would understand. You misapprehended. " He stopped short. The folly around him was confounded. He was right as ever, and as ever ready to forgive. The disdainful tones had ceased, and, breathing heavily, he stood still, surrounded by all these white men. He held his head up in the glare of the lamp -- a head vigorously modelled into deep shadows and shining lights -- a head powerful and misshapen, with a tormented and flattened face -- a face pathetic and brutal: the tragic, the mysterious, the repulsive mask of a nigger's soul.

Mr. Baker, recovering his composure, looked at the paper close. " Oh yes; that's so. All right, Wait. Take your gear forward, " he said.

Suddenly the nigger's eyes rolled wildly, became all whites. He put his hand to his side and coughed twice, a cough metallic, hollow, and tremendously loud; it resounded like two explosions in a vault; the dome of the sky rang to it, and the iron plates of the ship's bulwarks seemed to vibrate in unison; then he marched off forward with the others. The officers lingering by the cabin door could hear him say: " Won't some of you chaps lend a hand with my dunnage? I've got a chest and a bag. " The words, spoken sonorously, with an even intonation, were heard all over the ship, and the question was put in a manner that made refusal impossible. The short, quick shuffle of men carrying something heavy went away forward, but the tall figure of the nigger lingered by the main hatch in a knot of smaller shapes. Again he was heard asking: " Is your cook a coloured gentleman? " Then a disappointed and disapproving " Ah! h'm! " was his comment upon the information that the cook happened to be a mere white man. Yet, as they went all together towards the forecastle, he condescended to put his head through the galley door and boom out inside a magnificent " Good evening, doctor! " that made all the saucepans ring. In the dim light the cook dozed on the coal locker in front of the captain's supper. He jumped up as if he had been cut with a whip, and dashed wildly on deck to see the backs of several men going away laughing. Afterwards, when talking about that voyage, he used to say: -- " The poor fellow had scared me. I thought I had seen the devil. " The cook had been seven years in the ship with the same captain. He was a serious-minded man with a wife and three children, whose society he enjoyed on an average one month out of twelve. When on shore he took his family to church twice every Sunday. At sea he went to sleep every evening with his lamp turned up full, a pipe in his mouth, and an open Bible in his hand. Some one had always to go during the night to put out the light, take the book from his hand, and the pipe from between his teeth. " For " -- Belfast used to say, irritated and complaining -- " some night, you stupid cookie, you'll swallow your ould clay, and we will have no cook. " -- " Ah! sonny, I am ready for my Maker's call . . . wish you all were, " the other would answer with a benign serenity that was altogether imbecile and touching. Belfast outside the galley door danced with vexation. " You holy fool! I don't want you to die, " he howled, looking up with furious, quivering face and tender eyes. " What's the hurry? You blessed wooden-headed ould heretic, the divvle will have you soon enough. Think of Us . . . of Us . . . of Us! " And he would go away, stamping, spitting aside, disgusted and worried; while the other, stepping out, saucepan in hand, hot, begrimed, and placid, watched with a superior, cock-sure smile the back of his " queer little man " reeling in a rage. They were great friends.

Mr. Baker, lounging over the after-hatch, sniffed the humid night in the company of the second mate. -- " Those West India niggers run fine and large -- some of them. . . . Ough! . . . Don't they? A fine, big man that, Mr. Creighton. Feel him on a rope. Hey? Ough! I will take him into my watch, I think. " The second mate, a fair, gentlemanly young fellow, with a resolute face and a splendid physique, observed quietly that it was just about what he expected. There could be felt in his tone some slight bitterness which Mr. Baker very kindly set himself to argue away. " Come, come, young man, " he said, grunting between the words. " Come! Don't be too greedy. You had that big Finn in your watch all the voyage. I will do what's fair. You may have those two young Scandinavians and I . . . Ough! . . . I get the nigger, and will take that . . . Ough! that cheeky costermonger chap in a black frockcoat. I'll make him . . . Ough! . . . make him toe the mark, or my . . . Ough! . . . name isn't Baker. Ough! Ough! Ough! "

He grunted thrice -- ferociously. He had that trick of grunting so between his words and at the end of sentences. It was a fine, effective grunt that went well with his menacing utterance, with his heavy, bull-necked frame, his jerky, rolling gait; with his big, seamed face, his steady eyes, and sardonic mouth. But its effect had been long ago discounted by the men. They liked him; Belfast -- who was a favourite, and knew it -- mimicked him, not quite behind his back. Charley -- but with greater caution -- imitated his rolling gait. Some of his sayings became established, daily quotations in the forecastle. Popularity can go no further! Besides, all hands were ready to admit that on a fitting occasion the mate could " jump down a fellow's throat in a reg'lar Western Ocean style. "

Now he was giving his last orders. " Ough! . . . You, Knowles! Call all hands at four. I want . . . Ough! . . . to heave short before the tug comes. Look out for the captain. I am going to lie down in my clothes. . . . Ough! . . . Call me when you see the boat coming. Ough! Ough! . . . The old man is sure to have something to say when he gets aboard, " he remarked to Creighton. " Well, good--night. . . . Ough! A long day before us to-morrow. . . . Ough! . . . Better turn in now. Ough! Ough! "

22.25 Upon the dark deck a band of light flashed, then
22.26 a door slammed, and Mr. Baker was gone into his
22.27 neat cabin. Young Creighton stood leaning over
22.28 the rail, and looked dreamily into the night of the
22.29 East. And he saw in it a long country lane, a lane of
22.30 waving leaves and dancing sunshine. He saw stirring
22.31 boughs of old trees outspread, and framing in their
23.01 arch the tender, the caressing blueness of an English
23.02 sky. And through the arch a girl in a light dress,
23.03 smiling under a sunshade, seemed to be stepping out
23.04 of the tender sky.
23.05 At the other end of the ship the forecastle, with
23.06 only one lamp burning now, was going to sleep in a
23.07 dim emptiness traversed by loud breathings, by sudden,
23.08 short sighs. The double row of berths yawned black,
23.09 like graves tenanted by uneasy corpses. Here and
23.10 there a curtain of gaudy chintz, half drawn, marked
23.11 the resting-place of a sybarite. A leg hung over the
23.12 edge very white and lifeless. An arm stuck straight
23.13 out with a dark palm turned up, and thick fingers
23.14 half closed. Two light snores, that did not synchro-
23.15 nise, quarrelled in funny dialogue. Singleton stripped
23.16 again -- the old man suffered much from prickly heat
23.17 -- stood cooling his back in the doorway, with his
23.18 arms crossed on his bare and adorned chest. His
23.19 head touched the beam of the deck above. The
23.20 nigger, half undressed, was busy casting adrift the
23.21 lashing of his box, and spreading his bedding in an
23.22 upper berth. He moved about in his socks, tall and
23.23 noiseless, with a pair of braces beating about his calves.
23.24 Amongst the shadows of stanchions and bowsprit,
23.25 Donkin munched a piece of hard ship's bread, sitting
23.26 on the deck with upturned feet and restless eyes; he
23.27 held the biscuit up before his mouth in the whole fist
23.28 and snapped his jaws at it with a raging face. Crumbs
23.29 fell between his outspread legs. Then he got up.
23.30 " Where's our water-cask? " he asked in a con-
23.31 tained voice.
24.01 Singleton, without a word, pointed with a big
24.02 hand that held a short smouldering pipe. Donkin
24.03 bent over the cask, drank out of the tin, splashing the
24.04 water, turned round and noticed the nigger looking
24.05 at him over the shoulder with calm loftiness. He
24.06 moved up sideways.
24.07 " There's a blooming supper for a man, " he
24.08 whispered bitterly. " My dorg at 'ome wouldn't
24.09 'ave it. It's fit enouf for you an' me. 'Ere's a big
24.10 ship's fo'c'sle! . . . Not a blooming scrap of meat
24.11 in the kids. I've looked in all the lockers. . . . "
24.12 The nigger stared like a man addressed unex-
24.13 pectedly in a foreign language. Donkin changed his
24.14 tone: -- " Giv' us a bit of 'baccy, mate, " he breathed
24.15 out confidentially. " I 'aven't 'ad smoke or chew for
24.16 the last month. I am rampin' mad for it. Come on,
24.17 old man! "
24.18 " Don't be familiar, " said the nigger. Donkin
24.19 started and sat down on a chest near by, out of sheer
24.20 surprise. " We haven't kept pigs together, " con-
24.21 tinued James Wait in a deep undertone. " Here's your
24.22 tobacco. " Then, after a pause, he inquired: --
24.23 " What ship? " -- " Golden State, " muttered Donkin
24.24 indistinctly, biting the tobacco. The nigger whistled
24.25 low. -- " Ran? " he said curtly. Donkin nodded:
24.26 one of his cheeks bulged out. " In course I ran, " he
24.27 mumbled. " They booted the life hout of one Dago
24.28 chap on the passage 'ere, then started on me. I cleared
24.29 hout 'ere. " -- " Left your dunnage behind? " -- " Yes,
24.30 dunnage and money, " answered Donkin, raising his
24.31 voice a little; " I got nothink. No clothes, no bed.
25.01 A bandy-legged little Hirish chap 'ere 'as give me a
25.02 blanket. . . . Think I'll go an' sleep in the fore top-
25.03 mast staysail to-night. "
25.04 He went on deck trailing behind his back a corner
25.05 of the blanket. Singleton, without a glance, moved
25.06 slightly aside to let him pass. The nigger put away
25.07 his shore togs and sat in clean working clothes on his
25.08 box, one arm stretched over his knees. After staring at
25.09 Singleton for some time he asked without emphasis:
25.10 -- " What kind of ship is this? Pretty fair? Eh? "
25.11 Singleton didn't stir. A long while after he said,
25.12 with unmoved face: -- " Ship! . . . Ships are all
25.13 right. It is the men in them! "
25.14 He went on smoking in the profound silence. The
25.15 wisdom of half a century spent in listening to the
25.16 thunder of the waves had spoken unconsciously through
25.17 his old lips. The cat purred on the windlass. Then
25.18 James Wait had a fit of roaring, rattling cough, that
25.19 shook him, tossed him like a hurricane, and flung him
25.20 panting with staring eyes headlong on his sea-chest.
25.21 Several men woke up. One said sleepily out of his
25.22 bunk: " 'Struth! what a blamed row! " -- " I have
25.23 a cold on my chest, " gasped Wait. -- " Cold! you call
25.24 it, " grumbled the man; " should think 'twas some-
25.25 thing more. . . . " -- " Oh! you think so, " said the
25.26 nigger, upright and loftily scornful again. He climbed
25.27 into his berth and began coughing persistently, while
25.28 he put his head out to glare all round the forecastle.
25.29 There was no further protest. He fell back on the
25.30 pillow, and could be heard there wheezing regularly
25.31 like a man oppressed in his sleep.
26.01 Singleton stood at the door with his face to the light
26.02 and his back to the darkness. And alone in the dim
26.03 emptiness of the sleeping forecastle he appeared bigger,
26.04 colossal, very old; old as Father Time himself, who
26.05 should have come there into this place as quiet as a
26.06 sepulchre to contemplate with patient eyes the short
26.07 victory of sleep, the consoler. Yet he was only a
26.08 child of time, a lonely relic of a devoured and for-
26.09 gotten generation. He stood, still strong, as ever
26.10 unthinking; a ready man with a vast empty past
26.11 and with no future, with his childlike impulses and his
26.12 man's passions already dead within his tattooed breast.
26.13 The men who could understand his silence were
26.14 gone -- those men who knew how to exist beyond the
26.15 pale of life and within sight of eternity. They had
26.16 been strong, as those are strong who know neither
26.17 doubts nor hopes. They had been impatient and
26.18 enduring, turbulent and devoted, unruly and faithful.
26.19 Well-meaning people had tried to represent those
26.20 men as whining over every mouthful of their food;
26.21 as going about their work in fear of their lives. But in
26.22 truth they had been men who knew toil, privation,
26.23 violence, debauchery -- but knew not fear, and had no
26.24 desire of spite in their hearts. Men hard to manage,
26.25 but easy to inspire; voiceless men -- but men enough
26.26 to scorn in their hearts the sentimental voices that
26.27 bewailed the hardness of their fate. It was a fate
26.28 unique and their own; the capacity to bear it appeared
26.29 to them the privilege of the chosen! Their generation
26.30 lived inarticulate and indispensable, without knowing
26.31 the sweetness of affections or the refuge of a home --
27.01 and died free from the dark menace of a narrow grave.
27.02 They were the everlasting children of the mysterious
27.03 sea. Their successors are the grown-up children of a
27.04 discontented earth. They are less naughty, but less
27.05 innocent; less profane, but perhaps also less believing;
27.06 and if they had learned how to speak they have also
27.07 learned how to whine. But the others were strong
27.08 and mute; they were effaced, bowed and enduring,
27.09 like stone caryatides that hold up in the night the
27.10 lighted halls of a resplendent and glorious edifice.
27.11 They are gone now -- and it does not matter. The sea
27.12 and the earth are unfaithful to their children: a
27.13 truth, a faith, a generation of men goes -- and is for-
27.14 gotten, and it does not matter! Except, perhaps, to
27.15 the few of those who believed the truth, confessed the
27.16 faith -- or loved the men.
27.17 A breeze was coming. The ship that had been
27.18 lying tide-rode swung to a heavier puff; and suddenly
27.19 the slack of the chain cable between the windlass and
27.20 the hawse-pipe clinked, slipped forward an inch, and
27.21 rose gently off the deck with a startling suggestion
27.22 as of unsuspected life that had been lurking stealthily
27.23 in the iron. In the hawse-pipe the grinding links
27.24 sent through the ship a sound like a low groan of a
27.25 man sighing under a burden. The strain came on the
27.26 windlass, the chain tautened like a string, vibrated --
27.27 and the handle of the screw-brake moved in slight
27.28 jerks. Singleton stepped forward.
27.29 Till then he had been standing meditative and
27.30 unthinking, reposeful and hopeless, with a face grim
27.31 and blank -- a sixty-year-old child of the mysterious
28.01 sea. The thoughts of all his lifetime could have
28.02 been expressed in six words, but the stir of those things
28.03 that were as much part of his existence as his beating
28.04 heart called up a gleam of alert understanding upon the
28.05 sternness of his aged face. The flame of the lamp
28.06 swayed, and the old man, with knitted and bushy
28.07 eyebrows, stood over the brake, watchful and motion-
28.08 less in the wild saraband of dancing shadows. Then
28.09 the ship, obedient to the call of her anchor, forged
28.10 ahead slightly and eased the strain. The cable,
28.11 relieved, hung down, and after swaying imperceptibly
28.12 to and fro dropped with a loud tap on the hard wood
28.13 planks. Singleton seized the high lever, and, by a
28.14 violent throw forward of his body, wrung out another
28.15 half-turn from the brake. He recovered himself,
28.16 breathed largely, and remained for a while glaring
28.17 down at the powerful and compact engine that squatted
28.18 on the deck at his feet like some quiet monster -- a
28.19 creature amazing and tame.
28.20 " You . . . hold! " he growled at it masterfully,
28.21 in the incult tangle of his white beard.
29.01 CHAPTER TWO
29.02 NEXT morning, at daylight, the Narcissus went
29.03 to sea.
29.04 A slight haze blurred the horizon. Out-
29.05 side the harbour the measureless expanse of smooth
29.06 water lay sparkling like a floor of jewels, and as empty
29.07 as the sky. The short black tug gave a pluck to wind-
29.08 ward, in the usual way, then let go the rope, and hovered
29.09 for a moment on the quarter with her engines stopped;
29.10 while the slim, long hull of the ship moved ahead
29.11 slowly under lower topsails. The loose upper canvas
29.12 blew out in the breeze with soft round contours,
29.13 resembling small white clouds snared in the maze
29.14 of ropes. Then the sheets were hauled home, the
29.15 yards hoisted, and the ship became a high and lonely
29.16 pyramid, gliding, all shining and white, through the
29.17 sunlit mist. The tug turned short round and went
29.18 away towards the land. Twenty-six pairs of eyes
29.19 watched her low broad stern crawling languidly over
29.20 the smooth swell between the two paddle-wheels that
29.21 turned fast, beating the water with fierce hurry.
29.22 She resembled an enormous and aquatic black beetle,
29.23 surprised by the light, overwhelmed by the sunshine,
29.24 trying to escape with ineffectual effort into the distant
29.25 gloom of the land. She left a lingering smudge of
30.01 smoke on the sky, and two vanishing trails of foam
30.02 on the water. On the place where she had stopped a
30.03 round black patch of soot remained, undulating on the
30.04 swell -- an unclean mark of the creature's rest.
30.05 The Narcissus left alone, heading south, seemed to
30.06 stand resplendent and still upon the restless sea,
30.07 under the moving sun. Flakes of foam swept past
30.08 her sides; the water struck her with flashing blows;
30.09 the land glided away, slowly fading; a few birds
30.10 screamed on motionless wings over the swaying mast-
30.11 heads. But soon the land disappeared, the birds
30.12 went away; and to the west the pointed sail of an
30.13 Arab dhow running for Bombay, rose triangular and
30.14 upright above the sharp edge of the horizon, lingered

30.15 and vanished like an illusion. Then the ship's wake,
30.16 long and straight, stretched itself out through a day
30.17 of immense solitude. The setting sun, burning on
30.18 the level of the water, flamed crimson below the black-
30.19 ness of heavy rain clouds. The sunset squall, coming
30.20 up from behind, dissolved itself into the short deluge
30.21 of a hissing shower. It left the ship glistening from
30.22 trucks to water-line, and with darkened sails. She
30.23 ran easily before a fair monsoon, with her decks
30.24 cleared for the night; and, moving along with her,
30.25 was heard the sustained and monotonous swishing
30.26 of the waves, mingled with the low whispers of men
30.27 mustered aft for the setting of watches; the short plaint
30.28 of some block aloft; or, now and then, a loud sigh
30.29 of wind.
30.30 Mr. Baker, coming out of his cabin, called out the
30.31 first name sharply before closing the door behind him.
31.01 He was going to take charge of the deck. On the
31.02 homeward trip, according to an old custom of the
31.03 sea, the chief officer takes the first night-watch -- from
31.04 eight till midnight. So, Mr. Baker, after he had
31.05 heard the last " Yes, sir! " said moodily, " Relieve
31.06 the wheel and look-out; " and climbed with heavy
31.07 feet the poop ladder to windward. Soon after Mr.
31.08 Creighton came down, whistling softly, and went
31.09 into the cabin. On the doorstep the steward lounged,
31.10 in slippers, meditative, and with his shirt-sleeves
31.11 rolled up to the armpits. On the main deck the cook,
31.12 locking up the galley doors, had an altercation with
31.13 young Charley about a pair of socks. He could be
31.14 heard saying impressively, in the darkness amidships:
31.15 " You don't deserve a kindness. I've been drying
31.16 them for you, and now you complain about the holes
31.17 -- and you swear, too! Right in front of me! If I
31.18 hadn't been a Christian -- which you ain't, you young
31.19 ruffian -- I would give you a clout on the head. . . .
31.20 Go away! " Men in couples or threes stood pensive
31.21 or moved silently along the bulwarks in the waist.
31.22 The first busy day of a homeward passage was sinking
31.23 into the dull peace of resumed routine. Aft, on the
31.24 high poop, Mr. Baker walked shuffling and grunted
31.25 to himself in the pauses of his thoughts. Forward,
31.26 the look-out man, erect between the flukes of the
31.27 two anchors, hummed an endless tune, keeping his
31.28 eyes fixed dutifully ahead in a vacant stare. A multi-
31.29 tude of stars coming out into the clear night peopled
31.30 the emptiness of the sky. They glittered, as if alive
31.31 above the sea; they surrounded the running ship on
32.01 all sides; more intense than the eyes of a staring
32.02 crowd, and as inscrutable as the souls of men.
32.03 The passage had begun, and the ship, a fragment
32.04 detached from the earth, went on lonely and swift
32.05 like a small planet. Round her the abysses of sky
32.06 and sea met in an unattainable frontier. A great
32.07 circular solitude moved with her, ever changing and
32.08 ever the same, always monotonous and always im-
32.09 posing. Now and then another wandering white
32.10 speck, burdened with life, appeared far off -- dis-
32.11 appeared; intent on its own destiny. The sun looked
32.12 upon her all day, and every morning rose with a
32.13 burning, round stare of undying curiosity. She had
32.14 her own future; she was alive with the lives of those
32.15 beings who trod her decks; like that earth which had
32.16 given her up to the sea, she had an intolerable load of
32.17 regrets and hopes. On her lived timid truth and
32.18 audacious lies; and, like the earth, she was uncon-
32.19 scious, fair to see -- and condemned by men to an
32.20 ignoble fate. The august loneliness of her path lent
32.21 dignity to the sordid inspiration of her pilgrimage.
32.22 She drove foaming to the southward, as if guided by
32.23 the courage of a high endeavour. The smiling
32.24 greatness of the sea dwarfed the extent of time. The
32.25 days raced after one another, brilliant and quick like
32.26 the flashes of a lighthouse, and the nights, eventful
32.27 and short, resembled fleeting dreams.
32.28 The men had shaken into their places, and the
32.29 half-hourly voice of the bells ruled their life of un-
32.30 ceasing care. Night and day the head and shoulders
32.31 of a seaman could be seen aft by the wheel, outlined
33.01 high against sunshine or starlight, very steady above
33.02 the stir of revolving spokes. The faces changed,
33.03 passing in rotation. Youthful faces, bearded faces,
33.04 dark faces: faces serene, or faces moody, but all akin
33.05 with the brotherhood of the sea; all with the same
33.06 attentive expression of eyes, carefully watching the
33.07 compass or the sails. Captain Allistoun, serious, and
33.08 with an old red muffler round his throat, all day long
33.09 pervaded the poop. At night, many times he rose
33.10 out of the darkness of the companion, such as a
33.11 phantom above a grave, and stood watchful and mute
33.12 under the stars, his night-shirt fluttering like a flag
33.13 -- then, without a sound, sank down again. He was
33.14 born on the shores of the Pentland Firth. In his
33.15 youth he attained the rank of harpooner in Peterhead
33.16 whalers. When he spoke of that time his restless
33.17 grey eyes became still and cold, like the loom of ice.
33.18 Afterwards he went into the East Indian trade for the
33.19 sake of change. He had commanded the Narcissus
33.20 since she was built. He loved his ship, and drove her
33.21 unmercifully; for his secret ambition was to make
33.22 her accomplish some day a brilliantly quick passage
33.23 which would be mentioned in nautical papers. He
33.24 pronounced his owner's name with a sardonic smile,
33.25 spoke but seldom to his officers, and reproved errors
33.26 in a gentle voice, with words that cut to the quick.
33.27 His hair was iron-grey, his face hard and of the colour
33.28 of pump-leather. He shaved every morning of his
33.29 life -- at six -- but once / being caught in a fierce hurricane
33.30 eighty miles south-west of Mauritius / he had missed
33.31 three consecutive days. He feared naught but an
34.01 unforgiving God, and wished to end his days in a
34.02 little house, with a plot of ground attached -- far in
34.03 the country -- out of sight of the sea.
34.04 He, the ruler of that minute world, seldom descended
34.05 from the Olympian heights of his poop. Below him
34.06 -- at his feet, so to speak -- common mortals led their
34.07 busy and insignificant lives. Along the main deck,
34.08 Mr. Baker grunted in a manner bloodthirsty and
34.09 innocuous; and kept all our noses to the grindstone,
34.10 being -- as he once remarked -- paid for doing that
34.11 very thing. The men working about the deck were
34.12 healthy and contented -- as most seamen are, when
34.13 once well out to sea. The true peace of God begins
34.14 at any spot a thousand miles from the nearest land;
34.15 and when He sends there the messengers of His might
34.16 it is not in terrible wrath against crime, presumption,
34.17 and folly, but paternally, to chasten simple hearts --
34.18 ignorant hearts that know nothing of life, and beat
34.19 undisturbed by envy or greed.
34.20 In the evening the cleared decks had a reposeful
34.21 aspect, resembling the autumn of the earth. The sun
34.22 was sinking to rest, wrapped in a mantle of warm
34.23 clouds. Forward, on the end of the spare spars, the
34.24 boatswain and the carpenter sat together with crossed
34.25 arms; two men friendly, powerful, and deep-chested.
34.26 Beside them the short, dumpy sailmaker -- who had
34.27 been in the Navy -- related, between the whiffs of his
34.28 pipe, impossible stories about Admirals. Couples
34.29 tramped backwards and forwards, keeping step and
34.30 balance without effort, in a confined space. Pigs
35.01 grunted in the big pigsty. Belfast, leaning thought-
35.02 fully on his elbow, above the bars, communed with
35.03 them through the silence of his meditation. Fellows
35.04 with shirts open wide on sunburnt breasts sat upon
35.05 the mooring bits, and all up the steps of the forecastle
35.06 ladders. By the foremast a few discussed in a circle
35.07 the characteristics of a gentleman. One said: -- " It's
35.08 money as does it. " Another maintained: -- " No, it's
35.09 the way they speak. " Lame Knowles stumped up
35.10 with an unwashed face / he had the distinction of being
35.11 the dirty man of the forecastle /, and, showing a few
35.12 yellow fangs in a shrewd smile, explained craftily that
35.13 he " had seen some of their pants. " The backsides
35.14 of them -- he had observed -- were thinner than paper
35.15 from constant sitting down in offices, yet otherwise
35.16 they looked first-rate and would last for years. It was
35.17 all appearance. " It was, " he said, " bloomin' easy
35.18 to be a gentleman when you had a clean job for life. "
35.19 They disputed endlessly, obstinate and childish;
35.20 they repeated in shouts and with inflamed faces their
35.21 amazing arguments; while the soft breeze, eddying
35.22 down the enormous cavity of the foresail, distended
35.23 above their bare heads, stirred the tumbled hair with
35.24 a touch passing and light like an indulgent caress.
35.25 They were forgetting their toil, they were for-
35.26 getting themselves. The cook approached to hear,
35.27 and stood by, beaming with the inward consciousness
35.28 of his faith, like a conceited saint unable to forget his
35.29 glorious reward; Donkin, solitary and brooding over
35.30 his wrongs on the forecastle-head, moved closer to
35.31 catch the drift of the discussion below him; he turned
36.01 his sallow face to the sea, and his thin nostrils moved,
36.02 sniffing the breeze, as he lounged negligently by the
36.03 rail. In the glow of sunset faces shone with interest,
36.04 teeth flashed, eyes sparkled. The walking couples
36.05 stood still suddenly, with broad grins; a man, bending
36.06 over a wash-tub, sat up, entranced, with the soapsuds
36.07 flecking his wet arms. Even the three petty officers
36.08 listened leaning back, comfortably propped, and with
36.09 superior smiles. Belfast left off scratching the ear of
36.10 his favourite pig, and, open mouthed, tried with eager
36.11 eyes to have his say. He lifted his arms, grimacing
36.12 and baffled. From a distance Charley screamed
36.13 at the ring: -- " I know about gentlemen morn'n any
36.14 of you. I've been intermit with 'em. . . . I've
36.15 blacked their boots. " The cook, craning his neck
36.16 to hear better, was scandalised. " Keep your mouth
36.17 shut when your elders speak, you impudent young
36.18 heathen -- you. " " All right, old Hallelujah, I'm
36.19 done, " answered Charley soothingly. At some
36.20 opinion of dirty Knowles, delivered with an air of
36.21 supernatural cunning, a ripple of laughter ran along,
36.22 rose like a wave, burst with a startling roar. They
36.23 stamped with both feet; they turned their shouting
36.24 faces to the sky; many, spluttering, slapped their
36.25 thighs; while one or two, bent double, gasped,
36.26 hugging themselves with both arms like men in pain.
36.27 The carpenter and the boatswain, without changing
36.28 their attitude, shook with laughter where they sat;
36.29 the sailmaker, charged with an anecdote about a
36.30 Commodore, looked sulky; the cook was wiping his
36.31 eyes with a greasy rag; and Lame Knowles, astonished
37.01 at his own success, stood in their midst showing a slow
37.02 smile.
37.03 Suddenly the face of Donkin leaning high--
37.04 shouldered over the after-rail became grave. Some-
37.05 thing like a weak rattle was heard through the fore-
37.06 castle door. It became a murmur; it ended in a
37.07 sighing groan. The washerman plunged both his
37.08 arms into the tub abruptly; the cook became more
37.09 crestfallen than an exposed backslider; the boatswain
37.10 moved his shoulders uneasily; the carpenter got up
37.11 with a spring and walked away -- while the sailmaker
37.12 seemed mentally to give his story up, and began to puff
37.13 at his pipe with sombre determination. In the black-
37.14 ness of the doorway a pair of eyes glimmered white,
37.15 and big, and staring. Then James Wait's head
37.16 protruding, became visible, as if suspended between the
37.17 two hands that grasped a doorpost on each side of the
37.18 face. The tassel of his blue woollen nightcap, cocked
37.19 forward, danced gaily over his left eyelid. He stepped
37.20 out in a tottering stride. He looked powerful as

37.21 ever, but showed a strange and affected unsteadiness
37.22 in his gait; his face was perhaps a trifle thinner, and
37.23 his eyes appeared rather startlingly prominent. He
37.24 seemed to hasten the retreat of departing light by his
37.25 very presence; the setting sun dipped sharply, as
37.26 though fleeing before our nigger; a black mist
37.27 emanated from him; a subtle and dismal influence;
37.28 a something cold and gloomy that floated out and
37.29 settled on all the faces like a mourning veil. The
37.30 circle broke up. The joy of laughter died on stiffened
37.31 lips. There was not a smile left among all the ship's
38.01 company. Not a word was spoken. Many turned
38.02 their backs, trying to look unconcerned; others, with
38.03 averted heads, sent half-reluctant glances out of the
38.04 corners of their eyes. They resembled criminals
38.05 conscious of misdeeds more than honest men dis-
38.06 tracted by doubt; only two or three stared frankly,
38.07 but stupidly, with lips slightly open. All expected
38.08 James Wait to say something, and, at the same time,
38.09 had the air of knowing beforehand what he would
38.10 say. He leaned his back against the doorpost, and
38.11 with heavy eyes swept over them a glance domineering
38.12 and pained, like a sick tyrant overawing a crowd of
38.13 abject but untrustworthy slaves.
38.14   No one went away. They waited in fascinated
38.15 dread. He said ironically, with gasps between the
38.16 words:
38.17   " Thank you . . . chaps. You . . . are nice
38.18 . . . and . . . quiet . . . you are! Yelling so . . .
38.19 before . . . the door. . . ."
38.20   He made a longer pause, during which he worked
38.21 his ribs in an exaggerated labour of breathing. It
38.22 was intolerable. Feet were shuffled. Belfast let out
38.23 a groan; but Donkin above blinked his red eyelids
38.24 with invisible eyelashes, and smiled bitterly over the
38.25 nigger's head.
38.26   The nigger went on again with surprising ease.
38.27 He gasped no more, and his voice rang, hollow and
38.28 loud, as though he had been talking in an empty
38.29 cavern. He was contemptuously angry.
38.30   " I tried to get a wink of sleep. You know I can't
38.31 sleep o' nights. And you come jabbering near the
39.01 door here like a blooming lot of old women. . . . You
39.02 think yourselves good shipmates. Do you? . . .
39.03 Much you care for a dying man! "
39.04   Belfast spun away from the pigsty. " Jimmy, "
39.05 he cried tremulously, " if you hadn't been sick I
39.06 would -- "
39.07   He stopped. The nigger waited awhile, then said,
39.08 in a gloomy tone: -- " You would. . . . What? Go
39.09 an' fight another such one as yourself. Leave me
39.10 alone. It won't be for long. I'll soon die. . . .
39.11 It's coming right enough! "
39.12   Men stood around very still and with exasperated
39.13 eyes. It was just what they had expected, and hated
39.14 to hear, that idea of a stalking death, thrust at them
39.15 many times a day like a boast and like a menace by this
39.16 obnoxious nigger. He seemed to take a pride in that
39.17 death which, so far, had attended only upon the ease of
39.18 his life; he was overbearing about it, as if no one else
39.19 in the world had ever been intimate with such a com-
39.20 panion; he paraded it unceasingly before us with an
39.21 affectionate persistence that made its presence indubi-
39.22 table, and at the same time incredible. No man could
39.23 be suspected of such monstrous friendship! Was he a
39.24 reality -- or was he a sham -- this ever-expected visitor
39.25 of Jimmy's? We hesitated between pity and mis-
39.26 trust, while, on the slightest provocation, he shook
39.27 before our eyes the bones of his bothersome and
39.28 infamous skeleton. He was for ever trotting him out.
39.29 He would talk of that coming death as though it had
39.30 been already there, as if it had been walking the deck
39.31 outside, as if it would presently come in to sleep in the
40.01 only empty bunk; as if it had sat by his side at every
40.02 meal. It interfered daily with our occupations, with
40.03 our leisure, with our amusements. We had no songs
40.04 and no music in the evening, because Jimmy / we all
40.05 lovingly called him Jimmy, to conceal our hate of his
40.06 accomplice / had managed, with that prospective
40.07 decease of his, to disturb even Archie's mental balance.
40.08 Archie was the owner of the concertina; but after a
40.09 couple of stinging lectures from Jimmy he refused
40.10 to play any more. He said: -- " Yon's an uncanny
40.11 joker. I dinna ken what's wrang wi' him, but there's
40.12 something verra wrang, verra wrang. It's nae manner
40.13 of use asking me. I won't play. " Our singers
40.14 became mute because Jimmy was a dying man. For
40.15 the same reason no chap -- as Knowles remarked --
40.16 could " drive in a nail to hang his few poor rags
40.17 upon, " without being made aware of the enormity
40.18 he committed in disturbing Jimmy's interminable
40.19 last moments. At night, instead of the cheerful
40.20 yell, " One bell! Turn out! Do you hear there?
40.21 Hey! hey! hey! Show leg! " the watches were
40.22 called man by man, in whispers, so as not to interfere
40.23 with Jimmy's, possibly, last slumber on earth. True,
40.24 he was always awake, and managed, as we sneaked out
40.25 on deck, to plant in our backs some cutting remark
40.26 that, for the moment, made us feel as if we had been
40.27 brutes, and afterwards made us suspect ourselves of
40.28 being fools. We spoke in low tones within that
40.29 fo'c'sle as though it had been a church. We ate our
40.30 meals in silence and dread, for Jimmy was capricious
40.31 with his food, and railed bitterly at the salt meat,
41.01 at the biscuits, at the tea, as at articles unfit for human
41.02 consumption -- " Let alone for a dying man! " He
41.03 would say: -- " Can't you find a better slice of meat
41.04 for a sick man who's trying to get home to be cured --
41.05 or buried? But there! If I had a chance, you
41.06 fellows would do away with it. You would poison
41.07 me. Look at what you have given me! " We served
41.08 him in his bed with rage and humility, as though we
41.09 had been the base courtiers of a hated prince; and he
41.10 rewarded us by his unconciliating criticism. He had
41.11 found the secret of keeping for ever on the run the
41.12 fundamental imbecility of mankind; he had the
41.13 secret of life, that confounded dying man, and he made
41.14 himself master of every moment of our existence. We
41.15 grew desperate, and remained submissive. Emotional
41.16 little Belfast was for ever on the verge of assault or
41.17 on the verge of tears. One evening he confided to
41.18 Archie: -- " For a ha'penny I would knock his ugly
41.19 black head off -- the skulking dodger! " And the
41.20 straightforward Archie pretended to be shocked!
41.21 Such was the infernal spell which that casual St.
41.22 Kitt's nigger had cast upon our guileless manhood!
41.23 But the same night Belfast stole from the galley the
41.24 officer's Sunday fruit pie, to tempt the fastidious
41.25 appetite of Jimmy. He endangered not only his long
41.26 friendship with the cook but also -- as it appeared --
41.27 his eternal welfare. The cook was overwhelmed with
41.28 grief; he did not know the culprit, but he knew that
41.29 wickedness flourished; he knew that Satan was
41.30 abroad amongst those men, whom he looked upon
41.31 as in some way under his spiritual care. Whenever
42.01 he saw three or four of us standing together he would
42.02 leave his stove, to run out and preach. We fled from
42.03 him; and only Charley / who knew the thief / affronted
42.04 the cook with a candid gaze which irritated the good
42.05 man. " It's you, I believe, " he groaned, sorrowful
42.06 and with a patch of soot on his chin. " It's you. You
42.07 are a brand for the burning! No more of YOUR socks
42.08 in my galley. " Soon, unofficially, the information was
42.09 spread about that, should there be another case of
42.10 stealing, our marmalade / an extra allowance: half a
42.11 pound per man / would be stopped. Mr. Baker ceased
42.12 to heap jocular abuse upon his favourites, and grunted
42.13 suspiciously at all. The captain's cold eyes, high up
42.14 on the poop, glittered mistrustful, as he surveyed us
42.15 trooping in a small mob from halyards to braces for
42.16 the usual evening pull at all the ropes. Such stealing
42.17 in a merchant ship is difficult to check, and may be
42.18 taken as a declaration by men of their dislike for their
42.19 officers. It is a bad symptom. It may end in God
42.20 knows what trouble. The Narcissus was still a
42.21 peaceful ship, but mutual confidence was shaken.
42.22 Donkin did not conceal his delight. We were dis-
42.23 mayed.
42.24   Then illogical Belfast reproached our nigger with
42.25 great fury. James Wait, with his elbow on the
42.26 pillow, choked, gasped out: -- " Did I ask you to bone
42.27 the dratted thing? Blow your blamed pie. It has
42.28 made me worse -- you little Irish lunatic, you! "
42.29 Belfast, with scarlet face and trembling lips, made
42.30 a dash at him. Every man in the forecastle rose
42.31 with a shout. There was a moment of wild tumult.
43.01 Some one shrieked piercingly: -- " Easy, Belfast!
43.02 Easy! . . . " We expected Belfast to strangle Wait
43.03 without more ado. Dust flew. We heard through
43.04 it the nigger's cough, metallic and explosive like a
43.05 gong. Next moment we saw Belfast hanging over
43.06 him. He was saying plaintively: -- " Don't! Don't,
43.07 Jimmy! Don't be like that. An angel couldn't put
43.08 up with ye -- sick as ye are. " He looked round at us
43.09 from Jimmy's bedside, his comical mouth twitching,
43.10 and through tearful eyes; then he tried to put straight
43.11 the disarranged blankets. The unceasing whisper
43.12 of the sea filled the forecastle. Was James Wait
43.13 frightened, or touched, or repentant? He lay on his
43.14 back with a hand to his side, and as motionless as if
43.15 his expected visitor had come at last. Belfast fumbled
43.16 about his feet, repeating with emotion: -- " Yes. We
43.17 know. Ye are bad, but . . . Just say what ye want
43.18 done, and . . . We all know ye are bad -- very
43.19 bad. . . . " No! Decidedly James Wait was not
43.20 touched or repentant. Truth to say, he seemed
43.21 rather startled. He sat up with incredible sudden-
43.22 ness and ease. " Ah! You think I am bad, do
43.23 you? " he said gloomily, in his clearest baritone
43.24 voice / to hear him speak sometimes you would never
43.25 think there was anything wrong with that man / .
43.26 " Do you? . . . Well, act according! Some of you
43.27 haven't sense enough to put a blanket shipshape
43.28 over a sick man. There! Leave it alone! I can
43.29 die anyhow! " Belfast turned away limping with a
43.30 gesture of discouragement. In the silence of the
43.31 forecastle, full of interested men, Donkin pronounced
44.01 distinctly: -- " Well, I'm blowed! " and sniggered.
44.02 Wait looked at him in a quite
44.03 friendly manner. Nobody could tell what would
44.04 please our incomprehensible invalid: but for us the
44.05 scorn of that snigger was hard to bear.
44.06   Donkin's position in the forecastle was distinguished
44.07 but unsafe. He stood on the bad eminence of a
44.08 general dislike. He was left alone; and in his isola-
44.09 tion he could do nothing but think of the gales of the
44.10 Cape of Good Hope and envy us the possession of
44.11 warm clothing and waterproofs. Our sea-boots, our
44.12 oilskin coats, our well-filled sea-chests, were to him
44.13 so many causes for bitter meditation: he had none
44.14 of those things, and he felt instinctively that no man,
44.15 when the need arose, would offer to share them with
44.16 him. He was impudently cringing to us and system-
44.17 atically insolent to the officers. He anticipated the
44.18 best results, for himself, from such a line of conduct
44.19 -- and was mistaken. Such natures forget that under
44.20 extreme provocation men will be just -- whether they
44.21 want to be so or not. Donkin's insolence to long-
44.22 suffering Mr. Baker became at last intolerable to us,
44.23 and we rejoiced when the mate, one dark night, tamed
44.24 him for good. It was done neatly, with great decency
44.25 and decorum and with little noise. We had been

44.26 called -- just before midnight -- to trim the yards, and
44.27 Donkin -- as usual -- made insulting remarks. We
44.28 stood sleepily in a row with the forebrace in our hands
44.29 waiting for the next order, and heard in the darkness
44.30 a scuffly trampling of feet, an exclamation of surprise,
44.31 sounds of cuffs and slaps, suppressed, hissing whispers:
45.01 -- " Ah! will you! " . . . " Don't! . . . Don't! "
45.02 . . . "Then behave." . . . "Oh! Oh! . . . "
45.03 Afterwards there were soft thuds mixed with the
45.04 rattle of iron things as if a man's body had been
45.05 tumbling helplessly amongst the main-pump rods.
45.06 Before we could realise the situation, Mr. Baker's
45.07 voice was heard very near and a little impatient: --
45.08 " Haul away, men! Lay back on that rope! " And
45.09 we did lay back on the rope with great alacrity. As if
45.10 nothing had happened, the chief mate went on trimming
45.11 the yards with his usual and exasperating fastidious-
45.12 ness. We didn't at the time see anything of Donkin,
45.13 and did not care. Had the chief officer thrown him
45.14 overboard, no man would have said as much as
45.15 " Hallo! he's gone! " but, in truth, no great harm
45.16 was done -- even if Donkin did lose one of his front
45.17 teeth. We perceived this in the morning, and pre-
45.18 served a ceremonious silence: the etiquette of the
45.19 forecastle commanded us to be blind and dumb in
45.20 such a case, and we cherished the decencies of our
45.21 life more than ordinary landsmen respect theirs.
45.22 Charley, with unpardonable want of savoir vivre,
45.23 yelled out: -- " 'Ave you been to your dentyst? . . .
45.24 Hurt ye, didn't it? " He got a box on the ear from
45.25 one of his best friends. The boy was surprised,
45.26 and remained plunged in grief for at least three
45.27 hours. We were sorry for him, but youth requires
45.28 even more discipline than age. Donkin grinned
45.29 venomously. From that day he became pitiless;
45.30 told Jimmy that he was a " black fraud " ; hinted
45.31 to us that we were an imbecile lot, daily taken in
46.01 by a vulgar nigger. And Jimmy seemed to like the
46.02 fellow!
46.03 Singleton lived untouched by human emotions.
46.04 Taciturn and unsmiling, he breathed amongst us -- in
46.05 that alone resembling the rest of the crowd. We were
46.06 trying to be decent chaps, and found it jolly difficult;
46.07 we oscillated between the desire of virtue and the fear
46.08 of ridicule; we wished to save ourselves from the
46.09 pain of remorse, but did not want to be made the
46.10 contemptible dupes of our sentiment. Jimmy's hateful
46.11 accomplice seemed to have blown with his impure
46.12 breath undreamt-of subtleties into our hearts. We
46.13 were disturbed and cowardly. That we knew.
46.14 Singleton seemed to know nothing, understand nothing.
46.15 We had thought him till then as wise as he looked,
46.16 but now we dared, at times, suspect him of being
46.17 stupid -- from old age. One day, however, at dinner,
46.18 as we sat on our boxes round a tin dish that stood on
46.19 the deck within the circle of our feet, Jimmy expressed
46.20 his general disgust with men and things in words that
46.21 were particularly disgusting. Singleton lifted his
46.22 head. We became mute. The old man, addressing
46.23 Jimmy, asked: -- " Are you dying? " Thus inter-
46.24 rogated, James Wait appeared horribly startled and
46.25 confused. We all were startled. Mouths remained
46.26 open; hearts thumped; eyes blinked; a dropped tin
46.27 fork rattled in the dish; a man rose as if to go out,
46.28 and stood still. In less than a minute Jimmy pulled
46.29 himself together: -- " Why? Can't you see I am? "
46.30 he answered shakily. Singleton lifted a piece of
46.31 soaked biscuit / " his teeth -- he declared -- " had
47.01 no edge on them now " / to his lips. -- " Well, get on
47.02 with your dying, " he said, with venerable mildness;
47.03 " don't raise a blamed fuss with us over that job.
47.04 We can't help you. " Jimmy fell back in his bunk,
47.05 and for a long time lay very still, wiping the perspira-
47.06 tion off his chin. The dinner-tins were put away
47.07 quickly. On deck we discussed the incident in
47.08 whispers. Some showed a chuckling exultation.
47.09 Many looked grave. Wamibo, after long periods of
47.10 staring dreaminess, attempted abortive smiles; and
47.11 one of the young Scandinavians, much tormented by
47.12 doubt, ventured in the second dog-watch to approach
47.13 Singleton / the old man did not encourage us much
47.14 to speak to him / and ask sheepishly: -- " You think
47.15 he will die? " Singleton looked up. -- " Why, of
47.16 course he will die, " he said deliberately. This seemed
47.17 decisive. It was promptly imparted to every one by
47.18 him who had consulted the oracle. Shy and eager,
47.19 he would step up and with averted gaze recite his
47.20 formula: -- " Old Singleton says he will die. " It was
47.21 a relief! At last we knew that our compassion would
47.22 not be misplaced, and we could again smile without
47.23 misgivings -- but we reckoned without Donkin.
47.24 Donkin " didn't want to 'ave no truck with 'em dirty
47.25 furriners. " When Nilsen came to him with the news:
47.26 " Singleton says he will die, " he answered him by a
47.27 spiteful " And so will you -- you fat-headed Dutchman.
47.28 Wish you Dutchmen were all dead -- 'stead comin'
47.29 takin' our money inter your starvin' country. " We
47.30 were appalled. We perceived that after all Singleton's
47.31 answer meant nothing. We began to hate him for
48.01 making fun of us. All our certitudes were going; we
48.02 were on doubtful terms with our officers; the cook
48.03 had given us up for lost; we had overheard the
48.04 boatswain's opinion that " we were a crowd of softies. "
48.05 We suspected Jimmy, one another, and even our very
48.06 selves. We did not know what to do. At every
48.07 insignificant turn of our humble life we met Jimmy
48.08 overbearing and blocking the way, arm-in-arm
48.09 with his awful and veiled familiar. It was a weird
48.10 servitude.
48.11 It began a week after leaving Bombay and came on
48.12 us stealthily like any other great misfortune. Every
48.13 one had remarked that Jimmy from the first was very
48.14 slack at his work; but we thought it simply the out-
48.15 come of his philosophy of life. Donkin said: -- " You
48.16 put no more weight on a rope than a bloody sparrer. "
48.17 He disdained him. Belfast, ready for a fight, ex-
48.18 claimed provokingly: -- " You don't kill yourself, old
48.19 man! -- " Would YOU? " he retorted, with extreme
48.20 scorn -- and Belfast retired. One morning, as we were
48.21 washing decks, Mr. Baker called to him: -- " Bring
48.22 your broom over here, Wait, " he strolled languidly.
48.23 " Move yourself! Ough! " grunted Mr. Baker;
48.24 " What's the matter with your hind legs? " He
48.25 stopped dead short. He gazed slowly with eyes that
48.26 bulged out with an expression audacious and sad. --
48.27 " It isn't my legs, " he said, " it's my lungs. " Every-
48.28 body listened. -- " What's . . . Ough! . . . What's
48.29 wrong with them? " inquired Mr. Baker. All the
48.30 watch stood around on the wet deck, grinning, and
48.31 with brooms or buckets in their hands. He said
49.01 mournfully: -- " Going -- or gone. Can't you see I'm
49.02 a dying man? I know it! " Mr. Baker was dis-
49.03 gusted. -- " Then why the devil did you ship aboard
49.04 here? " -- " I must live till I die -- mustn't I? " he
49.05 replied. The grins became audible. " Go off the
49.06 deck -- get out of my sight, " said Mr. Baker. He was
49.07 nonplussed. It was a unique experience. James
49.08 Wait, obedient, dropped his broom, and walked slowly
49.09 forward. A burst of laughter followed him. It was
49.10 too funny. All hands laughed. . . . They laughed!
49.11 . . . Alas!
49.12 He became the tormentor of all our moments; he
49.13 was worse than a nightmare. You couldn't see that
49.14 there was anything wrong with him: a nigger does
49.15 not show. He was not very fat -- certainly -- but
49.16 then he was no leaner than other niggers we had known.
49.17 He coughed often, but the most prejudiced person
49.18 could perceive that, mostly, he coughed when it suited
49.19 his purpose. He wouldn't, or couldn't, do his work --
49.20 and he wouldn't lie-up. One day he would skip
49.21 aloft with the best of them, and next time we would
49.22 be obliged to risk our lives to get his limp body down.
49.23 He was reported, he was examined; he was remon-
49.24 strated with, threatened, cajoled, lectured. He was
49.25 called into the cabin to interview the captain. There
49.26 were wild rumours. It was said he had cheeked the
49.27 old man; it was said he had frightened him. Charley
49.28 maintained that the "skipper, weepin', as giv' 'im
49.29 'is blessin' an' a pot of jam. " Knowles had it from
49.30 the steward that the unspeakable Jimmy had been
49.31 reeling against the cabin furniture; that he had
50.01 groaned; that he had complained of general brutality
50.02 and disbelief; and had ended by coughing all over
50.03 the old man's meteorological journals which were
50.04 then spread on the table. At any rate, Wait returned
50.05 forward supported by the steward, who, in a pained
50.06 and shocked voice, entreated us: -- " Here! Catch
50.07 hold of him, one of you. He is to lie-up. " Jimmy
50.08 drank a tin mugful of coffee, and, after bullying first
50.09 one and then another, went to bed. He remained
50.10 there most of the time, but when it suited him would
50.11 come on deck and appear amongst us. He was
50.12 scornful and brooding; he looked ahead upon the
50.13 sea, and no one could tell what was the meaning of
50.14 that black man sitting apart in a meditative attitude
50.15 and as motionless as a carving.
50.16 He refused steadily all medicine; he threw sago and
50.17 cornflour overboard till the steward got tired of
50.18 bringing it to him. He asked for paregoric. They
50.19 sent him a big bottle; enough to poison a wilderness
50.20 of babies. He kept it between his mattress and the
50.21 deal lining of the ship's side; and nobody ever saw
50.22 him take a dose. Donkin abused him to his face,
50.23 jeered at him while he gasped; and the same day
50.24 Wait would lend him a warm jersey. Once Donkin
50.25 reviled him for half an hour; reproached him with
50.26 the extra work his malingering gave to the watch;
50.27 and ended by calling him " a black-faced swine. "
50.28 Under the spell of our accursed perversity we were
50.29 horror-struck. But Jimmy positively seemed to revel
50.30 in that abuse. It made him look cheerful -- and
50.31 Donkin had a pair of old sea boots thrown at him.
51.01 " Here, you East-end trash, " boomed Wait, " you
51.02 may have that. "
51.03 At last Mr. Baker had to tell the captain that
51.04 James Wait was disturbing the peace of the ship.
51.05 " Knock discipline on the head -- he will, Ough, "
51.06 grunted Mr. Baker. As a matter of fact, the star-
51.07 board watch came as near as possible to refusing duty,
51.08 when ordered one morning by the boatswain to wash
51.09 out their forecastle. It appears Jimmy objected to a
51.10 wet floor -- and that morning we were in a compassionate
51.11 mood. We thought the boatswain a brute, and,
51.12 practically, told him so. Only Mr. Baker's delicate
51.13 tact prevented an all-fired row: he refused to take us
51.14 seriously. He came bustling forward, and called us
51.15 many unpolite names, but in such a hearty and sea-
51.16 manlike manner that we began to feel ashamed of
51.17 ourselves. In truth, we thought him much too good
51.18 a sailor to annoy him willingly: and after all Jimmy
51.19 might have been a fraud -- probably was! The fore-
51.20 castle got a clean up that morning; but in the after-
51.21 noon a sick-bay was fitted up in the deck-house. It
51.22 was a nice little cabin opening on deck, and with two
51.23 berths. Jimmy's belongings were transported there,
51.24 and then -- notwithstanding his protests -- Jimmy him-
51.25 self. He said he couldn't walk. Four men carried
51.26 him on a blanket. He complained that he would have
51.27 to die there alone, like a dog. We grieved for him,
51.28 and were delighted to have him removed from the
51.29 forecastle. We attended him as before. The galley
51.30 was next door, and the cook looked in many times a

51.31 day. Wait became a little more cheerful. Knowles
52.01 affirmed having heard him laugh to himself in peals
52.02 one day. Others had seen him walking about on deck
52.03 at night. His little place, with the door ajar on a
52.04 long hook, was always full of tobacco smoke. We spoke
52.05 through the crack cheerfully, sometimes abusively,
52.06 as we passed by, intent on our work. He fascinated
52.07 us. He would never let doubt die. He overshadowed
52.08 the ship. Invulnerable in his promise of speedy
52.09 corruption he trampled on our self-respect; he demon-
52.10 strated to us daily our want of moral courage; he
52.11 tainted our lives. Had we been a miserable gang of
52.12 wretched immortals, unhallowed alike by hope and
52.13 fear, he could not have lorded it over us with a more
52.14 pitiless assertion of his sublime privilege.
53.01 CHAPTER THREE
53.02 MEANTIME the Narcissus, with square yards,
53.03 ran out of the fair monsoon. She drifted
53.04 slowly, swinging round and round the com-
53.05 pass, through a few days of baffling light airs. Under
53.06 the patter of short warm showers, grumbling men
53.07 whirled the heavy yards from side to side; they caught
53.08 hold of the soaked ropes with groans and sighs, while
53.09 their officers, sulky and dripping with rain water,
53.10 unceasingly ordered them about in wearied voices.
53.11 During the short respites they looked with disgust
53.12 into the smarting palms of their stiff hands, and asked
53.13 one another bitterly: -- " Who would be a sailor if
53.14 he could be a farmer? " All the tempers were spoilt,
53.15 and no man cared what he said. One black night,
53.16 when the watch, panting in the heat and half-drowned
53.17 with the rain, had been through four mortal hours
53.18 hunted from brace to brace, Belfast declared that he
53.19 would " chuck the sea for ever and go in a steamer. "
53.20 This was excessive, no doubt. Captain Allistoun,
53.21 with great self-control, would mutter sadly to Mr.
53.22 Baker: -- " It is not so bad -- not so bad, " when he
53.23 had managed to shove, and dodge, and manoeuvre
53.24 his smart ship through sixty miles in twenty-four
53.25 hours. From the doorstep of the little cabin,
54.01 Jimmy, chin in hand, watched our distasteful labours
54.02 with insolent and melancholy eyes. We spoke to
54.03 him gently -- and out of his sight exchanged sour
54.04 smiles.
54.05 Then, again, with a fair wind and under a clear
54.06 sky, the ship went on piling up the South Latitude.
54.07 She passed outside Madagascar and Mauritius without
54.08 a glimpse of the land. Extra lashings were put on
54.09 the spare spars. Hatches were looked to. The
54.10 steward in his leisure moments and with a worried
54.11 air tried to fit washboards to the cabin doors. Stout
54.12 canvas was bent with care. Anxious eyes looked to
54.13 the westward, towards the cape of storms. The ship
54.14 began to dip into a south-west swell, and the softly
54.15 luminous sky of low latitudes took on a harder sheen
54.16 from day to day above our heads: it arched high
54.17 above the ship, vibrating and pale, like an immense
54.18 dome of steel, resonant with the deep voice of freshen-
54.19 ing gales. The sunshine gleamed cold on the white
54.20 curls of black waves. Before the strong breath of
54.21 westerly squalls the ship, with reduced sail, lay slowly
54.22 over, obstinate and yielding. She drove to and fro
54.23 in the unceasing endeavour to fight her way through
54.24 the invisible violence of the winds: she pitched head-
54.25 long into dark smooth hollows; she struggled upwards
54.26 over the snowy ridges of great running seas; she rolled
54.27 restless, from side to side, like a thing in pain. Endur-
54.28 ing and valiant, she answered to the call of men;
54.29 and her slim spars waving for ever in abrupt semicircles,
54.30 seemed to beckon in vain for help towards the stormy
54.31 sky.
55.01 It was a bad winter off the Cape that year. The
55.02 relieved helmsmen came off flapping their arms, or
55.03 ran stamping hard and blowing into swollen, red
55.04 fingers. The watch on deck dodged the sting of cold
55.05 sprays or, crouching in sheltered corners, watched
55.06 dismally the high and merciless seas boarding the
55.07 ship time after time in unappeasable fury. Water
55.08 tumbled in cataracts over the forecastle doors. You
55.09 had to dash through a waterfall to get into your damp
55.10 bed. The men turned in wet and turned out stiff
55.11 to face the redeeming and ruthless exactions of their
55.12 glorious and obscure fate. Far aft, and peering
55.13 watchfully to windward, the officers could be seen
55.14 through the mist of squalls. They stood by the
55.15 weather-rail, holding on grimly, straight and glistening
55.16 in their long coats; and in the disordered plunges of
55.17 the hard-driven ship, they appeared high up, attentive,
55.18 tossing violently above the grey line of a clouded
55.19 horizon in motionless attitudes.
55.20 They watched the weather and the ship as men
55.21 on shore watch the momentous chances of fortune.
55.22 Captain Allistoun never left the deck, as though he
55.23 had been part of the ship's fittings. Now and then
55.24 the steward, shivering, but always in short sleeves,
55.25 would struggle towards him with some hot coffee,
55.26 half of which the gale blew out of the cup before it
55.27 reached the master's lips. He drank what was left
55.28 gravely in one long gulp, while heavy sprays pattered
55.29 loudly on his oilskin coat, the seas swishing broke
55.30 about his high boots; and he never took his eyes off
55.31 the ship. He kept his gaze riveted upon her as a
56.01 loving man watches the unselfish toil of a delicate
56.02 woman upon the slender thread of whose existence
56.03 is hung the whole meaning and joy of the world. We
56.04 all watched her. She was beautiful and had a weak-
56.05 ness. We loved her no less for that. We admired
56.06 her qualities aloud, we boasted of them to one another,
56.07 as though they had been our own, and the conscious-
56.08 ness of her only fault we kept buried in the silence of
56.09 our profound affection. She was born in the thunder-
56.10 ing peal of hammers beating upon iron, in black eddies
56.11 of smoke, under a grey sky, on the banks of the Clyde.
56.12 The clamorous and sombre stream gives birth to things
56.13 of beauty that float away into the sunshine of the world
56.14 to be loved by men. The Narcissus was one of that
56.15 perfect brood. Less perfect than many perhaps, but
56.16 she was ours, and, consequently, incomparable. We
56.17 were proud of her. In Bombay, ignorant landlubbers
56.18 alluded to her as that " pretty grey ship. " Pretty!
56.19 A scurvy meed of commendation! We knew she was
56.20 the most magnificent sea-boat ever launched. We
56.21 tried to forget that, like many good sea-boats, she was
56.22 at times rather a crank. She was exacting. She wanted
56.23 care in loading and handling, and no one knew exactly
56.24 how much care would be enough. Such are the
56.25 imperfections of mere men! The ship knew, and
56.26 sometimes would correct the presumptuous human
56.27 ignorance by the wholesome discipline of fear. We
56.28 had heard ominous stories about past voyages. The
56.29 cook / technically a seaman, but in reality no sailor / --
56.30 the cook, when unstrung by some misfortune, such as
56.31 the rolling over of a saucepan, would mutter gloomily
57.01 while he wiped the floor: -- " There! Look at what
57.02 she has done! Some voy'ge she will drown all hands!
57.03 You'll see if she won't. " To which the steward,
57.04 snatching in the galley a moment to draw breath in
57.05 the hurry of his worried life, would remark philo-
57.06 sophically: -- " Those that see won't tell, anyhow. I
57.07 don't want to see it. " We derided those fears. Our
57.08 hearts went out to the old man when he pressed her
57.09 hard so as to make her hold her own, hold to every
57.10 inch gained to windward; when he made her, under
57.11 reefed sails, leap obliquely at enormous waves. The
57.12 men, knitted together aft into a ready group by the
57.13 first sharp order of an officer coming to take charge of
57.14 the deck in bad weather: -- " Keep handy the watch, "
57.15 stood admiring her valiance. Their eyes blinked in
57.16 the wind; their dark faces were wet with drops of
57.17 water more salt and bitter than human tears; beards
57.18 and moustaches, soaked, hung straight and dripping
57.19 like fine seaweed. They were fantastically misshapen;
57.20 in high boots, in hats like helmets, and swaying
57.21 clumsily, stiff and bulky in glistening oilskins, they
57.22 resembled men strangely equipped for some fabulous
57.23 adventure. Whenever she rose easily to a towering
57.24 green sea, elbows dug ribs, faces brightened, lips
57.25 murmured: -- " Didn't she do it cleverly, " and all
57.26 the heads turning like one watched with sardonic
57.27 grins the foiled wave go roaring to leeward, white
57.28 with the foam of a monstrous rage. But when she
57.29 had not been quick enough and, struck heavily,
57.30 lay over trembling under the blow, we clutched
57.31 at ropes, and looking up at the narrow bands of
58.01 drenched and strained sails waving desperately aloft,
58.02 we thought in our hearts: -- " No wonder. Poor
58.03 thing! "
58.04 The thirty-second day out of Bombay began in-
58.05 auspiciously. In the morning a sea smashed one of
58.06 the galley doors. We dashed in through lots of steam
58.07 and found the cook very wet and indignant with the
58.08 ship: -- " She's getting worse every day. She's trying
58.09 to drown me in front of my own stove! " He was
58.10 very angry. We pacified him, and the carpenter,
58.11 though washed away twice from there, managed to
58.12 repair the door. Through that accident our dinner
58.13 was not ready till late, but it didn't matter in the end
58.14 because Knowles, who went to fetch it, got knocked
58.15 down by a sea and the dinner went over the side.
58.16 Captain Allistoun, looking more hard and thin-lipped
58.17 than ever, hung on to full topsails and foresail, and
58.18 would not notice that the ship, asked to do too much,
58.19 appeared to lose heart altogether for the first time
58.20 since we knew her. She refused to rise, and bored
58.21 her way sullenly through the sea. Twice running,
58.22 as though she had been blind or weary of life, she put
58.23 her nose deliberately into a big wave and swept the
58.24 decks from end to end. As the boatswain observed
58.25 with marked annoyance, while we were splashing
58.26 about in a body to try and save a worthless wash-tub:
58.27 -- " Every blooming thing in the ship is going over-
58.28 board this afternoon. " Venerable Singleton broke
58.29 his habitual silence and said, with a glance aloft: --
58.30 " The old man's in a temper with the weather, but
58.31 it's no good bein' angry with the winds of heaven. "
59.01 Jimmy had shut his door, of course. We knew he
59.02 was dry and comfortable within his little cabin, and
59.03 in our absurd way were pleased one moment, ex-
59.04 asperated the next, by that certitude. Donkin skulked
59.05 shamelessly, uneasy and miserable. He grumbled: --
59.06 " I'm perishin' with cold outside in bloomin' wet rags,
59.07 an' that 'ere black sojer sits dry on a blamed chest full
59.08 of bloomin' clothes; blank his black soul! " We
59.09 took no notice of him; we hardly gave a thought to
59.10 Jimmy and his bosom friend. There was no leisure
59.11 for idle probing of hearts. Sails blew adrift. Things
59.12 broke loose. Cold and wet, we were washed about
59.13 the deck while trying to repair damages. The ship
59.14 tossed about, shaken furiously, like a toy in the hand
59.15 of a lunatic. Just at sunset there was a rush to shorten
59.16 sail before the menace of a sombre hail cloud. The
59.17 hard gust of wind came brutal like the blow of a fist.
59.18 The ship relieved of her canvas in time received it
59.19 pluckily: she yielded reluctantly to the violent onset;
59.20 then, coming up with a stately and irresistible motion,
59.21 brought her spars to windward in the teeth of the
59.22 screeching squall. Out of the abysmal darkness of
59.23 the black cloud overhead white hail streamed on her,
59.24 rattled on the rigging, leaped in handfuls off the yards,
59.25 rebounded on the deck -- round and gleaming in the
59.26 murky turmoil like a shower of pearls. It passed
59.27 away. For a moment a livid sun shot horizontally

59.28 the last rays of sinister light between the hills of steep
59.29 rolling waves. Then a wild night rushed in -- stamped
59.30 out in a great howl that dismal remnant of a stormy
59.31 day.
60.01 There was no sleep on board that night. Most
60.02 seamen remember in their life one or two such nights
60.03 of a culminating gale. Nothing seems left of the
60.04 whole universe but darkness, clamour, fury -- and the
60.05 ship. And like the last vestige of a shattered creation
60.06 she drifts, bearing an anguished remnant of sinful
60.07 mankind, through the distress, tumult, and pain of an
60.08 avenging terror. No one slept in the forecastle.
60.09 The tin oil-lamp suspended on a long string, smoking,
60.10 described wide circles; wet clothing made dark
60.11 heaps on the glistening floor; a thin layer of water
60.12 rushed to and fro. In the bed-places men lay
60.13 booted, resting on elbows and with open eyes. Hung--
60.14 up suits of oilskin swung out and in, lively and dis-
60.15 quieting like reckless ghosts of decapitated seamen
60.16 dancing in a tempest. No one spoke and all listened.
60.17 Outside the night moaned and sobbed to the accom-
60.18 paniment of a continuous loud tremor as of innumer-
60.19 able drums beating far off. Shrieks passed through
60.20 the air. Tremendous dull blows made the ship
60.21 tremble while she rolled under the weight of the seas
60.22 toppling on her deck. At times she soared up swiftly
60.23 as if to leave this earth for ever, then during intermin-
60.24 able moments fell through a void with all the hearts
60.25 on board of her standing still, till a frightful shock,
60.26 expected and sudden, started them off again with a
60.27 big thump. After every dislocating jerk of the ship,
60.28 Wamibo, stretched full length, his face on the pillow,
60.29 groaned slightly with the pain of his tormented
60.30 universe. Now and then, for the fraction of an in-
60.31 tolerable second, the ship, in the fiercer burst of a
61.01 terrible uproar, remained on her side, vibrating and
61.02 still, with a stillness more appalling than the wildest
61.03 motion. Then upon all those prone bodies a stir
61.04 would pass, a shiver of suspense. A man would
61.05 protrude his anxious head and a pair of eyes glistened
61.06 in the sway of light, glaring wildly. Some moved
61.07 their legs a little as if making ready to jump out.
61.08 But several, motionless on their backs and with one
61.09 hand gripping hard the edge of the bunk, smoked
61.10 nervously with quick puffs, staring upwards; immo-
61.11 bilised in a great craving for peace.
61.12 At midnight, orders were given to furl the fore and
61.13 mizzen-topsails. With immense efforts men crawled
61.14 aloft through a merciless buffeting, saved the canvas,
61.15 and crawled down almost exhausted, to bear in panting
61.16 silence the cruel battering of the seas. Perhaps for
61.17 the first time in the history of the merchant service
61.18 the watch, told to go below, did not leave the deck,
61.19 as if compelled to remain there by the fascination of
61.20 a venomous violence. At every heavy gust men,
61.21 huddled together, whispered to one another: -- " It
61.22 can blow no harder " -- and presently the gale would
61.23 give them the lie with a piercing shriek, and drive
61.24 their breath back into their throats. A fierce squall
61.25 seemed to burst asunder the thick mass of sooty
61.26 vapours; and above the wrack of torn clouds glimpses
61.27 could be caught of the high moon rushing backwards
61.28 with frightful speed over the sky, right into the wind's
61.29 eye. Many hung their heads, muttering that it
61.30 " turned their inwards out " to look at it. Soon the
61.31 clouds closed up and the world again became a raging,
62.01 blind darkness that howled, flinging at the lonely
62.02 ship salt sprays and sleet.
62.03 About half-past seven the pitchy obscurity round
62.04 us turned a ghastly grey, and we knew that the sun
62.05 had risen. This unnatural and threatening daylight,
62.06 in which we could see one another's wild eyes and
62.07 drawn faces, was only an added tax on our endurance.
62.08 The horizon seemed to have come on all sides within
62.09 arm's length of the ship. Into that narrowed circle
62.10 furious seas leaped in, struck, and leaped out. A rain
62.11 of salt, heavy drops flew aslant like mist. The main-
62.12 topsail had to be goose-winged, and with stolid
62.13 resignation every one prepared to go aloft once more;
62.14 but the officers yelled, pushed back, and at last we
62.15 understood that no more men would be allowed to
62.16 go on the yard than were absolutely necessary for
62.17 the work. As at any moment the masts were likely
62.18 to be jumped out or blown overboard, we concluded
62.19 that the captain didn't want to see all his crowd go
62.20 over the side at once. That was reasonable. The
62.21 watch then on duty, led by Mr. Creighton, began to
62.22 struggle up the rigging. The wind flattened them
62.23 against the ratlines; then, easing a little, would let
62.24 them ascend a couple of steps; and again, with a
62.25 sudden gust, pin all up the shrouds the whole crawling
62.26 line in attitudes of crucifixion. The other watch
62.27 plunged down on the main deck to haul up the sail.
62.28 Men's heads bobbed up as the water flung them irre-
62.29 sistibly from side to side. Mr. Baker grunted encourag-
62.30 ingly in our midst, spluttering and blowing amongst
62.31 the tangled ropes like an energetic porpoise. Favoured
63.01 by an ominous and untrustworthy lull, the work was
63.02 done without any one being lost either off the deck
63.03 or from the yard. For the moment the gale seemed
63.04 to take off, and the ship, as if grateful for our efforts,
63.05 plucked up heart and made better weather of it.
63.06 At eight the men off duty, watching their chance,
63.07 ran forward over the flooded deck to get some rest.
63.08 The other half of the crew remained aft for their turn
63.09 of " seeing her through her trouble, " as they expressed
63.10 it. The two mates urged the master to go below.
63.11 Mr. Baker grunted in his ear: -- " Ough! surely
63.12 now . . . Ough! . . . confidence in us . . . nothing
63.13 more to do . . . she must lay it out or go. Ough!
63.14 Ough! " Tall young Mr. Creighton smiled down at
63.15 him cheerfully: -- " . . . She's as right as a trivet!
63.16 Take a spell, sir. " He looked at them stonily with
63.17 bloodshot, sleepless eyes. The rims of his eyelids
63.18 were scarlet, and he moved his jaws unceasingly with
63.19 a slow effort, as though he had been masticating a
63.20 lump of indiarubber. He shook his head. He
63.21 repeated: -- " Never mind me. I must see it out -- I
63.22 must see it out, " but he consented to sit down for a
63.23 moment on the skylight, with his hard face turned
63.24 unflinchingly to windward. The sea spat at it -- and
63.25 stoical, it streamed with water as though he had been
63.26 weeping. On the weather side of the poop the watch,
63.27 hanging on to the mizzen-rigging and to one another,
63.28 tried to exchange encouraging words. Singleton, at
63.29 the wheel, yelled out: -- " Look out for yourselves! "
63.30 His voice reached them in a warning whisper. They
63.31 were startled.
64.01 A big, foaming sea came out of the mist; it made
64.02 for the ship, roaring wildly, and in its rush it looked
64.03 as mischievous and discomposing as a madman with
64.04 an axe. One or two, shouting, scrambled up the
64.05 rigging; most, with a convulsive catch of the breath,
64.06 held on where they stood. Singleton dug his knees
64.07 under the wheel-box, and carefully eased the helm to
64.08 the headlong pitch of the ship, but without taking his
64.09 eyes off the coming wave. It towered close-to and
64.10 high, like a wall of green grass topped with snow.
64.11 The ship rose to it as though she had soared on wings,
64.12 and for a moment rested poised upon the foaming
64.13 crest as if she had been a great sea-bird. Before we
64.14 could draw breath a heavy gust struck her, another
64.15 roller took her unfairly under the weather bow, she
64.16 gave a toppling lurch, and filled her decks. Captain
64.17 Allistoun leaped up, and fell; Archie rolled over him,
64.18 screaming: -- " She will rise! " She gave another
64.19 lurch to leeward; the lower deadeyes dipped heavily;
64.20 the men's feet flew from under them, and they hung
64.21 kicking above the slanting poop. They could see the
64.22 ship putting her side in the water, and shouted all
64.23 together: -- " She's going! " Forward the forecastle
64.24 doors flew open, and the watch below were seen
64.25 leaping out one after another, throwing their arms
64.26 up; and, falling on hands and knees, scrambled aft
64.27 on all fours along the high side of the deck, sloping
64.28 more than the roof of a house. From leeward the
64.29 seas rose, pursuing them; they looked wretched in a
64.30 hopeless struggle, like vermin fleeing before a flood;
64.31 they fought up the weather ladder of the poop one
65.01 after another, half naked and staring wildly; and as
65.02 soon as they got up they shot to leeward in clusters,
65.03 with closed eyes, till they brought up heavily with
65.04 their ribs against the iron stanchions of the rail,
65.05 then, groaning, they rolled in a confused mass. The
65.06 immense volume of water thrown forward by the last
65.07 scend of the ship had burst the lee door of the fore-
65.08 castle. They could see their chests, pillows, blankets,
65.09 clothing, come out floating upon the sea. While they
65.10 struggled back to windward they looked in dismay.
65.11 The straw beds swam high, the blankets, spread out,
65.12 undulated; while the chests, waterlogged and with a
65.13 heavy list, pitched heavily like dismasted hulks, before
65.14 they sank; Archie's big coat passed with outspread
65.15 arms, resembling a drowned seaman floating with his
65.16 head under water. Men were slipping down while
65.17 trying to dig their fingers into the planks; others
65.18 jammed in corners, rolled enormous eyes. They all
65.19 yelled unceasingly: -- " The masts! Cut! Cut! . . . "
65.20 A black squall howled low over the ship, that lay on
65.21 her side with the weather yard-arms pointing to the
65.22 clouds; while the tall masts, inclined nearly to the
65.23 horizon, seemed to be of an immeasurable length.
65.24 The carpenter let go his hold, rolled against the sky-
65.25 light, and began to crawl to the cabin entrance, where
65.26 a big axe was kept ready for just such an emergency.
65.27 At that moment the topsail sheet parted, the end of
65.28 the heavy chain racketed aloft, and sparks of red fire
65.29 streamed down through the flying sprays. The sail
65.30 flapped once with a jerk that seemed to tear our hearts
65.31 out through our teeth, and instantly changed into a
66.01 bunch of fluttering narrow ribbons that tied them-
66.02 selves into knots and became quiet along the yard.
66.03 Captain Allistoun struggled, managed to stand up
66.04 with his face near the deck, upon which men swung
66.05 on the ends of ropes, like nest robbers upon a cliff.
66.06 One of his feet was on somebody's chest; his face
66.07 was purple; his lips moved. He yelled also; he
66.08 yelled, bending down: -- " No! No! " Mr. Baker,
66.09 one leg over the binnacle-stand, roared out: -- " Did
66.10 you say no? Not cut? " He shook his head madly.
66.11 " No! No! " Between his legs the crawling carpenter
66.12 heard, collapsed at once, and lay full length in the
66.13 angle of the skylight. Voices took up the shout --
66.14 " No! No! " Then all became still. They waited
66.15 for the ship to turn over altogether, and shake them
66.16 out into the sea; and upon the terrific noise of wind
66.17 and sea not a murmur of remonstrance came out
66.18 from those men, who each would have given ever so
66.19 many years of life to see " them damned sticks go
66.20 overboard! " They all believed it their only chance;
66.21 but a little hard-faced man shook his grey head and
66.22 shouted " No! " without giving them as much as a
66.23 glance. They were silent, and gasped. They gripped
66.24 rails, they had wound ropes'-ends under their arms,
66.25 they clutched ring-bolts, they crawled in heaps where
66.26 there was foothold; they held on with both arms;
66.27 hooked themselves to anything to windward with
66.28 elbows, with chins, almost with their teeth: and some,
66.29 unable to crawl away from where they had been
66.30 flung, felt the sea leap up, striking against their backs
66.31 as they struggled upwards. Singleton had stuck to
67.01 the wheel. His hair flew out in the wind; the gale

67.02 seemed to take its lifelong adversary by the beard
67.03 and shake his old head. He wouldn't let go, and,
67.04 with his knees forced between the spokes, flew up
67.05 and down like a man on a bough. As Death appeared
67.06 unready, they began to look about. Donkin, caught
67.07 by one foot in a loop of some rope, hung, head down,
67.08 below us, and yelled, with his face to the deck: --
67.09 " Cut! Cut! " Two men lowered themselves
67.10 cautiously to him; others hauled on the rope. They
67.11 caught him up, shoved him into a safer place, held
67.12 him. He shouted curses at the master, shook his fist
67.13 at him with horrible blasphemies, called upon us in
67.14 filthy words to " Cut! Don't mind that murdering
67.15 fool! Cut, some of you! " One of his rescuers
67.16 struck him a back-handed blow over the mouth; his
67.17 head banged on the deck, and he became suddenly
67.18 very quiet, with a white face, breathing hard, and
67.19 with a few drops of blood trickling from his cut lip.
67.20 On the lee side another man could be seen stretched
67.21 out as if stunned; only the washboard prevented him
67.22 from going over the side. It was the steward. We
67.23 had to sling him up like a bale, for he was paralysed
67.24 with fright. He had rushed up out of the pantry
67.25 when he felt the ship go over, and had rolled down
67.26 helplessly, clutching a china mug. It was not broken.
67.27 With difficulty we tore it away from him, and when
67.28 he saw it in our hands he was amazed. " Where did
67.29 you get that thing? " he kept on asking us in a trembling
67.30 voice. His shirt was blown to shreds; the ripped
67.31 sleeves flapped like wings. Two men made him fast,
68.01 and, doubled over the rope that held him, he resembled
68.02 a bundle of wet rags. Mr. Baker crawled along the
68.03 line of men, asking: -- " Are you all there? " and
68.04 looking them over. Some blinked vacantly, others
68.05 shook convulsively; Wamibo's head hung over his
68.06 breast; and in painful attitudes, cut by lashings,
68.07 exhausted with clutching, screwed up in corners,
68.08 they breathed heavily. Their lips twitched, and at
68.09 every sickening heave of the overturned ship they
68.10 opened them wide as if to shout. The cook, embrac-
68.11 ing a wooden stanchion, unconsciously repeated a
68.12 prayer. In every short interval of the fiendish noises
68.13 around he could be heard there, without cap or
68.14 slippers, imploring in that storm the Master of our
68.15 lives not to lead him into temptation. Soon he also
68.16 became silent. In all that crowd of cold and hungry
68.17 men, waiting wearily for a violent death, not a voice
68.18 was heard; they were mute, and in sombre thought-
68.19 fulness listened to the horrible imprecations of the
68.20 gale.
68.21 Hours passed. They were sheltered by the heavy
68.22 inclination of the ship from the wind that rushed in
68.23 one long unbroken moan above their heads, but cold
68.24 rain showers fell at times into the uneasy calm of
68.25 their refuge. Under the torment of that new infliction
68.26 a pair of shoulders would writhe a little. Teeth
68.27 chattered. The sky was clearing, and bright sun-
68.28 shine gleamed over the ship. After every burst of
68.29 battering seas, vivid and fleeting rainbows arched
68.30 over the drifting hull in the flick of sprays. The gale
68.31 was ending in a clear blow, which gleamed and cut
69.01 like a knife. Between two bearded shellbacks Charley,
69.02 fastened with somebody's long muffler to a deck
69.03 ring-bolt, wept quietly, with rare tears wrung out by
69.04 bewilderment, cold, hunger, and general misery.
69.05 One of his neighbours punched him in the ribs, ask-
69.06 ing roughly: -- " What's the matter with your cheek?
69.07 In fine weather there's no holding you, youngster. "
69.08 Turning about with prudence, he worked himself out
69.09 of his coat and threw it over the boy. The other
69.10 man closed up, muttering: -- " 'Twill make a bloomin'
69.11 man of you, sonny. " They flung their arms over and
69.12 pressed against him. Charley drew his feet up and
69.13 his eyelids dropped. Sighs were heard, as men,
69.14 perceiving that they were not to be " drowned in a
69.15 hurry, " tried easier positions. Mr. Creighton, who
69.16 had hurt his leg, lay amongst us with compressed
69.17 lips. Some fellows belonging to his watch set about
69.18 securing him better. Without a word or a glance he
69.19 lifted his arms one after another to facilitate the opera-
69.20 tion, and not a muscle moved in his stern, young face.
69.21 They asked him with solicitude: -- " Easier now,
69.22 sir? " He answered with a curt: -- " That'll do. "
69.23 He was a hard young officer, but many of his watch
69.24 used to say they liked him well enough because he
69.25 had " such a gentlemanly way of damning us up and
69.26 down the deck. " Others, unable to discern such fine
69.27 shades of refinement, respected him for his smartness.
69.28 For the first time since the ship had gone on her beam
69.29 ends Captain Allistoun gave a short glance down at
69.30 his men. He was almost upright -- one foot against
69.31 the side of the skylight, one knee on the deck; and
70.01 with the end of the vang round his waist swung back
70.02 and forth with his gaze fixed ahead, watchful, like a man
70.03 looking out for a sign. Before his eyes the ship, with
70.04 half her deck below water, rose and fell on heavy seas
70.05 that rushed from under her, flashing in the cold sun-
70.06 shine. We began to think she was wonderfully
70.07 buoyant -- considering. Confident voices were heard
70.08 shouting -- " She'll do, boys! " Belfast exclaimed
70.09 with fervour: -- " I would giv' a month's pay for a
70.10 draw at a pipe! " One or two, passing dry tongues
70.11 on their salt lips, muttered something about a " drink
70.12 of water. " The cook, as if inspired, scrambled up
70.13 with his breast against the poop water-cask and looked
70.14 in. There was a little at the bottom. He yelled,
70.15 waving his arms, and two men began to crawl back-
70.16 wards and forwards with the mug. We had a good
70.17 mouthful all round. The master shook his head
70.18 impatiently, refusing. When it came to Charley one
70.19 of his neighbours shouted: -- " That bloomin' boy's
70.20 asleep. " He slept as though he had been dosed with
70.21 narcotics. They let him be. Singleton held to the
70.22 wheel with one hand while he drank, bending down
70.23 to shelter his lips from the wind. Wamibo had to be
70.24 poked and yelled at before he saw the mug held before
70.25 his eyes. Knowles said sagaciously: -- " It's better'n
70.26 a tot o' rum. " Mr. Baker grunted: -- " Thank ye. "
70.27 Mr. Creighton drank and nodded. Donkin gulped
70.28 greedily, glaring over the rim. Belfast made us laugh
70.29 when with grimacing mouth he shouted: -- " Pass it
70.30 this way. We're all taytottlers here. " The master,
70.31 presented with the mug again by a crouching man,
71.01 who screamed up at him: -- " We all had a drink,
71.02 captain, " groped for it without ceasing to look ahead,
71.03 and handed it back stiffly as though he could not spare
71.04 half a glance away from the ship. Faces brightened.
71.05 We shouted to the cook: -- " Well done, doctor! "
71.06 He sat to leeward, propped by the water-cask and yelled
71.07 back abundantly, but the seas were breaking in thunder
71.08 just then, and we only caught snatches that sounded
71.09 like: -- " Providence " and " born again. " He was at
71.10 his old game of preaching. We made friendly but
71.11 derisive gestures at him, and from below he lifted one
71.12 arm, holding on with the other, moved his lips; he
71.13 beamed up to us, straining his voice -- earnest, and
71.14 ducking his head before the sprays.
71.15 Suddenly some one cried: -- " Where's Jimmy? "
71.16 and we were appalled once more. On the end of the
71.17 row the boatswain shouted hoarsely: -- " Has any one
71.18 seed him come out? " Voices exclaimed dismally: --
71.19 " Drowned -- is he? . . . No! In his cabin! . . .
71.20 Good Lord! . . . Caught like a bloomin' rat in a
71.21 trap. . . . Couldn't open his door. . . . Ay! She
71.22 went over too quick and the water jammed it. . . .
71.23 Poor beggar! . . . No help for 'im. . . . Let's go
71.24 and see. . . . " " Damn him, who could go? "
71.25 screamed Donkin. -- " Nobody expects you to, "
71.26 growled the man next to him: " you're only a thing. "
71.27 -- " Is there half a chance to get at 'im? " inquired
71.28 two or three men together. Belfast untied himself
71.29 with blind impetuosity, and all at once shot down to
71.30 leeward quicker than a flash of lightning. We shouted
71.31 all together with dismay; but with his legs overboard
72.01 he held and yelled for a rope. In our extremity
72.02 nothing could be terrible; so we judged him funny
72.03 kicking there, and with his scared face. Some one
72.04 began to laugh, and, as if hysterically infected with
72.05 screaming merriment, all those haggard men went off
72.06 laughing, wild-eyed, like a lot of maniacs tied up on
72.07 a wall. Mr. Baker swung off the binnacle-stand and
72.08 tendered him one leg. He scrambled up rather
72.09 scared, and consigning us with abominable words to
72.10 the " divvle. " " You are . . . Ough! You're a
72.11 foul-mouthed beggar, Craik, " grunted Mr. Baker.
72.12 He answered, stuttering with indignation: -- " Look
72.13 at 'em, sorr. The bloomin' dirty images! laughing
72.14 at a chum going overboard. Call themselves men,
72.15 too. " But from the break of the poop the boatswain
72.16 called out: -- " Come along, " and Belfast crawled
72.17 away in a hurry to join him. The five men, poised
72.18 and gazing over the edge of the poop, looked for the
72.19 best way to get forward. They seemed to hesitate.
72.20 The others, twisting in their lashings, turning pain-
72.21 fully, stared with open lips. Captain Allistoun saw
72.22 nothing; he seemed with his eyes to hold the ship
72.23 up in a superhuman concentration of effort. The
72.24 wind screamed loud in sunshine; columns of spray
72.25 rose straight up; and in the glitter of rainbows burst-
72.26 ing over the trembling hull the men went over
72.27 cautiously, disappearing from sight with deliberate
72.28 movements.
72.29 They went swinging from belaying pin to cleat
72.30 above the seas that beat the half-submerged deck.
72.31 Their toes scraped the planks. Lumps of green cold
73.01 water toppled over the bulwark and on their heads.
73.02 They hung for a moment on strained arms, with the
73.03 breath knocked out of them, and with closed eyes --
73.04 then, letting go with one hand, balanced with lolling
73.05 heads, trying to grab some rope or stanchion further
73.06 forward. The long-armed and athletic boatswain
73.07 swung quickly, gripping things with a fist hard as
73.08 iron, and remembering suddenly snatches of the last
73.09 letter from his " old woman. " Little Belfast scrambled
73.10 in a rage, spluttering " Cursed nigger. " Wamibo's
73.11 tongue hung out with excitement; and Archie,
73.12 intrepid and calm, watched his chance to move with
73.13 intelligent coolness.
73.14 When above the side of the house, they let go one
73.15 after another, and, falling heavily, sprawled, pressing
73.16 their palms to the smooth teak wood. Round them
73.17 the backwash of waves seethed white and hissing. All
73.18 the doors had become trap-doors, of course. The
73.19 first was the galley door. The galley extended from
73.20 side to side, and they could hear the sea splashing with
73.21 hollow noises in there. The next door was that of
73.22 the carpenter's shop. They lifted it, and looked
73.23 down. The room seemed to have been devastated by
73.24 an earthquake. Everything in it had tumbled on the
73.25 bulkhead facing the door, and on the other side of
73.26 that bulkhead there was Jimmy, dead or alive. The
73.27 bench, a half-finished meat-safe, saws, chisels, wire
73.28 rods, axes, crowbars, lay in a heap besprinkled with
73.29 loose nails. A sharp adze stuck up with a shining
73.30 edge that gleamed dangerously down there like a
73.31 wicked smile. The men clung to one another, peering.
74.01 A sickening, sly lurch of the ship nearly sent them
74.02 overboard in a body. Belfast howled " Here goes! "
74.03 and leaped down. Archie followed cannily, catching
74.04 at shelves that gave way with him, and eased himself
74.05 in a great crash of ripped wood. There was hardly
74.06 room for three men to move. And in the sunshiny

74.07 blue square of the door, the boatswain's face, bearded
74.08 and dark, Wamibo's face, wild and pale, hung over
74.09 -- watching.
74.10 Together they shouted: " Jimmy! Jim! " From
74.11 above the boatswain contributed a deep growl: " You
74.12 . . . Wait! " In a pause, Belfast entreated: " Jimmy,
74.13 darlin', are ye aloive? " The boatswain said " Again!
74.14 All together, boys! " All yelled excitedly. Wamibo
74.15 made noises resembling loud barks. Belfast drummed
74.16 on the side of the bulkhead with a piece of iron. All
74.17 ceased suddenly. The sound of screaming and
74.18 hammering went on, thin and distinct -- like a solo
74.19 after a chorus. He was alive. He was screaming
74.20 and knocking below us with the hurry of a man
74.21 prematurely shut up in a coffin. We went to work.
74.22 We attacked with desperation the abominable heap of
74.23 things heavy, of things sharp, of things clumsy to
74.24 handle. The boatswain crawled away to find some-
74.25 where a flying end of a rope; and Wamibo, held
74.26 back by shouts: -- " Don't jump! . . . Don't come
74.27 in here, muddle head! " -- remained glaring above us
74.28 -- all shining eyes, gleaming fangs, tumbled hair;
74.29 resembling an amazed and half-witted fiend gloating
74.30 over the extraordinary agitation of the damned. The
74.31 boatswain adjured us to " bear a hand, " and a rope
75.01 descended. We made things fast to it and they
75.02 went up spinning, never to be seen by man again. A
75.03 rage to fling things overboard possessed us. We
75.04 worked fiercely, cutting our hands and speaking
75.05 brutally to one another. Jimmy kept up a distract-
75.06 ing row; he screamed piercingly, without drawing
75.07 breath, like a tortured woman; he banged with
75.08 hands and feet. The agony of his fear wrung our
75.09 hearts so terribly that we longed to abandon him, to
75.10 get out of that place deep as a well and swaying like
75.11 a tree, to get out of his hearing, back on the poop
75.12 where we could wait passively for death in incom-
75.13 parable repose. We shouted to him to " shut up, for
75.14 God's sake. " He redoubled his cries. He must have
75.15 fancied we could not hear him. Probably he heard
75.16 his own clamour but faintly. We could picture him
75.17 crouching on the edge of the upper berth, letting out
75.18 with both fists at the wood, in the dark, and with his
75.19 mouth wide open for that unceasing cry. Those
75.20 were loathsome moments. A cloud driving across
75.21 the sun would darken the doorway menacingly.
75.22 Every movement of the ship was pain. We scrambled
75.23 about with no room to breathe, and felt frightfully
75.24 sick. The boatswain yelled down at us: -- " Bear a
75.25 hand! Bear a hand! We two will be washed away
75.26 from here directly if you ain't quick! " Three times
75.27 a sea leaped over the high side and flung bucketfuls
75.28 of water on our heads. Then Jimmy, startled by the
75.29 shock, would stop his noise for a moment -- waiting
75.30 for the ship to sink, perhaps -- and began again, dis-
75.31 tressingly loud, as if invigorated by the gust of fear.
76.01 At the bottom the nails lay in a layer several inches
76.02 thick. It was ghastly. Every nail in the world, not
76.03 driven in firmly somewhere, seemed to have found its
76.04 way into that carpenter's shop. There they were, of
76.05 all kinds, the remnants of stores from seven voyages.
76.06 Tin-tacks, copper tacks / sharp as needles /, pump nails,
76.07 with big heads, like tiny iron mushrooms; nails,
76.08 without any heads / horrible /; French nails polished
76.09 and slim. They lay in a solid mass more inabordable
76.10 than a hedgehog. We hesitated, yearning for a shovel,
76.11 while Jimmy below us yelled as though he had been
76.12 flayed. Groaning, we dug our fingers in, and very
76.13 much hurt, shook our hands, scattering nails and drops
76.14 of blood. We passed up our hats full of assorted nails
76.15 to the boatswain, who, as if performing a mysterious
76.16 and appeasing rite, cast them wide upon a raging sea.
76.17 We got to the bulkhead at last. Those were stout
76.18 planks. She was a ship, well finished in every detail
76.19 -- the Narcissus was. They were the stoutest planks
76.20 ever put into a ship's bulkhead -- we thought -- and
76.21 then we perceived that, in our hurry, we had sent all
76.22 the tools overboard. Absurd little Belfast wanted to
76.23 break it down with his own weight, and with both
76.24 feet leaped straight up like a springbok, cursing the
76.25 Clyde shipwrights for not scamping their work.
76.26 Incidentally he reviled all North Britain, the rest of
76.27 the earth, the sea -- and all his companions. He
76.28 swore, as he alighted heavily on his heels, that he
76.29 would never, never any more associate with any fool
76.30 that " hadn't savee enough to know his knee from his
76.31 elbow. " He managed by his thumping to scare the
77.01 last remnant of wits out of Jimmy. We could hear
77.02 the object of our exasperated solicitude darting to
77.03 and fro under the planks. He had cracked his voice
77.04 at last, and could only squeak miserably. His back
77.05 or else his head rubbed the planks, now here, now
77.06 there, in a puzzling manner. He squeaked as he
77.07 dodged the invisible blows. It was more heart-
77.08 rending even than his yells. Suddenly Archie pro-
77.09 duced a crowbar. He had kept it back; also a small
77.10 hatchet. We howled with satisfaction. He struck
77.11 a mighty blow and small chips flew at our eyes. The
77.12 boatswain above shouted: -- " Look out! Look out
77.13 there. Don't kill the man. Easy does it! " Wamibo,
77.14 maddened with excitement, hung head down and
77.15 insanely urged us: -- " Hoo! Strook 'im! Hoo!
77.16 Hoo! " We were afraid he would fall in and kill
77.17 one of us, and hurriedly we entreated the boatswain
77.18 to " shove the blamed Finn overboard. " Then, all
77.19 together, we yelled down at the planks: -- " Stand
77.20 from under! Get forward, " and listened. We only
77.21 heard the deep hum and moan of the wind above us,
77.22 the mingled roar and hiss of the seas. The ship, as
77.23 if overcome with despair, wallowed lifelessly, and our
77.24 heads swam with that unnatural motion. Belfast
77.25 clamoured: -- " For the love of God, Jimmy, where
77.26 are ye? . . . Knock! Jimmy darlint! . . . Knock!
77.27 You bloody black beast! Knock! " He was as
77.28 quiet as a dead man inside a grave; and, like men
77.29 standing above a grave, we were on the verge of tears
77.30 -- but with vexation, the strain, the fatigue; with
77.31 the great longing to be done with it, to get away, and
78.01 lay down to rest somewhere where we could see our
78.02 danger and breathe. Archie shouted: -- " Gi'e me
78.03 room! " We crouched behind him, guarding our
78.04 heads, and he struck time after time in the joint of
78.05 planks. They cracked. Suddenly the crowbar went
78.06 half-way in through a splintered oblong hole. It must
78.07 have missed Jimmy's head by less than an inch.
78.08 Archie withdrew it quickly, and that infamous nigger
78.09 rushed at the hole, put his lips to it, and whispered
78.10 " Help " in an almost extinct voice; he pressed his
78.11 head to it, trying madly to get out through that opening
78.12 one inch wide and three inches long. In our dis-
78.13 turbed state we were absolutely paralysed by his
78.14 incredible action. It seemed impossible to drive
78.15 him away. Even Archie at last lost his composure.
78.16 " If ye don't clear oot I'll drive the crowbar thro'
78.17 your head, " he shouted in a determined voice. He
78.18 meant what he said, and his earnestness seemed to
78.19 make an impression on Jimmy. He disappeared
78.20 suddenly, and we set to prising and tearing at the
78.21 planks with the eagerness of men trying to get at a
78.22 mortal enemy, and spurred by the desire to tear him
78.23 limb from limb. The wood split, cracked, gave
78.24 way. Belfast plunged in head and shoulders and
78.25 groped viciously. " I've got 'im! Got 'im, " he
78.26 shouted. " Oh! There! . . . He's gone; I've got
78.27 'im! . . . Pull at my legs! . . . Pull! " Wamibo
78.28 hooted unceasingly. The boatswain shouted direc-
78.29 tions: -- " Catch hold of his hair, Belfast; pull straight
78.30 up, you two! . . . Pull fair! " We pulled fair.
78.31 We pulled Belfast out with a jerk, and dropped him
79.01 with disgust. In a sitting posture purple-faced, he
79.02 sobbed despairingly: -- " How can I hold on to 'is
79.03 blooming short wool? " Suddenly Jimmy's head and
79.04 shoulders appeared. He stuck half-way, and with
79.05 rolling eyes foamed at our feet. We flew at him with
79.06 brutal impatience, we tore the shirt off his back, we
79.07 tugged at his ears, we panted over him; and all at
79.08 once he came away in our hands as though somebody
79.09 had let go his legs. With the same movement, with-
79.10 out a pause, we swung him up. His breath whistled,
79.11 he kicked our upturned faces, he grasped two pairs
79.12 of arms above his head, and he squirmed up with
79.13 such precipitation that he seemed positively to escape
79.14 from our hands like a bladder full of gas. Streaming
79.15 with perspiration, we swarmed up the rope, and,
79.16 coming into the blast of cold wind, gasped like men
79.17 plunged into icy water. With burning faces we
79.18 shivered to the very marrow of our bones. Never
79.19 before had the gale seemed to us more furious, the
79.20 sea more mad, the sunshine more merciless and
79.21 mocking, and the position of the ship more hopeless
79.22 and appalling. Every movement of her was ominous
79.23 of the end of her agony and of the beginning of ours.
79.24 We staggered away from the door, and, alarmed by a
79.25 sudden roll, fell down in a bunch. It appeared to us
79.26 that the side of the house was more smooth than
79.27 glass and more slippery than ice. There was nothing
79.28 to hang on to but a long brass hook used sometimes
79.29 to keep back an open door. Wamibo held on to it
79.30 and we held on to Wamibo, clutching our Jimmy.
79.31 He had completely collapsed now. He did not seem
80.01 to have the strength to close his hand. We stuck to
80.02 him blindly in our fear. We were not afraid of Wamibo
80.03 letting go / we remembered that the brute was stronger
80.04 than any three men in the ship /, but we were afraid of
80.05 the hook giving way, and we also believed that the
80.06 ship had made up her mind to turn over at last. But
80.07 she didn't. A sea swept over us. The boatswain
80.08 spluttered: -- " Up and away. There's a lull. Away
80.09 aft with you, or we will all go to the devil here. "
80.10 We stood up surrounding Jimmy. We begged him
80.11 to hold up, to hold on, at least. He glared with his
80.12 bulging eyes, mute as a fish, and with all the stiffening
80.13 knocked out of him. He wouldn't stand; he wouldn't
80.14 even as much as clutch at our necks; he was only a
80.15 cold black skin loosely stuffed with soft cotton wool;
80.16 his arms and legs swung jointless and pliable; his
80.17 head rolled about; the lower lip hung down, enormous
80.18 and heavy. We pressed round him, bothered and
80.19 dismayed; sheltering him, we swung here and there
80.20 in a body; and on the very brink of eternity we
80.21 tottered all together with concealing and absurd
80.22 gestures, like a lot of drunken men embarrassed with
80.23 a stolen corpse.
80.24 Something had to be done. We had to get him
80.25 aft. A rope was tied slack under his armpits, and,
80.26 reaching up at the risk of our lives, we hung him on
80.27 the foresheet cleet. He emitted no sound; he looked
80.28 as ridiculously lamentable as a doll that had lost half
80.29 its sawdust, and we started on our perilous journey
80.30 over the main deck, dragging along with care that
80.31 pitiful, that limp, that hateful burden. He was not
81.01 very heavy, but had he weighed a ton he could not
81.02 have been more awkward to handle. We literally
81.03 passed him from hand to hand. Now and then we
81.04 had to hang him up on a handy belaying-pin, to draw
81.05 a breath and reform the line. Had the pin broken
81.06 he would have irretrievably gone into the Southern
81.07 Ocean, but he had to take his chance of that; and
81.08 after a little while, becoming apparently aware of it,
81.09 he groaned slightly, and with a great effort whispered
81.10 a few words. We listened eagerly. He was reproach-
81.11 ing us with our carelessness in letting him run such

81.12 risks: " Now, after I got myself out from there, " he
81.13 breathed out weakly. " There " was his cabin. And
81.14 he got himself out. We had nothing to do with it
81.15 apparently! . . . No matter. . . . We went on and
81.16 let him take his chances, simply because we could
81.17 not help it; for though at that time we hated him
81.18 more than ever -- more than anything under heaven --
81.19 we did not want to lose him. We had so far saved
81.20 him; and it had become a personal matter between
81.21 us and the sea. We meant to stick to him. Had we
81.22 / by an incredible hypothesis / undergone similar toil
81.23 and trouble for an empty cask, that cask would have
81.24 become as precious to us as Jimmy was. More
81.25 precious, in fact, because we would have had no reason
81.26 to hate the cask. And we hated James Wait. We
81.27 could not get rid of the monstrous suspicion that this
81.28 astounding black man was shamming sick, had been
81.29 malingering heartlessly in the face of our toil, of our
81.30 scorn, of our patience -- and now was malingering in
81.31 the face of our devotion -- in the face of death. Our
82.01 vague and imperfect morality rose with disgust at
82.02 his unmanly lie. But he stuck to it manfully --
82.03 amazingly. No! It couldn't be. He was at all
82.04 extremity. His cantankerous temper was only the
82.05 result of the provoking invincibleness of that death
82.06 he felt by his side. Any man may be angry with such
82.07 a masterful chum. But, then, what kind of men were
82.08 we -- with our thoughts! Indignation and doubt
82.09 grappled within us in a scuffle that trampled upon the
82.10 finest of our feelings. And we hated him because
82.11 of the suspicion; we detested him because of the
82.12 doubt. We could not scorn him safely -- neither
82.13 could we pity him without risk to our dignity. So we
82.14 hated him, and passed him carefully from hand to
82.15 hand. We cried, " Got him? " -- " Yes. All right.
82.16 Let go. " And he swung from one enemy to another,
82.17 showing about as much life as an old bolster would
82.18 do. His eyes made two narrow white slits in the
82.19 black face. The air escaped through his lips with a
82.20 noise like the sound of bellows. We reached the poop
82.21 ladder at last, and it being a comparatively safe place,
82.22 we lay for a moment in an exhausted heap to rest a
82.23 little. He began to mutter. We were always in-
82.24 curably anxious to hear what he had to say. This
82.25 time he mumbled peevishly, " It took you some time
82.26 to come. I began to think the whole smart lot of
82.27 you had been washed overboard. What kept you
82.28 back? Hey? Funk? " We said nothing. With
82.29 sighs we started again to drag him up. The secret
82.30 and ardent desire of our hearts was the desire to beat
82.31 him viciously with our fists about the head; and we
83.01 handled him as tenderly as though he had been made
83.02 of glass. . . .
83.03 The return on the poop was like the return of
83.04 wanderers after many years amongst people marked
83.05 by the desolation of time. Eyes were turned slowly
83.06 in their sockets, glancing at us. Faint murmurs were
83.07 heard, " Have you got 'im after all? " The well-
83.08 known faces looked strange and familiar; they seemed
83.09 faded and grimy; they had a mingled expression of
83.10 fatigue and eagerness. They seemed to have become
83.11 much thinner during our absence, as if all these men
83.12 had been starving for a long time in their abandoned
83.13 attitudes. The captain, with a round turn of a rope
83.14 on his wrist, and kneeling on one knee, swung with a
83.15 face cold and stiff; but with living eyes he was still
83.16 holding the ship up, heeding no one, as if lost in the
83.17 unearthly effort of that endeavour. We fastened up
83.18 James Wait in a safe place. Mr. Baker scrambled
83.19 along to lend a hand. Mr. Creighton, on his back,
83.20 and very pale, muttered, " Well done, " and gave us,
83.21 Jimmy, and the sky a scornful glance, then closed his
83.22 eyes slowly. Here and there a man stirred a little,
83.23 but most of them remained apathetic, in cramped
83.24 positions, muttering between shivers. The sun was
83.25 setting. A sun enormous, unclouded, and red, de-
83.26 clining low as if bending down to look into their
83.27 faces. The wind whistled across long sunbeams that,
83.28 resplendent and cold, struck full on the dilated pupils
83.29 of staring eyes without making them wink. The
83.30 wisps of hair and the tangled beards were grey with
83.31 the salt of the sea. The faces were earthy and the
84.01 dark patches under the eyes extended to the ears,
84.02 smudged into the hollows of sunken cheeks. The
84.03 lips were livid and thin, and when they moved it was
84.04 with difficulty, as though they had been glued to the
84.05 teeth. Some grinned sadly in the sunlight, shaking
84.06 with cold. Others were sad and still. Charley,
84.07 subdued by the sudden disclosure of the insignificance
84.08 of his youth, darted fearful glances. The two smooth--
84.09 faced Norwegians resembled decrepit children, staring
84.10 stupidly. To leeward, on the edge of the horizon,
84.11 black seas leaped up towards the glowing sun. It
84.12 sank slowly, round and blazing, and the crests of
84.13 waves splashed on the edge of the luminous circle.
84.14 One of the Norwegians appeared to catch sight of it,
84.15 and, after giving a violent start, began to speak. His
84.16 voice, startling the others, made them stir. They
84.17 moved their heads stiffly, or, turning with difficulty,
84.18 looked at him with surprise, with fear, or in grave
84.19 silence. He chattered at the setting sun, nodding his
84.20 head, while the big seas began to roll across the crimson
84.21 disc; and over miles of turbulent waters the shadows
84.22 of high waves swept with a running darkness the
84.23 faces of men. A crested roller broke with a loud
84.24 hissing roar, and the sun, as if put out, disappeared.
84.25 The chattering voice faltered, went out together with
84.26 the light. There were sighs. In the sudden lull that
84.27 follows the crash of a broken sea a man said wearily,
84.28 " Here's that blooming Dutchman gone off his
84.29 chump. " A seaman, lashed by the middle, tapped the
84.30 deck with his open hand with unceasing quick flaps.
84.31 In the gathering greyness of twilight a bulky form was
85.01 seen rising aft, and began marching on all fours with
85.02 the movements of some big, cautious beast. It was
85.03 Mr. Baker passing along the line of men. He grunted
85.04 encouragingly over every one, felt their fastenings.
85.05 Some, with half-open eyes, puffed like men oppressed
85.06 by heat; others mechanically and in dreamy voices
85.07 answered him, " Ay! ay! sir! " He went from
85.08 one to another grunting, " Ough! . . . See her
85.09 through it yet; " and unexpectedly, with loud, angry
85.10 outbursts, blew up Knowles for cutting off a long
85.11 piece from the fall of the relieving tackle. " Ough!
85.12 -- Ashamed of yourself -- Relieving tackle --
85.13 Don't you know better! -- Ough! -- Able seaman!
85.14 Ough! " The lame man was crushed. He mut-
85.15 tered, " Get som'think for a lashing for myself, sir. "
85.16 -- " Ough! Lashing -- yourself. Are you a tinker
85.17 or a sailor -- What? Ough! -- May want that
85.18 tackle directly -- Ough! -- More use to the ship
85.19 than your lame carcass. Ough! -- Keep it! --
85.20 Keep it, now you've done it. " He crawled away
85.21 slowly, muttering to himself about some men being
85.22 " worse than children. " It had been a comforting
85.23 row. Low exclamations were heard: " Hallo . . .
85.24 Hallo. " . . . Those who had been painfully dozing
85.25 asked with convulsive starts, " What's up? . . .
85.26 What is it? " The answers came with unexpected
85.27 cheerfulness: " The mate is going bald-headed for
85.28 lame Jack about something or other. " " No! " . . .
85.29 " What 'as he done? " Some one even chuckled.
85.30 It was like a whiff of hope, like a reminder of safe
85.31 days. Donkin, who had been stupefied with fear,
86.01 revived suddenly and began to shout: -- " 'Ear 'im;
86.02 that's the way they tawlk to us. Vy donch 'ee 'it 'im --
86.03 one ov yer? 'It 'im! 'It 'im! Comin' the mate
86.04 over us. We are as good men as 'ee! We're all
86.05 goin' to 'ell now. We 'ave been starved in this
86.06 rotten ship, an' now we're goin' to be drowned for
86.07 them black-'earted bullies! 'It 'im! " He shrieked
86.08 in the deepening gloom, he blubbered and sobbed,
86.09 screaming: -- " 'It 'im! 'It 'im! " The rage and
86.10 fear of his disregarded right to live tried the steadfast-
86.11 ness of hearts more than the menacing shadows of the
86.12 night that advanced through the unceasing clamour
86.13 of the gale. From aft Mr. Baker was heard: -- " Is
86.14 one of you men going to stop him -- must I come
86.15 along? " " Shut up! " . . . " Keep quiet! " cried
86.16 various voices, exasperated, trembling with cold. --
86.17 " You'll get one across the mug from me directly, "
86.18 said an invisible seaman, in a weary tone. " I won't
86.19 let the mate have the trouble. " He ceased and lay
86.20 still, with the silence of despair. On the black sky
86.21 the stars, coming out, gleamed over an inky sea that,
86.22 speckled with foam, flashed back at them the evanes-
86.23 cent and pale light of a dazzling whiteness born from
86.24 the black turmoil of the waves. Remote in the
86.25 eternal calm they glittered hard and cold above the
86.26 uproar of the earth; they surrounded the vanquished
86.27 and tormented ship on all sides: more pitiless than
86.28 the eyes of a triumphant mob, and as unapproachable
86.29 as the hearts of men.
86.30 The icy south wind howled exultingly under the
86.31 sombre splendour of the sky. The cold shook the
87.01 men with a resistless violence as though it had tried
87.02 to shake them to pieces. Short moans were swept
87.03 unheard off the stiff lips. Some complained in
87.04 mutters of " not feeling themselves below the waist " ;
87.05 while those who had closed their eyes imagined they
87.06 had a block of ice on their chests. Others, alarmed at
87.07 not feeling any pain in their fingers, beat the deck
87.08 feebly with their hands -- obstinate and exhausted.
87.09 Wamibo stared vacant and dreamy. The Scandi-
87.10 navians kept on a meaningless mutter through chatter-
87.11 ing teeth. The spare Scotchmen, with determined
87.12 efforts, kept their lower jaws still. The West-country
87.13 men lay big and stolid in an invulnerable surliness. A
87.14 man yawned and swore in turns. Another breathed
87.15 with a rattle in his throat. Two elderly hard-weather
87.16 shellbacks, fast side by side, whispered dismally to
87.17 one another about the landlady of a boarding-house
87.18 in Sunderland, whom they both knew. They ex-
87.19 tolled her motherliness and her liberality; they tried
87.20 to talk about the joint of beef and the big fire in the
87.21 downstairs kitchen. The words, dying faintly on
87.22 their lips, ended in light sighs. A sudden voice
87.23 cried into the cold night, " O Lord! " No one
87.24 changed his position or took any notice of the cry.
87.25 One or two passed, with a repeated and vague gesture,
87.26 their hand over their faces, but most of them kept
87.27 very still. In the benumbed immobility of their
87.28 bodies they were excessively wearied by their thoughts,
87.29 which rushed with the rapidity and vividness of
87.30 dreams. Now and then, by an abrupt and startling
87.31 exclamation, they answered the weird hail of some
88.01 illusion; then, again, in silence contemplated the
88.02 vision of known faces and familiar things. They
88.03 recalled the aspect of forgotten shipmates and heard
88.04 the voice of dead-and-gone skippers. They remem-
88.05 bered the noise of gaslit streets, the steamy heat of
88.06 tap-rooms, or the scorching sunshine of calm days at
88.07 sea.
88.08 Mr. Baker left his insecure place, and crawled, with
88.09 stoppages, along the poop. In the dark and on all
88.10 fours he resembled some carnivorous animal prowling
88.11 amongst corpses. At the break, propped to windward
88.12 of a stanchion, he looked down on the main deck. It
88.13 seemed to him that the ship had a tendency to stand
88.14 up a little more. The wind had eased a little, he
88.15 thought, but the sea ran as high as ever. The waves
88.16 foamed viciously, and the lee side of the deck dis-

88.17 appeared under a hissing whiteness as of boiling milk,
88.18 while the rigging sank steadily with a deep vibrating
88.19 note, and, at every upward swing of the ship, the wind
88.20 rushed with a long-drawn clamour amongst the spars.
88.21 Mr. Baker watched very still. A man near him began
88.22 to make a blabbing noise with his lips, all at once and
88.23 very loud, as though the cold had broken brutally
88.24 through him. He went on: -- " Ba -- ba -- ba -- brrr --
88.25 brr -- ba -- ba. " -- " Stop that! " cried Mr. Baker,
88.26 groping in the dark. " Stop it! " He went on
88.27 shaking the leg he found under his hand. -- " What is it,
88.28 sir? " called out Belfast, in the tone of a man awakened
88.29 suddenly; " we are looking after that 'ere Jimmy. " --
88.30 " Are you? Ough! Don't make that row then.
88.31 Who's that near you? " -- " It's me -- the boatswain,
89.01 sir, " growled the West-country man; " we are trying
89.02 to keep life in that poor devil. " -- " Ay, ay! " said
89.03 Mr. Baker. " Do it quietly, can't you. " -- " He wants
89.04 us to hold him up above the rail, " went on the boat-
89.05 swain, with irritation, " says he can't breathe here
89.06 under our jackets. " -- " If we lift 'im, we drop 'im
89.07 overboard, " said another voice, " we can't feel our
89.08 hands with cold. " -- " I don't care. I am choking! "
89.09 exclaimed James Wait in a clear tone. -- " Oh no, my
89.10 son, " said the boatswain desperately, " you don't
89.11 go till we all go on this fine night. " -- " You will see
89.12 yet many a worse, " said Mr. Baker cheerfully. -- " It's
89.13 no child's play, sir! " answered the boatswain.
89.14 " Some of us farther aft, here, are in a pretty bad
89.15 way." -- " If the blamed sticks had been cut out of
89.16 her she would be running along on her bottom now
89.17 like any decent ship, an' giv' us all a chance, " said
89.18 some one, with a sigh. -- " The old man wouldn't
89.19 have it . . . much he cares for us, " whispered
89.20 another. -- " Care for you! " exclaimed Mr. Baker
89.21 angrily. " Why should he care for you? Are you a
89.22 lot of women passengers to be taken care of? We
89.23 are here to take care of the ship -- and some of you
89.24 ain't up to that. Ough! . . . What have you done
89.25 so very smart to be taken care of? Ough! . . .
89.26 Some of you can't stand a bit of a breeze without
89.27 crying over it. " -- " Come, sorr. We ain't so bad, "
89.28 protested Belfast, in a voice shaken by shivers; " we
89.29 ain't . . . brrr . . . " -- " Again, " shouted the mate,
89.30 grabbing at the shadowy form; " again! . . . Why,
89.31 you're in your shirt! What have you done? " --
90.01 " I've put my oilskin and jacket over that half--
90.02 dead nayggur -- and he says he chokes, " said Belfast
90.03 complainingly. -- " You wouldn't call me nigger
90.04 if I wasn't half dead, you Irish beggar! " boomed
90.05 James Wait vigorously. -- " You . . . brrr . . . You
90.06 wouldn't be white if you were ever so well . . . I
90.07 will fight you . . . brrrr . . . in fine weather . . .
90.08 brrr . . . with one hand tied behind my back . . .
90.09 brrrrrr . . . " -- " I don't want your rags -- I want air, "
90.10 gasped out the other faintly, as if suddenly exhausted.
90.11 The sprays swept over whistling and pattering.
90.12 Men disturbed in their peaceful torpor by the pain of
90.13 quarrelsome shouts, moaned, muttering curses. Mr.
90.14 Baker crawled off a little way to leeward where a
90.15 water-cask loomed up big, with something white
90.16 against it. " Is it you, Podmore? " asked Mr.
90.17 Baker. He had to repeat the question twice before
90.18 the cook turned, coughing feebly. -- " Yes, sir. I've
90.19 been praying in my mind for a quick deliverance; for
90.20 I am prepared for any call. . . . I - - - " -- " Look here,
90.21 cook, " interrupted Mr. Baker, " the men are perishing
90.22 with cold. " -- " Cold! " said the cook mournfully;
90.23 " they will be warm enough before long. " -- " What? "
90.24 asked Mr. Baker, looking along the deck into the
90.25 faint sheen of frothing water. -- " They are a wicked
90.26 lot, " continued the cook solemnly, but in an unsteady
90.27 voice, " about as wicked as any ship's company in this
90.28 sinful world! Now, I " -- he trembled so that he
90.29 could hardly speak; his was an exposed place, and in
90.30 a cotton shirt, a thin pair of trousers, and with his
90.31 knees under his nose, he received, quaking, the flicks
91.01 of stinging, salt drops; his voice sounded exhausted --
91.02 " now, I -- any time. . . . My eldest youngster, Mr.
91.03 Baker . . . a clever boy . . . last Sunday on shore
91.04 before his voyage he wouldn't go to church, sir.
91.05 Says I, ` You go and clean yourself, or I'll know the
91.06 reason why! ` What does he do? . . . Pond, Mr.
91.07 Baker -- fell into the pond in his best rig, sir! . . .
91.08 Accident? . . . ` Nothing will save you, fine scholar
91.09 though you are! ` says I . . . Accident! . . . I
91.10 whopped him, sir, till I couldn't lift my arm. . . . "
91.11 His voice faltered. " I whopped 'im! " he repeated,
91.12 rattling his teeth; then, after a while, let out a
91.13 mournful sound that was half a groan, half a snore.
91.14 Mr. Baker shook him by the shoulders. " Hey!
91.15 Cook! Hold up, Podmore! Tell me -- is there any
91.16 fresh water in the galley tank? The ship is lying
91.17 along less, I think; I would try to get forward. A
91.18 little water would do them good. Hallo! Look out!
91.19 Look out! " The cook struggled. -- " Not you, sir --
91.20 not you! " He began to scramble to windward.
91.21 " Galley! . . . my business! " he shouted. -- " Cook's
91.22 going crazy now, " said several voices. He yelled: --
91.23 " Crazy, am I? I am more ready to die than any
91.24 of you, officers incloosive -- there! As long as she
91.25 swims I will cook! I will get you coffee. " -- " Cook,
91.26 ye are a gentleman! " cried Belfast. But the cook
91.27 was already going over the weather ladder. He
91.28 stopped for a moment to shout back on the poop: --
91.29 " As long as she swims I will cook! " and disappeared
91.30 as though he had gone overboard. The men who had
91.31 heard sent after him a cheer that sounded like a wail
92.01 of sick children. An hour or more afterwards some
92.02 one said distinctly: " He's gone for good. " -- " Very
92.03 likely, " assented the boatswain; " even in fine weather
92.04 he was as smart about the deck as a milch-cow on her
92.05 first voyage. We ought to go and see. " Nobody
92.06 moved. As the hours dragged slowly through the
92.07 darkness Mr. Baker crawled back and forth along the
92.08 poop several times. Some men fancied they had
92.09 heard him exchange murmurs with the master, but
92.10 at that time the memories were incomparably more
92.11 vivid than anything actual, and they were not certain
92.12 whether the murmurs were heard now or many years
92.13 ago. They did not try to find out. A mutter more
92.14 or less did not matter. It was too cold for curiosity,
92.15 and almost for hope. They could not spare a moment
92.16 or a thought from the great mental occupation of
92.17 wishing to live. And the desire of life kept them
92.18 alive, apathetic and enduring under the cruel per-
92.19 sistence of wind and cold; while the bestarred black
92.20 dome of the sky revolved slowly above the ship, that
92.21 drifted, bearing their patience and their suffering,
92.22 through the stormy solitude of the sea.
92.23 Huddled close to one another, they fancied them-
92.24 selves utterly alone. They heard sustained loud
92.25 noises, and again bore the pain of existence through
92.26 long hours of profound silence. In the night they
92.27 saw sunshine, felt warmth, and suddenly, with a
92.28 start, thought that the sun would never rise upon a
92.29 freezing world. Some heard laughter, listened to
92.30 songs; others, near the end of the poop, could hear
92.31 loud human shrieks, and opening their eyes, were
93.01 surprised to hear them still, though very faint, and
93.02 far away. The boatswain said: -- " Why, it's the
93.03 cook, hailing from forward, I think. " He hardly
93.04 believed his own words or recognised his own voice.
93.05 It was a long time before the man next to him gave
93.06 a sign of life. He punched hard his other neighbour
93.07 and said: -- " The cook's shouting! " Many did
93.08 not understand, others did not care; the majority
93.09 farther aft did not believe. But the boatswain and
93.10 another man had the pluck to crawl away forward to
93.11 see. They seemed to have been gone for hours, and
93.12 were very soon forgotten. Then suddenly men who
93.13 had been plunged in a hopeless resignation became as
93.14 if possessed with a desire to hurt. They belaboured
93.15 one another with fists. In the darkness they struck
93.16 persistently anything soft they could feel near, and,
93.17 with a greater effort than for a shout, whispered ex-
93.18 citedly -- " They've got some hot coffee. . . . Boss'en
93.19 got it. . . . " " No! . . . where? " . . . " It's
93.20 coming! Cook made it. " James Wait moaned.
93.21 Donkin scrambled viciously, caring not where he
93.22 kicked, and anxious that the officers should have none
93.23 of it. It came in a pot, and they drank in turns. It
93.24 was hot, and while it blistered the greedy palates, it
93.25 seemed incredible. The men sighed out parting
93.26 with the mug: -- " How 'as he done it?" Some
93.27 cried weakly: -- " Bully for you, doctor! "
93.28 He had done it somehow. Afterwards Archie
93.29 declared that the thing was " meeraculous. " For
93.30 many days we wondered, and it was the one ever--
93.31 interesting subject of conversation to the end of the
94.01 voyage. We asked the cook, in fine weather, how he
94.02 felt when he saw his stove " reared up on end. " We
94.03 inquired, in the north-east trade and on serene
94.04 evenings, whether he had to stand on his head to put
94.05 things right somewhat. We suggested he had used
94.06 his bread-board for a raft, and from there comfortably
94.07 had stoked his grate; and we did our best to conceal
94.08 our admiration under the wit of fine irony. He
94.09 affirmed not to know anything about it, rebuked our
94.10 levity, declared himself, with solemn animation, to
94.11 have been the object of a special mercy for the saving
94.12 of our unholy lives. Fundamentally he was right,
94.13 no doubt; but he need not have been so offensively
94.14 positive about it -- he need not have hinted so often
94.15 that it would have gone hard with us had he not been
94.16 there, meritorious and pure, to receive the inspiration
94.17 and the strength for the work of grace. Had we
94.18 been saved by his recklessness or his agility, we could
94.19 have at length become reconciled to the fact; but
94.20 to admit our obligation to anybody's virtue and holi-
94.21 ness alone was as difficult for us as for any other
94.22 handful of mankind. Like many benefactors of
94.23 humanity, the cook took himself too seriously, and
94.24 reaped the reward of irreverence. We were not un-
94.25 grateful, however. He remained heroic. His say-
94.26 ing -- the saying of his life -- became proverbial in the
94.27 mouths of men as are the sayings of conquerors or
94.28 sages. Later, whenever one of us was puzzled by a
94.29 task and advised to relinquish it, he would express his
94.30 determination to persevere and to succeed by the
94.31 words: -- " As long as she swims I will cook! "
95.01 The hot drink helped us through the bleak hours
95.02 that precede the dawn. The sky low by the horizon
95.03 took on the delicate tints of pink and yellow like the
95.04 inside of a rare shell. And higher, where it glowed
95.05 with a pearly sheen, a small black cloud appeared, like
95.06 a forgotten fragment of the night set in a border of
95.07 dazzling gold. The beams of light skipped on the
95.08 crests of waves. The eyes of men turned to the east-
95.09 ward. The sunlight flooded their weary faces. They
95.10 were giving themselves up to fatigue as though they
95.11 had done for ever with their work. On Singleton's
95.12 black oilskin coat the dried salt glistened like hoar--
95.13 frost. He hung on by the wheel, with open and lifeless
95.14 eyes. Captain Allistoun, unblinking, faced the rising
95.15 sun. His lips stirred, opened for the first time in
95.16 twenty-four hours, and with a fresh firm voice he
95.17 cried, " Wear ship! "
95.18 The commanding sharp tones made all these
95.19 torpid men start like a sudden flick of a whip. Then
95.20 again, motionless where they lay, the force of habit
95.21 made some of them repeat the order in hardly audible

95.22 murmurs. Captain Allistoun glanced down at his
95.23 crew, and several, with trembling fingers and hopeless
95.24 movements, tried to cast themselves adrift. He re-
95.25 peated impatiently, " Wear ship. Now then, Mr.
95.26 Baker, get the men along. What's the matter with
95.27 them? " -- " Wear ship. Do you hear there? -- Wear
95.28 ship! " thundered out the boatswain suddenly. His
95.29 voice seemed to break through a deadly spell. Men
95.30 began to stir and crawl. -- " I want the fore-top-mast
95.31 stay sail run up smartly, " said the master, very loudly;
96.01 " if you can't manage it standing up you must do it
96.02 lying down -- that's all. Bear a hand! " -- " Come
96.03 along! Let's give the old girl a chance, " urged the
96.04 boatswain. -- " Ay! ay! Wear ship! " exclaimed
96.05 quavering voices. The forecastle men, with reluctant
96.06 faces, prepared to go forward. Mr. Baker pushed
96.07 ahead, grunting, on all fours to show the way, and they
96.08 followed him over the break. The others lay still
96.09 with a vile hope in their hearts of not being required
96.10 to move till they got saved or drowned in peace.
96.11 After some time they could be seen forward
96.12 appearing on the forecastle head, one by one in unsafe
96.13 attitudes; hanging on to the rails clambering over
96.14 the anchors; embracing the cross-head of the wind-
96.15 lass or hugging the fore-capstan. They were restless
96.16 with strange exertions, waved their arms, knelt, lay
96.17 flat down, staggered up, seemed to strive their hardest
96.18 to go overboard. Suddenly a small white piece of
96.19 canvas fluttered amongst them, grew larger, beating.
96.20 Its narrow head rose in jerks -- and at last it stood
96.21 distended and triangular in the sunshine. -- " They
96.22 have done it! " cried the voices aft. Captain Allistoun
96.23 let go the rope he had round his wrist and rolled to
96.24 leeward headlong. He could be seen casting the lee
96.25 main braces off the pins while the backwash of waves
96.26 splashed over him. -- " Square the main yard! " he
96.27 shouted up to us -- who stared at him in wonder. We
96.28 hesitated to stir. " The main brace, men. Haul!
96.29 haul anyhow! Lay on your backs and haul! " he
96.30 screeched, half drowned down there. We did not
96.31 believe we could move the main yard, but the strongest
97.01 and the less discouraged tried to execute the order.
97.02 Others assisted half-heartedly. Singleton's eyes
97.03 blazed suddenly as he took a fresh grip of the spokes.
97.04 Captain Allistoun fought his way up to windward. --
97.05 " Haul, men! Try to move it! Haul, and help the
97.06 ship. " His hard face worked suffused and furious.
97.07 " Is she going off, Singleton? " he cried. -- " Not a
97.08 move yet, sir, " croaked the old seaman in a hor-
97.09 ribly hoarse voice. -- " Watch the helm, Singleton, "
97.10 spluttered the master. " Haul, men! Have you no
97.11 more strength than rats? Haul, and earn your salt. "
97.12 Mr. Creighton, on his back, with a swollen leg and
97.13 a face as white as a piece of paper, blinked his eyes;
97.14 his bluish lips twitched. In the wild scramble men
97.15 grabbed at him, crawled over his hurt leg, knelt on
97.16 his chest. He kept perfectly still, setting his teeth
97.17 without a moan, without a sigh. The master's ardour,
97.18 the cries of that silent man inspired us. We hauled
97.19 and hung in bunches on the rope. We heard him
97.20 say with violence to Donkin, who sprawled abjectly
97.21 on his stomach, -- " I will brain you with this belaying--
97.22 pin if you don't catch hold of the brace, " and that
97.23 victim of men's injustice, cowardly and cheeky,
97.24 whimpered: -- " Are you goin' to murder us now? "
97.25 while with sudden desperation he gripped the rope.
97.26 Men sighed, shouted, hissed meaningless words,
97.27 groaned. The yards moved, came slowly square
97.28 against the wind, that hummed loudly on the yard--
97.29 arms. -- " Going off, sir, " shouted Singleton, " she's
97.30 just started. " -- " Catch a turn with that brace. Catch
97.31 a turn! " clamoured the master. Mr. Creighton,
98.01 nearly suffocated and unable to move, made a mighty
98.02 effort, and with his left hand managed to nip the rope.
98.03 -- " All fast! " cried some one. He closed his eyes
98.04 as if going off into a swoon, while huddled together
98.05 about the brace we watched with scared looks what
98.06 the ship would do now.
98.07 She went off slowly as though she had been weary
98.08 and disheartened like the men she carried. She paid
98.09 off very gradually, making us hold our breath till we
98.10 choked, and as soon as she had brought the wind
98.11 abaft the beam she started to move, and fluttered our
98.12 hearts. It was awful to see her, nearly overturned,
98.13 begin to gather way and drag her submerged side
98.14 through the water. The dead-eyes of the rigging
98.15 churned the breaking seas. The lower half of the
98.16 deck was full of mad whirlpools and eddies; and the
98.17 long line of the lee rail could be seen showing black
98.18 now and then in the swirls of a field of foam as dazzling
98.19 and white as a field of snow. The wind sang shrilly
98.20 amongst the spars; and at every slight lurch we
98.21 expected her to slip to the bottom sideways from under
98.22 our backs. When dead before it she made the first
98.23 distinct attempt to stand up, and we encouraged her
98.24 with a feeble and discordant howl. A great sea came
98.25 running up aft and hung for a moment over us with
98.26 a curling top; then crashed down under the counter
98.27 and spread out on both sides into a great sheet of
98.28 bursting froth. Above its fierce hiss we heard Single-
98.29 ton's croak: -- " She is steering! " He had both his
98.30 feet now planted firmly on the grating, and the wheel
98.31 spun fast as he eased the elm. -- " Bring the wind on
99.01 the port quarter and steady her! " called out the
99.02 master, staggering to his feet, the first man up from
99.03 amongst our prostrate heap. One or two screamed
99.04 with excitement: -- " She rises! " Far away forward,
99.05 Mr. Baker and three others were seen erect and black
99.06 on the clear sky, lifting their arms, and with open
99.07 mouths as though they had been shouting all together.
99.08 The ship trembled, trying to lift her side, lurched
99.09 back, seemed to give up with a nerveless dip, and
99.10 suddenly with an unexpected jerk swung violently
99.11 to windward, as though she had torn herself out from
99.12 a deadly grasp. The whole immense volume of water,
99.13 lifted by her deck, was thrown bodily across to star-
99.14 board. Loud cracks were heard. Iron ports breaking
99.15 open thundered with ringing blows. The water
99.16 topped over the starboard rail with the rush of a river
99.17 falling over a dam. The sea on deck, and the seas on
99.18 every side of her, mingled together in a deafening
99.19 roar. She rolled violently. We got up and were
99.20 helplessly run or flung about from side to side. Men,
99.21 rolling over and over, yelled, -- " The house will go! "
99.22 -- " She clears herself! " Lifted by a towering sea
99.23 she ran along with it for a moment, spouting thick
99.24 streams of water through every opening of her wounded
99.25 sides. The lee braces having been carried away or
99.26 washed off the pins, all the ponderous yards on the
99.27 fore swung from side to side and with appalling
99.28 rapidity at every roll. The men forward were seen
99.29 crouching here and there with fearful glances upwards
99.30 at the enormous spars that whirled about over their
99.31 heads. The torn canvas and the ends of broken
100.01 gear streamed in the wind like wisps of hair. Through
100.02 the clear sunshine, over the flashing turmoil and
100.03 uproar of the seas, the ship ran blindly, dishevelled
100.04 and headlong, as if fleeing for her life; and on the
100.05 poop we spun, we tottered about, distracted and
100.06 noisy. We all spoke at once in a thin babble; we
100.07 had the aspect of invalids and the gestures of maniacs.
100.08 Eyes shone, large and haggard, in smiling, meagre
100.09 faces that seemed to have been dusted over with
100.10 powdered chalk. We stamped, clapped our hands,
100.11 feeling ready to jump and do anything; but in reality
100.12 hardly able to keep on our feet. Captain Allistoun,
100.13 hard and slim, gesticulated madly from the poop at
100.14 Mr. Baker: " Steady these fore-yards! Steady them
100.15 the best you can! " On the main deck, men excited
100.16 by his cries, splashed, dashing aimlessly here and there
100.17 with the foam swirling up to their waists. Apart,
100.18 far aft, and alone by the helm, old Singleton had
100.19 deliberately tucked his white beard under the top
100.20 button of his glistening coat. Swaying upon the din
100.21 and tumult of the seas, with the whole battered length
100.22 of the ship launched forward in a rolling rush before
100.23 his steady old eyes, he stood rigidly still, forgotten by
100.24 all, and with an attentive face. In front of his erect
100.25 figure only the two arms moved crosswise with a swift
100.26 and sudden readiness, to check or urge again the
100.27 rapid stir of circling spokes. He steered with care.
101.01 CHAPTER FOUR
101.02 ON men reprieved by its disdainful mercy, the
101.03 immortal sea confers in its justice the full
101.04 privilege of desired unrest. Through the
101.05 perfect wisdom of its grace they are not permitted
101.06 to meditate at ease upon the complicated and acrid
101.07 savour of existence. They must without pause
101.08 justify their life to the eternal pity that commands
101.09 toil to be hard and unceasing, from sunrise to sunset,
101.10 from sunset to sunrise; till the weary succession of
101.11 nights and days tainted by the obstinate clamour of
101.12 sages, demanding bliss and an empty heaven, is re-
101.13 deemed at last by the vast silence of pain and labour,
101.14 by the dumb fear and the dumb courage of men
101.15 obscure, forgetful, and enduring.
101.16 The master and Mr. Baker coming face to face
101.17 stared for a moment, with the intense and amazed
101.18 looks of men meeting unexpectedly after years of
101.19 trouble. Their voices were gone, and they whispered
101.20 desperately at one another. -- " Any one missing? "
101.21 asked Captain Allistoun. -- " No. All there. " -- " Any"
101.22 body hurt? " -- " Only the second mate. " -- " I will
101.23 look after him directly. We're lucky. " -- " Very, "
101.24 articulated Mr. Baker faintly. He gripped the rail
101.25 and rolled bloodshot eyes. The little grey man made
102.01 an effort to raise his voice above a dull mutter, and
102.02 fixed his chief mate with a cold gaze, piercing like
102.03 a dart. -- " Get sail on the ship, " he said, speaking
102.04 authoritatively and with an inflexible snap of his thin
102.05 lips. " Get sail on her as soon as you can. This is
102.06 a fair wind. At once, sir -- don't give the men time
102.07 to feel themselves. They will get done up and stiff,
102.08 and we will never . . . We must get her along now "
102.09 . . . He reeled to a long heavy roll; the rail dipped
102.10 into the glancing hissing water. He caught a shroud,
102.11 swung helplessly against the mate . . . " Now we
102.12 have a fair wind at last --- Make --- sail. " His head
102.13 rolled from shoulder to shoulder. His eyelids began
102.14 to beat rapidly. " And the pumps --- pumps, Mr.
102.15 Baker. " He peered as though the face within a foot
102.16 of his eyes had been half a mile off. " Keep the men
102.17 on the move to --- to get her along, " he mumbled
102.18 in a drowsy tone, like a man going off into a doze. He
102.19 pulled himself together suddenly. " Mustn't stand.
102.20 Won't do, " he said, with a painful attempt at a smile.
102.21 He let go his hold, and, propelled, by the dip of the
102.22 ship, ran aft unwillingly, with small steps, till he
102.23 brought up against the binnacle stand. Hanging on
102.24 there, he looked up in aimless manner at Single-
102.25 ton, who, unheeding him, watched anxiously the end
102.26 of the jib-boom. -- " Steering gear works all right? " he
102.27 asked. There was a noise in the old seaman's throat,
102.28 as though the words had been rattling together before
102.29 they could come out. -- " Steers . . . like a little
102.30 boat, " he said, at last, with hoarse tenderness, with-
102.31 out giving the master as much as half a glance --
103.01 then, watchfully, spun the wheel down, steadied,
103.02 flung it back again. Captain Allistoun tore himself
103.03 away from the delight of leaning against the binnacle,
103.04 and began to walk the poop, swaying and reeling to
103.05 preserve his balance. . . .

103.06 The pump-rods, clanking, stamped in short jumps
103.07 while the fly-wheels turned smoothly, with great
103.08 speed, at the foot of the mainmast, flinging back and
103.09 forth with a regular impetuosity two limp clusters of
103.10 men clinging to the handles. They abandoned them-
103.11 selves, swaying from the hip with twitching faces and
103.12 stony eyes. The carpenter, sounding from time to
103.13 time, exclaimed mechanically: " Shake her up!
103.14 Keep her going! " Mr. Baker could not speak, but
103.15 found his voice to shout; and under the goad of his
103.16 objurgations, men looked to the lashings, dragged out
103.17 new sails; and, thinking themselves unable to move,
103.18 carried heavy blocks aloft -- overhauled the gear.
103.19 They went up the rigging with faltering and desperate
103.20 efforts. Their heads swam as they shifted their hold,
103.21 stepped blindly on the yards like men in the dark;
103.22 or trusted themselves to the first rope at hand with
103.23 the negligence of exhausted strength. The narrow
103.24 escapes from falls did not disturb the languid beat
103.25 of their hearts; the roar of the seas seething far
103.26 below them sounded continuous and faint like an
103.27 indistinct noise from another world; the wind filled
103.28 their eyes with tears, and with heavy gusts tried to
103.29 push them off from where they swayed in insecure
103.30 positions. With streaming faces and blowing hair
103.31 they flew up and down between sky and water,
104.01 bestriding the ends of yard-arms, crouching on foot--
104.02 ropes, embracing lifts to have their hands free, or
104.03 standing up against chain ties. Their thoughts
104.04 floated vaguely between the desire of rest and the
104.05 desire of life, while their stiffened fingers cast off
104.06 head-earrings, fumbled for knives, or held with
104.07 tenacious grip against the violent shocks of beating
104.08 canvas. They glared savagely at one another, made
104.09 frantic signs with one hand while they held their life
104.10 in the other, looked down on the narrow strip of
104.11 flooded deck, shouted along to leeward: " Light-to! "
104.12 . . . " Haul out! " . . . " Make fast! " Their
104.13 lips moved, their eyes started, furious and eager
104.14 with the desire to be understood, but the wind tossed
104.15 their words unheard upon the disturbed sea. In an
104.16 unendurable and unending strain they worked like
104.17 men driven by a merciless dream to toil in an atmo-
104.18 sphere of ice or flame. They burnt and shivered
104.19 in turns. Their eyeballs smarted as if in the smoke
104.20 of a conflagration; their heads were ready to burst
104.21 with every shout. Hard fingers seemed to grip
104.22 their throats. At every roll they thought: Now I
104.23 must let go. It will shake us all off --and thrown
104.24 about aloft they cried wildly: " Look out, there --
104.25 catch the end. " . . . " Reeve clear. " . . . " Turn
104.26 this block. . . . " They nodded desperately; shook
104.27 infuriated faces. " No! No! From down up. "
104.28 They seemed to hate one another with a deadly hate.
104.29 The longing to be done with it all gnawed their breasts,
104.30 and the wish to do things well was a burning pain.
104.31 They cursed their fate, contemned their life, and wasted
105.01 their breath in deadly imprecations upon one another.
105.02 The sailmaker, with his bald head bared, worked
105.03 feverishly, forgetting his intimacy with so many
105.04 admirals. The boatswain, climbing up with marlin--
105.05 spikes and bunches of spunyarn rovings, or kneeling
105.06 on the yard and ready to take a turn with the midship-
105.07 stop, had acute and fleeting visions of his old woman
105.08 and the youngsters in a moorland village. Mr. Baker,
105.09 feeling very weak, tottered here and there, grunting
105.10 and inflexible, like a man of iron. He waylaid those
105.11 who, coming from aloft, stood gasping for breath. He
105.12 ordered, encouraged, scolded. " Now then -- to the
105.13 main topsail now! Tally on to that gantline. Don´t
105.14 stand about there! " " Is there no rest for us? "
105.15 muttered voices. He spun round fiercely, with a
105.16 sinking heart. " No! No rest till the work is done.
105.17 Work till you drop. That´s what you´re here for. "
105.18 A bowed seaman at his elbow gave a short laugh.
105.19 " Do or die, " he croaked bitterly, then spat into his
105.20 broad palms, swung up his long arms, and grasping
105.21 the rope high above his head sent out a mournful,
105.22 wailing cry for a pull all together. A sea boarded
105.23 the quarter-deck and sent the whole lot sprawling to
105.24 leeward. Caps, handspikes floated. Clenched hands,
105.25 kicking legs, with here and there a spluttering face,
105.26 stuck out of the white hiss of foaming water. Mr.
105.27 Baker, knocked down with the rest, screamed --
105.28 " Don´t let go that rope! Hold on to it! Hold! "
105.29 And sorely bruised by the brutal fling, they held on to
105.30 it, as though it had been the fortune of their life.
105.31 The ship ran, rolling heavily, and the topping crests
106.01 glanced past port and starboard flashing their white
106.02 heads. Pumps were freed. Braces were rove. The
106.03 three topsails and foresail were set. She spurted
106.04 faster over the water, outpacing the swift rush of
106.05 waves. The menacing thunder of distanced seas
106.06 rose behind her -- filled the air with the tremendous
106.07 vibrations of its voice. And devastated, battered,
106.08 and wounded she drove foaming to the northward,
106.09 as though inspired by the courage of a high endea-
106.10 vour. . . .
106.11 The forecastle was a place of damp desolation.
106.12 They looked at their dwelling with dismay. It was
106.13 slimy, dripping; it hummed hollow with the wind,
106.14 and was strewn with shapeless wreckage like a half--
106.15 tide cavern in a rocky and exposed coast. Many had
106.16 lost all they had in the world, but most of the starboard
106.17 watch had preserved their chests; thin streams of
106.18 water trickled out of them, however. The beds were
106.19 soaked; the blankets spread out and saved by some
106.20 nail squashed under foot. They dragged wet rags
106.21 from evil-smelling corners, and wringing the water
106.22 out, recognised their property. Some smiled stiffly.
106.23 Others looked round blank and mute. There were
106.24 cries of joy over old waistcoats, and groans of sorrow
106.25 over shapeless things found among the splinters of
106.26 smashed bed boards. One lamp was discovered
106.27 jammed under the bowsprit. Charley whimpered a
106.28 little. Knowles stumped here and there, sniffing,
106.29 examining dark places for salvage. He poured dirty
106.30 water out of a boot, and was concerned to find the
106.31 owner. Those who, overwhelmed by their losses, sat
107.01 on the forepeak hatch, remained elbows on knees,
107.02 and, with a fist against each cheek, disdained to look
107.03 up. He pushed it under their noses. " Here´s a
107.04 good boot. Yours? " They snarled, " No -- get
107.05 out. " One snapped at him, " Take it to hell out
107.06 of this. " He seemed surprised. " Why? It´s a
107.07 good boot, " but, remembering suddenly that he
107.08 had lost every stitch of his clothing, he dropped his
107.09 find and began to swear. In the dim light cursing
107.10 voices clashed. A man came in and, dropping his
107.11 arms, stood still, repeating from the doorstep, " Here´s
107.12 a bloomin´ old go! Here´s a bloomin´ old go! " A
107.13 few rooted anxiously in flooded chests for tobacco.
107.14 They breathed hard, clamoured with heads down.
107.15 " Look at that, Jack! " . . . " Here! Sam! Here´s
107.16 my shore-going rig spoilt for ever. " One blasphemed
107.17 tearfully, holding up a pair of dripping trousers. No
107.18 one looked at him. The cat came out from some-
107.19 where. He had an ovation. They snatched him
107.20 from hand to hand, caressed him in a murmur of pet
107.21 names. They wondered where he had " weathered
107.22 it out " ; disputed about it. A squabbling argument
107.23 began. Two men brought in a bucket of fresh water,
107.24 and all crowded round it; but Tom, lean and mewing,
107.25 came up with every hair astir and had the first drink.
107.26 A couple of hands went aft for oil and biscuits.
107.27 Then in the yellow light and in the intervals of
107.28 mopping the deck they crunched hard bread, arranging
107.29 to " worry through somehow. " Men chummed as
107.30 to beds. Turns were settled for wearing boots and
107.31 having the use of oilskin coats. They called one
108.01 another " old man " and " sonny " in cheery voices.
108.02 Friendly slaps resounded. Jokes were shouted. One
108.03 or two stretched on the wet deck, slept with heads
108.04 pillowed on their bent arms, and several, sitting on
108.05 the hatch, smoked. Their weary faces appeared
108.06 through a thin blue haze, pacified and with sparkling
108.07 eyes. The boatswain put his head through the door.
108.08 " Relieve the wheel, one of you " -- he shouted inside
108.09 -- " it´s six. Blamme if that old Singleton hasn´t been
108.10 there more´n thirty hours. You are a fine lot. " He
108.11 slammed the door again. " Mate´s watch on deck, "
108.12 said some one. " Hey, Donkin, it´s your relief! "
108.13 shouted three or four together. He had crawled into
108.14 an empty bunk and on wet planks lay still. " Donkin,
108.15 your wheel. " He made no sound. " Donkin´s dead, "
108.16 guffawed some one. " Sell ´is bloomin´ clothes, "
108.17 shouted another. " Donkin, if ye don´t go to the
108.18 bloomin´ wheel they will sell your clothes -- d´ye
108.19 hear? " jeered a third. He groaned from his dark
108.20 hole. He complained about pains in all his bones, he
108.21 whimpered pitifully. " He won´t go, " exclaimed a
108.22 contemptuous voice; " your turn, Davis. " The young
108.23 seaman rose painfully, squaring his shoulders. Donkin
108.24 stuck his head out, and it appeared in the yellow
108.25 light fragile and ghastly. " I will giv´ yer a pound of
108.26 tobaccer, " he whined in a conciliating voice, " so
108.27 soon as I draw it from aft. I will -- s´elp me. . . . "
108.28 Davis swung his arm backhanded and the head
108.29 vanished. " I´ll go, " he said, " but you will pay for
108.30 it. " He walked unsteady but resolute to the door.
108.31 " So I will, " yelped Donkin, popping out behind him.
109.01 " So I will -- s´elp me . . . a pound . . . three bob
109.02 they chawrge. " Davis flung the door open. " You
109.03 will pay my price . . . in fine weather, " he shouted
109.04 over his shoulder. One of the men unbuttoned his
109.05 wet coat rapidly, threw it at his head. " Here, Taffy
109.06 -- take that, you thief! " " Thank you! " he cried
109.07 from the darkness above the swish of rolling water.
109.08 He could be heard splashing; a sea came on board
109.09 with a thump. " He´s got his bath already, " re-
109.10 marked a grim shellback. " Ay, ay! " grunted
109.11 others. Then, after a long silence, Wamibo made
109.12 strange noises. " Hallo, what´s up with you? " said
109.13 some one grumpily. " He says he would have gone
109.14 for Davy, " explained Archie, who was the Finn´s
109.15 interpreter generally. " I believe him! " cried voices.
109.16 . . . " Never mind, Dutchy. . . . You´ll do, mudole-
109.17 head. . . . Your turn will come soon enough. . . .
109.18 You don´t know when ye´re well off. " They ceased
109.19 and all together turned their faces to the door. Single-
109:20 ton stepped in, advanced two paces, and stood sway-
109.21 ing slightly. The sea hissed, flowed roaring past the
109.22 bows, and the forecastle trembled, full of deep mur-
109.23 murs; the lamp flared, swinging like a pendulum.
109.24 He looked with a dreamy and puzzled stare, as though
109.25 he could not distinguish the still men from their
109.26 restless shadows. There were awestruck exclamations:
109.27 -- " Hallo, hallo " . . . " How does it look outside
109.28 now, Singleton? " Those who sat on the hatch
109.29 lifted their eyes in silence, and the next oldest seaman
109.30 in the ship / those two understood one another, though
109.31 they hardly exchanged three words in a day / gazed up
110.01 at his friend attentively for a moment, then, taking a
110.02 short clay pipe out of his mouth, offered it without a
110.03 word. Singleton put out his arm towards it, missed,
110.04 staggered, and suddenly fell forward, crashing down,
110.05 stiff and headlong like an uprooted tree. There was
110.06 a swift rush. Men pushed, crying: -- " He´s done! "
110.07 . . . " Turn him over! " . . . " Stand clear, there! "
110.08 Under a crowd of startled faces bending over him he
110.09 lay on his back, staring upwards in a continuous and
110.10 intolerable manner. In the breathless silence of a

110.11 general consternation, he said in a grating murmur: --
110.12 " I am all right, " and clutched with his hands. They
110.13 helped him up. He mumbled despondently: -- " I
110.14 am getting old . . . old. " -- " Not you, " cried Belfast,
110.15 with ready tact. Supported on all sides, he hung his
110.16 head. -- " Are you better? " they asked. He glared
110.17 at them from under his eyebrows with large black
110.18 eyes, spreading over his chest the bushy whiteness of
110.19 a beard long and thick. -- " Old! old! " he repeated
110.20 sternly. Helped along, he reached his bunk. There
110.21 was in it a slimy soft heap of something that smelt,
110.22 as does at dead low water a muddy foreshore. It
110.23 was his soaked straw bed. With a convulsive effort
110.24 he pitched himself on it, and in the darkness of the
110.25 narrow place could be heard growling angrily, like
110.26 an irritated and savage animal uneasy in its den: --
110.27 " Bit of breeze . . . small thing . . . can´t stand up
110.28 . . . old! " He slept at last, high-booted, sou´-
110.29 wester on head, and his oilskin clothes rustled, when
110.30 with a deep sighing groan he turned over. Men
110.31 conversed about him in quiet concerned whispers.
111.01 " This will break ´im up " . . . " Strong as a horse "
111.02 . . . " Ay. But he ain´t what he used to be." . . .
111.03 In sad murmurs they gave him up. Yet at midnight
111.04 he turned out to duty as if nothing had been the
111.05 matter, and answered to his name with a mournful
111.06 " Here! " He brooded alone more than ever, in an
111.07 impenetrable silence and with a saddened face. For
111.08 many years he had heard himself called " Old Single-
111.09 ton, " and had serenely accepted the qualification,
111.10 taking it as a tribute of respect due to a man who
111.11 through half a century had measured his strength
111.12 against the favours and the rages of the sea. He had
111.13 never given a thought to his mortal self. He lived
111.14 unscathed, as though he had been indestructible,
111.15 surrendering to all the temptations, weathering many
111.16 gales. He had panted in sunshine, shivered in the
111.17 cold; suffered hunger, thirst, debauch; passed
111.18 through many trials -- known all the furies. Old!
111.19 It seemed to him he was broken at last. And like a
111.20 man bound treacherously while he sleeps, he woke
111.21 up fettered by the long chain of disregarded years.
111.22 He had to take up at once the burden of all his exist-
111.23 ence, and found it almost too heavy for his strength.
111.24 Old! He moved his arms, shook his head, felt his
111.25 limbs. Getting old . . . and then? He looked upon
111.26 the immortal sea with the awakened and groping
111.27 perception of its heartless might; he saw it unchanged,
111.28 black and foaming under the eternal scrutiny of the
111.29 stars; he heard its impatient voice calling for him
111.30 out of a pitiless vastness full of unrest, of turmoil,
111.31 and of terror. He looked afar upon it, and he saw an
112.01 immensity tormented and blind, moaning and furious,
112.02 that claimed all the days of his tenacious life, and,
112.03 when life was over, would claim the worn-out body of its slave.
112.04 This was the last of the breeze. It veered quickly,
112.05 changed to a black south-easter, and blew itself out,
112.06 giving the ship a famous shove to the northward into
112.07 the joyous sunshine of the trade. Rapid and white
112.08 she ran homewards in a straight path, under a blue
112.09 sky and upon the plain of a blue sea. She carried
112.10 Singleton´s completed wisdom, Donkin´s delicate
112.11 susceptibilities, and the conceited folly of us all. The
112.12 hours of ineffective turmoil were forgotten; the fear
112.13 and anguish of these dark moments were never
112.14 mentioned in the glowing peace of fine days. Yet
112.15 from that time our life seemed to start afresh as though
112.16 we had died and had been resuscitated. All the first
112.17 part of the voyage, the Indian Ocean on the other
112.18 side of the Cape, all that was lost in a haze, like an
112.19 ineradicable suspicion of some previous existence.
112.20 It had ended -- then there were blank hours: a livid
112.21 blurr -- and again we lived! Singleton was possessed
112.22 of sinister truth; Mr. Creighton of a damaged leg;
112.23 the cook of fame -- and shamefully abused the oppor-
112.24 tunities of his distinction. Donkin had an added
112.25 grievance. He went about repeating with insistence:
112.26 -- "´E said ´e would brain me -- did yer ´ear? They
112.27 are goin´ to murder us now for the least little thing. "
112.28 We began at last to think it was rather awful. And
112.29 we were conceited! We boasted of our pluck, of
113.01 our capacity for work, of our energy. We remembered
113.02 honourable episodes: our devotion, our indomitable
113.03 perseverance -- and were proud of them as though
113.04 they had been the outcome of our unaided impulses.
113.05 We remembered our danger, our toil -- and conveniently
113.06 forgot our horrible scare. We decried our officers --
113.07 who had done nothing -- and listened to the fascinating
113.08 Donkin. His care for our rights, his disinterested
113.09 concern for our dignity, were not discouraged by the
113.10 invariable contumely of our words, by the disdain of
113.11 our looks. Our contempt for him was unbounded --
113.12 and we could not but listen with interest to that con-
113.13 summate artist. He told us we were good men -- a
113.14 " bloomin´ condemned lot of good men. " Who
113.15 thanked us? who took any notice of our wrongs?
113.16 Didn´t we lead a " dorg´s loife for two poun´ ten a
113.17 month " ? Did we think that miserable pay enough
113.18 to compensate us for the risk to our lives and for the
113.19 loss of our clothes? " We´ve lost every rag! " he
113.20 cried. He made us forget that he, at any rate, had lost
113.21 nothing of his own. The younger men listened,
113.22 thinking -- this ´ere Donkin´s a long-headed chap,
113.23 though no kind of man, anyhow. The Scandinavians
113.24 were frightened at his audacities; Wamibo did not
113.25 understand; and the older seamen thoughtfully
113.26 nodded their heads, making the thin gold earrings
113.27 glitter in the fleshy lobes of hairy ears. Severe,
113.28 sunburnt faces were propped meditatively on tattooed
113.29 forearms. Veined, brown fists held in their knotted
113.30 grip the dirty white clay of smouldering pipes. They
113.31 listened, impenetrable, broad-backed, with bent
114.01 shoulders, and in grim silence. He talked with ardour,
114.02 despised and irrefutable. His picturesque and filthy
114.03 loquacity flowed like a troubled stream from a poisoned
114.04 source. His beady little eyes danced, glancing right
114.05 and left, ever on the watch for the approach of an
114.06 officer. Sometimes Mr. Baker going forward to take
114.07 a look at the head sheets would roll with his uncouth
114.08 gait through the sudden stillness of the men; or Mr.
114.09 Creighton limped along, smooth-faced, youthful, and
114.10 more stern than ever, piercing our short silence with
114.11 a keen glance of his clear eyes. Behind his back
114.12 Donkin would begin again darting stealthy, sidelong
114.13 looks. -- " ´ere´s one of ´em. Some of yer ´as made ´im
114.14 fast that day. Much thanks yer got for it. Ain´t ´ee
114.15 a-drivin´ yer wusse´n ever? . . . Let ´im slip over-
114.16 board. . . . Vy not? It would ´ave been less trouble.
114.17 Vy not? " He advanced confidentially, backed away
114.18 with great effect; he whispered, he screamed, waved
114.19 his miserable arms no thicker than pipe-stems --
114.20 stretched his lean neck -- spluttered -- squinted. In
114.21 the pauses of his impassioned orations the wind sighed
114.22 quietly aloft, the calm sea unheeded murmured in a
114.23 warning whisper along the ship´s side. We abomin-
114.24 ated the creature and could not deny the luminous
114.25 truth of his contentions. It was all so obvious. We
114.26 were indubitably good men; our deserts were great
114.27 and our pay small. Through our exertions we had
114.28 saved the ship and the skipper would get the credit
114.29 of it. What had he done? we wanted to know.
114.30 Donkin asked: -- " What ´ee could do without hus? "
114.31 and we could not answer. We were oppressed by the
115.01 injustice of the world, surprised to perceive how long
115.02 we had lived under its burden without realising our
115.03 unfortunate state, annoyed by the uneasy suspicion
115.04 of our undiscerning stupidity. Donkin assured us
115.05 it was all our " good ´eartedness, " but we would not
115.06 be consoled by such shallow sophistry. We were
115.07 men enough to courageously admit to ourselves our
115.08 intellectual shortcomings; though from that time we
115.09 refrained from kicking him, tweaking his nose, or
115.10 from accidentally knocking him about, which last,
115.11 after we had weathered the Cape, had been rather a
115.12 popular amusement. Davis ceased to talk at him
115.13 provokingly about black eyes and flattened noses.
115.14 Charley, much subdued since the gale, did not jeer
115.15 at him. Knowles deferentially and with a crafty air
115.16 propounded questions such as: -- " Could we all have
115.17 the same grub as the mates? Could we all stop
115.18 ashore till we got it? What would be the next thing
115.19 to try for if we got that? " He answered readily
115.20 with contemptuous certitude; he strutted with assur-
115.21 ance in clothes that were much too big for him as
115.22 though he had tried to disguise himself. These were
115.23 Jimmy´s clothes mostly -- though he would accept
115.24 anything from anybody; but nobody, except Jimmy,
115.25 had anything to spare. His devotion to Jimmy was
115.26 unbounded. He was for ever dodging in the little
115.27 cabin, ministering to Jimmy´s wants, humouring his
115.28 whims, submitting to his exacting peevishness, often
115.29 laughing with him. Nothing could keep him away
115.30 from the pious work of visiting the sick, especially
115.31 when there was some heavy hauling to be done on
116.01 deck. Mr. Baker had on two occasions jerked him
116.02 out from there by the scruff of the neck to our inex-
116.03 pressible scandal. Was a sick chap to be left without
116.04 attendance? Were we to be ill-used for attending
116.05 a shipmate? -- " What? " growled Mr. Baker, turning
116.06 menacingly at the mutter, and the whole half-circle
116.07 like one man stepped back a pace. " Set the topmast
116.08 stunsail. Away aloft, Donkin, overhaul the gear, "
116.09 ordered the mate inflexibly. " Fetch the sail along;
116.10 bend the down-haul clear. Bear a hand. " Then,
116.11 the sail set, he would go slowly aft and stand looking
116.12 at the compass for a long time, careworn, pensive, and
116.13 breathing hard as if stifled by the taint of unaccount-
116.14 able ill-will that pervaded the ship. " What´s up
116.15 amongst them? " he thought. " Can´t make out
116.16 this hanging back and growling. A good crowd, too,
116.17 as they go nowadays. " On deck the men exchanged
116.18 bitter words, suggested by a silly exasperation against
116.19 something unjust and irremediable that would not be
116.20 denied, and would whisper into their ears long after
116.21 Donkin had ceased speaking. Our little world went
116.22 on its curved and unswerving path carrying a dis-
116.23 contented and aspiring population. They found
116.24 comfort of a gloomy kind in an interminable and con-
116.25 scientious analysis of their unappreciated worth; and
116.26 inspired by Donkin´s hopeful doctrines they dreamed
116.27 enthusiastically of the time when every lonely ship
116.28 would travel over a serene sea, manned by a wealthy
116.29 and well-fed crew of satisfied skippers.
116.30 It looked as if it would be a long passage. The
116.31 south-east trades, light and unsteady, were left
117.01 behind; and then, on the equator and under a low
117.02 grey sky, the ship, in close heat, floated upon a smooth
117.03 sea that resembled a sheet of ground glass. Thunder
117.04 squalls hung on the horizon, circled round the ship,
117.05 far off and growling angrily, like a troop of wild beasts
117.06 afraid to charge home. The invisible sun, sweeping
117.07 above the upright masts, made on the clouds a blurred
117.08 stain of rayless light, and a similar patch of faded
117.09 radiance kept pace with it from east to west over the
117.10 unglittering level of the waters. At night, through
117.11 the impenetrable darkness of earth and heaven, broad
117.12 sheets of flame waved noiselessly; and for half a
117.13 second the becalmed craft stood out with its masts
117.14 and rigging, with every sail and every rope distinct
117.15 and black in the centre of a fiery outburst, like a
117.16 charred ship enclosed in a glove of fire. And, again,
117.17 for long hours, she remained lost in a vast universe of

117.18 night and silence where gentle sighs wandering here
117.19 and there like forlorn souls, made the still sails flutter,
117.20 as in sudden fear, and the ripple of a beshrouded
117.21 ocean whisper its compassion afar -- in a voice mournful,
117.22 immense, and faint. . . .
117.23 When the lamp was put out, and through the door
117.24 thrown wide open, Jimmy, turning on his pillow,
117.25 could see vanishing beyond the straight line of top--
117.26 gallant rail, the quick, repeated visions of a fabulous
117.27 world made up of leaping fire and sleeping water.
117.28 The lightning gleamed in his big sad eyes that seemed
117.29 in a red flicker to burn themselves out in his black
117.30 face, and then he would lie blinded and invisible in
118.01 the midst of an intense darkness. He could hear on
118.02 the quiet deck soft footfalls, the breathing of some
118.03 man lounging on the doorstep; the low creak of
118.04 swaying masts; or the calm voice of the watch-officer
118.05 reverberating aloft, hard and loud, amongst the un-
118.06 stirring sails. He listened with avidity, taking a
118.07 rest in the attentive perception of the slightest sound
118.08 from the fatiguing wanderings of his sleeplessness.
118.09 He was cheered by the rattling of blocks, reassured by
118.10 the stir and murmur of the watch, soothed by the slow
118.11 yawn of some sleepy and weary seaman settling him-
118.12 self deliberately for a snooze on the planks. Life
118.13 seemed an indestructible thing. It went on in dark-
118.14 ness, in sunshine, in sleep; tireless, it hovered affec-
118.15 tionately round the imposture of his ready death. It
118.16 was bright, like the twisted flare of lightning, and more
118.17 full of surprises than the dark night. It made him
118.18 safe, and the calm of its overpowering darkness was
118.19 as precious as its restless and dangerous light.
118.20 But in the evening, in the dog-watches, and even
118.21 far into the first night-watch, a knot of men could
118.22 always be seen congregated before Jimmy's cabin.
118.23 They leaned on each side of the door peacefully
118.24 interested, and with crossed legs; they stood astride
118.25 the doorstep discoursing, or sat in silent couples on
118.26 his sea-chest; while against the bulwark along the
118.27 spare topmast, three or four in a row stared meditatively;
118.28 with their simple faces lit up by the projected glare
118.29 of Jimmy's lamp. The little place, repainted white,
118.30 had, in the night, the brilliance of a silver shrine
118.31 where a black idol, reclining stiffly under a blanket,
119.01 blinked its weary eyes and received our homage.
119.02 Donkin officiated. He had the air of a demonstrator
119.03 showing a phenomenon, a manifestation bizarre,
119.04 simple, and meritorious that, to the beholders, should
119.05 be a profound and an everlasting lesson. " Just
119.06 look at 'im, 'ee knows what's what -- never fear! " he
119.07 exclaimed now and then, flourishing a hand hard and
119.08 fleshless like the claw of a snipe. Jimmy, on his back,
119.09 smiled with reserve and without moving a limb. He
119.10 affected the languor of extreme weakness, so as to
119.11 make it manifest to us that our delay in hauling him
119.12 out from his horrible confinement, and then that night
119.13 spent on the poop among our selfish neglect of his
119.14 needs, had " done for him. " He rather liked to talk
119.15 about it, and of course we were always interested. He
119.16 spoke spasmodically, in fast rushes with long pauses
119.17 between, as a tipsy man walks. . . . " Cook had just
119.18 given me a pannikin of hot coffee. . . . Slapped it
119.19 down there, on my chest -- banged the door to. . . . I
119.20 felt a heavy roll coming; tried to save my coffee,
119.21 burnt my fingers . . . and fell out of my bunk. . . .
119.22 She went over so quick. . . . Water came in through
119.23 the ventilator. . . . I couldn't move the door . . .
119.24 dark as a grave . . . tried to scramble up into the
119.25 upper berth. . . . Rats . . . a rat bit my finger as I
119.26 got up. . . . I could hear him swimming below me.
119.27 . . . I thought you would never come. . . . I thought
119.28 you were all gone overboard . . . of course . . .
119.29 Could hear nothing but the wind. . . . Then you
119.30 came . . . to look for the corpse, I suppose. A
119.31 little more and . . . "
120.01 " Man! But ye made a rare lot of noise in here, "
120.02 observed Archie thoughtfully.
120.03 " You chaps kicked up such a confounded row
120.04 above. . . . Enough to scare any one. . . . I didn't
120.05 know what you were up to. . . . Bash in the blamed
120.06 planks . . . my head. . . . Just what a silly, scary
120.07 gang of fools would do. . . . Not much good to me,
120.08 anyhow. . . . Just as well . . . drown. . . . Pah. "
120.09 He groaned, snapped his big white teeth, and
120.10 gazed with scorn. Belfast lifted a pair of dolorous
120.11 eyes, with a broken-hearted smile, clenched his fists
120.12 stealthily; blue-eyed Archie caressed his red whiskers
120.13 with a hesitating hand; the boatswain at the door
120.14 stared a moment, and brusquely went away with a loud
120.15 guffaw. Wamibo dreamed. . . . Donkin felt all over
120.16 his sterile chin for the few rare hairs, and said, trium-
120.17 phantly, with a sidelong glance at Jimmy: -- " Look
120.18 at 'im! Wish I was 'arf has 'ealthy as 'ee is -- I do. "
120.19 He jerked a short thumb over his shoulder towards
120.20 the after end of the ship. " That's the blooming way
120.21 to do 'em! " he yelped, with forced heartiness.
120.22 Jimmy said: -- " Don't be a dam' fool, " in a pleasant
120.23 voice. Knowles, rubbing his shoulder against the
120.24 doorpost, remarked shrewdly: -- " We can't all go
120.25 an' be took sick -- it would be mutiny. " -- " Mutiny --
120.26 gawn! " jeered Donkin; " there's no bloomin' law
120.27 against bein' sick. " -- " There's six weeks' hard for
120.28 refoosing dooty, " argued Knowles. " I mind I once
120.29 seed in Cardiff the crew of an overloaded ship --
120.30 leastways she weren't overloaded, only a fatherly
120.31 old gentleman with a white beard and an umbreller
121.01 came along the quay and talked to the hands. Said
121.02 as how it was crool hard to be drownded in winter
121.03 just for the sake of a few pounds more for the owner --
121.04 he said. Nearly cried over them -- he did; and he
121.05 had a square mainsail coat, and a gaff-topsail hat
121.06 too -- all proper. So they chaps they said they
121.07 wouldn't go to be drownded in winter -- depending
121.08 upon that 'ere Plimsoll man to see 'em through the
121.09 court. They thought to have a bloomin' lark and
121.10 two or three days' spree. And the beak giv' 'em six
121.11 weeks coss the ship warn't overloaded. Anyways
121.12 they made it out in court that she wasn't. There
121.13 wasn't one overloaded ship in Penarth Dock at all.
121.14 'Pears that old coon he was only on pay and allowance
121.15 from some kind people, under orders to look for over-
121.16 loaded ships, and he couldn't see no further than the
121.17 length of his umbreller. Some of us in the boarding--
121.18 house, where I live when I'm looking for a ship in
121.19 Cardiff, stood by to duck that old weeping spunger
121.20 in the dock. We kept a good look out, too -- but he
121.21 topped his boom directly he was outside the court. . . .
121.22 Yes. They got six weeks' hard. . . . "
121.23 They listened, full of curiosity, nodding in the
121.24 pauses their rough pensive faces. Donkin opened his
121.25 mouth once or twice, but restrained himself. Jimmy
121.26 lay still with open eyes and not at all interested. A
121.27 seaman emitted the opinion that after a verdict of
121.28 atrocious partiality, " the bloomin' beaks go an' drink
121.29 at the skipper's expense. " Others assented. It was
121.30 clear, of course. Donkin said: -- " Well, six weeks
121.31 ain't much trouble. You sleep all night in, reg'lar, in
122.01 chokey. Do it on my 'ead. " " You are used to it
122.02 ainch'ee, Donkin? " asked somebody. Jimmy con-
122.03 descended to laugh. It cheered up every one wonder-
122.04 fully. Knowles, with surprising mental agility, shifted
122.05 his ground. " If we all went sick what would become
122.06 of the ship? eh? " He posed the problem and
122.07 grinned all round. -- " Let 'er go to 'ell, " sneered
122.08 Donkin. " Damn 'er. She ain't yourn. " -- " What?
122.09 Just let her drift? " insisted Knowles in a tone of
122.10 unbelief. -- " Ay! Drift, an' be blowed, " affirmed
122.11 Donkin, with fine recklessness. The other did not
122.12 see it -- meditated. -- " The stores would run out, " he
122.13 muttered, " and . . . never get anywhere . . . and
122.14 what about pay-day? " he added, with greater assur-
122.15 ance. -- " Jack likes a good pay-day, " exclaimed a
122.16 listener on the doorstep. " Ay, because then the
122.17 girls put one arm round his neck an' t'other in his
122.18 pocket, and call him ducky. Don't they, Jack? " --
122.19 " Jack, you're a terror with the gals. " -- " He takes
122.20 three of 'em in tow at once, like one of 'em Watkinses
122.21 two-funnel tugs waddling away with three schooners
122.22 behind. " -- " Jack, you're a lame scamp. " -- " Jack,
122.23 tell us about that one with a blue eye and a black eye.
122.24 Do. " -- " There's plenty of girls with one black eye
122.25 along the Highway by . . . " " No, that's a speshul
122.26 one -- come, Jack. " Donkin looked severe and dis-
122.27 gusted; Jimmy very bored; a grey-haired sea-dog
122.28 shook his head slightly, smiling at the bowl of his
122.29 pipe, discreetly amused. Knowles turned about be-
122.30 wildered; stammered first at one, then at another. --
122.31 " No! . . . I never! . . . can't talk sensible sense
123.01 midst you. . . . Always on the kid. " He retired
123.02 bashfully -- muttering and pleased. They laughed,
123.03 hooting in the crude light, around Jimmy's bed, where
123.04 on a white pillow his hollowed black face moved to
123.05 and fro restlessly. A puff of wind came, made the
123.06 flame of the lamp leap, and outside, high up, the sails
123.07 fluttered, while near by the block of the foresheet
123.08 struck a ringing blow on the iron bulwark. A voice
123.09 far off cried, " Helm up! " another, more faint,
123.10 answered, " Hard up, sir! " They became silent --
123.11 waited expectantly. The grey-haired seaman knocked
123.12 his pipe on the doorstep and stood up. The ship
123.13 leaned over gently, and the sea seemed to wake up,
123.14 murmuring drowsily. " Here's a little wind comin', "
123.15 said some one very low. Jimmy turned over slowly
123.16 to face the breeze. The voice in the night cried loud
123.17 and commanding: -- " Haul the spanker out. " The
123.18 group before the door vanished out of the light. They
123.19 could be heard tramping aft while they repeated with
123.20 varied intonations: -- " Spanker out! " . . . " Out
123.21 spanker, sir! " Donkin remained alone with Jimmy.
123.22 There was a silence. Jimmy opened and shut his lips
123.23 several times as if swallowing draughts of fresher
123.24 air; Donkin moved the toes of his bare feet and looked
123.25 at them thoughtfully.
123.26 " Ain't you going to give them a hand with the
123.27 sail? " asked Jimmy.
123.28 " No. If six ov 'em ain't 'nough beef to set that
123.29 blamed, rotten spanker, they ain't fit to live, "
123.30 answered Donkin in a bored, far-away voice, as though
123.31 he had been talking from the bottom of a hole. Jimmy
124.01 considered the conical, fowl-like profile with a queer
124.02 kind of interest; he was leaning out of his bunk with
124.03 the calculating, uncertain expression of a man who
124.04 reflects how best to lay hold of some strange creature
124.05 that looks as though it could sting or bite. But he
124.06 said only: -- " The mate will miss you -- and there will
124.07 be ructions. "
124.08 Donkin got up to go. " I will do for 'em some
124.09 dark night; see if I don't, " he said over his shoulder.
124.10 Jimmy went on quickly: -- " You're like a poll--
124.11 parrot, like a screechin' poll-parrot. " Donkin stopped
124.12 and cocked his head attentively on one side. His big
124.13 ears stood out, transparent and veined, resembling
124.14 the thin wings of a bat.
124.15 " Yuss! " he said, with his back towards Jimmy.
124.16 " Yes! Chatter out all you know -- like . . . like
124.17 a dirty white cockatoo. "
124.18 Donkin waited. He could hear the other's breath-
124.19 ing, long and slow; the breathing of a man with a
124.20 hundredweight or so on the breastbone. Then he
124.21 asked calmly: -- " What do I know? "
124.22 " What? . . . What I tell you . . . not much.
124.23 What do you want . . . to talk about my health

124.24 so . . . "
124.25 " It's a bloomin' imposyshun. A bloomin',
124.26 stinkin', first-class imposyshun -- but it don't tyke me
124.27 in. Not it. "
124.28 Jimmy kept still. Donkin put his hands in his
124.29 pockets, and in one slouching stride came up to the
124.30 bunk.
124.31 " I talk -- what's the odds. They ain't men 'ere --
125.01 sheep they are. A driven lot of sheep. I 'old you
125.02 up. . . . Vy not? You're well orf. "
125.03 " I am . . . I don't say anything about that. . . . "
125.04 " Well. Let 'em see it. Let 'em larn what a man
125.05 can do. I am a man, I know all about yer. . . . "
125.06 Jimmy threw himself farther away on the pillow;
125.07 the other stretched out his skinny neck, jerked his
125.08 birdface down at him as though pecking at the eyes.
125.09 " I am a man. I've seen the inside of every chokey in
125.10 the Colonies rather'n give up my rights. . . . "
125.11 " You are a jail-prop, " said Jimmy weakly.
125.12 " I am . . . an' proud of it too. You! You 'aven't the
125.13 bloomin' nerve -- so you inventyd this 'ere dodge. . . . "
125.14 He paused; then with marked afterthought accentu-
125.15 ated slowly: -- " Yer ain't sick -- are yer? "
125.16 " No, " said Jimmy firmly. " Been out of sorts
125.17 now and again this year, " he mumbled, with a sudden
125.18 drop in his voice.
125.19 Donkin closed one eye, amicable and confidential.
125.20 He whispered: -- " Ye 'ave done this afore, 'aven'tchee? "
125.21 Jimmy smiled -- then as if unable to hold back he let
125.22 himself go: -- " Last ship -- yes. I was out of sorts
125.23 on the passage. See? It was easy. They paid me
125.24 off in Calcutta, and the skipper made no bones about
125.25 it either. . . . I got my money all right. Laid
125.26 up fifty-eight days! The fools! O Lord! The
125.27 fools! Paid right off. " He laughed spasmodically.
125.28 Donkin chimed in giggling. Then Jimmy coughed
125.29 violently. " I am as well as ever, " he said, as soon as
125.30 he could draw breath.
125.31 Donkin made a derisive gesture. " In course, " he
126.01 said profoundly, " any one can see that. " -- " They
126.02 don't, " said Jimmy, gasping like a fish. -- " They would
126.03 swallow any yarn, " affirmed Donkin. -- " Don't you
126.04 let on too much, " admonished Jimmy in an exhausted
126.05 voice. -- " Your little gyme? Eh? " commented
126.06 Donkin jovially. Then with sudden disgust: " Yer
126.07 all for yerself, s'long as ye're right. . . . "
126.08 So charged with egoism James Wait pulled the
126.09 blanket up to his chin and lay still for a while. His
126.10 heavy lips protruded in an everlasting black pout.
126.11 " Why are you so hot on making trouble? " he asked,
126.12 without much interest.
126.13 " 'Cos it's a bloomin' shayme. We are put upon
126.14 . . . bad food, bad pay . . . I want us to kick
126.15 up a bloomin' row; a blamed 'owling row that would
126.16 make 'em remember! Knocking people about . . .
126.17 brain us . . . indeed! Ain't we men? " His altru-
126.18 istic indignation blazed. Then he said calmly: --
126.19 " I've been airing yer clothes. " -- " All right, " said
126.20 Jimmy languidly, " bring them in. " -- " Giv' us the
126.21 key of your chest, I'll put 'em away for yer, " said
126.22 Donkin, with friendly eagerness. -- " Bring 'em in, I
126.23 will put them away myself, " answered James Wait,
126.24 with severity. Donkin looked down, muttering. . . .
126.25 " What d'you say? What d'you say? " inquired
126.26 Wait anxiously. -- " Nothink. The night's dry, let
126.27 'em 'ang out till the morning, " said Donkin, in
126.28 a strangely trembling voice, as though restraining
126.29 laughter or rage. Jimmy seemed satisfied. -- " Give
126.30 me a little water for the night in my mug -- there, " he
126.31 said. Donkin took a stride over the doorstep. --
127.01 " Git it yerself, " he replied in a surly tone. " You
127.02 can do it, unless you are sick. " -- " Of course I can do
127.03 it, " said Wait, " only . . . " -- " Well, then, do it, "
127.04 said Donkin viciously, " if yer can look after yer
127.05 clothes, yer can look after yerself. " He went on
127.06 deck without a look back.
127.07 Jimmy reached out for the mug. Not a drop. He
127.08 put it back gently, with a faint sigh -- and closed his
127.09 eyes. He thought: -- That lunatic Belfast will bring
127.10 me some water if I ask. Fool. I am very thirsty.
127.11 . . . It was very hot in the cabin, and it seemed
127.12 to turn slowly round, detach itself from the ship, and
127.13 swing out smoothly into a luminous, arid space where
127.14 a black sun shone, spinning very fast. A place without
127.15 any water! No water! A policeman with the face
127.16 of Donkin drank a glass of beer by the side of an
127.17 empty well, and flew away flapping vigorously. A
127.18 ship whose mastheads protruded through the sky
127.19 and could not be seen, was discharging grain, and the
127.20 wind whirled the dry husks in spirals along the quay
127.21 of a deck with no water in it. He whirled along with
127.22 the husks -- very tired and light. All his inside was
127.23 gone. He felt lighter than the husks -- and more dry.
127.24 He expanded his hollow chest. The air streamed in,
127.25 carrying away in its rush a lot of strange things that
127.26 resembled houses, trees, people, lamp-posts. . . . No
127.27 more! There was no more air -- and he had not
127.28 finished drawing his long breath. But he was in
127.29 jail! They were locking him up. A door slammed.
127.30 They turned the key twice, flung a bucket of water over
127.31 him -- Phoo! What for?
128.01 He opened his eyes, thinking the fall had been very
128.02 heavy for an empty man -- empty -- empty. He was
128.03 in his cabin. Ah! All right! His face was stream-
128.04 ing with perspiration, his arms heavier than lead. He
128.05 saw the cook standing in the doorway, a brass key in
128.06 one hand and a bright tin hook-pot in the other.
128.07 " I have locked up the galley for the night, " said
128.08 the cook, beaming benevolently. " Eight bells just
128.09 gone. I brought you a pot of cold tea for your
128.10 night's drinking, Jimmy. I sweetened it with some
128.11 white cabin sugar, too. Well -- it won't break the
128.12 ship. "
128.13 He came in, hung the pot on the edge of the bunk,
128.14 asked perfunctorily, " How goes it? " and sat down on
128.15 the box. -- " H'm, " grunted Wait inhospitably. The
128.16 cook wiped his face with a dirty cotton rag, which,
128.17 afterwards, he tied round his neck. -- " That's how
128.18 them firemen do in steamboats, " he said serenely, and
128.19 much pleased with himself. " My work is as heavy
128.20 as theirs -- I'm thinking -- and longer hours. Did
128.21 you ever see them down the stokehold? Like fiends
128.22 they look -- firing -- firing -- firing -- down there. "
128.23 He pointed his forefinger at the deck. Some
128.24 gloomy thought darkened his shining face, fleeting,
128.25 like the shadow of a travelling cloud over the light of
128.26 a peaceful sea. The relieved watch tramped noisily
128.27 forward, passing in a body across the sheen of the
128.28 doorway. Some one cried, " Good night! " Belfast
128.29 stopped for a momert and looked at Jimmy, quiver-
128.30 ing and speechless with repressed emotion. He gave
128.31 the cook a glance charged with dismal foreboding,
129.01 and vanished. The cook cleared his throat. Jimmy
129.02 stared upwards and kept as still as a man in hiding.
129.03 The night was clear, with a gentle breeze. Above
129.04 the mastheads the resplendent curve of the Milky
129.05 Way spanned the sky like a triumphal arch of eternal
129.06 light, thrown over the dark pathway of the earth.
129.07 On the forecastle head a man whistled with loud
129.08 precision a lively jig, while another could be heard
129.09 faintly, shuffling and stamping in time. There came
129.10 from forward a confused murmur of voices, laughter --
129.11 snatches of song. The cook shook his head, glanced
129.12 obliquely at Jimmy, and began to mutter. " Ay.
129.13 Dance and sing. That's all they think of. I am
129.14 surprised that Providence don't get tired. . . . They
129.15 forget the day that's sure to come . . . but you. . . . "
129.16 Jimmy drank a gulp of tea hurriedly, as though he
129.17 had stolen it, and shrank under his blanket, edging
129.18 away towards the bulkhead. The cook got up, closed
129.19 the door, then sat down again and said distinctly: --
129.20 " Whenever I poke my galley fire I think of you
129.21 chaps -- swearing, stealing, lying, and worse -- as if
129.22 there was no such thing as another world. . . . Not
129.23 bad fellows, either, in a way, " he conceded slowly;
129.24 then, after a pause of regretful musing, he went on in a
129.25 resigned tone: -- " Well, well. They will have a hot
129.26 time of it. Hot! Did I say? The furnaces of one
129.27 of them White Star boats ain't nothing to it. "
129.28 He kept very quiet for a while. There was a
129.29 great stir in his brain; an addled vision of bright
129.30 outlines; an exciting row of rousing songs and groans
129.31 of pain. He suffered, enjoyed, admired, approved.
130.01 He was delighted, frightened, exalted -- as on that
130.02 evening / the only time in his life -- twenty-seven years
130.03 ago; he loved to recall the number of years / when as
130.04 a young man he had -- through keeping bad company
130.05 -- become intoxicated in an East-end music-hall. A
130.06 tide of sudden feeling swept him clean out of his body.
130.07 He soared. He contemplated the secret of the here-
130.08 after. It commended itself to him. It was excellent;
130.09 he loved it, himself, all hands, and Jimmy. His
130.10 heart overflowed with tenderness, with comprehension,
130.11 with the desire to meddle, with anxiety for the soul
130.12 of that black man, with the pride of possessed eternity,
130.13 with the feeling of might. Snatch him up in his
130.14 arms and pitch him right into the middle of salva-
130.15 tion . . . the black soul -- blacker -- body -- rot -- Devil.
130.16 No! Talk -- strength -- Samson. . . . There was a
130.17 great din as of cymbals in his ears; he flashed through
130.18 an ecstatic jumble of shining faces, lilies, prayer-books,
130.19 unearthly joy, white skirts, gold harps, black coats,
130.20 wings. He saw flowing garments, clean shaved faces,
130.21 a sea of light -- a lake of pitch. There were sweet
130.22 scents, a smell of sulphur -- red tongues of flame licking
130.23 a white mist. An awesome voice thundered! . . . It
130.24 lasted three seconds.
130.25 " Jimmy! " he cried in an inspired tone. Then he
130.26 hesitated. A spark of human pity glimmered yet
130.27 through the infernal fog of his supreme conceit.
130.28 " What? " said James Wait unwillingly. There
130.29 was a silence. He turned his head just the least bit,
130.30 and stole a cautious glance. The cook's lips moved
130.31 without a sound; his face was rapt, his eyes turned
131.01 up. He seemed to be mentally imploring deck beams,
131.02 the brass hook of the lamp, two cockroaches.
131.03 " Look here, " said Wait. " I want to go to sleep.
131.04 I think I could. "
131.05 " This is no time for sleep! " exclaimed the cook,
131.06 very loud. He had prayerfully divested himself of
131.07 the last vestige of his humanity. He was a voice -- a
131.08 fleshless and sublime thing, as on that memorable
131.09 night -- the night when he went walking over the sea
131.10 to make coffee for perishing sinners. " This is no
131.11 time for sleeping, " he repeated, with exaltation. " I
131.12 can't sleep. "
131.13 " Don't care damn, " said Wait, with factitious
131.14 energy. " I can. Go an' turn in. "
131.15 " Swear . . . in the very jaws! . . . In the very
131.16 jaws! Don't you see the everlasting fire . . . don't
131.17 you feel it? Blind, chockfull of sin! Repent, re-
131.18 pent! I can't bear to think of you. I hear the call
131.19 to save you. Night and day. Jimmy, let me save
131.20 you!" The words of entreaty and menace broke
131.21 out of him in a roaring torrent. The cockroaches
131.22 ran away. Jimmy perspired, wriggling stealthily
131.23 under his blanket. The cook yelled. . . . " Your days
131.24 are numbered! . . . " -- " Get out of this, " boomed
131.25 Wait courageously. -- " Pray with me! . . . " -- " I
131.26 won't! . . . " The little cabin was as hot as an oven.
131.27 It contained an immensity of fear and pain; an atmo-
131.28 sphere of shrieks and moans; prayers vociferated like

131.29 blasphemies and whispered curses. Outside, the men
131.30 called by Charley, who informed them in tones of
131.31 delight that there was a holy row going on in Jimmy's
132.01 place, crowded before the closed door, too startled
132.02 to open it. All hands were there. The watch
132.03 below had jumped out on deck in their shirts, as
132.04 after a collision. Men running up, asked: -- " What
132.05 is it? " Others said: -- " Listen! " The muffled
132.06 screaming went on: -- " On your knees! On your
132.07 Knees! " -- " Shut up! " -- " Never! You are de-
132.08 livered into my hands. . . . Your life has been saved.
132.09 . . . Purpose. . . . Mercy. . . . Repent. " -- " You
132.10 are a crazy fool! . . . " -- " Account of you . . .
132.11 you . . . Never sleep in this world, if I . . . " --
132.12 " Leave off. " -- " No! . . . stokehold . . . only
132.13 think! . . . " Then an impassioned screeching
132.14 babble where words pattered like hail. -- " No! "
132.15 shouted Wait. -- " Yes. You are! . . . No help. . . .
132.16 Everybody says so. " -- " You lie! " -- " I see you
132.17 dying this minnyt . . . before my eyes . . . as good
132.18 as dead already. " -- " Help! " shouted Jimmy pierc-
132.19 ingly. -- " Not in this valley . . . look upwards, " howled
132.20 the other. -- " Go away! Murder! Help! " clamoured
132.21 Jimmy. His voice broke. There were moanings,
132.22 low mutters, a few sobs.
132.23 " What's the matter now? " said a seldom-heard
132.24 voice. -- " Fall back, men! Fall back, there! " re-
132.25 peated Mr. Creighton sternly, pushing through. --
132.26 " Here's the old man, " whispered some. -- " The
132.27 cook's in there, sir, " exclaimed several, backing away.
132.28 The door clattered open; a broad stream of light
132.29 darted out on wondering faces; a warm whiff of
132.30 vitiated air passed. The two mates towered head
132.31 and shoulders above the spare, grey-haired man who
133.01 stood revealed between them, in shabby clothes, stiff
133.02 and angular, like a small carved figure, and with a
133.03 thin, composed face. The cook got up from his
133.04 knees. Jimmy sat high in the bunk, clasping his
133.05 drawn-up legs. The tassel of the blue night-cap
133.06 almost imperceptibly trembled over his knees. They
133.07 gazed astonished at his long, curved back, while the
133.08 white corner of one eye gleamed blindly at them. He
133.09 was afraid to turn his head, he shrank within himself;
133.10 and there was an aspect astounding and animal-like
133.11 in the perfection of his expectant immobility. A thing
133.12 of instinct -- the unthinking stillness of a scared brute.
133.13 " What are you doing here? " asked Mr. Baker
133.14 sharply. -- " My duty, " said the cook, with ardour. --
133.15 " Your . . . what? " began the mate. Captain Allis-
133.16 toun touched his arm lightly. -- " I know his caper, "
133.17 he said, in a low voice. " Come out of that, Podmore, "
133.18 he ordered, aloud.
133.19 The cook wrung his hands, shook his fists above
133.20 his head, and his arms dropped as if too heavy. For a
133.21 moment he stood distracted and speechless. -- " Never, "
133.22 he stammered, " I . . . he . . . I. " -- " What -- do --
133.23 you -- say? " pronounced Captain Allistoun. " Come
133.24 out at once -- or . . . " " I am going, " said the cook,
133.25 with a hasty and sombre resignation. He strode
133.26 over the doorstep firmly -- hesitated -- made a few steps.
133.27 They looked at him in silence. -- " I make you re-
133.28 sponsible! " he cried desperately, turning half round.
133.29 " That man is dying. I make you . . . " -- " You there
133.30 yet? " called the master in a threatening tone. -- " No,
133.31 sir, " he exclaimed hurriedly in a startled voice. The
134.01 boatswain led him away by the arm; some one laughed;
134.02 Jimmy lifted his head for a stealthy glance, and in one
134.03 unexpected leap sprang out of his bunk; Mr. Baker
134.04 make a clever catch and felt him very limp in his
134.05 arms; the group at the door grunted with surprise. --
134.06 " He lies, " gasped Wait, " he talked about black
134.07 devils -- he is a devil -- a white devil -- I am all right. "
134.08 He stiffened himself, and Mr. Baker, experimentally,
134.09 let him go. He staggered a pace or two; Captain
134.10 Allistoun watched him with a quiet and penetrating
134.11 gaze; Belfast ran to his support. He did not appear
134.12 to be aware of any one near him; he stood silent
134.13 for a moment, battling single-handed with a legion of
134.14 nameless terrors, amidst the eager looks of excited men
134.15 who watched him far off, utterly alone in the impene-
134.16 trable solitude of his fear. The sea gurgled through
134.17 the scuppers as the ship heeled over to a short puff of
134.18 wind.
134.19 " Keep him away from me, " said James Wait at last
134.20 in his fine baritone voice, and leaning with all his
134.21 weight on Belfast's neck. " I've been better this
134.22 last week . . . I am well . . . I was going back
134.23 to duty . . . to-morrow -- now if you like -- Captain. "
134.24 Belfast hitched his shoulders to keep him upright.
134.25 " No, " said the master, looking at him, fixedly.
134.26 Under Jimmy's armpit Belfast's red face moved un-
134.27 easily. A row of eyes, gleaming, stared on the edge of
134.28 light. They pushed one another with elbows, turned
134.29 their heads, whispered. Wait let his chin fall on his
134.30 breast and, with lowered eyelids, looked round in a
134.31 suspicious manner.
135.01 " Why not? " cried a voice from the shadows, " the
135.02 man's all right, sir. "
135.03 " I am all right, " said Wait, with eagerness.
135.04 " Been sick . . . better . . . turn-to now. " He
135.05 sighed. -- " Howly Mother! " exclaimed Belfast, with
135.06 a heave of the shoulders, " stand up, Jimmy. " -- " Keep
135.07 away from me, then, " said Wait, giving Belfast a
135.08 petulant push, and reeling fetched against the door-
135.09 post. His cheekbones glistened as though they had
135.10 been varnished. He snatched off his night-cap, wiped
135.11 his perspiring face with it, flung it on the deck. " I
135.12 am coming out, " he declared, without stirring.
135.13 " No. You don't, " said the master curtly. Bare
135.14 feet shuffled, disapproving voices murmured all
135.15 round; he went on as if he had not heard: -- " You
135.16 have been skulking nearly all the passage and now
135.17 you want to come out. You think you are near enough
135.18 to the pay-table now. Smell the shore, hey? "
135.19 " I've been sick . . . now -- better, " mumbled Wait,
135.20 glaring in the light. -- " You have been shamming sick, "
135.21 retorted Captain Allistoun, with severity. " Why . . . "
135.22 He hesitated for less than half a second. " Why,
135.23 anybody can see that. There's nothing the matter
135.24 with you, but you choose to lie-up to please yourself
135.25 -- and now you shall lie-up to please me. Mr. Baker,
135.26 my orders are that this man is not allowed to be on
135.27 deck to the end of this passage. "
135.28 There were exclamations of surprise, triumph,
135.29 indignation. The dark group of men swung across
135.30 the light. " What for? " " Told you so . . . "
135.31 " Bloomin' shame . . . " -- " We've got to say some-
136.01 think about that, " screeched Donkin from the rear. --
136.02 " Never mind, Jim -- we will see you righted, " cried
136.03 several together. An elderly seaman stepped to the
136.04 front. " D'ye mean to say, sir, " he asked ominously,
136.05 " that a sick chap ain't allowed to get well in this
136.06 'ere hooker? " Behind him Donkin whispered ex-
136.07 citedly amongst a staring crowd where no one spared
136.08 him a glance, but Captain Allistoun shook a forefinger
136.09 at the angry bronzed face of the speaker. -- " You --
136.10 you hold your tongue, " he said warningly. -- " This
136.11 isn't the way, " clamoured two or three younger men.
136.12 -- " Are we bloomin' masheens? " inquired Donkin
136.13 in a piercing tone, and dived under the elbows of the
136.14 front rank. -- " Soon show 'im we ain't boys . . . " --
136.15 " The man's a man if he is black. " -- " We ain't goin'
136.16 to work this bloomin' ship shorthanded if Snowball's
136.17 all right . . . " -- " He says he is. " -- " Well then,
136.18 strike, boys, strike! " -- "That's the bloomin' ticket. "
136.19 Captain Allistoun said sharply to the second mate:
136.20 " Keep quiet, Mr. Creighton, " and stood composed
136.21 in the tumult, listening with profound attention to
136.22 mixed growls and screeches, to every exclamation and
136.23 every curse of the sudden outbreak. Somebody
136.24 slammed the cabin door to with a kick; the darkness
136.25 full of menacing mutters leaped with a short clatter
136.26 over the streak of light, and the men became gesticulat-
136.27 ing shadows that growled, hissed, laughed excitedly.
136.28 Mr. Baker whispered: -- " Get away from them, sir. "
136.29 The big shape of Mr. Creighton hovered silently
136.30 about the slight figure of the master. -- " We have
136.31 been himposed upon all this voyage, " said a gruff
137.01 voice, " but this 'ere fancy takes the cake. " -- " That
137.02 man is a shipmate. " -- " Are we bloomin' kids? " --
137.03 " The port watch will refuse duty. " Charley carried
137.04 away by his feelings whistled shrilly, then yelped: --
137.05 " Giv'us our Jimmy! " This seemed to cause a
137.06 variation in the disturbance. There was a fresh
137.07 burst of squabbling uproar. A lot of quarrels were
137.08 set going at once. -- " Yes. " -- " No. " -- " Never been
137.09 sick. " -- " Go for them to once. " -- " Shut yer mouth,
137.10 youngster -- this is men's work. " -- " Is it? " muttered
137.11 Captain Allistoun bitterly. Mr. Baker grunted:
137.12 " Ough! They're gone silly. They've been simmer-
137.13 ing for the last month. " -- " I did notice, " said the
137.14 master. -- " They have started a row amongst them-
137.15 selves now, " said Mr. Creighton, with disdain, " better
137.16 get aft, sir. We will soothe them. " -- " Keep your
137.17 temper, Creighton, " said the master. And the three
137.18 men began to move slowly towards the cabin door.
137.19 In the shadows of the fore rigging a dark mass
137.20 stamped, eddied, advanced, retreated. There were
137.21 words of reproach, encouragement, unbelief, execra-
137.22 tion. The elder seamen, bewildered and angry,
137.23 growled their determination to go through with some-
137.24 thing or other; but the younger school of advanced
137.25 thought exposed their and Jimmy's wrongs with con-
137.26 fused shouts, arguing amongst themselves. They
137.27 clustered round that moribund carcass, the fit emblem
137.28 of their aspirations, and encouraging one another
137.29 they swayed, they tramped on one spot, shouting that
137.30 they would not be " put upon. " Inside the cabin,
137.31 Belfast, helping Jimmy into his bunk, twitched all
138.01 over in his desire not to miss all the row, and with
138.02 difficulty restrained the tears of his facile emotion.
138.03 James Wait, flat on his back under the blanket, gasped
138.04 complaints. -- " We will back you up, never fear, "
138.05 assured Belfast, busy about his feet. -- " I'll come out
138.06 to-morrow morning --- take my chance --- you fellows
138.07 must --- " mumbled Wait, " I come out to-morrow
138.08 --- skipper or no skipper. " He lifted one arm with
138.09 great difficulty, passed the hand over his face; " Don't
138.10 you let that cook . . . " he breathed out. -- " No, no, "
138.11 said Belfast, turning his back on the bunk, " I will
138.12 put a head on him if he comes near you. " -- " I will
138.13 smash his mug! " exclaimed faintly Wait, enraged and
138.14 weak; " I don't want to kill a man, but . . . " He
138.15 panted fast like a dog after a run in sunshine. Some
138.16 one just outside the door shouted. " He's as fit as
138.17 any ov us! " Belfast put his hand on the door--
138.18 handle. -- " Here! " called James Wait hurriedly and
138.19 in such a clear voice that the other spun round with a
138.20 start. James Wait, stretched out black and deathlike
138.21 in the dazzling light, turned his head on the pillow.
138.22 His eyes stared at Belfast, appealing and impudent.
138.23 " I am rather weak from lying-up so long, " he said
138.24 distinctly. Belfast nodded. " Getting quite well now, "
138.25 insisted Wait. -- " Yes. I noticed you getting better
138.26 this . . . last month, " said Belfast looking down.
138.27 " Hallo! What's this? " he shouted and ran out.
138.28 He was flattened directly against the side of the
138.29 house by two men who lurched against him. A lot
138.30 of disputes seemed to be going on all round. He got
138.31 clear and saw three indistinct figures standing alone
139.01 in the fainter darkness under the arched foot of the
139.02 mainsail, that rose above their heads like a convex

139.03 wall of a high edifice. Donkin hissed: -- " Go for
139.04 them . . . it's dark! " The crowd took a short run
139.05 aft in a body -- then there was a check. Donkin, agile
139.06 and thin, flitted past with his right arm going like
139.07 a windmill -- and then stood still suddenly with his
139.08 arm pointing rigidly above his head. The hurtling
139.09 flight of some heavy object was heard; it passed
139.10 between the heads of the two mates, bounded heavily
139.11 along the deck, struck the after hatch with a ponderous
139.12 and deadened blow. The bulky shape of Mr. Baker
139.13 grew distinct. " Come to your senses, men! " he
139.14 cried, advancing at the arrested crowd. " Come back,
139.15 Mr. Baker! " called the master's quiet voice. He
139.16 obeyed unwillingly. There was a minute of silence,
139.17 then a deafening hubbub arose. Above it Archie
139.18 was heard energetically: -- " If ye do oot ageen I wull
139.19 tell! " There were shouts. " Don't! " " Drop
139.20 it! " -- " We ain't that kind! " The black cluster of
139.21 human forms reeled against the bulwark, back again
139.22 towards the house. Ringbolts rang under stumbling
139.23 feet. -- " Drop it! " " Let me! " -- " No! " -- " Curse
139.24 you . . . hah! " Then sounds as of some one's face
139.25 being slapped; a piece of iron fell on the deck; a
139.26 short scuffle, and some one's shadowy body scuttled
139.27 rapidly across the main hatch before the shadow
139.28 of a kick. A raging voice sobbed out a torrent of
139.29 filthy language. . . . " Throwing things -- good God! "
139.30 grunted Mr. Baker in dismay. -- " That was meant
139.31 for me, " said the master quietly; " I felt the wind of
140.01 that thing; what was it -- an iron belaying-pin? " --
140.02 "By Jove!" muttered Mr. Creighton. The confused
140.03 voices of men talking amidships mingled with the
140.04 wash of the sea, ascended between the silent and
140.05 distended sails -- seemed to flow away into the night,
140.06 farther than the horizon, higher than the sky. The
140.07 stars burned steadily over the inclined mastheads.
140.08 Trails of light lay on the water, broke before the
140.09 advancing hull, and, after she had passed, trembled
140.10 for a long time as if in awe of the murmuring sea.
140.11 Meantime the helmsman, anxious to know what
140.12 the row was about, had let go the wheel, and, bent
140.13 double, ran with long stealthy footsteps to the break
140.14 of the poop. The Narcissus, left to herself, came up
140.15 gently to the wind without any one being aware of it.
140.16 She gave a slight roll, and the sleeping sails woke
140.17 suddenly, coming all together with a mighty flap against
140.18 the masts, then filled again one after another in a
140.19 quick succession of loud reports that ran down the
140.20 lofty spars, till the collapsed mainsail flew out last
140.21 with a violent jerk. The ship trembled from trucks
140.22 to keel; the sails kept on rattling like a discharge of
140.23 musketry; the chain sheets and loose shackles jingled
140.24 aloft in a thin peal; the gin blocks groaned. It was
140.25 as if an invisible hand had given the ship an angry
140.26 shake to recall the men that peopled her decks to the
140.27 sense of reality, vigilance, and duty. -- " Helm up! "
140.28 cried the master sharply. " Run aft, Mr. Creighton,
140.29 and see what that fool there is up to. " -- " Flatten in
140.30 the head sheets. Stand by the weather fore-braces, "
140.31 growled Mr. Baker. Startled men ran swiftly repeating
141.01 the orders. The watch below, abandoned all at once
141.02 by the watch on deck, drifted towards the forecastle
141.03 in twos and threes, arguing noisily as they went --
141.04 " We shall see to-morrow! " cried a loud voice, as if
141.05 to cover with a menacing hint an inglorious retreat.
141.06 And then only orders were heard, the falling of heavy
141.07 coils of rope, the rattling of blocks. Singleton's
141.08 white head flitted here and there in the night, high
141.09 above the deck, like the ghost of a bird. -- " Going
141.10 off, sir! " shouted Mr. Creighton from aft. -- " Full
141.11 again. " -- " All right . . . " -- " Ease off the head sheets.
141.12 That will do the braces. Coil the ropes up, " grunted
141.13 Mr. Baker, bustling about.
141.14 Gradually the tramping noises, the confused sound
141.15 of voices, died out, and the officers, coming together
141.16 on the poop, discussed the events. Mr. Baker was
141.17 bewildered and grunted; Mr. Creighton was calmly
141.18 furious; but Captain Allistoun was composed and
141.19 thoughtful. He listened to Mr. Baker's growling
141.20 argumentation, to Creighton's interjected and severe
141.21 remarks, while looking down on the deck he weighed
141.22 in his hand the iron belaying-pin -- that a moment ago
141.23 had just missed his head -- as if it had been the only
141.24 tangible fact of the whole transaction. He was one
141.25 of those commanders who speak little, seem to hear
141.26 nothing, look at no one -- and know everything, hear
141.27 every whisper, see every fleeting shadow of their ship's
141.28 life. His two big officers towered above his lean,
141.29 short figure; they talked over his head; they were
141.30 dismayed, surprised, and angry, while between them
141.31 the little quiet man seemed to have found his taciturn
142.01 serenity in the profound depths of a larger experience.
142.02 Lights were burning in the forecastle; now and then
142.03 a loud gust of babbling chatter came from forward,
142.04 swept over the decks, and became faint, as if the
142.05 unconscious ship, gliding gently through the great
142.06 peace of the sea, had left behind and for ever the
142.07 foolish noise of turbulent mankind. But it was re-
142.08 newed again and again. Gesticulating arms, profiles
142.09 of heads with open mouths appeared for a moment
142.10 in the illuminated squares of doorways; black fists
142.11 darted -- withdrew . . . " Yes. It was most damnable
142.12 to have such an unprovoked row sprung on one, "
142.13 assented the master. . . . A tumult of yells rose in
142.14 the light, abruptly ceased. . . . He didn't think there
142.15 would be any further trouble just then. . . . A bell
142.16 was struck aft, another, forward, answered in a deeper
142.17 tone, and the clamour of ringing metal spread round
142.18 the ship in a circle of wide vibrations that ebbed away
142.19 into the immeasurable night of an empty sea. . . .
142.20 Didn't he know them! Didn't he! In past years.
142.21 Better men, too. Real men to stand by one in a tight
142.22 place. Worse than devils too sometimes -- downright,
142.23 horned devils. Pah! This -- nothing. A miss as
142.24 good as a mile. . . . The wheel was being relieved
142.25 in the usual way. -- " Full and by, " said, very loud,
142.26 the man going off. -- " Full and by, " repeated the other,
142.27 catching hold of the spokes. -- " This head wind is my
142.28 trouble, " exclaimed the master, stamping his foot in
142.29 sudden anger; " head wind! all the rest is nothing. "
142.30 He was calm again in a moment. " Keep them on
142.31 the move to-night, gentlemen; just to let them feel
143.01 we've got hold all the time -- quietly, you know. Mind
143.02 you keep your hands off them, Creighton. To-
143.03 morrow I will talk to them like a Dutch Uncle. A
143.04 crazy crowd of tinkers! Yes, tinkers! I could
143.05 count the real sailors amongst them on the fingers of
143.06 one hand. Nothing will do but a row -- if -- you --
143.07 please. " He paused. " Did you think I had gone
143.08 wrong there, Mr. Baker? " He tapped his forehead,
143.09 laughed short. " When I saw him standing there,
143.10 three parts dead and so scared -- black amongst that
143.11 gaping lot -- no grit to face what's coming to us all --
143.12 the notion came to me all at once, before I could think.
143.13 Sorry for him -- like you would be for a sick brute.
143.14 If ever creature was in a mortal funk to die! . . . I
143.15 thought I would let him go out in his own way. Kind
143.16 of impulse. It never came into my head, those fools.
143.17 . . . H'm! Stand to it now -- of course. " He stuck
143.18 the belaying-pin in his pocket, seemed ashamed of
143.19 himself, then sharply: -- " If you see Podmore at his
143.20 tricks again tell him I will have him put under the
143.21 pump. Had to do it once before. The fellow breaks
143.22 out like that now and then. Good cook tho'. " He
143.23 walked away quickly, came back to the companion.
143.24 The two mates followed him through the starlight
143.25 with amazed eyes. He went down three steps, and
143.26 changing his tone, spoke with his head near the deck:
143.27 -- " I shan't turn in to-night, in case of anything;
143.28 just call out if . . . Did you see the eyes of that sick
143.29 nigger, Mr. Baker? I fancied he begged me for some-
143.30 thing. What? Past all help. One lone black beggar
143.31 amongst the lot of us, and he seemed to look through
144.01 me into the very hell. Fancy, this wretched Podmore!
144.02 Well, let him die in peace. I am master here after
144.03 all. Let him be. He might have been half a man
144.04 once. . . . Keep a good look-out. " He disappeared
144.05 down below, leaving his mates facing one another,
144.06 and more impressed than if they had seen a stone
144.07 image shed a miraculous tear of compassion over the
144.08 incertitudes of life and death. . . .
144.09 In the blue mist spreading from twisted threads
144.10 that stood upright in the bowls of pipes, the forecastle
144.11 appeared as vast as a hall. Between the beams a
144.12 heavy cloud stagnated; and the lamps surrounded by
144.13 halos burned each at the core of a purple glow in
144.14 two lifeless flames without rays. Wreaths drifted in
144.15 denser wisps. Men sprawled about on the deck, sat
144.16 in negligent poses, or, bending a knee, drooped with
144.17 one shoulder against a bulkhead. Lips moved, eyes
144.18 flashed, waving arms made sudden eddies in the
144.19 smoke. The murmur of voices seemed to pile itself
144.20 higher and higher as if unable to run out quick enough
144.21 through the narrow doors. The watch below in their
144.22 shirts, and striding on long white legs, resembled
144.23 raving somnambulists; while now and then one of
144.24 the watch on deck would rush in, looking strangely
144.25 overdressed, listen a moment, fling a rapid sentence
144.26 into the noise and run out again; but a few remained
144.27 near the door, fascinated, and with one ear turned
144.28 to the deck. " Stick together, boys, " roared Davis.
144.29 Belfast tried to make himself heard. Knowles grinned
144.30 in a slow, dazed way. A short fellow with a thick
144.31 clipped beard kept on yelling periodically: -- " Who's
145.01 afeard? Who's afeard? " Another one jumped up,
145.02 excited, with blazing eyes, sent out a string of un-
145.03 attached curses and sat down quietly. Two men
145.04 discussed familiarly, striking one another's breast in
145.05 turn, to clinch arguments. Three others, with their
145.06 heads in a bunch, spoke all together with a confidential
145.07 air, and at the top of their voices. It was a stormy
145.08 chaos of speech where intelligible fragments tossing,
145.09 struck the ear. One could hear: -- " In the last ship "
145.10 -- " Who cares? Try it on any one of us if -- . "
145.11 " Knock under " -- " Not a hand's turn " -- " He says
145.12 he is all right " -- " I always thought " -- " Never
145.13 mind. . . . " Donkin, crouching all in a heap against
145.14 the bowsprit, hunched his shoulder blades as high as
145.15 his ears, and hanging a peaked nose, resembled a sick
145.16 vulture with ruffled plumes. Belfast, straddling his
145.17 legs, had a face red with yelling, and with arms thrown
145.18 up, figured a Maltese cross. The two Scandinavians,
145.19 in a corner, had the dumbfounded and distracted
145.20 aspect of men gazing at a cataclysm. And, beyond
145.21 the light, Singleton stood in the smoke, monumental,
145.22 indistinct, with his head touching the beam; like a
145.23 statue of heroic size in the gloom of a crypt.
145.24 He stepped forward, impassive and big. The
145.25 noise subsided like a broken wave; but Belfast cried
145.26 once more with uplifted arms: -- " The man is dying,
145.27 I tell ye! " then sat down suddenly on the hatch and
145.28 took his head between his hands. All looked at
145.29 Singleton, gazing upwards from the deck, staring out
145.30 of dark corners, or turning their heads with curious
145.31 glances. They were expectant and appeased as if
146.01 that old man, who looked at no one, had possessed the
146.02 secret of their uneasy indignations and desires, a
146.03 sharper vision, a clearer knowledge. And indeed
146.04 standing there amongst them, he had the uninterested
146.05 appearance of one who had seen multitudes of ships,
146.06 had listened many times to voices such as theirs,
146.07 had already seen all that could happen on the wide

146.08 seas. They heard his voice rumble in his broad chest
146.09 as though the words had been rolling towards them
146.10 out of a rugged past. " What do you want to do? "
146.11 he asked. No one answered. Only Knowles mut-
146.12 tered -- " Ay, ay, " and somebody said low: -- " It's a
146.13 bloomin' shame. " He waited, made a contemptuous
146.14 gesture. -- " I have seen rows aboard ship before
146.15 some of you were born, " he said slowly, " for some-
146.16 thing or nothing; but never for such a thing. " --
146.17 " The man is dying, I tell ye, " repeated Belfast woe-
146.18 fully, sitting at Singleton's feet. -- " And a black fellow,
146.19 too, " went on the old seaman, " I have seen them die
146.20 like flies. " He stopped, thoughtful, as if trying to
146.21 recollect gruesome things, details of horrors, hecatombs
146.22 of niggers. They looked at him fascinated. He was
146.23 old enough to remember slavers, bloody mutinies,
146.24 pirates perhaps; who could tell through what violences
146.25 and terrors he had lived! What would he say? He
146.26 said: -- " You can't help him; die he must. " He
146.27 made another pause. His moustache and beard
146.28 stirred. He chewed words, mumbled behind tangled
146.29 white hairs; incomprehensible and exciting, like an
146.30 oracle behind a veil. . . . -- " Stop ashore -- sick. --
146.31 Instead -- bringing all this head wind. Afraid. The
147.01 sea will have her own. -- Die in sight of land. Always
147.02 so. They know it -- long passage -- more days, more
147.03 dollars. -- You keep quiet. -- What do you want?
147.04 Can't help him. " He seemed to wake up from a
147.05 dream. " You can't help yourselves, " he said
147.06 austerely. " Skipper's no fool. He has something
147.07 in his mind. Look out -- I say! I know 'em! "
147.08 With eyes fixed in front he turned his head from right
147.09 to left, from left to right, as if inspecting a long row
147.10 of astute skippers -- " 'Ee said 'ee would brain me! "
147.11 cried Donkin in a heartrending tone. Singleton
147.12 peered downwards with puzzled attention, as though
147.13 he couldn't find him. -- " Damn you! " he said
147.14 vaguely, giving it up. He radiated unspeakable
147.15 wisdom, hard unconcern, the chilling air of resignation.
147.16 Round him all the listeners felt themselves somehow
147.17 completely enlightened by their disappointment, and
147.18 mute, they lolled about with the careless ease of men
147.19 who can discern perfectly the irremediable aspect of
147.20 their existence. He, profound and unconscious,
147.21 waved his arm once, and strode out on deck without
147.22 another word.
147.23 Belfast was lost in a round-eyed meditation. One
147.24 or two vaulted heavily into upper berths, and, once
147.25 there, sighed; others dived head first inside lower
147.26 bunks -- swift, and turning round instantly upon them-
147.27 selves, like animals going into lairs. The grating of a
147.28 knife scraping burnt clay was heard. Knowles grinned
147.29 no more. Davis said, in a tone of ardent conviction: --
147.30 " Then our skipper's looney. " Archie muttered: --
147.31 " My faith! we haven't heard the last of it yet! "
148.01 Four bells were struck. -- " Half our watch below
148.02 gone! " cried Knowles in alarm, then reflected.
148.03 " Well, two hours' sleep is something towards a rest, "
148.04 he observed consolingly. Some already pretended to
148.05 slumber; and Charley, sound asleep, suddenly said a
148.06 few slurred words in an arbitrary, blank voice. --
148.07 " This blamed boy has worrums! " commented
148.08 Knowles from under a blanket, in a learned manner.
148.09 Belfast got up and approached Archie's berth. -- " We
148.10 pulled him out," he whispered sadly. -- "What?"
148.11 said the other, with sleepy discontent. -- " And now
148.12 we will have to chuck him overboard," went on
148.13 Belfast, whose lower lip trembled. -- " Chuck what? "
148.14 asked Archie. -- "Poor Jimmy," breathed out Belfast. --
148.15 " He be blowed! " said Archie with untruthful
148.16 brutality, and sat up in his bunk; " It's all through
148.17 him. If it hadn't been for me, there would have
148.18 been murder on board this ship! " -- " 'Tain't his
148.19 fault, is it? " argued Belfast, in a murmur; " I've
148.20 put him to bed . . . an' he ain't no heavier than an
148.21 empty beef-cask, " he added, with tears in his eyes.
148.22 Archie looked at him steadily, then turned his nose
148.23 to the ship's side with determination. Belfast
148.24 wandered about as though he had lost his way in the
148.25 dim forecastle, and nearly fell over Donkin. He
148.26 contemplated him from on high for a while. " Ain't
148.27 ye going to turn in? " he asked. Donkin looked up
148.28 hopelessly. -- " That black'earted Scotch son of a thief
148.29 kicked me! " he whispered from the floor, in a tone
148.30 of utter desolation. -- " And a good job, too! " said
148.31 Belfast, still very depressed. " You were as near
149.01 hanging as damn-it to-night, sonny. Don't you play
149.02 any of your murthering games around my Jimmy!
149.03 You haven't pulled him out. You just mind! 'Cos
149.04 if I start to kick you " -- he brightened up a bit -- " if
149.05 I start to kick you, it will be Yankee fashion -- to break
149.06 something! " He tapped lightly with his knuckles
149.07 the top of the bowed head. " You moind that, my
149.08 bhoy! " he concluded cheerily. Donkin let it pass. --
149.09 " Will they split on me? " he asked, with pained
149.10 anxiety. -- " Who -- split? " hissed Belfast, coming
149.11 back a step. " I would split your nose this minnyt
149.12 if I hadn't Jimmy to look after! Who d'ye think
149.13 we are? " Donkin rose and watched Belfast's back
149.14 lurch through the doorway. On all sides invisible
149.15 men slept, breathing calmly. He seemed to draw
149.16 courage and fury from the peace around him.
149.17 Venomous and thin-faced, he glared from the ample
149.18 misfit of borrowed clothes as if looking for some-
149.19 thing he could smash. His heart leaped wildly
149.20 in his narrow chest. They slept! He wanted to
149.21 wring necks, gouge eyes, spit on faces. He shook
149.22 a dirty pair of meagre fists at the smoking lights.
149.23 " Ye're no men! " he cried, in a deadened tone.
149.24 No one moved. " Yer 'aven't the pluck of a mouse! "
149.25 His voice rose to a husky screech. Wamibo darted
149.26 out a dishevelled head, and looked at him wildly.
149.27 " Ye're sweepings ov ships! I 'ope you will all rot
149.28 before you die! " Wamibo blinked, uncomprehend-
149.29 ing but interested. Donkin sat down heavily; he
149.30 blew with force through quivering nostrils, he ground
149.31 and snapped his teeth, and, with the chin pressed
150.01 hard against the breast, he seemed busy gnawing
150.02 his way through it, as if to get at the heart within. . . .
150.03 In the morning the ship, beginning another day of
150.04 her wandering life, had an aspect of sumptuous fresh-
150.05 ness, like the spring-time of the earth. The washed
150.06 decks glistened in a long clear stretch; the oblique
150.07 sunlight struck the yellow brasses in dazzling splashes,
150.08 darted over the polished rods in lines of gold, and the
150.09 single drops of salt water forgotten here and there
150.10 along the rail were as limpid as drops of dew, and
150.11 sparkled more than scattered diamonds. The sails
150.12 slept, hushed by a gentle breeze. The sun, rising
150.13 lonely and splendid in the blue sky, saw a solitary
150.14 ship gliding close-hauled on the blue sea.
150.15 The men pressed three deep abreast of the main-
150.16 mast and opposite the cabin door. They shuffled,
150.17 pushed, had an irresolute mien and stolid faces. At
150.18 every slight movement Knowles lurched heavily on his
150.19 short leg. Donkin glided behind backs, restless and
150.20 anxious, like a man looking for an ambush. Captain
150.21 Allistoun came out on the quarter-deck suddenly.
150.22 He walked to and fro before the front. He was grey,
150.23 slight, alert, shabby in the sunshine, and as hard as
150.24 adamant. He had his right hand in the side-pocket
150.25 of his jacket, and also something heavy in there that
150.26 made folds all down that side. One of the seamen
150.27 cleared his throat ominously. -- " I haven't till now
150.28 found fault with you men, " said the master, stopping
150.29 short. He faced them with his worn, steely gaze, that
150.30 by a universal illusion looked straight into every
151.01 individual pair of the twenty pairs of eyes before his
151.02 face. At his back Mr. Baker, gloomy and bull--
151.03 necked, grunted low; Mr. Creighton, fresh as paint,
151.04 had rosy cheeks and a ready, resolute bearing. " And
151.05 I don't now, " continued the master; " but I am
151.06 here to drive this ship and keep every man-jack aboard
151.07 of her up to the mark. If you knew your work as well
151.08 as I do mine, there would be no trouble. You've
151.09 been braying in the dark about ` See to-morrow
151.10 morning! ` Well, you see me now. What do you
151.11 want? " He waited, stepping quickly to and fro,
151.12 giving them searching glances. What did they
151.13 want? They shifted from foot to foot, they balanced
151.14 their bodies; some, pushing back their caps, scratched
151.15 their heads. What did they want? Jimmy was
151.16 forgotten; no one thought of him, alone forward in his
151.17 cabin, fighting great shadows, clinging to brazen lies,
151.18 chuckling painfully over his transparent deceptions.
151.19 No, not Jimmy; he was more forgotten than if he had
151.20 been dead. They wanted great things. And sud-
151.21 denly all the simple words they knew seemed to be lost
151.22 forever in the immensity of their vague and burning
151.23 desire. They knew what they wanted, but they could
151.24 not find anything worth saying. They stirred on one
151.25 spot, swinging, at the end of muscular arms, big tarry
151.26 hands with crooked fingers. A murmur died out. --
151.27 " What is it -- food? " asked the master, " you know
151.28 the stores have been spoiled off the Cape. " -- " We
151.29 know that, sir, " said a bearded shell-back in the front
151.30 rank. -- " Work too hard -- eh? Too much for your
151.31 strength? " he asked again. There was an offended
152.01 silence. -- " We don't want to go shorthanded, sir, "
152.02 began at last Davis in a wavering voice, " and this
152.03 'ere black -- . . . " -- " Enough! " cried the master.
152.04 He stood scanning them for a moment, then walking a
152.05 few steps this way and that began to storm at them
152.06 coldly, in gusts violent and cutting like the gales of
152.07 those icy seas that had known his youth. -- " Tell you
152.08 what's the matter? Too big for your boots. Think
152.09 yourselves damn good men. Know half your work.
152.10 Do half your duty. Think it too much. If you did
152.11 ten times as much it wouldn't be enough. " -- " We
152.12 did our best by her, sir, " cried some one with shaky
152.13 exasperation. -- " Your best! " stormed on the master.
152.14 " You hear a lot on shore, don't you? They don't
152.15 tell you there your best isn't much to boast of. I
152.16 tell you -- your best is no better than bad. You can
152.17 do no more? No, I know, and say nothing. But
152.18 you stop your caper or I will stop it for you. I am
152.19 ready for you! Stop it! " He shook a finger at the
152.20 crowd. " As to that man, " he raised his voice very
152.21 much; " as to that man, if he puts his nose out on
152.22 deck without my leave I will clap him in irons.
152.23 There! " The cook heard him forward, ran out of
152.24 the galley lifting his arms, horrified, unbelieving,
152.25 amazed, and ran in again. There was a moment of
152.26 profound silence during which a bow-legged sea-
152.27 man, stepping aside, expectorated decorously into the
152.28 scupper. " There is another thing, " said the master
152.29 calmly. He made a quick stride and with a swing
152.30 took an iron belaying-pin out of his pocket. " This! "
152.31 His movement was so unexpected and sudden that the
153.01 crowd stepped back. He gazed fixedly at their
153.02 faces, and some at once put on a surprised air as
153.03 though they had never seen a belaying-pin before. He
153.04 held it up. " This is my affair. I don't ask you
153.05 any questions, but you all know it; it has got to go
153.06 where it came from. " His eyes became angry. The
153.07 crowd stirred uneasily. They looked away from the
153.08 piece of iron, they appeared shy, they were embarrassed
153.09 and shocked as though it had been something horrid,
153.10 scandalous, or indelicate, that in common decency
153.11 should not have been flourished like this in broad
153.12 daylight. The master watched them attentively.
153.13 " Donkin, " he called out in a short, sharp tone.

153.14 Donkin dodged behind one, then behind another,
153.15 but they looked over their shoulders and moved aside.
153.16 The ranks kept on opening before him, closing behind,
153.17 till at last he appeared alone before the master as
153.18 though he had come up through the deck. Captain
153.19 Allistoun moved close to him. They were much of
153.20 a size, and at short range the master exchanged a
153.21 deadly glance with the beady eyes. They wavered. --
153.22 " You know this, " asked the master. -- " No, I don't, "
153.23 answered the other with a cheeky trepidation. -- " You
153.24 are a cur. Take it, " ordered the master. Donkin's
153.25 arms seemed glued to his thighs; he stood, eyes
153.26 front, as if drawn on parade. " Take it, " repeated the
153.27 master, and stepped closer; they breathed on one
153.28 another. " Take it, " said Captain Allistoun again,
153.29 making a menacing gesture. Donkin tore away one
153.30 arm from his side. -- " Vy are yer down on me? " he
153.31 mumbled with effort and as if his mouth had been
154.01 full of dough. -- " If you don't . . . " began the master
154.02 Donkin snatched at the pin as though his intention
154.03 had been to run away with it, and remained stock
154.04 still holding it like a candle. " Put it back where
154.05 you took it from, " said Captain Allistoun, looking
154.06 at him fiercely. Donkin stepped back opening wide
154.07 eyes. " Go, you blackguard, or I will make you, "
154.08 cried the master, driving him slowly backwards by a
154.09 menacing advance. He dodged, and with the danger-
154.10 ous iron tried to guard his head from a threatening
154.11 fist. Mr. Baker ceased grunting for a moment. --
154.12 " Good! By Jove, " murmured appreciatively Mr.
154.13 Creighton in the tone of a connoisseur. -- " Don't
154.14 tech me, " snarled Donkin, backing away. -- " Then
154.15 go. Go faster. " -- " Don't yer 'it me. . . . I will pull
154.16 yer up afore the magistryt. . . . I'll show yer up. "
154.17 Captain Allistoun made a long stride, and Donkin,
154.18 turning his back fairly, ran off a little, then stopped
154.19 and over his shoulder showed yellow teeth. -- " Farther
154.20 on, fore-rigging, " urged the master, pointing with his
154.21 arm. -- " Are yer goin' to stand by and see me bullied, "
154.22 screamed Donkin at the silent crowd that watched him.
154.23 Captain Allistoun walked at him smartly. He started
154.24 off again with a leap, dashed at the fore-rigging,
154.25 rammed the pin into its hole violently. " I'll be even
154.26 with yer yet, " he screamed at the ship at large and
154.27 vanished beyond the foremast. Captain Allistoun
154.28 spun round and walked back aft with a composed face,
154.29 as though he had already forgotten the scene. Men
154.30 moved out of his way. He looked at no one. --
154.31 " That will do, Mr. Baker. Send the watch below, "
155.01 he said quietly. " And you men try to walk straight
155.02 for the future, " he added in a calm voice. He looked
155.03 pensively for a while at the backs of the impressed
155.04 and retreating crowd. " Breakfast, steward, " he called
155.05 in a tone of relief through the cabin door. -- " I didn't
155.06 like to see you -- Ough! -- give that pin to that chap,
155.07 sir, " observed Mr. Baker; " he could have bust --
155.08 Ough! -- bust your head like an eggshell with it. " --
155.09 " Oh! he! " muttered the master absently. " Queer
155.10 lot, " he went on in a low voice. " I suppose it's all
155.11 right now. Can never tell tho', nowadays, with such
155.12 a . . . Years ago; I was a young master then -- one
155.13 China voyage I had a mutiny; real mutiny, Baker.
155.14 Different men, tho'. I knew what they wanted:
155.15 they wanted to broach the cargo and get at the liquor.
155.16 Very simple. . . . We knocked them about for two
155.17 days, and when they had enough -- gentle as lambs.
155.18 Good crew. And a smart trip I made. " He glanced
155.19 aloft at the yards braced sharp up. " Head wind day
155.20 after day, " he exclaimed bitterly. " Shall we never
155.21 get a decent slant this passage? " -- " Ready, sir, " said
155.22 the steward, appearing before them as if by magic and
155.23 with a stained napkin in his hand. -- " Ah! All right.
155.24 Come along, Mr. Baker -- it's late -- with all this
155.25 nonsense. "

156.01 CHAPTER FIVE

156.02 A HEAVY atmosphere of oppressive quietude
156.03 pervaded the ship. In the afternoon men went
156.04 about washing clothes and hanging them out
156.05 to dry in the unprosperous breeze with the meditative
156.06 languor of disenchanted philosophers. Very little was
156.07 said. The problem of life seemed too voluminous for
156.08 the narrow limits of human speech, and by common
156.09 consent it was abandoned to the great sea that had
156.10 from the beginning enfolded it in its immense grip;
156.11 to the sea that knew all, and would in time infallibly
156.12 unveil to each the wisdom hidden in all the errors, the
156.13 certitude that lurks in doubts, the realm of safety and
156.14 peace beyond the frontiers of sorrow and fear. And
156.15 in the confused current of impotent thoughts that set
156.16 unceasingly this way and that through bodies of men,
156.17 Jimmy bobbed up upon the surface, compelling atten-
156.18 tion, like a black buoy chained to the bottom of a
156.19 muddy stream. Falsehood triumphed. It triumphed
156.20 through doubt, through stupidity, through pity,
156.21 through sentimentalism. We set ourselves to bolster
156.22 it up, from compassion, from recklessness, from a
156.23 sense of fun. Jimmy's steadfastness to his untruthful
156.24 attitude in the face of the inevitable truth had the
156.25 proportions of a colossal enigma -- of a manifestation
157.01 grand and incomprehensible that at times inspired
157.02 a wondering awe; and there was also, to many,
157.03 something exquisitely droll in fooling him thus to
157.04 the top of his bent. The latent egoism of tenderness
157.05 to suffering appeared in the developing anxiety not
157.06 to see him die. His obstinate non-recognition of
157.07 the only certitude whose approach we could watch
157.08 from day to day was as disquieting as the failure of
157.09 some law of nature. He was so utterly wrong about
157.10 himself that one could not but suspect him of having
157.11 access to some source of supernatural knowledge.
157.12 He was absurd to the point of inspiration. He was
157.13 unique, and as fascinating as only something inhuman
157.14 could be; he seemed to shout his denials already
157.15 from beyond the awful border. He was becoming
157.16 immaterial like an apparition; his cheekbones rose,
157.17 the forehead slanted more; the face was all hollows,
157.18 patches of shade; and the fleshless head resembled
157.19 a disinterred black skull, fitted with two restless
157.20 globes of silver in the sockets of eyes. He was de-
157.21 moralising. Through him we were becoming highly
157.22 humanised, tender, complex, excessively decadent:
157.23 we understood the subtlety of his fear, sympathised
157.24 with all his repulsions, shrinkings, evasions, delusions
157.25 -- as though we had been over-civilised, and rotten,
157.26 and without any knowledge of the meaning of life.
157.27 We had the air of being initiated in some infamous
157.28 mysteries; we had the profound grimaces of con-
157.29 spirators, exchanged meaning glances, significant short
157.30 words. We were inexpressibly vile and very much
157.31 pleased with ourselves. We lied to him with gravity,
158.01 with emotion, with unction, as if performing some
158.02 moral trick with a view to an eternal reward. We
158.03 made a chorus of affirmation to his wildest assertions,
158.04 as though he had been a millionaire, a politician, or
158.05 a reformer -- and we a crowd of ambitious lubbers.
158.06 When we ventured to question his statements we did
158.07 it after the manner of obsequious sycophants, to the
158.08 end that his glory should be augmented by the flattery
158.09 of our dissent. He influenced the moral tone of our
158.10 world as though he had it in his power to distribute
158.11 honours, treasures, or pain; and he could give us
158.12 nothing but his contempt. It was immense; it seemed
158.13 to grow gradually larger, as his body day by day
158.14 shrank a little more, while we looked. It was the
158.15 only thing about him -- of him -- that gave the im-
158.16 pression of durability and vigour. It lived within
158.17 him with an unquenchable life. It spoke through
158.18 the eternal pout of his black lips; it looked at us
158.19 through the impertinent mournfulness of his languid
158.20 and enormous stare. We watched him intently. He
158.21 seemed unwilling to move, as if distrustful of his own
158.22 solidity. The slightest gesture must have disclosed
158.23 to him / it could not surely be otherwise / his bodily
158.24 weakness, and caused a pang of mental suffering.
158.25 He was chary of movements. He lay stretched out,
158.26 chin on blanket, in a kind of sly, cautious immobility.
158.27 Only his eyes roamed over faces; his eyes disdainful,
158.28 penetrating and sad.
158.29 It was at that time that Belfast's devotion -- and
158.30 also his pugnacity -- secured universal respect. He
158.31 spent every moment of his spare time in Jimmy's
159.01 cabin. He tended to him, talked to him; was as
159.02 gentle as a woman, as tenderly gay as an old philan-
159.03 thropist, as sentimentally careful of his nigger as a
159.04 model slave-owner. But outside he was irritable,
159.05 explosive as gunpowder, sombre, suspicious, and never
159.06 more brutal than when most sorrowful. With him it
159.07 was a tear and a blow: a tear for Jimmy, a blow for
159.08 any one who did not seem to take a scrupulously
159.09 orthodox view of Jimmy's case. We talked about
159.10 nothing else. The two Scandinavians, even, discussed
159.11 the situation -- but it was impossible to know in what
159.12 spirit, because they quarrelled in their own language.
159.13 Belfast suspected one of them of irreverence, and in
159.14 this incertitude thought that there was no option but
159.15 to fight them both. They became very much terrified
159.16 by his truculence, and henceforth lived amongst us,
159.17 dejected, like a pair of mutes. Wamibo never spoke
159.18 intelligibly, but he was as smileless as an animal --
159.19 seemed to know much less about it all than the cat --
159.20 and consequently was safe. Moreover he had belonged
159.21 to the chosen band of Jimmy's rescuers, and was above
159.22 suspicion. Archie was silent generally, but often
159.23 spent an hour or so talking to Jimmy quietly with an
159.24 air of proprietorship. At any time of the day and
159.25 often through the night some man could be seen
159.26 sitting on Jimmy's box. In the evening, between six
159.27 and eight, the cabin was crowded, and there was an
159.28 interested group at the door. Every one stared at the
159.29 nigger.
159.30 He basked in the warmth of our interest. His eyes
159.31 gleamed ironically, and in a weak voice he reproached
160.01 us with our cowardice. He would say, " If you fellows
160.02 had stuck out for me I would be now on deck. " We
160.03 hung our heads. " Yes, but if you think I am going
160.04 to let them put me in irons just to show you sport.
160.05 . . . Well, no. . . . It ruins my health, this lying
160.06 up, it does. You don't care. " We were as abashed
160.07 as if it had been true. His superb impudence carried
160.08 all before it. We would not have dared to revolt.
160.09 We didn't want to, really. We wanted to keep him
160.10 alive till home -- to the end of the voyage.
160.11 Singleton as usual held aloof, appearing to scorn
160.12 the insignificant events of an ended life. Once only
160.13 he came along, and unexpectedly stopped in the door"
160.14 way. He peered at Jimmy in profound silence, as if
160.15 desirous to add that black image to the crowd of
160.16 Shades that peopled his old memory. We kept very
160.17 quiet, and for a long time Singleton stood there as
160.18 though he had come by appointment to call for some
160.19 one, or to see some important event. James Wait
160.20 lay perfectly still, and apparently not aware of the
160.21 gaze scrutinising him with a steadiness full of expecta-
160.22 tion. There was a sense of a contest in the air. We
160.23 felt the inward strain of men watching a wrestling
160.24 bout. At last Jimmy with perceptible apprehension
160.25 turned his head on the pillow. -- " Good evening, "
160.26 he said in a conciliating tone. -- " H'm, " answered the
160.27 old seaman, grumpily. For a moment longer he
160.28 looked at Jimmy with severe fixity, then suddenly
160.29 went away. It was a long time before any one spoke
160.30 in the little cabin, though we all breathed more freely

160.31 as men do after an escape from some dangerous
161.01 situation. We all knew the old man's ideas about
161.02 Jimmy, and nobody dared to combat them. They
161.03 were unsettling, they caused pain; and, what was
161.04 worse, they might have been true for all we knew.
161.05 Only once did he condescend to explain them fully,
161.06 but the impression was lasting. He said that Jimmy
161.07 was the cause of head winds. Mortally sick men -- he
161.08 maintained -- linger till the first sight of land, and then
161.09 die; and Jimmy knew that the very first land would
161.10 draw his life from him. It is so in every ship. Didn't
161.11 we know it? He asked us with austere contempt:
161.12 what did we know? what would we doubt next?
161.13 Jimmy's desire encouraged by us and aided by
161.14 Wamibo's / he was a Finn -- wasn't he? Very well! /
161.15 by Wamibo's spells delayed the ship in the open sea.
161.16 Only lubberly fools couldn't see it. Whoever heard
161.17 of such a run of calms and head winds? It wasn't
161.18 natural. . . . We could not deny that it was strange.
161.19 We felt uneasy. The common saying, " More days,
161.20 more dollars, " did not give the usual comfort be-
161.21 cause the stores were running short. Much had been
161.22 spoiled off the Cape, and we were on half allowance
161.23 of biscuit. Peas, sugar, and tea had been finished
161.24 long ago. Salt meat was giving out. We had plenty
161.25 of coffee but very little water to make it with. We took
161.26 up another hole in our belts and went on scraping,
161.27 polishing, painting the ship from morning to night.
161.28 And soon she looked as though she had come out of a
161.29 band-box; but hunger lived on board of her. Not
161.30 dead starvation, but steady, living hunger that stalked
161.31 about the decks, slept in the forecastle; the tor-
162.01 mentor of waking moments, the disturber of dreams.
162.02 We looked to windward for signs of change. Every
162.03 few hours of night and day we put her round with the
162.04 hope that she would come up on that tack at last!
162.05 She didn't. She seemed to have forgotten the way
162.06 home, she rushed to and fro, heading north-west,
162.07 heading east; she ran backwards and forwards, dis-
162.08 tracted like a timid creature at the foot of a wall.
162.09 Sometimes, as if tired to death, she would wallow
162.10 languidly for a day in the smooth swell of an unruffled
162.11 sea. All up the swinging masts the sails thrashed
162.12 furiously through the hot stillness of the calm. We
162.13 were weary, hungry, thirsty; we commenced to
162.14 believe Singleton, but with unshaken fidelity dis-
162.15 sembled to Jimmy. We spoke to him with jocose
162.16 allusiveness, like cheerful accomplices in a clever
162.17 plot; but we looked to the westward over the rail
162.18 with longing eyes for a sign of hope, for a sign of fair
162.19 wind; even if its first breath should bring death to
162.20 our reluctant Jimmy. In vain! The universe con-
162.21 spired with James Wait. Light airs from the north-
162.22 ward sprang up again; the sky remained clear; and
162.23 round our weariness the glittering sea, touched by the
162.24 breeze, basked voluptuously in the great sunshine,
162.25 as though it had forgotten our life and trouble.
162.26 Donkin looked out for a fair wind along with the
162.27 rest. No one knew the venom of his thoughts now.
162.28 He was silent, and appeared thinner, as if consumed
162.29 slowly by an inward rage at the injustice of men and of
162.30 fate. He was ignored by all and spoke to no one, but
162.31 his hate for every man dwelt in his furtive eyes. He
163.01 talked with the cook only, having somehow persuaded
163.02 the good man that he -- Donkin -- was a much calum-
163.03 niated and persecuted person. Together they bewailed
163.04 the immorality of the ship's company. There could
163.05 be no greater criminals than we, who by our lies
163.06 conspired to send the unprepared soul of a poor
163.07 ignorant black man to everlasting perdition. Podmore
163.08 cooked what there was to cook, remorsefully, and felt
163.09 all the time that by preparing the food of such sinners
163.10 he imperilled his own salvation. As to the Captain --
163.11 he had sailed with him for seven years, now, he said,
163.12 and would not have believed it possible that such a
163.13 man. . . . " Well, well. . . . There it was. . . .
163.14 Can't get out of it. Judgment capsized all in a
163.15 minute. . . . Struck in all his pride. . . . More like
163.16 a sudden visitation than anything else. " Donkin,
163.17 perched sullenly on the coal-locker, swung his legs
163.18 and concurred. He paid in the coin of spurious assent
163.19 for the privilege to sit in the galley; he was dis-
163.20 heartened and scandalised; he agreed with the cook,
163.21 could find no words severe enough to criticise our
163.22 conduct; and when in the heat of reprobation he
163.23 swore at us, Podmore, who would have liked to swear
163.24 also if it hadn't been for his principles, pretended
163.25 not to hear. So Donkin, unrebuked, cursed enough
163.26 for two, cadged for matches, borrowed tobacco, and
163.27 loafed for hours, very much at home, before the stove.
163.28 From there he could hear us on the other side of the
163.29 bulkhead, talking to Jimmy. The cook knocked the
163.30 saucepans about, slammed the oven door, muttered
163.31 prophecies of damnation for all the ship's company;
164.01 and Donkin, who did not admit of any hereafter
164.02 / except for purposes of blasphemy / listened, con-
164.03 centrated and angry, gloating fiercely over a called-up
164.04 image of infinite torment -- as men gloat over the
164.05 accursed images of cruelty and revenge, of greed, and
164.06 of power. . . .
164.07 On clear evenings the silent ship, under the cold
164.08 sheen of the dead moon, took on a false aspect of
164.09 passionless repose, resembling the winter of the earth.
164.10 Under her a long band of gold barred the black disc
164.11 of the sea. Footsteps echoed on her quiet decks. The
164.12 moonlight clung to her like a frosted mist, and the
164.13 white sails stood out in dazzling cones as of stainless
164.14 snow. In the magnificence of the phantom rays
164.15 the ship appeared pure like a vision of ideal beauty,
164.16 illusive like a tender dream of serene peace. And
164.17 nothing in her was real, nothing was distinct and solid

164.18 but the heavy shadows that filled her decks with their
164.19 unceasing and noiseless stir: the shadows darker
164.20 than the night and more restless than the thoughts
164.21 of men.
164.22 Donkin prowled spiteful and alone amongst the
164.23 shadows, thinking that Jimmy too long delayed to die.
164.24 That evening land had been reported from aloft, and
164.25 the master, while adjusting the tubes of the long
164.26 glass, had observed with quiet bitterness to Mr. Baker
164.27 that, after fighting our way inch by inch to the western
164.28 Islands, there was nothing to expect now but a spell
164.29 of calm. The sky was clear and the barometer high.
164.30 The light breeze dropped with the sun, and an
164.31 enormous stillness, forerunner of a night without
165.01 wind, descended upon the heated waters of the ocean.
165.02 As long as daylight lasted the hands collected on the
165.03 forecastle-head watched on the eastern sky the island of
165.04 Flores, that rose above the level expanse of the sea
165.05 with irregular and broken outlines like a sombre ruin
165.06 upon a vast and deserted plain. It was the first
165.07 land seen for nearly four months. Charley was
165.08 excited, and in the midst of general indulgence took
165.09 liberties with his betters. Men, strangely elated
165.10 without knowing why, talked in groups, and pointed
165.11 with bared arms. For the first time that voyage
165.12 Jimmy's sham existence seemed for a moment for-
165.13 gotten in the face of a solid reality. We had got so
165.14 far anyhow. Belfast discoursed, quoting imaginary
165.15 examples of short homeward runs from the Islands.
165.16 " Them smart fruit schooners do it in five days, " he
165.17 affirmed. " What do you want? -- only a good little
165.18 breeze. " Archie maintained that seven days was the
165.19 record passage, and they disputed amicably with
165.20 insulting words. Knowles declared he could already
165.21 smell home from there, and with a heavy list on his
165.22 short leg laughed fit to split his sides. A group of
165.23 grizzled sea-dogs looked out for a time in silence and
165.24 with grim absorbed faces. One said suddenly --
165.25 " 'Tain't far to London now. " -- " My first night
165.26 ashore, blamme if I haven't steak and onions for
165.27 supper . . . and a pint of bitter, " said another. -- " A
165.28 barrel ye mean, " shouted some one. -- " Ham an' eggs
165.29 three times a day. That's the way I live! " cried an
165.30 excited voice. There was a stir, appreciative mur-
165.31 murs; eyes began to shine; jaws champed; short
166.01 nervous laughs were heard. Archie smiled with
166.02 reserve all to himself. Singleton came up, gave a
166.03 careless glance, and went down again without saying
166.04 a word, indifferent, like a man who had seen Flores an
166.05 incalculable number of times. The night travelling
166.06 from the East blotted out of the limpid sky the purple
166.07 stain of the high land. " Dead calm, " said somebody
166.08 quietly. The murmur of lively talk suddenly wavered,
166.09 died out; the clusters broke up; men began to drift
166.10 away one by one, descending the ladders slowly and
166.11 with serious faces as if sobered by that reminder of
166.12 their dependence upon the invisible. And when the
166.13 big yellow moon ascended gently above the sharp
166.14 rim of the clear horizon it found the ship wrapped up
166.15 in a breathless silence; a fearless ship that seemed to
166.16 sleep profoundly, dreamlessly on the bosom of the
166.17 sleeping and terrible sea.
166.18 Donkin chafed at the peace -- at the ship -- at the
166.19 sea that stretching away on all sides merged into the
166.20 illimitable silence of all creation. He felt himself
166.21 pulled up sharp by unrecognised grievances. He
166.22 had been physically cowed, but his injured dignity
166.23 remained indomitable, and nothing could heal his
166.24 lacerated feelings. Here was land already -- home
166.25 very soon -- a bad pay-day -- no clothes -- more hard
166.26 work. How offensive all this was. Land! The
166.27 land that draws away life from sick sailors. That
166.28 nigger there had money -- clothes -- easy times; and
166.29 would not die. Land draws life away. . . . He felt
166.30 tempted to go and see whether it did. Perhaps
166.31 already. . . . It would be a bit of luck. There was
167.01 money in the beggar's chest. He stepped briskly
167.02 out of the shadows into the moonlight, and, instantly,
167.03 his craving, hungry face from sallow became livid. He
167.04 opened the door of the cabin and had a shock. Sure
167.05 enough, Jimmy was dead! He moved no more than a
167.06 recumbent figure with clasped hands, carved on the
167.07 lid of a stone coffin. Donkin glared with avidity.
167.08 Then Jimmy, without stirring, blinked his eyelids, and
167.09 Donkin had another shock. Those eyes were rather
167.10 startling. He shut the door behind his back with
167.11 gentle care, looking intently the while at James Wait
167.12 as though he had come in there at a great risk to tell
167.13 some secret of startling importance. Jimmy did not
167.14 move but glanced languidly out of the corners of his
167.15 eyes. -- " Calm? " he asked. " Yuss, " said Donkin,
167.16 very disappointed, and sat down on the box.
167.17 Jimmy was used to such visits at all times of night
167.18 or day. Men succeeded one another. They spoke
167.19 in clear voices, pronounced cheerful words, repeated
167.20 old jokes, listened to him; and each, going out, seemed
167.21 to leave behind a little of his own vitality, surrender
167.22 some of his own strength, renew the assurance of life
167.23 -- the indestructible thing! He did not like to be
167.24 alone in his cabin, because, when he was alone, it
167.25 seemed to him as if he hadn't been there at all. There
167.26 was nothing. No pain. Not now. Perfectly right
167.27 -- but he couldn't enjoy his healthful repose unless
167.28 some one was by to see it. This man would do as
167.29 well as anybody. Donkin watched him stealthily: --
167.30 " Soon home now, " observed Wait. -- " Vy d'yer
167.31 whisper? " asked Donkin with interest, " can't yer
168.01 speak up? " Jimmy looked annoyed and said nothing
168.02 for a while; then in a lifeless unringing voice: --
168.03 " Why should I shout? You ain't deaf that I know. "
168.04 -- " Oh! I can 'ear right enough, " answered Donkin

168.05 in a low tone, and looked down. He was thinking
168.06 sadly of going out when Jimmy spoke again. -- " Time
168.07 we did get home . . . to get something decent to
168.08 eat . . . I am always hungry. " Donkin felt angry all
168.09 of a sudden. -- " What about me, " he hissed, " I am
168.10 'ungry too an' got ter work. You, 'ungry! " -- " Your
168.11 work won't kill you, " commented Wait feebly;
168.12 " there's a couple of biscuits in the lower bunk there
168.13 -- you may have one. I can't eat them. " Donkin
168.14 dived in, groped in the corner and when he came up
168.15 again his mouth was full. He munched with ardour.
168.16 Jimmy seemed to doze with open eyes. Donkin
168.17 finished his hard bread and got up. -- " You're not
168.18 going? " asked Jimmy, staring at the ceiling. -- " No, "
168.19 said Donkin impulsively, and instead of going out
168.20 leaned his back against the closed door. He looked
168.21 at James Wait, and saw him long, lean, dried up, as
168.22 though all his flesh had shrivelled on his bones in the
168.23 heat of a white furnace; the meagre fingers of one
168.24 hand moved lightly upon the edge of the bunk playing
168.25 an endless tune. To look at him was irritating and
168.26 fatiguing; he could last like this for days; he was
168.27 outrageous -- belonging wholly neither to death nor
168.28 life, and perfectly invulnerable in his apparent ignor-
168.29 ance of both. Donkin felt tempted to enlighten him.
168.30 -- " What are yer thinkin' of? " he asked surlily.
168.31 James Wait had a grimacing smile that passed over
169.01 the deathlike impassiveness of his bony face, incredible
169.02 and frightful as would, in a dream, have been the
169.03 sudden smile of a corpse.
169.04 " There is a girl, " whispered Wait. . . . " Canton
169.05 Street girl. -- She chucked a third engineer of a Rennie
169.06 boat -- for me. Cooks oysters just as I like. . . . She
169.07 says -- she would chuck -- any toff -- for a coloured
169.08 gentleman. . . . That's me. I am kind to wimmen, "
169.09 he added, a shade louder.
169.10 Donkin could hardly believe his ears. He was
169.11 scandalised -- " Would she? Yer wouldn't be any
169.12 good to 'er, " he said with unrestrained disgust. Wait
169.13 was not there to hear him. He was swaggering up
169.14 the East India Dock Road; saying kindly, " Come
169.15 along for a treat, " pushing glass swing-doors, posing
169.16 with superb assurance in the gaslight above a mahogany
169.17 counter. -- " D'yer think yer will ever get ashore? "
169.18 asked Donkin angrily. Wait came back with a start.
169.19 -- " Ten days, " he said promptly, and returned at
169.20 once to the regions of memory that know nothing of
169.21 time. He felt untired, calm, and safely withdrawn
169.22 within himself beyond the reach of every grave in-
169.23 certitude. There was something of the immutable
169.24 quality of eternity in the slow moments of his complete
169.25 restfulness. He was very quiet and easy amongst
169.26 his vivid reminiscences which he mistook joyfully for
169.27 images of an undoubted future. He cared for no
169.28 one. Donkin felt this vaguely like a blind man feeling
169.29 in his darkness the fatal antagonism of all the sur-
169.30 rounding existences, that to him shall for ever remain
169.31 unrealisable, unseen, and enviable. He had a desire to
170.01 assert his importance, to break, to crush; to be even
170.02 with everybody for everything; to tear the veil, un-
170.03 mask, expose, leave no refuge -- a perfidious desire of
170.04 truthfulness! He laughed in a mocking splutter and
170.05 said:
170.06 " Ten days. Strike me blind if I ever! . . . You
170.07 will be dead by this time to-murrow p'r'aps. Ten
170.08 days! " He waited for a while. " D'ye 'ear me?
170.09 Blamme if yer don't look dead already. "
170.10 Wait must have been collecting his strength, for he
170.11 said, almost aloud -- " You're a stinking, cadging liar.
170.12 Every one knows you. " And sitting up, against all
170.13 probability, startled his visitor horribly. But very
170.14 soon Donkin recovered himself. He blustered.
170.15 " What? What? Who's a liar? You are -- the
170.16 crowd are -- the skipper -- everybody. I ain't! Putting
170.17 on airs! Who's yer? " He nearly choked himself
170.18 with indignation. " Who's yer to put on airs, " he
170.19 repeated trembling. " 'Ave one -- 'ave one, says 'ee
170.20 -- an' cawn't eat 'em 'isself. Now I'll 'ave both.
170.21 By Gawd -- I will! Yer nobody! "
170.22 He plunged into the lower bunk, rooted in there
170.23 and brought to light another dusty biscuit. He held
170.24 it up before Jimmy -- then took a bite defiantly.
170.25 " What now? " he asked with feverish impudence.
170.26 " Yer may take one -- says yer. Why not giv' me
170.27 both? No. I'm a mangy dorg. One fur a mangy
170.28 dorg. I'll tyke both. Can yer stop me? Try.
170.29 Come on. Try. "
170.30 Jimmy was clasping his legs and hiding his face
170.31 on the knees. His shirt clung to him. Every rib was
171.01 visible. His emaciated back was shaken in repeated
171.02 jerks by the panting catches of his breath.
171.03 " Yer won't Yer can't! What did I say? "
171.04 went on Donkin fiercely. He swallowed another dry
171.05 mouthful with a hasty effort. The other's silent
171.06 helplessness, his weakness, his shrinking attitude
171.07 exasperated him. " Ye're done! " he cried. " Who's
171.08 yer to be lied to; to be waited on 'and an' foot like
171.09 a bloomin' ymperor. Yer nobody. Yer no one at
171.10 all! " he spluttered with such a strength of unerring
171.11 conviction that it shook him from head to foot in
171.12 coming out, and left him vibrating like a released
171.13 string.
171.14 James Wait rallied again. He lifted his head and
171.15 turned bravely at Donkin, who saw a strange face,
171.16 an unknown face, a fantastic and grimacing mask
171.17 of despair and fury. Its lips moved rapidly; and
171.18 hollow, moaning, whistling sounds filled the cabin with
171.19 a vague mutter full of menace, complaint and desola-
171.20 tion, like the far-off murmur of a rising wind. Wait
171.21 shook his head; rolled his eyes; he denied, cursed,
171.22 threatened -- and not a word had the strength to pass
171.23 beyond the sorrowful pout of those black lips. It
171.24 was incomprehensible and disturbing; a gibberish of
171.25 emotions, a frantic dumb show of speech pleading for
171.26 impossible things, promising a shadowy vengeance.
171.27 It sobered Donkin into a scrutinising watchfulness.
171.28 " Yer can't oller. See? What did I tell yer? "
171.29 he said slowly after a moment of attentive examination.
171.30 The other kept on headlong and unheard, nodding
171.31 passionately, grinning with grotesque and appalling
172.01 flashes of big white teeth. Donkin, as if fascinated
172.02 by the dumb eloquence and anger of that black
172.03 phantom, approached, stretching his neck out with
172.04 distrustful curiosity; and it seemed to him suddenly
172.05 that he was looking only at the shadow of a man
172.06 crouching high in the bunk on the level with his
172.07 eyes. -- " What? What? " he said. He seemed to
172.08 catch the shape of some words in the continuous
172.09 panting hiss. " Yer will tell Belfast! Will yer?
172.10 Are yer a bloomin' kid? " He trembled with alarm
172.11 and rage. " Tell yer gran'mother! Yer afeard!
172.12 Who's yer ter be afeard more'n any one? " His
172.13 passionate sense of his own importance ran away
172.14 with a last remnant of caution. " Tell an' be damned!
172.15 Tell, if yer can! " he cried. " I've been treated
172.16 worser'n a dorg by your blooming back-lickers. They
172.17 'as set me on, only to turn against me. I am the only
172.18 man 'ere. They clouted me, kicked me -- an' yer
172.19 laffed -- yer black, rotten incumbrance, you! Yer
172.20 will pay fur it. They giv' yer their grub, their water
172.21 -- yer will pay fur it to me, by Gawd! Who axed me
172.22 ter 'ave a drink of water? They put their bloomin'
172.23 rags on yer that night, an' what did they giv' ter me
172.24 -- a clout on the bloomin' mouth -- blast their . . .
172.25 S'elp me! . . . Yer will pay fur it with yer money. I'm
172.26 goin' ter 'ave it in a minnyt; as soon has ye're dead,
172.27 yer bloomin' useless fraud. That's the man I am. An'
172.28 ye're a thing -- a bloody thing. Yah -- you corpse! "
172.29 He flung at Jimmy's head the biscuit he had been
172.30 all the time clutching hard, but it only grazed, and
172.31 striking with a loud crack the bulkhead beyond burst
173.01 like a hand-grenade into flying pieces. James Wait,
173.02 as if wounded mortally, fell back on the pillow. His
173.03 lips ceased to move and the rolling eyes became quiet
173.04 and stared upwards with an intense and steady per-
173.05 sistence. Donkin was surprised; he sat suddenly on
173.06 the chest, and looked down, exhausted and gloomy.
173.07 After a moment, he began to mutter to himself,
173.08 " Die, you beggar -- die. Somebody'll come in . . . I
173.09 wish I was drunk . . . Ten days . . . oysters . . . "
173.10 He looked up and spoke louder. " No . . . No more
173.11 for yer . . . no more bloomin' gals that cook oysters.
173.12 . . . Who's yer? It's my turn now . . . I wish I
173.13 was drunk; I would soon giv' you a leg up. That's
173.14 where yer bound to go. Feet fust, through a port . . .
173.15 Splash! Never see yer any more. Overboard!
173.16 Good 'nuff fur yer. "
173.17 Jimmy's head moved slightly and he turned his
173.18 eyes to Donkin's face; a gaze unbelieving, desolated
173.19 and appealing, of a child frightened by the menace of
173.20 being shut up alone in the dark. Donkin observed
173.21 him from the chest with hopeful eyes; then, without
173.22 rising, tried the lid. Locked. " I wish I was drunk, "
173.23 he muttered and getting up listened anxiously to the
173.24 distant sound of footsteps on the deck. They ap-
173.25 proached -- ceased. Some one yawned interminably
173.26 just outside the door, and the footsteps went away
173.27 shuffling lazily. Donkin's fluttering heart eased its
173.28 pace, and when he looked towards the bunk again
173.29 Jimmy was staring as before at the white beam.
173.30 " 'Ow d'yer feel now? " he asked. -- " Bad, " breathed
173.31 out Jimmy.
174.01 Donkin sat down patient and purposeful. Every
174.02 half-hour the bells spoke to one another ringing along
174.03 the whole length of the ship. Jimmy's respiration was
174.04 so rapid that it couldn't be counted, so faint that
174.05 it couldn't be heard. His eyes were terrified as
174.06 though he had been looking at unspeakable horrors;
174.07 and by his face one could see that he was thinking of
174.08 abominable things. Suddenly with an incredibly
174.09 strong and heart-breaking voice he sobbed out:
174.10 " Overboard! . . . I! . . . My God! "
174.11 Donkin writhed a little on the box. He looked
174.12 unwillingly. James Wait was mute. His two long
174.13 bony hands smoothed the blanket upwards, as though
174.14 he had wished to gather it all up under his chin. A
174.15 tear, a big solitary tear, escaped from the corner of
174.16 his eye and, without touching the hollow cheek, fell
174.17 on the pillow. His throat rattled faintly.
174.18 And Donkin watching the end of that hateful
174.19 nigger, felt the anguishing grasp of a great sorrow on his
174.20 heart at the thought that he himself, some day, would
174.21 have to go through it all -- just like this -- perhaps!
174.22 His eyes became moist. " Poor beggar, " he murmured.
174.23 The night seemed to go by in a flash; it seemed to
174.24 him he could hear the irremediable rush of precious
174.25 minutes. How long would this blooming affair last?
174.26 Too long surely. No luck. He could not restrain
174.27 himself. He got up and approached the bunk. Wait
174.28 did not stir. Only his eyes appeared alive and his
174.29 hands continued their smoothing movement with a
174.30 horrible and tireless industry. Donkin bent over.
174.31 " Jimmy, " he called low. There was no answer,
175.01 but the rattle stopped. " D'yer see me? " he asked
175.02 trembling. Jimmy's chest heaved. Donkin, looking
175.03 away, bent his ear to Jimmy's lips, and heard a sound
175.04 like the rustle of a single dry leaf driven along the
175.05 smooth sand of a beach. It shaped itself.
175.06 " Light . . . the lamp . . . and . . . go, " breathed
175.07 out Wait.
175.08 Donkin, instinctively, glanced over his shoulder
175.09 at the brilliant flame; then, still looking away, felt

175.10 under the pillow for a key. He got it at once and for
175.11 the next few minutes remained on his knees shakily
175.12 but swiftly busy inside the box. When he got up,
175.13 his face -- for the first time in his life -- had a pink
175.14 flush -- perhaps of triumph.
175.15 He slipped the key under the pillow again, avoiding
175.16 to glance at Jimmy, who had not moved. He turned
175.17 his back squarely from the bunk, and started to the
175.18 door as though he were going to walk a mile. At his
175.19 second stride he had his nose against it. He clutched
175.20 the handle cautiously, but at that moment he received
175.21 the irresistible impression of something happening
175.22 behind his back. He spun round as though he had
175.23 been tapped on the shoulder. He was just in time
175.24 to see Wait's eyes blaze up and go out at once, like
175.25 two lamps overturned together by a sweeping blow.
175.26 Something resembling a scarlet thread hung down his
175.27 chin out of the corner of his lips -- and he had ceased
175.28 to breathe.
175.29 Donkin closed the door behind him gently but
175.30 firmly. Sleeping men, huddled under jackets, made
175.31 on the lighted deck shapeless dark mounds that had
176.01 the appearance of neglected graves. Nothing had
176.02 been done all through the night and he hadn't been
176.03 missed. He stood motionless and perfectly astounded
176.04 to find the world outside as he had left it; there was
176.05 the sea, the ship -- sleeping men; and he wondered
176.06 absurdly at it, as though he had expected to find the
176.07 men dead, familiar things gone for ever: as though,
176.08 like a wanderer returning after many years, he had
176.09 expected to see bewildering changes. He shuddered
176.10 a little in the penetrating freshness of the air, and
176.11 hugged himself forlornly. The declining moon
176.12 drooped sadly in the western board as if withered by
176.13 the cold touch of a pale dawn. The ship slept. And
176.14 the immortal sea stretched away, immense and hazy,
176.15 like the image of life, with a glittering surface and
176.16 lightless depths. Donkin gave it a defiant glance and
176.17 slunk off noiselessly as if judged and cast out by the
176.18 august silence of its might.
176.19 Jimmy's death, after all, came as a tremendous sur-
176.20 prise. We did not know till then how much faith we
176.21 had put in his delusions. We had taken his chances
176.22 of life so much at his own valuation that his death,
176.23 like the death of an old belief, shook the foundations
176.24 of our society. A common bond was gone; the
176.25 strong, effective and respectable bond of a senti-
176.26 mental lie. All that day we moped at our work,
176.27 with suspicious looks and a disabused air. In our
176.28 hearts we thought that in the matter of his departure
176.29 Jimmy had acted in a perverse and unfriendly manner.
176.30 He didn't back us up, as a shipmate should. In
177.01 going he took away with himself the gloomy and
177.02 solemn shadow in which our folly had posed, with
177.03 humane satisfaction, as a tender arbiter of fate. And
177.04 now we saw it was no such thing. It was just common
177.05 foolishness; a silly and ineffectual meddling with
177.06 issues of majestic import -- that is, if Podmore was
177.07 right. Perhaps he was? Doubt survived Jimmy;
177.08 and, like a community of banded criminals dis-
177.09 integrated by a touch of grace, we were profoundly
177.10 scandalised with each other. Men spoke unkindly to
177.11 their best chums. Others refused to speak at all.
177.12 Singleton only was not surprised. "Dead -- is he?
177.13 Of course," he said, pointing at the island right
177.14 abeam: for the calm still held the ship spell-bound
177.15 within sight of Flores. Dead -- of course. He wasn't
177.16 surprised. Here was the land, and there, on the fore-
177.17 hatch and waiting for the sailmaker -- there was that
177.18 corpse. Cause and effect. And for the first time
177.19 that voyage, the old seaman became quite cheery and
177.20 garrulous, explaining and illustrating from the stores
177.21 of experience now, in sickness, the sight of an island
177.22 / even a very small one / is generally more fatal than the
177.23 view of a continent. But he couldn't explain why.
177.24 Jimmy was to be buried at five, and it was a long
177.25 day till then -- a day of mental disquiet and even of
177.26 physical disturbance. We took no interest in our
177.27 work and, very properly, were rebuked for it. This,
177.28 in our constant state of hungry irritation, was ex-
177.29 asperating. Donkin worked with his brow bound
177.30 in a dirty rag, and looked so ghastly that Mr. Baker
177.31 was touched with compassion at the sight of this
178.01 plucky suffering. -- "Ough! You, Donkin! Put
178.02 down your work and go lay-up this watch. You
178.03 look ill. -- "I am bad, sir -- in my 'ead," he said in a
178.04 subdued voice, and vanished speedily. This annoyed
178.05 many, and they thought the mate "bloomin' soft
178.06 to-day." Captain Allistoun could be seen on the
178.07 poop watching the sky to the southwest, and it soon
178.08 got to be known about the decks that the barometer
178.09 had begun to fall in the night, and that a breeze might
178.10 be expected before long. This, by a subtle associa-
178.11 tion of ideas, led to violent quarrelling as to the
178.12 exact moment of Jimmy's death. Was it before or
178.13 after "that 'ere glass started down"? It was im-
178.14 possible to know, and it caused much contemptuous
178.15 growling at one another. All of a sudden there was
178.16 a great tumult forward. Pacific Knowles and good--
178.17 tempered Davis had come to blows over it. The
178.18 watch below interfered with spirit, and for ten minutes
178.19 there was a noisy scrimmage round the hatch, where,
178.20 in the balancing shade of the sails, Jimmy's body,
178.21 wrapped up in a white blanket, was watched over by
178.22 the sorrowful Belfast, who, in his desolation, disdained
178.23 the fray. When the noise had ceased, and the passions
178.24 had calmed into surly silence, he stood up at the head
178.25 of the swathed body, lifting both arms on high, cried
178.26 with pained indignation: -- "You ought to be ashamed
178.27 of yourselves! ...." We were.
178.28 Belfast took his bereavement very hard. He gave

178.29 proofs of unextinguishable devotion. It was he, and
178.30 no other man, who would help the sailmaker to prepare
178.31 what was left of Jimmy for a solemn surrender to the
179.01 insatiable sea. He arranged the weights carefully at
179.02 the feet: two holystones, an old anchor-shackle
179.03 without its pin, some broken links of a worn-out
179.04 stream cable. He arranged them this way, then that.
179.05 "Bless my soul! you aren't afraid he will chafe his
179.06 heel?" said the sailmaker, who hated the job. He
179.07 pushed the needle, puffing furiously, with his head
179.08 in a cloud of tobacco smoke; he turned the flaps over,
179.09 pulled at the stitches, stretched at the canvas. -- " Lift
179.10 his shoulders. . . . Pull to you a bit. . . . So -- o -- o.
179.11 Steady." Belfast obeyed, pulled, lifted, overcome
179.12 with sorrow, dropping tears on the tarred twine. --
179.13 "Don't you drag the canvas too taut over his poor
179.14 face, Sails," he entreated tearfully. "What are you
179.15 fashing yourself for? He will be comfortable enough,"
179.16 assured the sailmaker, cutting the thread after the
179.17 last stitch, which came about the middle of Jimmy's
179.18 forehead. He rolled up the remaining canvas, put
179.19 away the needles. "What makes you take on so?"
179.20 he asked. Belfast looked down at the long package
179.21 of grey sailcloth. -- "I pulled him out," he whispered,
179.22 "and he did not want to go. If I had sat up with
179.23 him last night he would have kept alive for me . . .
179.24 But something made me tired." The sailmaker took
179.25 vigorous draws at his pipe and mumbled: -- "When I
179.26 . . . West India Station . . . In the Blanche frigate
179.27 . . . Yellow Jack . . . sewed in twenty men a week
179.28 . . . Portsmouth -- Devonport men -- townies -- knew
179.29 their fathers, mothers, sisters -- the whole boiling of
179.30 'em. Thought nothing of it. And these niggers like
179.31 this one -- you don't know where it comes from. Got
180.01 nobody. No use to nobody. Who will miss him?" --
180.02 "I do -- I pulled him out," mourned Belfast dismally.
180.03 On two planks nailed together and apparently
180.04 resigned and still under the folds of the union Jack
180.05 with a white border, James Wait, carried aft by four
180.06 men, was deposited slowly, with his feet pointing out
180.07 an open port. A swell had set in from the westward,
180.08 and following on the roll of the ship, the red ensign,
180.09 at half-mast, darted out and collapsed again on the
180.10 grey sky, like a tongue of flickering fire; Charley tolled
180.11 the bell; and at every swing to starboard the whole
180.12 vast semicircle of steely waters visible on that side
180.13 seemed to come up with a rush to the edge of the
180.14 port, as if impatient to get at our Jimmy. Every one
180.15 was there but Donkin, who was too ill to come; the
180.16 Captain and Mr. Creighton stood bareheaded on the
180.17 break of the poop; Mr. Baker, directed by the master,
180.18 who had said to him gravely: -- "You know more
180.19 about the prayer book than I do," came out of the
180.20 cabin door quickly and a little embarrassed. All the
180.21 caps went off. He began to read in a low tone, and
180.22 with his usual harmlessly menacing utterance, as
180.23 though he had been for the last time reproving con-
180.24 fidentially that dead seaman at his feet. The men
180.25 listened in scattered groups; they leaned on the fife
180.26 rail, gazing on the deck; they held their chins in their
180.27 hands thoughtfully, or, with crossed arms and one knee
180.28 slightly bent, hung their heads in an attitude of up-
180.29 right meditation. Wamibo dreamed. Mr. Baker read
180.30 on, grunting reverently at the turn of every page.
180.31 The words, missing the unsteady hearts of men, rolled
181.01 out to wander without a home upon the heartless sea;
181.02 and James Wait, silenced for ever, lay uncritical and
181.03 passive under the hoarse murmur of despair and hopes.
181.04 Two men made ready and waited for those words
181.05 that send so many of our brothers to their last plunge.
181.06 Mr. Baker began the passage. "Stand by," muttered
181.07 the boatswain. Mr. Baker read out: "To the deep,"
181.08 and paused. The men lifted the inboard end of the
181.09 planks, the boatswain snatched off the Union Jack,
181.10 and James Wait did not move. -- "Higher," muttered
181.11 the boatswain angrily. All the heads were raised;
181.12 every man stirred uneasily, but James Wait gave no
181.13 sign of going. In death and swathed up for all
181.14 eternity, he yet seemed to cling to the ship with the
181.15 grip of an undying fear. "Higher! Lift!" whispered
181.16 the boatswain fiercely. -- "He won't go," stammered
181.17 one of the men shakily, and both appeared ready to
181.18 drop everything. Mr. Baker waited, burying his face
181.19 in the book, and shuffling his feet nervously. All the
181.20 men looked profoundly disturbed; from their midst
181.21 a faint humming noise spread out -- growing louder.
181.22 . . . . "Jimmy!" cried Belfast in a wailing tone, and
181.23 there was a second of shuddering dismay.
181.24 "Jimmy, be a man!" he shrieked passionately.
181.25 Every mouth was wide open, not an eyelid winked.
181.26 He stared wildly, twitching all over; he bent his
181.27 body forward like a man peering at an horror. "Go!"
181.28 he shouted, and sprang out of the crowd with his
181.29 arm extended. "Go, Jimmy! -- Jimmy, go! Go!"
181.30 His fingers touched the head of the body, and the
181.31 grey package started reluctantly to whizz off the lifted
182.01 planks all at once, with the suddenness of a flash of
182.02 lightning. The crowd stepped forward like one man;
182.03 a deep Ah-h-h! came out vibrating from the broad
182.04 chests. The ship rolled as if relieved of an unfair
182.05 burden; the sails flapped. Belfast, supported by
182.06 Archie, gasped hysterically; and Charley, who anxious
182.07 to see Jimmy's last dive, leaped headlong on the rail,
182.08 was too late to see anything but the faint circle of a
182.09 vanishing ripple.
182.10 Mr. Baker, perspiring abundantly, read out the
182.11 last prayer in a deep rumour of excited men and
182.12 fluttering sails. "Amen!" he said in an unsteady
182.13 growl, and closed the book.
182.14 "Square the yards!" thundered a voice above his
182.15 head. All hands gave a jump; one or two dropped

182.16 their caps; Mr. Baker looked up surprised. The
182.17 master, standing on the break of the poop, pointed to
182.18 the westward. " Breeze coming, " he said. " Man
182.19 the weather braces. " Mr. Baker crammed the book
182.20 hurriedly into his pocket. -- " Forward, there -- let go
182.21 the foretack! " he hailed joyfully, bareheaded and
182.22 brisk; " Square the foreyard, you port watch! " --
182.23 " Fair wind -- fair wind, " muttered the men going
182.24 to the braces. -- " What did I tell you? " mumbled
182.25 old Singleton, flinging down coil after coil with hasty
182.26 energy; " I knowed it -- he's gone, and here it comes. "
182.27 It came with the sound of a lofty and powerful
182.28 sigh. The sails filled, the ship gathered way, and the
182.29 waking sea began to murmur sleepily of home to the
182.30 ears of men.
182.31 That night, while the ship rushed foaming to the
183.01 northward before a freshening gale, the boatswain
183.02 unbosomed himself to the petty officers' berth: -- " The
183.03 chap was nothing but trouble, " he said, " from the
183.04 moment he came aboard -- d'ye remember -- that night
183.05 in Bombay? Been bullying all that softy crowd --
183.06 cheeked the old man -- we had to go fooling all over a
183.07 half-drowned ship to save him. Dam' nigh a mutiny
183.08 all for him -- and now the mate abused me like a pick-
183.09 pocket for forgetting to dab a lump of grease on them
183.10 planks. So I did, but you ought to have known better,
183.11 too, than to leave a nail sticking up -- hey, Chips? "
183.12 " And you ought to have known better than to
183.13 chuck all my tools overboard for 'im, like a skeary
183.14 greenhorn, " retorted the morose carpenter. " Well
183.15 -- he's gone after 'em now, " he added in an unforgiving
183.16 tone. -- " On the China station, I remember once, the
183.17 Admiral he says to me . . . " began the sailmaker.
183.18 A week afterwards the Narcissus entered the chops
183.19 of the Channel.
183.20 Under white wings she skimmed low over the blue
183.21 sea like a great tired bird speeding to its nest. The
183.22 clouds raced with her mastheads; they rose astern
183.23 enormous and white, soared to the zenith, flew past,
183.24 and, falling down the wide curve of the sky, seemed to
183.25 dash headlong into the sea -- the clouds swifter than
183.26 the ship, more free, but without a home. The coast
183.27 to welcome her stepped out of space into the sunshine.
183.28 The lofty headlands trod masterfully into the sea;
183.29 the wide bays smiled in the light; the shadows of
183.30 homeless clouds ran along the sunny plains, leaped
184.01 over valleys, without a check darted up the hills,
184.02 rolled down the slopes; and the sunshine pursued
184.03 them with patches of running brightness. On the
184.04 brows of dark cliffs white lighthouses shone in pillars
184.05 of light. The Channel glittered like a blue mantle
184.06 shot with gold and starred by the silver of the capping
184.07 seas. The Narcissus rushed past the headlands and
184.08 the bays. Outward-bound vessels crossed her track,
184.09 lying over, and with their masts stripped for a slogging
184.10 fight with the hard sou'wester. And, inshore, a string
184.11 of smoking steamboats waddled, hugging the coast,
184.12 like migrating and amphibious monsters, distrustful
184.13 of the restless waves.
184.14 At night the headlands retreated, the bays advanced
184.15 into one unbroken line of gloom. The lights of the
184.16 earth mingled with the lights of heaven; and above
184.17 the tossing lanterns of a trawling fleet a great light-
184.18 house shone steadily, like an enormous riding light
184.19 burning above a vessel of fabulous dimensions.
184.20 Below its steady glow, the coast, stretching away
184.21 straight and black, resembled the high side of an
184.22 indestructible craft riding motionless upon the immortal
184.23 and unresting sea. The dark land lay alone in the
184.24 midst of waters, like a mighty ship bestarred with
184.25 vigilant lights -- a ship carrying the burden of millions
184.26 of lives -- a ship freighted with dross and with jewels,
184.27 with gold and with steel. She towered up immense
184.28 and strong, guarding priceless traditions and untold
184.29 suffering, sheltering glorious memories and base for-
184.30 getfulness, ignoble virtues and splendid transgressions.
184.31 A great ship! for ages had the ocean battered in
185.01 vain her enduring sides; she was there when the world
185.02 was vaster and darker, when the sea was great and
185.03 mysterious, and ready to surrender the prize of fame
185.04 to audacious men. A ship mother of fleets and nations!
185.05 The great flagship of the race; stronger than the
185.06 storms! and anchored in the open sea.
185.07 The Narcissus, heeling over to off-shore gusts,
185.08 rounded the South Foreland, passed through the
185.09 Downs, and, in tow, entered the river. Shorn of the
185.10 glory of her white wings, she wound obediently after
185.11 the tug through the maze of invisible channels. As
185.12 she passed them the red-painted light-vessels, swung
185.13 at their moorings, seemed for an instant to sail with
185.14 great speed in the rush of tide, and the next moment
185.15 were left hopelessly behind. The big buoys on the
185.16 tails of banks slipped past her sides very low, and,
185.17 dropping in her wake, tugged at their chains like
185.18 fierce watchdogs. The reach narrowed; from both
185.19 sides the land approached the ship. She went steadily
185.20 up the river. On the riverside slopes the houses
185.21 appeared in groups -- seemed to stream down the de-
185.22 clivities at a run to see her pass, and, checked by the
185.23 mud of the foreshore, crowded on the banks. Farther
185.24 on, the tall factory chimneys appeared in insolent
185.25 bands and watched her go by, like a straggling crowd
185.26 of slim giants, swaggering and upright under the
185.27 black plummets of smoke, cavalierly aslant. She
185.28 swept round the bends; an impure breeze shrieked
185.29 a welcome between her stripped spars; and the land,
185.30 closing in, stepped between the ship and the sea.
185.31 A low cloud hung before her -- a great opalescent
186.01 and tremulous cloud, that seemed to rise from the
186.02 steaming brows of millions of men. Long drifts of
186.03 smoky vapours soiled it with livid trails; it throbbed

186.04 to the beat of millions of hearts, and from it came
186.05 an immense and lamentable murmur -- the murmur
186.06 of millions of lips praying, cursing, sighing, jeering
186.07 -- the undying murmur of folly, regret, and hope
186.08 exhaled by the crowds of the anxious earth. The
186.09 Narcissus entered the cloud; the shadows deepened;
186.10 on all sides there was the clang of iron, the sound
186.11 of mighty blows, shrieks, yells. Black barges drifted
186.12 stealthily on the murky stream. A mad jumble of
186.13 begrimed walls loomed up vaguely in the smoke,
186.14 bewildering and mournful, like a vision of disaster.
186.15 The tugs backed and filled in the stream, to hold the
186.16 ship steady at the dock gates; from her bows two
186.17 lines went through the air whistling, and struck at the
186.18 land viciously, like a pair of snakes. A bridge broke
186.19 in two before her, as if by enchantment; big hydraulic
186.20 capstans began to turn all by themselves, as though
186.21 animated by a mysterious and unholy spell. She
186.22 moved through a narrow lane of water between two
186.23 low walls of granite, and men with check-ropes in
186.24 their hands kept pace with her, walking on the broad
186.25 flagstones. A group waited impatiently on each side
186.26 of the vanished bridge: rough heavy men in caps;
186.27 sallow-faced men in high hats; two bareheaded
186.28 women; ragged children, fascinated, and with wide
186.29 eyes. A cart coming at a jerky trot pulled up sharply.
186.30 One of the women screamed at the silent ship --
186.31 " Hallo, Jack! " without looking at any one in par-
187.01 ticular, and all hands looked at her from the forecastle
187.02 head. -- " Stand clear! Stand clear of that rope! "
187.03 cried the dockmen, bending over stone posts. The
187.04 crowd murmured, stamped where they stood. -- " Let
187.05 go your quarter-checks! Let go! " sang out a ruddy-
187.06 faced old man on the quay. The ropes splashed heavily
187.07 falling in the water, and the Narcissus entered the dock.
187.08 The stony shores ran away right and left in straight
187.09 lines, enclosing a sombre and rectangular pool. Brick
187.10 walls rose high above the water -- soulless walls, staring
187.11 through hundreds of windows as troubled and dull as
187.12 the eyes of over-fed brutes. At their base monstrous
187.13 iron cranes crouched, with chains hanging from their
187.14 long necks, balancing cruel-looking hooks over the
187.15 decks of lifeless ships. A noise of wheels rolling over
187.16 stones, the thump of heavy things falling, the racket
187.17 of feverish winches, the grinding of strained chains,
187.18 floated on the air. Between high buildings the dust
187.19 of all the continents soared in short flights; and a
187.20 penetrating smell of perfumes and dirt, of spices and
187.21 hides, of things costly and of things filthy, pervaded
187.22 the space, made for it an atmosphere precious and
187.23 disgusting. The Narcissus came gently into her
187.24 berth; the shadows of soulless walls fell upon her,
187.25 the dust of all the continents leaped upon her deck,
187.26 and a swarm of strange men, clambering up her sides,
187.27 took possession of her in the name of the sordid
187.28 earth. She had ceased to live.
187.29 A toff in a black coat and high hat scrambled with
187.30 agility, came up to the second mate, shook hands,
187.31 and said: -- " Hallo, Herbert. " It was his brother. A
188.01 lady appeared suddenly. A real lady, in a black dress
188.02 and with a parasol. She looked extremely elegant
188.03 in the midst of us, and as strange as if she had fallen
188.04 there from the sky. Mr. Baker touched his cap to
188.05 her. It was the master's wife. And very soon the
188.06 Captain, dressed very smartly and in a white shirt,
188.07 went with her over the side. We didn't recognise
188.08 him at all till, turning on the quay, he called to Mr.
188.09 Baker: -- " Don't forget to wind up the chronometers
188.10 to-morrow morning. " An underhand lot of seedy--
188.11 looking chaps with shifty eyes wandered in and out
188.12 of the forecastle looking for a job -- they said. --
188.13 " More likely for something to steal, " commented
188.14 Knowles cheerfully. Poor beggars! Who cared?
188.15 Weren't we home! But Mr. Baker went for one of
188.16 them who had given him some cheek, and we were
188.17 delighted. Everything was delightful. -- " I've finished
188.18 aft, sir, " called out Mr. Creighton. -- " No water in
188.19 the well, sir, " reported for the last time the carpenter,
188.20 sounding-rod in hand. Mr. Baker glanced along the
188.21 decks at the expectant group of sailors, glanced aloft at
188.22 the yards. -- " Ough! That will do, men, " he grunted.
188.23 The group broke up. The voyage was ended.
188.24 Rolled-up beds went flying over the rail; lashed
188.25 chests went sliding down the gangway -- mighty few
188.26 of both at that. " The rest is having a cruise off the
188.27 Cape, " explained Knowles enigmatically to a dock--
188.28 loafer with whom he had struck a sudden friendship.
188.29 Men ran, calling to one another, hailing utter strangers
188.30 to " lend a hand with the dunnage, " then with sudden
188.31 decorum approached the mate to shake hands before
189.01 going ashore. -- " Good-bye, sir, " they repeated in
189.02 various tones. Mr. Baker grasped hard palms,
189.03 grunted in a friendly manner at every one, his eyes
189.04 twinkled. -- " Take care of your money, Knowles.
189.05 Ough! Soon get a nice wife if you do. " The lame
189.06 man was delighted. -- " Good-bye, sir, " said Belfast,
189.07 with emotion, wringing the mate's hand, and looked
189.08 up with swimming eyes. " I thought I would take
189.09 'im ashore with me, " he went on plaintively. Mr.
189.10 Baker did not understand, but said kindly: -- " Take
189.11 care of yourself, Craik, " and the bereaved Belfast
189.12 went over the rail mourning and alone.
189.13 Mr. Baker, in the sudden peace of the ship, moved
189.14 about solitary and grunting, trying door handles,
189.15 peering into dark places, never done -- a model chief
189.16 mate! No one waited for him ashore. Mother
189.17 dead; father and two brothers, Yarmouth fisherman,
189.18 drowned together on the Dogger Bank; sister married
189.19 and unfriendly. Quite a lady. Married to the leading
189.20 tailor of a little town, and its leading politician, who
189.21 did not think his sailor brother-in-law quite respect-

189.22 able enough for him. Quite a lady, quite a lady, he
189.23 thought, sitting down for a moment's rest on the
189.24 quarter-hatch. Time enough to go ashore and get a
189.25 bite and sup, and a bed somewhere. He didn't like
189.26 to part with a ship. No one to think about then.
189.27 The darkness of a misty evening fell, cold and damp,
189.28 upon the deserted deck; and Mr. Baker sat smoking,
189.29 thinking of all the successive ships to whom through
189.30 many long years he had given the best of a seaman's
189.31 care. And never a command in sight. Not once! --
190.01 "I haven't somehow the cut of a skipper about me,"
190.02 he meditated placidly, while the shipkeeper /who had
190.03 taken possession of the galley/, a wizened old man
190.04 with bleared eyes, cursed him in whispers for "hanging
190.05 about so." -- "Now, Creighton," he pursued the un-
190.06 envious train of thought, "quite a gentleman . . .
190.07 swell friends . . . will get on. Fine young fellow
190.08 . . . a little more experience." He got up and shook
190.09 himself. "I'll be back first thing to-morrow morning
190.10 for the hatches. Don't you let them touch anything
190.11 before I come, shipkeeper," he called out. Then, at
190.12 last, he also went ashore -- a model chief mate!
190.13 The men scattered by the dissolving contact of the
190.14 land came together once more in the shipping office. --
190.15 "The Narcissus pays off," shouted outside a glazed
190.16 door a brass-bound old fellow, with a crown and the
190.17 capitals B.T. on his cap. A lot trooped in at once
190.18 but many were late. The room was large, white-
190.19 washed, and bare; a counter surmounted by a brass--
190.20 wire grating fenced off a third of the dusty space, and
190.21 behind the grating a pasty-faced clerk, with his hair
190.22 parted in the middle, had the quick, glittering eyes
190.23 and the vivacious, jerky movements of a caged bird.
190.24 Poor Captain Allistoun also in there and sitting before
190.25 a little table with piles of gold and notes on it, appeared
190.26 subdued by his captivity. Another Board of Trade
190.27 bird was perching on a high stool near the door; an
190.28 old bird that did not mind the chaff of elated sailors.
190.29 The crew of the Narcissus, broken up into knots,
190.30 pushed in the corners. They had new shore togs,
190.31 smart jackets that looked as if they had been shaped
191.01 with an axe, glossy trousers that seemed made of
191.02 crumpled sheet-iron, collarless flannel shirts, shiny
191.03 new boots. They tapped on shoulders, button-holed
191.04 one another, asked: -- "Where did you sleep last
191.05 night?" whispered gaily, slapped their thighs with
191.06 bursts of subdued laughter. Most had clean radiant
191.07 faces; only one or two turned up dishevelled and
191.08 sad; the two young Norwegians looked tidy, meek,
191.09 and altogether of a promising material for the
191.10 kind ladies who patronise the Scandinavian Home.
191.11 Wamibo, still in his working clothes, dreamed, upright
191.12 and burly in the middle of the room, and, when Archie
191.13 came in, woke up for a smile. But the wide-awake clerk
191.14 called out a name and the paying-off business began.
191.15 One by one they came up to the pay-table to get the
191.16 wages of their glorious and obscure toil. They swept
191.17 the money with care into broad palms, rammed it
191.18 trustfully into trousers' pockets, or, turning their
191.19 backs on the table, reckoned with difficulty in the
191.20 hollow of their stiff hands. -- "Money right? Sign
191.21 the release. There -- there," repeated the clerk
191.22 impatiently. "How stupid those sailors are!" he
191.23 thought. Singleton came up, venerable -- and un-
191.24 certain as to daylight; brown drops of tobacco juice
191.25 hung in his white beard; his hands, that never hesi-
191.26 tated in the great light of the open sea, could hardly
191.27 find the small pile of gold in the profound darkness
191.28 of the shore. "Can't write?" said the clerk, shocked.
191.29 "Make a mark then." Singleton painfully sketched
191.30 in a heavy cross, blotted the page. "What a dis-
191.31 gusting old brute," muttered the clerk. Somebody
192.01 opened the door for him, and the patriarchal seaman
192.02 passed through unsteadily, without as much as a
192.03 glance at any of us.
192.04 Archie displayed a pocket-book. He was chaffed.
192.05 Belfast, who looked wild, as though he had already
192.06 luffed up through a public-house or two, gave signs
192.07 of emotion and wanted to speak to the captain privately.
192.08 The master was surprised. They spoke through the
192.09 wires, and we could hear the captain saying: -- "I've
192.10 given it up to the Board of Trade." "I should've
192.11 liked to get something of his," mumbled Belfast.
192.12 "But you can't, my man. It's given up, locked and
192.13 sealed, to the Marine Office," expostulated the master;
192.14 and Belfast stood back, with drooping mouth and
192.15 troubled eyes. In a pause of the business we heard
192.16 the master and the clerk talking. We caught: "James
192.17 Wait -- deceased -- found no papers of any kind -- no
192.18 relations -- no trace -- the Office must hold his wages
192.19 then." Donkin entered. He seemed out of breath,
192.20 was grave, full of business. He went straight to the
192.21 desk, talked with animation to the clerk, who thought
192.22 him an intelligent man. They discussed the account,
192.23 dropping h's against one another as if for a wager --
192.24 very friendly. Captain Allistoun paid. "I give you
192.25 a bad discharge," he said quietly. Donkin raised
192.26 his voice: -- "I don't want your bloomin' discharge --
192.27 keep it. I'm goin' ter 'ave a job ashore." He turned
192.28 to us. "No more bloomin' sea fur me," he said
192.29 aloud. All looked at him. He had better clothes,
192.30 had an easy air, appeared more at home than any of
192.31 us; he stared with assurance, enjoying the effect of
193.01 his declaration. "Yuss. I 'ave friends well off.
193.02 That's more'n you got. But I am a man. Yer ship-
193.03 mates for all that. Who's comin' fur a drink?"
193.04 No one moved. There was a silence; a silence of
193.05 blank faces and stony looks. He waited a moment,
193.06 smiled bitterly, and went to the door. There he faced
193.07 round once more. "You won't? You bloomin' lot
193.08 of 'ypocrites. No? What 'ave I done to yer? Did
193.09 I bully yer? Did I 'urt yer? Did I? . . . You
193.10 won't drink? . . . No! . . . Then may ye die of
193.11 thirst, every mother's son of yer! Not one of yer
193.12 'as the sperrit of a bug. Ye're the scum of the world.
193.13 Work and starve!"
193.14 He went out, and slammed the door with such
193.15 violence that the old Board of Trade bird nearly fell
193.16 off his perch
193.17 "He's mad," declared Archie. "No! No!
193.18 He's drunk," insisted Belfast, lurching about, and
193.19 in a maudlin tone. Captain Allistoun sat smiling
193.20 thoughtfully at the cleared pay-table.
193.21 Outside, on Tower Hill, they blinked, hesitated
193.22 clumsily, as if blinded by the strange quality of the
193.23 hazy light, as if discomposed by the view of so many
193.24 men; and they who could hear one another in the
193.25 howl of gales seemed deafened and distracted by the
193.26 dull roar of the busy earth. -- "To the Black Horse!
193.27 To the Black Horse!" cried some. "Let us have a
193.28 drink together before we part." They crossed the
193.29 road, clinging to one another. Only Charley and
193.30 Belfast wandered off alone. As I came up I saw a red--
194.01 faced, blowsy woman, in a grey shawl, and with dusty,
194.02 fluffy hair, fall on Charley's neck. It was his mother.
194.03 She slobbered over him: -- "Oh, my boy! My
194.04 boy!" -- "Leggo of me," said Charley, "Leggo,
194.05 Mother!" I was passing him at the time, and over
194.06 the untidy head of the blubbering woman he gave me
194.07 a humorous smile and a glance ironic, courageous, and
194.08 profound, that seemed to put all my knowledge of
194.09 life to shame. I nodded and passed on, but heard him
194.10 say again, good-naturedly: -- "If you leggo of me
194.11 this minyt -- ye shall 'ave a bob for a drink out of my
194.12 pay." In the next few steps I came upon Belfast.
194.13 He caught my arm with tremulous enthusiasm. --"I
194.14 couldn't go wi' 'em," he stammered, indicating by a
194.15 nod our noisy crowd, that drifted slowly along the
194.16 other sidewalk. "When I think of Jimmy . . .
194.17 Poor Jim! When I think of him I have no heart
194.18 for drink. You were his chum, too . . . but I
194.19 pulled him out . . . didn't I? Short wool he had.
194.20 . . . Yes. And I stole the blooming pie. . . . He
194.21 wouldn't go . . . . He wouldn't go for nobody." He
194.22 burst into tears. "I never touched him -- never --
194.23 never!" he sobbed. "He went for me like . . .
194.24 like . . . a lamb."
194.25 I disengaged myself gently. Belfast's crying fits
194.26 generally ended in a fight with some one, and I wasn't
194.27 anxious to stand the brunt of his inconsolable sorrow.
194.28 Moreover, two bulky policemen stood near by, looking
194.29 at us with a disapproving and incorruptible gaze. --
194.30 "So long!" I said, and went on my way.
194.31 But at the corner I stopped to take my last look
195.01 at the crew of the Narcissus. They were swaying
195.02 irresolute and noisy on the broad flagstones before
195.03 the Mint. They were bound for the Black Horse,
195.04 where men, in fur caps, with brutal faces and in shirt
195.05 sleeves, dispense out of varnished barrels the illusions
195.06 of strength, mirth, happiness; the illusion of splendour
195.07 and poetry of life, to the paid-off crews of southern--
195.08 going ships. From afar I saw them discoursing, with
195.09 jovial eyes and clumsy gestures, while the sea of life
195.10 thundered into their ears ceaseless and unheeded.
195.11 And swaying about there on the white stones,
195.12 surrounded by the hurry and clamour of men, they
195.13 appeared to be creatures of another kind -- lost, alone,
195.14 forgetful, and doomed; they were like castaways,
195.15 like restless and joyous castaways, like mad castaways
195.16 making merry in the storm and upon an insecure
195.17 ledge of a treacherous rock. The roar of the town
195.18 resembled the roar of topping breakers, merciless
195.19 and strong, with a loud voice and cruel purpose;
195.20 but overhead the clouds broke; a flood of sunshine
195.21 streamed down the walls of grimy houses. The dark
195.22 knot of seamen drifted in sunshine. To the left of
195.23 them the trees in Tower Gardens sighed, the stones
195.24 of the Tower gleaming, seemed to stir in the play of
195.25 light, as if remembering suddenly all the great joys
195.26 and sorrows of the past, the fighting prototypes of
195.27 these men; press-gangs; mutinous cries; the wailing
195.28 of women by the riverside, and the shouts of men
195.29 welcoming victories. The sunshine of heaven fell
195.30 like a gift of grace on the mud of the earth, on the
195.31 remembering and mute stones, on greed, selfishness:
196.01 on the anxious faces of forgetful men. And to the
196.02 right of the dark group the stained front of the Mint,
196.03 cleansed by the flood of light, stood out for a moment
196.04 dazzling and white like a marble palace in a fairy
196.05 tale. The crew of the Narcissus drifted out of sight.
196.06 I never saw them again. The sea took some, the
196.07 steamers took others, the graveyards of the earth will
196.08 account for the rest. Singleton has no doubt taken
196.09 with him the long record of his faithful work into the
196.10 peaceful depths of an inhospitable sea. And Donkin,
196.11 who never did a decent day's work in his life, no doubt
196.12 earns his living by discoursing with filthy eloquence
196.13 upon the right of labor to live. So be it! Let the
196.14 earth and the sea each have its own.
196.15 A gone shipmate, like any other man, is gone for
196.16 ever; and I never met one of them again. But at
196.17 times the spring-flood of memory sets with force up
196.18 the dark River of the Nine Bends. Then on the
196.19 waters of the forlorn stream drifts a ship -- a shadowy
196.20 ship manned by a crew of Shades. They pass and
196.21 make a sign, in a shadowy hail. Haven't we, to-
196.22 gether and upon the immortal sea, wrung out a mean-
196.23 ing from our sinful lives? Good-bye, brothers!
196.24 You were a good crowd. As good a crowd as ever
196.25 fisted with wild cries the beating canvas of a heavy
196.26 foresail; or tossing aloft, invisible in the night, gave
196.27 back yell for yell to a westerly gale.